日本政治の構造転換

高畠通敏

三一書房

日本政治の構造転換／目次

Ⅰ　昭和天皇の死──天皇の交代──

Ⅱ　リクルート事件──政治改革問題の始まり──

X　自民党分裂の引き金―金丸問題と政治改革―

XI　自民党政権の崩壊と政界再編——'93年夏総選挙——

装幀　長谷川元吉

日本政治の構造転換

母に捧ぐ

Ⅰ

昭和天皇の死

―天皇の交代―

「一身二生」と昭和天皇

昭和天皇は、日本の天皇の歴史のなかでも、まれな長寿を保ち、その在位は六十二年の長きにわたった。その間、日本は、アジアの新興国から、アメリカ、ソ連と肩を並べる世界の三大経済大国に発展し、国際政治の上でも揺るぎない地位を占めるようになった。今日、日本の国民は、世界のどの国よりもとはいえないまでも、少なくとも世界の一流国に伍して、平和で豊かな生活を享受している。この意味では、昭和天皇は、歴史上のいかなる天皇よりも、盛大にその逝去を哀悼され、在位を追慕されてしかるべきだという議論が起こっても当然だろう。

鮮やかすぎる対照

しかし、国民の感情がそのように単純に統一されるように見えないのは、その間に、昭和六年（一九三一）から二十年（一九四五）までの十五年間にわたった戦争の末、史上例のない全面的敗北を被ったという事実が横たわっているからであり、その戦争と敗北の惨禍の記憶が、いまだ国民のなかに生々しく残っているからである。実際、昭和という時代を一つのものとしてとらえにくくさせているのは、昭和二十年をはさんでの戦前・戦時と、戦後の時代の対照があまりにも鮮やかすぎて、そこに連続しているものをイメージするのが、難しいからである。昭和天皇の歴史的位置付け

をめぐる議論にも、この二つの時代の相違をどのように考えるかという問題が当然、つきまとって離れない。

即位から敗戦までの天皇は、現人神(あらひとがみ)という当時の呼称が示すように、国民にとってまさに神にも等しい存在だった。天皇の命令や言葉は、絶対的なものとして受け取られ、服従されなければならなかった。そしてまた、政府の決定、裁判官の判決、軍隊の上官の命令は、すべて天皇の名の下に行われたのである。この意味で、戦前・戦時の日本は、宗教的に崇敬される天皇の意志が、社会の隅々にまで浸透するという形で成り立っていた国家だったのである。

このような構造が成立した理由の一つは、明治憲法が規定した国家の枠組みにあった。それが「大日本帝国ハ万世一系ノ天皇之ヲ統治ス」と定め、またその天皇は「神聖ニシテ侵スヘカラス」としたことは、主権が宗教的な君主でもある天皇にあるという明治国家の絶対主義的な構造を、昭和前半の国家と天皇も、受け継がざるをえないということを意味していた。しかし、問題はそれだけにとどまらなかった。

天皇が即位した一九二〇年代半ばの日本は、急速な国際化とそれが引き起こした社会変動の波に洗われて、反動的なナショナリズムが日本社会をおおい始めた時期だった。後に、「天皇制ファシズム」と呼ばれるようになるこの運動は、天皇の神聖化と絶対化をいっそう推進することによって、明治憲法がもっていたもう一つの側面、立憲国家としての性格をほとんど押しつぶし、政党政治を天皇の名の下での独裁政治に変えてゆこうとするものだった。

ファシズムの運動そのものは、日本では勝利しなかったが、天皇の神格化は徹底して進められ、皇国、皇軍などのことばが乱発されるようになると同時に、中国や東南アジアに対する侵略戦争は、

聖戦として正当化され美化されるようになる。

戦時中の皇国少国民として育った私などは、「日本よい国きよい国　世界に一つの神の国、日本よい国強い国　世界にかがやくえらい国」と小学唱歌で教わり、「勝ち抜く僕等少国民　天皇陛下の御為に　死ねと教えた父母の　赤い血潮を受けついで……」と歌った日々を、つい昨日のように思い出すことができる。そしてまた、「わが大君に召されたる」何百万の兵士たちは、職場を離れ、妻子と別れて戦場に赴き、「天皇陛下万歳」を唱えて死んでいった。

昭和政治史の逆説

このような歴史を振り返るなら、戦時中、日本と交戦している諸国の一般世論が、天皇こそが戦争遂行の最高責任者であるとみなし、また、日本国民の多くが、戦争は実際に天皇の意志からでていると信じたのは、無理からぬことだった。

しかし、昭和の政治史の最大の逆説は、外見的には戦争の最高責任者であり指導者であったはずの昭和天皇が、心情的にはむしろ戦争の回避を望みつづけた平和主義者であったということであり、また現人神として国民に崇敬された天皇が、個人的には、立憲政治を信奉する近代的な生物科学者であったということだろう。

日露戦争後の日英同盟と大正デモクラシーの時代に育ち、皇太子時代の訪欧の際、国民と親しく交わって敬愛されている英国王室のあり方に強い感銘を受けた天皇は、絶対主義的な明治国家を、議会と政府を基盤とする立憲主義的な近代国家に変えてゆくことを理想とするようになった。軍部や右翼内の国粋主義者たちが、「天皇制ファシズム」の運動を進める過程のなかで、国体論の立場

から美濃部達吉博士の天皇機関説を激しく攻撃したとき、天皇自身が「機関説でよろしい」ともらしていたという事実は、この間の事情を端的に物語っている。天皇が、軍部内皇道派や右翼革新主義者たちを強く嫌っていたことは、よく知られている。また天皇は、軍部の戦争政策を危険視し英米との国際協調を保つことを常に、重要視していた。

即位早々の昭和三年（一九二八）、張作霖爆死事件に際して首謀者の関東軍河本大佐の行動を隠そうとした田中義一首相に不快感を示して辞職に追い込んだのは、後に天皇が述懐しているように若気の行動だったとしても、その後天皇は、昭和五年（一九三〇）のロンドン会議では軍部の強硬派を抑えて軍縮に賛成、翌年の満州事変では不拡大方針を支持、昭和七年（一九三二）の五・一五事件に際しては、後継首相の人選について「ファッショに近きものは絶対に不可なり／憲法は擁護せざるべからず。然らざれば明治天皇に相済まず／外交は国際平和を基礎とし、国際関係の円滑に努むること」などの内意を西園寺公に伝えさせている。

昭和八年（一九三三）の国際連盟脱退を政府が決めたときには、天皇は、脱退の詔書に指示して、脱退は遺憾であり脱退後も国際間の親交と協調を保つことを書き入れさせた。昭和十一年（一九三六）の二・二六事件に際しては、反乱軍に融和的な軍首脳に激怒して「朕自ら近衛師団を率い、之が鎮定にあたらん」と発言している。そして昭和十六年（一九四一）の日米開戦にあたっての御前会議では「四方（よも）の海みなはらからと思ふ世になど波風のたちさはぐらむ」という明治天皇の御製を二度にわたって朗詠し、最後まで平和的外交交渉に努めるように求めている。

戦前の歴史のそれぞれの曲がり角における天皇の態度表明の記録を拾ってゆけば、こういう天皇のいわば政治思想の輪郭を描き出すことは、それほど困難なことではない。それは一口にいえば、

欧米諸国との国際協調を重んじ戦争をできるだけ避けようとした平和主義者、また憲法に定められた政府や国会などの諸機関を重んじ、独裁や天皇親政を嫌った立憲主義者のそれとして、基本的に考えることができるだろう。

昭和天皇と戦前・戦時のかかわりあいのこういう歴史の積み重なりのいわば頂点として終戦を決めた「聖断」がある。あくまで本土決戦を主張する軍部内強硬派に押されて政府の意見がまとまらず、最後は天皇の権威に頼る形で開かれた御前会議で、天皇は、ポツダム宣言を受け入れて戦争を終結することを決定した。そして、八月十五日、天皇の「堪ヘ難キヲ堪ヘ忍ヒ難キヲ忍ヒ以テ万世ノ為ニ太平ヲ開カムト欲ス」という玉音放送が、全国津々浦々に流れたのである。それが国体（天皇制）の護持にこだわりつづけたために遅きに失し、広島・長崎の惨禍やソ連の参戦という瀬戸際に押しつめられてようやくなされたにすぎないという批判も一方ではあるだろう。だが、日本全土が沖縄やドイツのような住民を巻きこんでの戦場になることを免れ、敗戦後のいちはやい復興を可能にしたという点で、国民がこの天皇の決断に負うものは大きい。

自身が体制の虜囚

問題は、こういう天皇の思想や終戦の「聖断」に現れたような影響力が、なぜ十五年戦争をくいとめ、日米開戦を阻止する力として働かなかったのかということである。

戦後、国民の多くが疑問とし、国際的にも問われたこの問いに答えることは容易ではない。そこには、どちらかといえば温和で消極的だったと評される天皇個人の性格の問題もあっただろう。また、明治天皇が作り上げた戦前の大日本帝国の栄光を維持しつづけなければならないという使命感

が天皇をとらえつづけていたということもあった。そして日中戦争の時も日米開戦時も、早期の勝利を安請け合いした軍部首脳たちが天皇の判断を誤らせていた。しかし最大の問題は、天皇自身が軍部急進派や皇道主義者たちの思想に反対し、明治憲法の立憲主義的解釈と運用に忠実たろうとしたことにあった。

従って天皇は、二・二六事件や終戦時のときのように政府の機能が事実上麻痺（まひ）した時を除いては、めったに自らの判断で積極的に政治を動かそうとは試みなかった。また実際上、天皇が軍部の上にでも乗って親政を行わないかぎり、天皇個人で政府や軍首脳部の重大決定を覆すことは、ほとんど不可能だったというべきだろう。その意味で、「天皇制ファシズム」が進行し天皇の絶対性についての国民的信仰が素朴に広まるさなかにおいて、もっとも無力をかこっていたのは、ほかならぬ天皇自身だったということができるかも知れない。その限りでは、天皇自身も天皇制という体制と時代の圧力の虜囚であり被害者であったのである。

敗戦は、天皇と天皇制にとって、最大の危機の時代の幕開けでもあった。天皇制の将来はポツダム宣言受諾の交渉過程において「日本国民の自由に表明せる意思」によって決定される「最終の日本国政府の形態」にゆだねられたが、天皇は、敗戦翌年の初頭、いわゆる「人間宣言」の詔勅を発して、天皇と「国民との間の紐帯（ちゅうたい）は、終始相互の信頼と敬愛とに依りて結ばれ、単なる神話と伝説とに依りて生ぜるものに非ず」と宣言、また憲法の改正によって、その地位は、明治以来の絶対天皇制から政治的権能を有さない象徴天皇制の下での「国民統合の象徴」へと変化する。それは連合国との関係で天皇制が生き延びるための条件であったが、しかし、昭和天皇の本来の考えからすれば、必ずしも受け入れることのできない変化ではなかったはずだ。

しかし、日本が十五年にわたって侵略戦争を戦い、国内・国外に多くの犠牲者を出した敗戦のつけは、もちろん天皇制の近代化・民主化だけですむはずがなかった。ポツダム宣言にのっとって、連合国が戦時中の指導者を戦争犯罪者として裁判する極東国際軍事裁判がやがて開廷するが、それは天皇の戦争責任を問う動きと必然的に連動していた。国内においては、天皇の退位を求める声があがった。そこには、天皇を戦犯第一号とする共産党のような主張もあったが、天皇や天皇制を守るためにそれへの風当たりや反発を弱めたいという保守主義者の側からの配慮の声も少なくなかった。天皇の側近の筆頭だった木戸元内相、皇室の藩屏（はんぺい）たることを自認していた近衛元首相らも、敗戦後それぞれ、天皇に機会をとらえて退位すべきことを進言した。また、南原東大総長らも意見を発表して、道徳的、精神的な立場から、天皇は退位すべきだとした。連合国が、依然として強い日本国民の天皇擁護の国民感情に配慮し、主として日本占領統治の便宜という政治的理由から、天皇の戦犯訴追を行わないことに決めた後も、道徳的な理由からの退位論は、たとえば戦時中の指導者らの公職追放や東条元首相らA級戦犯の処刑の折などに再燃した。この問題に正式に終止符が打たれたのは、昭和二十七年（一九五二）、サンフランシスコ条約にともなう独立に際して、天皇が今後も日本の再建のために尽くしたいと述べられたことによってである。

天皇がなぜ退位の道を選ばなかったかについては、いまだ十分に解明され切ったとはいえない。一時は、天皇自身が真剣に退位を考えていたという観測もある。しかし、後継者である皇太子はまだ未成年で嵐（あらし）の中の天皇制を守りぬくという点で不安がないわけではなかった。また、退位が天皇の戦犯訴追を逆に招くという危惧（きぐ）もあった。そして、憲法や皇室典範の規定上退位が定められていないという問題があった。おそらくこれらの理由のすべてがないまぜになって、天皇は在位しつづ

けるという決心をされたのではないか。

歴史の上において、戦敗国の君主がそのまま在位しつづけた例は、ほとんどない。その道をあえて選んだ天皇の戦後は、見ようによっては茨(いばら)の道であったということができるかもしれない。たとえ、憲法上、その地位が保証され戦犯として訴追されることがなくなっても、戦時中、日本と戦った国々や旧植民地諸国の民衆のなかの天皇に対する悪感情は、一朝一夕で消えるものではなかった。国内においても、もっとも純粋に天皇を信じて戦った戦中派の世代や住民ぐるみ戦闘に巻き込まれた沖縄の人々などを中心に、在位しつづける天皇に対する強いわだかまりの感情が残った。そのしこりをときほぐすためには、長い時間が必要だったといえよう。

初めて国民に素顔

この意味で、戦後の天皇の歩みは、国民そして世界の民衆との和解を求め、新しく再出発した象徴天皇制を根付かせる努力として、見ることができる。

終戦直後の精力的な国内巡幸で、天皇は、はじめて国民にその素顔をあらわして、直接、話を交わされるようになった。いくらか背をかがめて歩き、どちらかといえば甲高い声で「あっ、そう」を連発される天皇の姿に、それまで現人神と信じていた民衆は、戸惑いを覚えながらも新たな親しみの感情が湧(わ)くのを感じたにちがいない。それ以後、天皇は、国民体育大会や植樹祭などの国民的行事に努めて出席される一方、大衆と相撲や野球などの観戦をともにし、親しまれる象徴天皇のイメージを作り出してゆく。

こういう天皇と皇室の民主化の努力の頂点に、昭和三十四年（一九五九）の皇太子のご成婚があ

る。皇太子妃を平民の中から選ぶというこれまでの皇室の歴史にない決断は、皇室を大衆雑誌のスターの座に押し上げた。「大衆天皇制」の始まりと評されるこのご成婚と「ミッチーブーム」は、その意味で、戦後の象徴天皇制を平和で豊かな大衆社会という基盤の上に完成させた事件でもあった。

もっとも、そこに全く紆余曲折がなかったというわけではない。昭和三十五年（一九六〇）の風流夢譚事件や昭和四十五年（一九七〇）の三島由紀夫の割腹事件は、天皇に対する宗教的聖化の感情がまだまだ強く残存していることを示すものだったし、皇太子成婚以後、皇室がふたたび「雲の上」に戻りつつあるという表現がときになされたのは、皇室の民主化をゆき過ぎと感じる層が、いまだ皇室を取り巻いていたことを示すものだろう。

しかし、天皇と皇室への支持率は、各種の世論調査が示すように着実に増加しつづけ、昭和二十年代の五〇％前後から今日では、八〇％前後にまで上昇している。もっともその質は、戦前のような宗教的なものから、今日の若者層におけるような無関心に近いものへと変化してきているのは、天皇がすでに何らの政治的役割をはたさなくなってから四十年以上たつ現在、当然のことというべきだろう。だがその無関心を基礎とする感情にほとんど反感が伴っていないのは、常人ならとうに引退されている年齢にもかかわらず、自ら立てた天皇に退位はないという原則に誠実に、さまざまな公式行事を最後まで務められた天皇の姿が、国民の心情の深いところで共感を引き起こしていたためではないだろうか。

昭和四十年代の後半から、天皇は、ヨーロッパ諸国（一九七一）、アメリカ（一九七五）の訪問の旅に出る。昭和六十二年（一九八七）には、国体が開催された沖縄に初めて足をふみいれることに

なっていた。それはまた、長い和解の道の終点になるはずでもあった。しかし、それは病気のため果たされなかった。また、ついに中国や韓国にはゆくことがなかった。

福沢諭吉はかつて、明治維新をはさんで封建時代と文明開化の時代を経験した学者を評して「一身にして二生を経る」ものと表現した。戦後の日本人もまたすべて一身二生の体験者だった。しかし、それをだれよりも強烈に体験したのは、昭和天皇その人であったに違いない。

昭和天皇の逝去によって、昭和という一つの時代が終る。それは、平和で豊かな経済大国という陰で、つい昨日までの戦争と天皇への献身という過去を引きずっていた時代が終りを告げるということでもある。

古い時代と新しい時代との境目を乗り越えられずに、多くの者が信念に殉じて死んだ。生き残った者は転向し、やがて古い時代の否定をバネとしながら、積極的に新しい時代の課題に挑戦していった。平和な時代を享受しながら、そこには常に、死んだ者に対するいくばくかのうしろめたい思いがあり、また新しい価値に生きることの正しさの再確認への努力があった。昭和天皇の存在はその意味で、一身二生を経た者たちにとって象徴的な意味合いを帯びていたといえるだろう。

昭和初期に似る今

現在の時点から、遠く昭和の初めの時代を振り返って気が付くことは、そこに強烈な西欧諸国に追い付いたという一流国意識があったことだ。すでに朝鮮・台湾という植民地を保有し、第一次大戦の戦勝国でもあった日本は、国際会議での五大国の一つにのし上がっており、アジアの盟主を気取り始めていた。そこから、西欧的近代を超克して日本的原理を「八紘一宇」とするアジア侵略の

戦争をはじめるまでは、ほんの一息だった。

敗戦によって、その思い上がりを打ちのめされたはずの日本は、今日、経済的成功によって、ふたたび欧米の模倣につとめた日本の「近代の終焉」を高らかに宣言し、日本的社会原理の優越を主張しはじめている。そこには、戦争と敗戦の悲惨なドラマが間にはさまっていたことがまるでうそのように感じられるほどである。

昭和の時代が終ることによって、戦後は完全に終った。

若者たちは、もはや何の屈折した思いもなしに、今や世界の一流国となった日本を輝かしい思いで背負ってゆくのだろう。それが昭和の初めの風景でもあった。その後に戦争の時代がつづいていたことをどのように新しい世代に語り伝えることができるか。そこに日本の未来もかかっているのではないだろうか。

(『朝日新聞』一九八九年一月八日)

ひとりの天皇の死

この国(オーストラリア)でヒロヒトと呼ばれていた天皇が亡くなりました。日本では彼は、これから元号を贈り名されて、昭和天皇と呼ばれることになります。

昭和天皇の死は、日本にとってもまた海外の諸国においても、日本のひとりの天皇が亡くなったという以上の重い意味をもっています。日本では、彼は、六十三年という例外的に長い期間、日本

に君臨していたというだけでなく、戦前の二十年間、生ける神（現人神）として宗教的畏敬の的となり、不敬罪の壁で守られていた天皇でした。敗戦の翌年、天皇は、占領軍の要求もあって、いわゆる神格否定の声明（勅語）を出すのですが、それ以後も、天皇へのあからさまな批判は、右翼のテロの対象になり事実上タブー視されてきました。今回の天皇の病気や死去についての報道や言論についても、異常な自主規制がしかれていると伝えられています。

しかし、オーストラリアをはじめとする多くの外国にとって、昭和天皇は、第二次大戦を引き起こした最高の責任者であるにもかかわらず、処罰されなかった最後の人間でした。昭和天皇の死後、あらためてこの国では、バーガミニの著書『天皇の陰謀』などを引用して昭和天皇をアジアにおけるヒトラーになぞらえる言論や投書が、新聞紙上で多くなされています。東京裁判で、オーストラリア出身のウェッブ裁判長は、戦争の最高責任者である天皇が、占領を容易ならしめるというアメリカの政治的政策のために裁かれなかったことについて、きびしい批判的な意見を述べていますが、そういう感情は、とりわけ英連邦諸国やオランダなど日本軍による捕虜虐待の体験をもつ諸国では、今日でも強いようです。その意味で昭和天皇は、未だに日本政府が公にすっきり整理しようとしない日本の戦争責任の象徴の意味をもたされていたということができるでしょう。日本が過去の侵略や残虐行為を公に認めれば、その責任問題が伴わざるをえない。その頂点に昭和天皇の問題があったのです。

この意味で、昭和天皇を論ずる際には、その戦前・戦時中の役割にどうしても視点が向かざるをえません。しかし、昭和天皇を全体として客観的に評価するためには、戦前の彼の治世の倍以上の長さを持った戦後の時代をふくめて考えなくてはならないでしょう。彼と天皇制は、敗戦直後の人

間宣言と新憲法の下での政治的権限を一切放棄し、国家と国民統合の象徴に転化した新しい天皇制の下で生き延びただけでなく、戦後も戦前と同じように国民の高い支持を保ちつづけました。それは、あのような徹底的な敗北を被った国の君主としては、異例のことです。

それは、もちろん日本の民衆が政治的に十分啓蒙されていないからだとか、また、アメリカや日本の支配層の政治的な陰謀のせいだとかいう解釈も可能でしょう。しかし、それだけでは、私たちは、日本の天皇制が、世界のさまざまな君主制の中でもつ一つの特色を見失うおそれがあります。それは、伝統的に、日本では天皇は、神道にもとづく宗教的な君主であり、政治的に実権を担うものとみなされていなかったという事実です。神道的な意味で天皇が神聖とされたということは、天皇が古代的な宗教的専制君主とは異なる単なる儀式的な君主であったという神話形成の基盤となっているのです。昭和天皇が、スムーズに戦後の象徴天皇制に溶け込み、また、「一億総懺悔」ということばとともに大多数の国民によって戦争責任を免罪されたということの背景には、そういう天皇制についての伝統があるということを、まず知っておかなくてはなりません。問題は、それが戦時期の日本における昭和天皇の実像にどれだけ適合しているかということです。

この意味で明治維新とともに作り出された近代日本の天皇制は、日本の天皇制の伝統の上では、例外的な天皇制でした。大日本国憲法は、天皇に統治権の総攬者すなわち政治的な主権者としての地位を与え、また陸海軍の統帥権すなわち最高指揮官の位置を与えています。もちろん、戦争、講和、条約の締結すべて天皇の権限に属します。こういう規定に加えて、天皇は、宗教的な君主として「神聖ニシテ侵スヘカラス」と規定したのでした。

宗教的な神聖さを背景に政治的な主権の保持者であることを宣言した明治天皇制は、その意味で

ヨーロッパの絶対君主制にあたるという解釈が、当然、成り立ちます。実際、明治天皇は成長するに従い、そういう自覚をもって国家を指導しようとしたと一般にみなされています。

しかし、明治国家の天皇制は、もう一つの側面をもっていました。明治国家にとっての至上命題は、条約改正を実現するために、欧米諸国が認めることができる近代法治国家の体裁を整えることにありました。君主制についてみても、時はすでに一九世紀後半であり、日本がモデルにしようとしたドイツの君主制にしても、議会をもつ立憲君主制への道を歩み出していたときであったのです。

日本の天皇を、英語でエンペラー（Emperor）と呼ばせるというのは、こういう意図をもった明治政府の指導者たちの政治的な演出の一つでした。それ以前、天皇は国外で、たとえばギルバートとサリヴァンのオペレッタにある通り、日本の伝統的な呼称そのままのミカド（Mikado）として知られていたのです。ミカドという呼称には、スルタンやシャーというように、いかにも東洋的で前近代的な君主としてのイメージがつきまといます。それを時のドイツ皇帝になぞらえてエンペラーと呼ばせるようにするため、明治政府はわざわざそれまで日本で使われたことのない「日本国皇帝」という呼称を、日本語の対外文書でも用いたりしたのです。

明治憲法が、天皇の立法権の行使に議会の協賛すなわち承認を条件とし、国務すなわち施政について大臣の輔弼すなわち助言を必要とすると定めたのは、天皇制に立憲君主制という体裁を与えたかったからに外なりません。同じように明治憲法は、国民に法によって保護される権利を認めています。実際、帝国憲法の起草者である伊藤博文が、日本の枢密院での憲法審議の際、保守的な専制君主制の主張に対抗して、「ソモソモ憲法ヲツクル目的ハ君権ノ制限ニアリ」と演説したのは、有

名な事実です。そして伊藤は、天皇の統治権の行使は「コノ憲法ノ条規ニ依リ之ヲ行フ」と定め、日本の天皇が、もはや前近代的な絶対君主でないことを宣言しようとしたのです。

戦前における憲法解釈のリベラル派であり、同時に官僚エリート層や帝国大学憲法学の主流理論であった天皇機関説は、明治憲法のこのような部分に基盤をもっています。すなわち天皇は立憲君主であり、憲法の規定によって統治権を委ねられた国家機関に過ぎないという解釈です。

しかし、このような憲法解釈には、限界がありました。大臣は、天皇が自由に任命できたのです。天皇は、非常事態の名の下に、議会を無視し、自分が任命した大臣とともに勅令で政治を行うことができました。その大臣たちは、首相の下に連帯してではなく、個別に天皇に助言しました。軍部が、統帥権の独立の名の下に独走する法的な基盤もここにあったのです。そして最後に「神聖」な天皇という規定が一人歩きしだしました。この視点を拡大すると、天皇が憲法に拘束されているという天皇機関説そのものが、不敬罪にあたり、国体すなわち国の基本原理に違反する国賊的な理論ということにさせられたのです。

一九一二年に明治天皇の後を継いだ大正天皇は病身であり、しかも時代は、第一次世界大戦後のデモクラシーの潮流が世界を支配していました。大正デモクラシーの時代と呼ばれた大正天皇の治世の十四年間は、日本で議会政治の慣行が定着した時代でもあり、この期間に、天皇機関説は通説的な地位を確立しました。この時代の終りに、選挙権が拡張され、男子の普通選挙制が導入されました。

しかし一九二六年、昭和天皇の時代になって、世界的な不況の中で左翼運動が盛んになり、ロシ

ア革命の影響の下で日本にも共産党が出現するにおよんで、状況は急変します。軍部は、民衆の不満を逸らすために満州すなわち現在の中国東北部への進出をはかり、またそれと結んだ右翼運動は、国内の自由主義的言論や政治運動の封殺に乗りだします。その標的の一つは天皇機関説とその下で発達した議会政治、政党政治の慣行でした。神聖な天皇による直接統治が日本の国体、すなわち伝統的かつ本質的な政治体制であることが強調され、機関説的な解釈を主張するものは、非国民として批判やテロの対象とされました。その標的になった美濃部達吉東京帝国大学名誉教授が不敬罪で告発され、その著書が発売禁止になったのは一九三五年、満州事変の四年後のことです。日本の大学では、天皇機関説にもとづく学者の講義はすべて停止されました。

それから敗戦までの十年は、いわば狂気の時代でした。翌年、軍部の急進派と右翼は、二・二六事件を起こしてリベラル・穏健派と見られた政党幹部や天皇の側近を襲って政党政治の息の根を止め、その次の年から本格的な日中戦争に突入、さらに四年後には泥沼化した日中戦争を一挙に解決する賭としての英米オランダ等との太平洋戦争に突入するのです。

一般に、日本のファシズム時代と呼ばれているこの時代の複雑さは、それがドイツやイタリアのように、大衆運動を基盤にしたファシズム指導者が国家の全権を掌握して独裁を行ったのではなく、明治憲法の枠の中で天皇を頂点に頂いたまま、軍部が全権を掌握したことにあります。その間、戦争や弾圧その他すべての戦時中の日本政府、日本軍の行為は、天皇の名で行われました。それは単に、明治憲法において規定上、そうなっているというだけではありません。天皇機関説を圧殺した後での政府や軍部の公式イデオロギーでは、すべてが生ける神（現人神）としての天皇の意志から出たものとされなければならなくなったのです。

私は、この時代の小学生でした。教室で、天皇の名が出てくるときの恐怖と緊張を、今でも思い起こします。天皇ということばの前に必ず付ける「畏れ多くも」という形容詞が出たとき、子どもたちは、さっと立ち上がって直立不動の姿勢をとり、天皇陛下ということばを聞いてのち、教師が「戻れ」というまで立っていなくてはなりませんでした。兵士たちは、戦死するときは「天皇陛下万歳」といわねばならず、戦争の最大の目的は、天皇を安心させその満足をうることにあると教育されました。この時代に戦場に駆り出されたいわゆる「戦中派」の世代が、戦後も日本で天皇の戦争責任を追及する先頭に立ったのは、当然のことです。

しかし、大正デモクラシーや昭和初期に大人になった戦前派の世代は、このような天皇像が、一九三〇年代半ばから意図的に作りだされたものであることを知っていました。政治哲学者、久野収は、それを天皇に関する顕教（exoteric）と呼び、日常、天皇に接する支配層が知っていた密教（esoteric）と区別し、そのような使い分けをしながら天皇を利用した軍部や戦時中の指導者の政治責任を追及し、また同時に、このような使い分けを可能にさせた当時の日本の政治構造の全体を問題にしましたが、それはまた、戦時中の天皇の問題を、現代の大衆社会における一つの政治構造として考えようという姿勢の表れでもあるでしょう。

問題は、明治憲法の下で法的に最高権力をもつとされた天皇、また昭和の天皇制ファシズムの時代に生ける神とされた天皇が、生身の人間として現実にどのような思想をもち、どのように政治に関わっていたかにあります。

大正天皇が病気であったため、昭和天皇は若いときから摂政として、政治にたずさわらざるをえ

ませんでした。それは大正デモクラシーの時代であり、また日本が日英同盟の下で、日露戦争と第一次大戦を戦った時代でもありました。昭和天皇は皇太子時代に訪英してイギリスの王室に歓待され、立憲君主制のあり方などについて時のジョージ五世からいろいろ教示を受け、ジョージ五世を第二の父と思うと述懐したと伝えられています。日本での彼の指南役は、日本の貴族の中でももっともリベラルであり、若い時には〝赤い公爵〟とさえ呼ばれて、一時、政治から遠ざけられた西園寺公爵でしたが、その西園寺さえ困らせるほど皇室のあり方をイギリスをモデルに改革しようと考えたともいわれます。

また、彼は、教育と素質によって、死ぬまで生物学に興味をもった科学者でありました。戦後は、彼の名前を冠した生物学の専門書が何冊か出版されています。

このような背景をもった昭和天皇は、一貫して、自身を神格化する国体派の理論に興味をもちませんでした。天皇機関説が排撃された時、天皇は機関説の説明を受けて、自分はそれで良いと思うといったと伝えられます。また、国体派の過激派である皇道派の青年将校や右翼が、天皇親政の旗を掲げて二・二六事件を起こし、リベラル派の大臣や軍人を殺害したときは、自ら軍を率いて決起部隊を討つとまで憤激し、同調者もいてぐらついていた政府部内を建て直し、決起部隊を反乱軍だとして事態を処理させました。

戦後、昭和天皇は、昭和の前期において、自分自身は良き立憲君主たろうと努めたと回顧していますが、この天皇の表現は、事実に照らしてそれほど違っていなかったと思います。天皇は即位の直後、出先の軍部、関東軍が満州の実力者であった張作霖将軍を暗殺する事件に直面しました。こ

のとき、事態を天皇に対して隠蔽しようとした軍部出身の田中義一首相に対して、報告が不誠実だとなじり顔も見たくないといいました。そのため田中首相は辞職せざるをえなくなったのですが、事後、西園寺公爵に、天皇が首相を実質上罷免したのは立憲君主制のあり方に反すると諫められて反省し、以後、直接、政治に介入することは避けるように努めたと、戦後、天皇は述べています。その後、天皇が、政治を直接指図しようとしたのは、二・二六事件の時と敗戦を決めるポツダム宣言の受諾の時の二度だけでした。いずれも、政府が麻痺状態におちいり、決定機能を喪失したときです。それは英国立憲君主制の伝統によれば、君主が最終決断をしなくてはならないときでもありました。

もっとも、それは天皇がこの期間、政治にまったく関与しなかったということではありません。戦後、明らかにされた天皇の側近や天皇と接触があった政治家や軍人たちの回顧録には、そのときどきの天皇の発言が、事細かに記録されています。たとえば、天皇は、ドイツ流のファシストであった平沼首相を嫌い抜いていましたし、首相の選任についても、いろいろな念押しや意見をいっています。戦時中の日本軍の勝利や敗北について、それを喜んだり、戦争の進行について感想をいったり、かなり率直にふるまっています。しかしそれも、W・バジョットが『英国憲政論』(English Constitution)で述べているヴィクトリア女王時代の立憲君主のあり方と比べて、それほど違ったものといえないでしょう。

バジョットは、立憲君主は政府に命令することはできないが、政府から報告を徴し、また首相に忠告や意見をいうことができるとしています。もちろん、政府は立憲君主の忠告や意見をいんぎんに無視することはできるが、ヴィクトリア女王は、実際、このようにして、彼女の影響力を行使し

ようと努めたのでした。そして、バジョットのこの著作は、昭和天皇の若き日の教科書でもあったのです。

ですから昭和天皇も、そういう振る舞いは、立憲君主の枠をはみでたものでないと考えたのでしょう。天皇が、その垣根をこえて首相を直接指名したり、具体的な政策や作戦について指示したりという記録はありません。もっとも、天皇の一言半句を絶対視する人々が、イン・グループの中にもまったくいなかった訳ではありません。しかし、天皇が、皇道派のようなファナティックな人たちを、むしろ嫌っていたのは、周知の通りです。

その意味で、昭和前期の政治の動きや戦争の開始と展開において、昭和天皇個人の意志が、どれだけ直接的な原因として働いていたかといえば、それはほとんどなかったというべきでしょう。満州事変から日中戦争そして太平洋戦争にいたるまでの戦争の計画や政治的弾圧は、すべて政府や軍部が発案し、決定したものであり、天皇は報告を受け最終的な認可を与えるにとどまったというのが、正確な言い方だと思います。よく、戦争を終えることを決めることができた人間は、それが始まることを防ぐこともできたはずだとして、天皇を批判する議論があります。天皇の側近であり、日中戦争が拡大するときの責任者であった近衛元首相は、戦後、戦争犯罪人として逮捕される直前に同じような感想を書き残しました。しかし天皇は、首相でありながら軍部を抑えることができなかった近衛が、自身の不決断の責任を天皇に被せたことに深く憤ったと伝えられています。議会政治を信じなかった近衛は、天皇親政というムードに乗って大政翼賛会というファシズムまがいの政治機構をつくったのでしたが、彼は天皇が自らの発意で軍部を抑えることに期待したのでした。しかし昭和天皇は、それこそが首相の責任だと考えていたのです。

事実、当時の国内の状況からすれば、天皇の名の下に、世論を支配し、独裁している軍部の暴走を抑えることができたのは、天皇しかいなかったでしょう。しかし、もし、天皇が軍や政府の決定を拒否するならば、それは、天皇が政府や軍の首脳を罷免して、いわば上からのクーデタ、独裁に入ることを意味します。天皇は、自分で決めた立憲君主という枠をこえて決断し行動しなければならなくなります。そしてたとえ、天皇がそのように行動したとしても、その後の政治的混乱を収拾できる展望のある政治的勢力が、天皇の周囲になかったことも事実です。

もっとも、このように論じるからといって、私は、昭和天皇が、完全に自分の意志に反する戦争を遂行させられた悲劇の主人公だったというつもりはありません。この時代、昭和天皇には、二つの矛盾する魂のとりこになっていたというのが、妥当な見方ではないでしょうか。

一方では、昭和天皇が、できることなら英米やヨーロッパ諸国と戦争したくないと願っていました。太平洋戦争に突入の決定をする御前会議で、天皇は明治天皇の歌「四方の海みなはらからと思ふ世になど波風のたちさはぐらん」を示して、平和を希望している自分の気持ちを暗示し、消極的な抵抗を示しています。この意味で、天皇は温和な平和主義者だったといってよいでしょう。そこには、彼の皇太子時代以来の英米諸国に対する感情が影を落としているようです。

しかし、彼は、他方では、祖父の明治天皇が築いた大日本帝国を失いたくないという感情に捉えられていました。大日本帝国を維持するという名目の下に、ずるずると拡大してゆく戦争に対して、もうここでやめようといえる絶対的な根拠を、天皇はもっていませんでした。彼が日本の傀儡である満州帝国の樹立や上海事変以降の中国への侵略自体に対して、反対や批判の念をもっていたとい

う記録はありません。

こういうアンビヴァレントな感情は、戦後、平和主義者としてもてはやされ、首相になった吉田茂首相やその他多くの当時の英米協調主義者、いわゆる重臣自由主義者たちに共通なものだったと思われます。ジョン・ダワーは、吉田茂の評伝の中で、彼の平和主義が、英米との無謀な戦争をしたくないという以上の意味をもたず、中国における日本の権益の維持については露骨な帝国主義者であったと分析しています。一方で中国への侵略を拡大しながら、他方で英米と協調したいというのは、両立するはずがないというのが今日の常識でしょうが、半世紀前には、一方で第三世界を侵略し植民地化しながら平和を唱えることは、日本のみならずヨーロッパにおいても、さほど矛盾とは考えられませんでした。ほとんどが獄中にあった共産主義者を別にすれば、当時の日本のリベラリストの中で、日本が中国から撤兵し、さらには植民地を放棄しないかぎり、平和はありえないとはっきり主張したのは、ジャーナリストの石橋湛山と桐生悠々ぐらいしかいなかったのです。

パールハーバーへの奇襲に始まる太平洋戦争の開戦以後、天皇が戦勝に喜んだという記録を見て、天皇の平和主義はうわべだけのものであったとする人たちもいます。しかし、同時に日本の多くのリベラリスト、近代主義者たちも、開戦と同時に一変してナショナリストとなり、戦勝や敗北に一喜一憂しました。こういう現象は、いわば、世界どこでも共通しています。第一次世界大戦の勃発とともに、昨日まで反戦で肩を組んでいたインターナショナルは、労働者のナショナリズムによって、たちまちのうちに崩壊しました。

しかし、天皇を始めとする日本の重臣指導層が、戦勝に喜んだのには、もう少し深い訳がありま す。軍部や政府内では、太平洋戦争の開戦は、中国問題についての英米の圧力を弱め、和平を勝ち

取る戦略として立てられていました。緒戦の奇襲による敗北で戦意を喪失した英米に対し、日本は有利な条件で和平を申し込み、経済制裁を撤回させ、満州国の独立と中国を日本の半植民地にすることを認めさせる。それが日本の戦略でした。政府はもとより、当の軍部自体が、英米を敵にして半年以上戦えるとは信じていませんでした。ですから、太平洋戦争の開戦は、大日本帝国を崩壊させずに、英米との平和を回復するもう一つの道だと、軍部は天皇や重臣たちを説得したのです。もちろん、日本が勝手に想像したこのシナリオが事実になるわけがなく、日本が英米に和平を申し込む機会はついに訪れませんでした。

たくさんの日本兵の血を流した中国から、いまさら撤兵できない。そういう前提がある以上、こういう無謀な戦略について、不安がいわれることがあっても、代替案を出すことは不可能でした。この意味で、国内の公然たる反戦運動の高まりによって、アメリカがナショナリズムをこえて撤兵することが可能になったヴェトナム戦争との対比を考えることもできるでしょう。神聖な天皇の名によって、あらゆる反対の言論や運動を封殺したことによって、当時の日本では、天皇をふくめた指導層自体が自分たちが立てた大義名分の虜になってしまったのです。

したがって、ついに日本が敗戦に追い込まれ、政府部内が主戦派と和平派の二つに割れて決定を天皇に委ねたとき、天皇が降伏を選び取ったのは、私たちにとってせめてもの慰めであったという外ありません。あのとき軍部の主戦派が政府部内で勝利を占めていたら、私たちは間違いなく一億玉砕への道を辿っていたでしょう。日本中で、沖縄戦と同じ悲劇が展開されたに違いありません。そして天皇が、立憲君主としての分を守って、政府のそういう決定に抵抗しなかったということも、十分ありえたことだと思います。

戦後の日本において、天皇制が、政治的な実権をもたない象徴天皇制に変わったとき、それを日本の伝統でもあるとして是認したのは、天皇自身でした。象徴天皇制と立憲君主制とでは、理論的にいえば違うはずですが、天皇自身や周辺の人たちの意識においては、さほど違ったものと考えられていなかったのではないでしょうか。戦後、天皇が対外的に元首の扱いになり、イギリスをはじめとする世界の立憲君主制下の王室と対等の扱いをうけるようになったのは、そのあらわれでしょう。

さて、昭和天皇自身の戦争責任について、当時の左翼はもちろんのこと、保守的な立場の人々からも、多くの国民が天皇の名の下に戦争に駆り出され死んだ以上、天皇は責任をとって退位すべきだという声があがりました。昭和天皇自身も、退位したいと考えていたらしいことは、さまざまな記録から推定できます。それを妨げたのは、東京裁判の進行とマッカーサー司令部です。

アメリカが、日本の占領政策として天皇制の利用を考えていたことは、周知の通りです。天皇を占領軍の側に引きつければ、それは一〇個師団に相当するとアメリカ側の文書は記しています。マッカーサー元帥は、日本占領後、数カ月して天皇の総司令部への来訪を求め、天皇を見下ろすように並んでいる記念写真を日本中の新聞に掲載させて、国民にショックを与えました。しかし、会見でショックを受けたのはマッカーサーの方だったようです。マッカーサーはこの席で、天皇が戦争についての一切の責任は自分にあるので、大臣や将軍たちを処罰しないで自分を処罰してほしいといった、そのことに自分はショックを受けたと後の自伝に記し、天皇を最高の紳士とほめたたえています。

このことは、天皇に随行した日本の通訳の公式記録に書かれていないので、天皇を東京裁判にかけずに免責したマッカーサーの自己弁護のための捏造だとする説もあります。他方、天皇が退位を思い止まったのは、退位して一私人になれば、東京裁判で天皇を訴追せざるをえなくなるとアメリカ側が警告したからだという説もあります。両者は、よく考えると矛盾しており、したがって、この辺の真相は未だはっきりしないとする外ないでしょう。いずれにせよ、天皇の責任問題は、公に議論されることなく、蓋をされました。

今日の視点から見て、天皇の戦争責任を、どのように考えるべきなのでしょうか。

天皇が、明治憲法による国権の総攬者すなわち最高責任者であり、また軍の統帥権の保持者である以上、その意味で、戦時中の日本政府や日本軍の行為について、天皇が最終的な責任を免れないのは、当然です。明治憲法は、国政について国務大臣が責任を負うとしており、日本政府は時折、この規定を持ち出して、天皇の責任問題を棚上げしようとしていますが、それは、国内法的な意味しかもちえません。統帥権が独立していたから、少なくとも軍の行動について、天皇は直接責任があるという議論もあります。しかし、国際的に見れば、これも枝葉末節の議論でしかありません。しかし、こういう制度的な責任者としての天皇が、どのような形で実質的な責任を負うべきかということになると、また、話は別です。

また、戦中派のように、天皇は自分の名で行われたすべてのことについて責任があるという論理を立てることもできます。実際、神として尊敬された天皇の意志だと信じて戦場に赴いた若者たちにとって、それを自分は知らなかったとすますのは許されないという気持ちになるのは当然でしょ

う。しかし、それは神としてかつがれた天皇のいわば人間的な責任というべきものであって、それを本人が感じないといえばどうすることもできません。三島由紀夫が、自殺的な行動にでた一つの理由が、神格化されたのは自分の本意ではなかったと、戦後さっさと人間宣言をした昭和天皇への幻滅のあったのは、有名な事実です。

天皇の戦争責任問題の核心にあるのは、天皇が、戦時中の日本の侵略戦争にどれだけ現実にかかわったかという意味での政治的な責任の問題です。そして、ここで侵略戦争に対する指導者の責任を、計画、共同謀議、指揮という形で問おうとした極東裁判の論理を持ち出すとき、昭和天皇の責任問題がすっきりと解けないのも、以上のような分析から明らかです。バーガミニは、『天皇の陰謀』をあばきだそうと努めていますが、それはヒトラーやナチスの指導者には当てはまっても、昭和天皇の場合にはしっくりとあてはまりません。また、戦中派や一部の左翼評論家は、戦後の側近の記録に現れた天皇の言葉尻をとらえて、天皇は、このように戦争に賛成し、指導したという結論を引き出すのに躍起となっていますが、それは木を見て森を見ない判断だと思います。

すでに四十年前、日本の政治学者、丸山真男は、日本の侵略戦争の指導者たちには、ナチスの場合と違って、明確な計画性がなく、一貫した指導者もいなかった。次から次へと交代した首相や将軍たちは、そのときの状況に押されてそうする外なかったと感じつつ、戦争の歯車をまわしつづけたと指摘しています。それは、生まれによって最高責任者の地位につけられ、立憲君主としての位置をできるだけはみでないように心がけていた天皇にとって、なおさらそうであったというべきでしょう。

昭和天皇の戦争責任をめぐる問題の核心は、そこにあると思います。彼は、ヒトラーのように、

自ら戦争を計画し指導した人間ではありませんでした。彼個人は、心情的にはむしろ、当時の重臣自由主義者たちと同じように、近代立憲制を信じ、英米との戦争を避けようとした人間でした。しかし、そういう心情を実現する主観的かつ客観的な条件が、存在していなかったのです。

　第一に、昭和前期の日本がつくりあげた抑圧的な政治体制が、天皇をはじめとする当時のすべての日本の指導者や世論がとらわれていたナショナリズムと大日本帝国の栄光、中国での権益の維持という発想から抜け出ることを、不可能にさせていました。満州事変以来、軍部が既成事実としてつくりあげた中国での新しい権益は、当時の社会主義政党（社会民衆党）にとってさえ「日本の生命線」とされたのです。日本の中国への進出を「侵略」としてとらえる視点は、天皇をはじめとする当時の支配層にも世論の中にも、ほとんど存在していませんでした。他方、天皇がむしろ危惧した英米との戦争については、それをアジア主義の視点から歓迎する世論のうねりが圧倒的だったのです。

　そして、第二に、生まれによって、こういう時期の日本の最高責任者とされた天皇は、決して卓越した政治的な能力や決断力の持ち主でもありませんでした。英米との戦争を避けたいという昭和天皇の心情を当時の状況の中で実現するためには、天皇が限りない政治的努力と勇気をふるわない限り不可能だったでしょう。しかし、軍部やジャーナリズムが天皇の意志を僭称して戦争への歯車

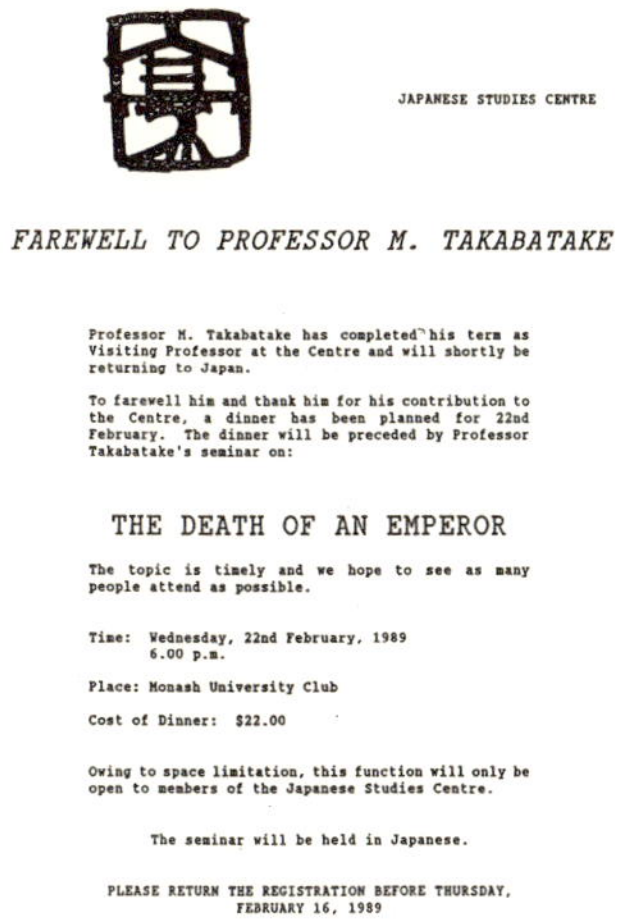
JAPANESE STUDIES CENTRE

FAREWELL TO PROFESSOR M. TAKABATAKE

Professor M. Takabatake has completed his term as Visiting Professor at the Centre and will shortly be returning to Japan.

To farewell him and thank him for his contribution to the Centre, a dinner has been planned for 22nd February. The dinner will be preceded by Professor Takabatake's seminar on:

THE DEATH OF AN EMPEROR

The topic is timely and we hope to see as many people attend as possible.

Time: Wednesday, 22nd February, 1989
6.00 p.m.

Place: Monash University Club

Cost of Dinner: $22.00

Owing to space limitation, this function will only be open to members of the Japanese Studies Centre.

The seminar will be held in Japanese.

PLEASE RETURN THE REGISTRATION BEFORE THURSDAY, FEBRUARY 16, 1989

を回しているときに、彼は、立憲君主という自ら課した役割の中に閉じこもってしまったのです。平時なら誰も責めることのないどちらかといえば非政治的な人間が、日本のそういう危機において、制度的に日本の最高の責任者であった。それは近代天皇制という制度に、本来、内在する問題です。そしてそこに日本の昭和史の悲劇が、同時に昭和天皇個人の悲劇の核心があったと私は思います。

（モナシュ大学日本研究科特別講演　一九八九年二月）

平成天皇と象徴天皇制

新憲法の下での最初の象徴天皇は、いうまでもなく昭和天皇である。しかし、昭和天皇には、戦前の「神聖天皇」としてのイメージが強く残っていた。「朕ト爾等（なんじら）国民トノ間ノ紐帯ハ、終始相互ノ信頼ト敬愛トニ依リテ結バレ、単ナル神話ト伝説トニ依リテ生ゼルモノニ非ズ」と、「人間宣言」をされても、事情はたいして変わらなかった。天皇が、地方に巡幸するたびに、あるいは園遊会など親しく人々に接する時に、しばしば恐懼（きょうく）感激してことばにつまる人々の光景が生まれたのは、そのためである。

それは、戦後、天皇の戦争責任をきびしく問いかけつづけた内外の一部論調と、それに対する一部右翼のテロリズムによる反撃という緊張の悪循環にも表れた。「人間宣言」に沿って、努めて開かれた皇室をつくろうとされた昭和天皇の意図とは別に、「天皇はなどて人となりたまひしか」と

嘆いた三島由紀夫に代表される、天皇を日本民族の宗教的、文化的な中心とする「国体」の観念は、最後まで昭和天皇につきまとって離れなかった。

新天皇は、このような過去と歴史の重荷からまったく切り離された位置にある。戦後、中学生になった皇太子（当時）は、六三制の学校で学び、また、バイニング夫人の個人的な薫陶を受けられた。スケートやテニスを好む明るい青年として成長され、テニス・コートで育まれた愛情を貫き通して、皇太子としてはじめて平民との結婚にこぎつけられた。そこには新憲法の下で国民に親しまれる新しい皇室をつくろうという当時の皇室をめぐる人びとの配慮と、それに応えようとした皇太子の意志を、読み取ることができる。

しかし、日本が経済成長の結果、ふたたび世界の大国として重きをなすようになった前後から、自衛隊を軍隊に格上げしたいというのと同じように、戦後の象徴天皇を戦前の神聖天皇の位置になしくずし的に戻したいという動きが強まったように思われる。それは、結局、私たちが、戦後の変革とその基盤になっている新憲法の意味を、どのようにふまえるかという問いを、私たちに投げかける。

それは、すなわち、天皇は、「日本国の象徴であり日本国民統合の象徴であって、この地位は、主権の存する日本国民の総意に基く」という憲法の規定を、どのように読むかということでもある。もし、私たちが、国を、個人の生活をこえる運命共同体だと考え、その中で国民は、神代からの伝統によって統合されているものだとみなせば、天皇制が戦前も戦後も実質的に変わることはないということになっても、不思議ではない。

だが、新しい憲法は、国家を、国民の健康にして文化的な生活を実現する役割を持つものとして

位置づけ、また、戦争を放棄し、平和主義をその基本的な原則とした。今日の日本における国民統合は、この幸福な国民生活の保障と平和主義の原則をふまえることによってしかありえないのである。天皇制にまつわるさまざまな伝統は、この原則から見て意味ある限りにおいて取り入れられる。もし、そのすべてを伝統の名で復活するのだとしたら、私たちは、ふたたび神権天皇制に戻る以外にないことは、自明だからである。

英国のように名目上の統治権を保有している君主でもなく、また、ドイツのようにすでに社会的な声望のある人が任命される大統領でもない、世襲の国民統合の象徴という日本の象徴天皇制は、世界でもユニークな存在である。それにどのような実質を盛るかの試みは、神聖天皇の残照をもたない新天皇によって、実質的に始められるというべきだろう。

天皇は、昨年、その地位を引き継がれるにあたって、「国民のみなさんと憲法を守り」と意志を鮮明にされた。しかし、象徴天皇制をどのようなものとして作り上げてゆくかは、まさに「主権の存する国民」の任務なのである。そして、日本が世界の大国に伍すようになった今、象徴天皇を通じて、日本国民がどのような原則で統合されているかを世界に示すことは、ますます大きな意味をもつに違いない。

（『北海道新聞』一九九〇年一一月一二日）

Ⅱ　リクルート事件―政治改革問題の始まり―

政治改革はオーストラリアに学べ―特別調査委と豪州型小選挙区制度の導入を―

一九八八年の三月から、オーストラリアやニュージーランドの大学・研究所などで、日本政治について講義や講演をするかたわら、オセアニアの政治などについて勉強して帰ってきたばかりだが、一年ぶりに接する生の日本の政治状況を見ていると、この一年間の急変ぶりがまことに印象深い。

新保守体制の脆弱性

私が行ったとき、オセアニアでの人々の質問は、なぜ日本の保守政治は安定しているのかということに集中していた。八六年体制を誇示した中曾根体制から竹下体制に移り変わっても、自民党および内閣の支持率は、全然下落せず、竹下内閣は中曾根内閣が積み残した農産物開放問題を処理して順風満帆に見えた。オーストラリアにとって牛肉の三年後の自由化はこの上ない福音であり、それを決断しえた竹下内閣は大変に政治力のある内閣のように思われた。そして、中曾根内閣が最後につまずいた売上税を消費税という形で、一年後には組み直し、民社党を抱き込む形でついに国会通過にこぎつけたとき、中曾根内閣ではなく竹下内閣こそが新保守体制の救世主になるのではないかとさえ考えられた。実際、リクルート事件は、つい先ごろまでは民社党にダメージを与え、また公明党委員長も別なスキャンダルにまきこまれ、竹下内閣にとって野党操作のカードであるかの印

象を与えており、竹下内閣はどこまでついているのかと思わせたのである。消費税やリクルート事件で野党が騒げば、八九年七月の衆参同日選挙というカードもあり、公明・民社をたじろがせるに十分だった。昭和天皇の逝去から大喪にかけての一幕も、国内の政争に網をかぶせ、ナショナリズムを高揚して新たな保守主義のうねりをまき起こす順風でありえたのである。

しかし、福岡参院補選あたりから噴出した竹下内閣批判の突風は、いまでは自民党支配体制そのものを突き崩しかねない政治気流の大渦をつくり出し、内閣は史上最低の支持率に落ち込み、自民党自体の支持率も急落している。こういう短期間の激変が起こりうるのが、今日の日本の政治力学だということを、私たちはまず理解しておく必要がある。

オーストラリアで八〇年代の日本の保守体制について議論するとき、私は、今日のいわゆる新保守体制がその底辺において、こういう脆弱性をもつものであることをつねに強調した。それは中曽根体制を分析した『新保守の時代はつづくのか』(三一書房)で指摘したことだが、今日の状況はそれが現実化しているものと見ることができよう。

オーストラリアの社会は、その主要輸出品目や観光宣伝からして、農業国のようなイメージをもたれているが、実は人口の大部分が五大都市に集中している都市社会である。農場主や観光地の建設業者が勢力をふるっているクイーンズランドやタスマニアを除けば、他の州や連邦レベルで労働党が長期政権を続けているのは、そのためだ。

こういう都市化された市民社会と対比して日本の社会がいびつな社会構造をもっていることは明瞭である。一人当たりＧＮＰがオーストラリアの二倍以上という「先進国」としては異常に多い小規模な農民・兼業農民の数と彼らが主体となってつくり出す地方社会の広がりである。その地方社

会の過剰代表を制度的な権力の基盤としながら、他方では先端的な輸出産業を中心とする財界からの献金を財政的なバックとし、その二頭立ての馬車にのって、自民党は六〇年代以降の長期支配体制を築き上げてきた。七〇年代後半以降、日本がオイル・ショックをのり切って高度大衆消費社会に向かったとき、自民党の大都市中間層での支持もまたふくらんだ。旧来の農村での支持を確保しながら、大都市での支持を増大させた自民党は八六年の選挙で大勝を博し、いわゆる新保守体制の成立を誇るようになったのである。

構造転換と都市戦略

しかし、この新保守体制は、矛盾のかたまりだった。ハイテク輸出産業の成功は、農産物自由化という国際的な圧力を増大させた。日本は最強の工業と国際的水準からはるかに遅れた農業を併存させ、それは国民生活をもいびつにした。「外に強く内に弱い円」といわれるように、日常生活はあふれる電化製品にかこまれ、若者たちがこぞって海外にレジャー旅行に出かける「豊かさ」の中で、住宅や食品は異常な高価格という「貧困さ」の中にあり、オーストラリアの日常生活の構造と逆になっている。現在の為替レートでは一人当たりGNPでアメリカをも追い越した日本の市民の日常生活の貧困さは、オーストラリアでもしばしば報道されているが、それは新保守体制の成立の仕方と深くかかわっている。そして八〇年代の保守体制が、日常的な生活実感による「豊かさ」の検証を避けて、中曾根前首相の「単一民族成功物語」や竹下首相の好きな「世界一物語」のような新ナショナリズムをあおり立てていることと、それは無縁ではない。

しかし、このようなアンバランスな構造は、保守体制にとっても、いつまでも持続できるもので

はなかった。工業による成長を維持しようとするかぎり、農産物自由化という国際的な圧力に応える以外になかった。アメリカとの貿易摩擦は、経済的な摩擦から政治的、国民的な摩擦へと転化しつつあった。それは、保守体制にとっての致命傷になりかねない。

自民党内における転換の基本戦略は、七〇年代の末に始まっていたように思われる。大平内閣のブレーンたちがつくった審議会の基本方向は、そこにあった。すなわち、自民党の都市戦略である。保守体制の支持基盤を、票的にも財政的にも都市中間層と財界に重心を移して、農村を徐々に切り捨ててゆこうという戦略である。アメリカ、オーストラリアのような大規模農業に移行すれば、大多数の農民は切り捨てられるが、農業自体は何とか維持できる。農産物の価格を下げることができれば、それはまた都市中間層の保守党支持の拡大につながる。消費税への税体系の移行も、その一環としてあったはずである。それによって中流以上のサラリーマンは減税の恩恵を被るはずであり、また法人税減税によって、企業に余力が生まれることを中間層化したサラリーマンは、歓迎するはずである。おそらく、消費税の導入、とりわけその「見直し」によってEC型の付加価値税化することによって、流通過程を単純化し「整理」することも、計算のうちに入っていただろう。それは中小自営業の税負担のクロヨン的不公平というサラリーマンの不満をなだめるとともに、輸入品が安く入るようになることで内需を拡大し、貿易不均衡を是正することに役立つはずである、と。

中曾根時代の円高移行に始まる経済構造転換の作業は、政治的には、このように保守体制の基盤の再編成の作業と重なっていた。新自由クラブの吸収も、そのひとつだった。しかし、そこにはいくつかの難問があった。

離反する自民支持層

その第一は、農村や地方出身の議員が主体となり、農村の過剰代表で多数を獲得している現代の議員集団の下で、どうして自分の足を切るような構造変換ができるのか、という問題である。それはあたかも、社会党が組合依存からの脱却をいいながら、組合出身の議員や幹部では依存脱却できずにズルズルと衰退に追いこまれていったのに似ている。自民党は、大豆、麦、乳製品、かんきつ類、牛肉と、ひとつずつ国際的（あるいは国内の財界の）圧力に屈して、とかげの尻尾切りを繰り返してきたが、そのテンポが急すぎて、流出した農民が都会の中間層サラリーマン化する前にその離反に苦しむようになったのである。皮肉なことに、いったん農民が反乱すれば、農村過剰代表制は、自分につきささった刃になる。いまや、農民は、米の聖域だけは守るという自民党の公約を信じていない。少しずつ長期にわたって切り捨ててゆけば、ゆるやかに構造転換できるという戦略は、中核の農民層たちの不安の広がりという形で一挙に崩れ出したといってよいだろう。

「村起こし」のために一億円を総花式に配るというのも、農産物輸入の自由化という台風の前には、あまりにも見え見えの〈お見舞金〉でしかないのだ。

消費税導入への大衆的反感は、単に「新税は悪税なり」という一時的なものではない。基本的にそれは中流以下のサラリーマンを直撃する大衆課税であることが実感されていることによっている。自民党の都市戦略、都市中間層を支持基盤にまきこむという戦略のなかで、下層サラリーマンはお呼びではないということが、むきだしの形でつきつけられたという実感が広がっているというべきだろう。

しかし、もしそれが国家財政の危機的状況を救うとか、高年齢社会における福祉として戻ってく

るということがはっきりしていれば、反応もまた違っていたかもしれない。しかし、この点について自民党の説明はまったく一貫性を欠いていた。現実には昨年の財政は、「ふるさと創生資金」としての〈お見舞金〉をバラまくほど余裕が生まれ、また消費税の導入は、増減税同額どころか実質〈減税〉であるという宣伝とともに行われた。減税する余裕があるというなら、その分だけスッキリと所得税減税をすればいいので、何で消費税を導入しなくてはならないかと、帰国し秩父の村に帰ったばかりの私に息まく村人もいて、私は自民党の説得がまったく功を奏していないのを感じざるをえなかった。

結局、誰もがたどりつく結論は、将来増税するために、いま無理をしてでも消費税を導入したのだろうということである。課税最低限を切り上げないかぎり、経済成長とともにつねに自然に増えてゆく所得税と異なり、消費税の増収をはかるためには、政府は毎回、パーセント切り上げの戦争を、大衆全体を敵にまわして行わなくてはならない。政府が手本としている欧米諸国では、消費税はすでに一〇％前後のレベルに達しているところが多いが、もし三％から出発した自民党がいつかそこにもってゆくつもりなら、前途には大きなハードルが待っていることになる。この点、システムを導入しさえすればという計算で始めた今回の消費税には、安易な誤算があったのではないだろうか。

また、ここで自民党はこれまでの集票マシンの働き手であった中小の商店主を敵にまわしている。売上高三〇〇〇万円以下の免税業者は、実質、税金分をもうけるはずだからという〈内向き〉の説得も、彼らの手間やお客への釈明の心理的コストを補うだけのものにはなっていないようだ。

利益誘導政治の終焉

六〇年代以降の日本の政治システムが、自民党の長期一党支配の体制へと収斂していったのは、それが高度経済成長の過程の中で、すべての利益集団が多かれ少なかれ利益の分配にあずかるという利益民主主義の構造、その意味での協調国家の体制へと傾斜していったからだった。

しかし、消費社会の成熟は、政治に対する別な受け止め方を都市中間層大衆を中心に広げていった。政治は、いまや生産の次元で利益分配にあずかる手段としてよりも、消費の次元、余暇の次元で受け止められるようになった。日本におけるイメージ政治が本格的に始まり、大衆は日常生活におけるのと同じモラル、同じ尺度で政治家を判断するようになったのである。

自民党が都市戦略をとり、都市中間層に照準を合わせて構造変換しようというとき、それは単なる政策構造の変換だけではなく、政治のスタイル、政治家の行動様式の変換をも必要とされていたのである。田中角栄のように、個人のモラルとしてどのような非難を浴びようと、結果として新潟三区に利益をもたらせばよいというような判断基準は、高度消費社会における都市の中間層大衆にはまったく通用しない。この点について、自民党は認識を欠いていたばかりでなく、逆向きの構造に傾斜さえしていたということがいえるだろう。

自民党は長期政権をつづける中で、政党自体が官僚制化し、年功序列的に指導者を押し出す構造をつくりだした。彼らの多くは農村選挙区から続けて選出されてきた長老議員である。この点、自民党の構造はひと昔前のソ連共産党と似ている。そして党内力学の中でこのようにしてつくられた長老指導者が、必ずしも高度消費社会の大衆に迎えられるリーダーではないということも同じである。

この点、中曾根前首相は例外的な存在だった。しかし、彼もテレビの前で雄弁で一時的な人気を得たものの、政治家の個人モラルの重要さを認識していなかった。「リンリ、リンリと鈴虫が鳴く」といって田中元首相への批判をかわしたのも、政治倫理問題で厳しい基準を立てれば結局はそれが自分に及ぶという予感があったからではないだろうか。成熟社会における長期支配体制の最大の落とし穴は、幹部政治家の汚職とスキャンダルであるという欧米先進諸国においてすでに確立した鉄則に、日本の自民党はあまりにも無神経であった。いや、実はそれに対応しようにもし得ない構造になっていたというべきだろう。今回のリクルート・スキャンダルは、ロッキード事件に比べれば規模も小さく、その実際の内容もそれほど深刻なものとはいえないが、大衆の反応は十二年前に比してずっと鋭敏かつ積極的になっていることがうかがわれる。

徹底した疑惑解明を

実は、私のオーストラリア滞在中、ゴールドコーストを抱えたクイーンズランド州の保守党の長期政権が、同じような汚職のスキャンダルに巻き込まれ、ついに州政府が総辞職するという事件が起こった。それはリクルート事件と同じように、政治家の名前もよく知らない青年記者が、正義感をバネとして、事件記者のようにカジノへの張り込みを繰り返し、ついに犯罪シンジケートに警察幹部から大臣たちまでもが関係していることをつきとめ、報道したことに端を発したもので、十五年前のウォーターゲート事件と同じように、今日の政治を浄化するのに、新聞やマスコミが果たす役割を端的に示している。わけ知りのベテラン記者がつい見逃してしまうことを、青年記者が追いかけることによって、政界全体をひっくり返すことができるという力学は、今日の政治を理解する

のに重要なポイントである。問題は、そこから先の対処の仕方だ。

日本では、国会での事件の調査は、政党間の対立がネックになって容易に実現せず、またたとえ行われても、江副リクルート会長喚問のときのように、そのとき限りのものでしかない。また、検察庁における事件の解明は、時効と職務権限という枠の中で、限定的にしか行われない。マスコミも、いつも一過性的だ。だから、ほぼ十年おきに日本では汚職と腐敗のスキャンダルが広がるが、そのことで何らかの改革が行われるということはなく、いつもほとぼりがさめるのを待つというだけだ。

しかし、クイーンズランドの事件では、勅選判事の資格をもつ上級弁護士を長とする特別調査委員会が組織され、それが時効や職務権限にこだわることなく、事件の全体構造を解明するまで、一年半にわたり証人を公開で喚問して調査にあたった。この特別調査委員会には、準司法的な権限が与えられ、出頭拒否した証人は強制的に委員会に連行され、証言拒否や偽証した証人は処罰される。また、カギになる証人には刑事免責があたえられる。このおかげで有権者は、腐敗の構造がどのようなものであるかをつぶさに知り、選挙で審判を下すことができたという次第だ。同じような仕組みは、アメリカのウォーターゲート事件でも見られたことは記憶に新しい。日本の野党も、中曾根前首相の国会喚問などということで点数かせぎをするだけでなく、こういう特別調査委員会の制度など抜本的な改革の提案に向けて動いてほしいものである。

というのも、現在のリクルート事件が、そこで垣間見えている問題の重要性にもかかわらず、江副個人と少数の官僚あるいは政治家の犯罪ということで幕が引かれてしまう公算が大だからである。たとえば、パーティー券のまとめ買いや官庁を通じての販売は、リクルートでなくても本来は大問

題であり、しかも政界事情通によっては、つとに指摘されてきたことであるにもかかわらず、一般的な問題として広がる気配を見せていない。特別調査委員会で、このような事例のすべてが明るみに出されてこそ、政治の本格的な改革の機運が生まれるというものだろう。

野党がなすべきこと

竹下内閣が、ひたすら「忍」の一字で逃げきろうとしているのは、結局は野党が、ここで政権交代を行うことが、議会制民主主義の下での野党の責任だと心の底から考えていないからであって、こういう状況になってもいまだ及び腰の解散という遠吠えをしているだけである。それはたとえば社公民の三党が、これまでの行きがかりを捨てて結束し、暫定内閣を連合して組織する話し合い一ついまだに進行していない状況に端的にあらわれている。世論調査で自民党に背を向けた有権者の半分以上が「支持政党なし」と答えざるを得ないことに、今日の日本の有権者の不幸が典型的に示されている。

竹下内閣が「政治改革」についてだけ雄弁になるというのは、その政治改革の中にリクルート事件の自浄的な積極解明の努力がふくまれていないという点で、全くおかしいといわざるを得ないが、しかし、政治改革の焦点の一つが、とりわけ自民党候補者が複数で争う利益誘導型、モノ分配型の選挙制度の改革にあるという点は、それほど的外れではない。ただそれが西独型を自民党に都合よく焼き直した小選挙区と比例代表制の並立にするという党略的な提案では、野党が拒否するのも当然だろう。

しかし、そこで野党側から積極的な反対提案がなく、結局、中選挙区制に固執するだけというの

はいただけない。それでは十年おきのスキャンダルで自民党をゆさぶることだけが楽しみで、結果としては自民党の一党支配を許してしまうことになる。与党・野党ともにのれる選挙制度の改革案をつくりだすことは、現在の政治状況の中での急務の一つである。

この点でオーストラリアの下院の選挙制度は、ひとつの参考になる。ここでは小選挙区制だが候補者が有効投票の過半数を取らないかぎり当選できない。一回目で決まらない場合考えられる一つの手段はフランスのように二回選挙による改選だが、それはわずらわしい上に、上位の候補者以外を支持する有権者が二回目の選挙にそっぽを向くという可能性がある。そこでオーストラリアでは、有権者にあらかじめ支持の順位をつけて投票させ、過半数を獲得した当選者がいないときは、最下位の候補者から票を没収し、それを第二順位の記名にしたがって他の候補者に再配分する。それでも過半数得票者が出ない場合は、下から二番目の候補者の票を同じように再配分し、決まるまで再配分を続けるのである。

有権者がいろいろ順位をつけるのが面倒なら、政党に投票することもできる。この場合は、その政党が事前に発表した政党別の順位に従って、票は自動的に再配分されてゆく。この方法は、以前は開票が面倒だとして不評だったが、今日ではコンピューターの発達で、マークシート方式投票にすれば即時に結果が出る。

この制度の利点は、小選挙区制の下でも多党が競争的に共存しながら、連合することを促すことにある。オーストラリアでは、一般に比較第一党は労働党だが、二、三位連合をつくっている自由党・国民党連合の候補に敗れるケースもままある。

また、候補者個人の評判がよいと、有権者が政党を選択しないで、その選挙区独自の順位づけを

して、政党の予定が狂う。こういう意外性を秘めているという点で、現代の日本で、与野党ともにのれる選挙制度改革案の一つとして検討に値するといえるだろう。

今日の日本に生まれている政治状況は、政権交代から本格的な政治改革へと進む可能性を秘めているという点で、日本の議会政治を立て直しうるまれな政治状況である。もし、ここで「忍」の一字に徹した保守党の「ほとぼりさまし」作戦を奏功させるなら、失望した有権者の反動はおそるべきものになるだろう。野党にはとりわけ目前の点数かせぎだけでなく、この点についての政治責任を深く考えてほしいものである。

（本稿は談話をもとに加筆してまとめました）

（『エコノミスト』一九八九年四月一八日号）

いま、国民と野党に問われていること

保守支配体制の新しい力学

この三月末まで一年間、私は、オーストラリアのメルボルンで客員教授をして、日本を離れていた。帰国してみると、日本の政治情勢は、大きく変わっていた。今や、竹下内閣だけではなく、自民党の支配体制そのものの存亡が危ぶまれている。野党は、十年ぶりに野党連合政権を口にしはじめ、久しぶりに会ったノンポリの学生たちまでもが、もしかすると政権交代を見ることができるの

かも知れないと興奮している。

考えてみると、敗戦後の短い社会党内閣を体験した五十代以上の層を除けば、ほとんどの日本人にとって、支配政党とは保守党のことであり、政治体制とは自民党・財界・官僚の複合支配体制でしかなかったのだ。

オーストラリアにいても、日本の新聞・雑誌は一週間遅れだがだいたい目を通しており、状況は一応わかっているつもりで帰ってきたのだが、やはり皮膚で接する日本の空気は違っていた。久しぶりに挨拶する近所の人、なじみのレストランや商店のおばさんたちが、オーストラリアはどうでしたという問いかけの次に、もう竹下内閣も自民党も終りだねと日本の空気を教えてくれる。

それは、この話題がすでに家庭の中や近所の井戸ばた会議で、繰り返され確かめられた話であることを感じさせる。仕事場にしている秩父の山村に戻って車を転がしながらラジオを入れてみると、音楽番組の司会者が威勢のいい声で、「竹下さんのあんな釈明じゃ誰も納得できないね」と啖呵を切っている。帰国後、数日して見た内閣支持率、空前の九％台に低下という新聞報道（『毎日』）が、ようやく実感をもって受け止められてきた。

こういう状況は、ロッキード事件の時もなかった、いや「六〇年安保」の時以来かもしれない、と私は考えた。しかし、「六〇年安保」で沸き立ったのは、都会だけだった。

今回は、福島や宮城の参院補欠選挙で見るように、自民党は地方から崩れている。だが、都会では、自民党内閣の退陣を要求する大衆的なデモひとつない。デモひとつないまま、あれほど強固に見えた四十年間の保守体制が、砂の城のごとく、崩れさろうとしている。そこには、歴史は決して単純な繰り返しでないということを感じさせるものがある。

自民党が永続政権を誇っていたこの四十年近くの間に、日本の社会は、底辺から静かに転回していたのである。それが、今、形をとって自民党の支配体制に公然たる不信をつきつけている。その新たな力学を見極めない今日の自民党の対応は、空振りするだけだ。

実際、「忍」ということばでごまかしているものの背後にあるのは、慌てふためく幹部たちの右往左往であり、党として何をしていいかわからない無策ぶりなのである。それが今日の自民党にとって、どれだけ構造的なものであるかについて、私たちはまず了解する必要があるだろう。

一年前に私がオーストラリアで講義やセミナーを始めたとき、日本に関心のある学生や知識人が知りたがったのは、日本の保守支配体制はどうして新たな成功を収めえたのかということだった。八六年の選挙で地滑り的な勝利を手にした保守党は、七〇年代後半以来の長い不安定から抜け出して、今や「五五年体制」に代わる新たな長期支配体制としての「八六年体制」をスタートさせたと誇っていた。

中曾根内閣は戦後の首相の中では記録的に高い支持率を維持しつづけ、自民党も「五五年体制」の最盛期に匹敵する支持を獲得していたのである。

その中曾根内閣がつきあたった壁である農産物自由化の国際公約と売上税の導入を、後を継いだ竹下内閣は、いとも軽々と越えたかに見えた。昨年の春以来のパイナップル、乳製品そして牛肉の段階的な輸入の自由化の実施は、アメリカだけではなくオーストラリアでも高く評価され、前首相のように能弁ではないが「実行力」のある竹下首相の「名宰相」としての国際的評価は、一挙に高まった。同じように、消費税と名を変えた売上税は、税率を切り下げ、簡易課税方式を導入することによって、党内や流通業界の抵抗を鎮め、選挙と選挙の合間を縫う形で、八八年末に成立させた。

その間、野党とりわけ公明党と民社党は、解散と同日選挙の脅しにあって金縛りになり、半年間の実施の「目こぼし」で妥協した民社党は、実質的に消費税成立の片棒をかつぎさえした。

この時、すでに「リクルート事件」は始まっていたのだが、それは党内的には中曾根前首相、党外的には委員長が巻き込まれた民社党を直撃するものであって、消費税成立のための有力な援軍とさえみなされた。

そして、保守体制十年間の懸案を片付けてひとり指導力を維持しつづける竹下首相の総裁再選間違いなしという観測が新聞紙上をにぎわしたのは、つい先頃のことだったのである。

政治危機に沸き立つこの頃からすれば、こういうつい昨日までの日々は、遠い夢のように思われる。それは、まさに「一寸先は闇」「板子一枚下は地獄」といわれる政治の世界の習いであるのかも知れない。

しかし、どのような危機にもそれなりの構造的な背景はある。いや、このように政治情勢が急転するということ自体が、この「八六年体制」と呼ばれる新しい保守支配体制の力学に外ならないのだと、私は想う。

保守的な構造改革の最終目標

自民党が長期支配体制を確立した一九六〇年代、保守党は票田としての農村と資金源としての工業（財界）をバランスよく両立させることに成功した。農村には、利益誘導によって中央からの資金が還流すると同時に、農業自体もさまざまな補助金によって手厚く保護された。そしてまた、農村からの保守票は、定数不均衡による農村の過剰代表制によって、議席の上でさらにふくらまされた。

他方、財界からの資金は、高度経済成長をつづける中でスムーズに自民党に流れ込みつづけた。政府の財政もまたつねに余裕があり、それは農村に還流する補助金を土産にする保守党代議士を助けた。このような構造はすべて、いまだ日本がアメリカの庇護の下にある「中進国」であることによって、また、有権者が全体として経済成長に期待して貧困から脱出したいという「窮乏心理」をもっていたことによって、可能だったのである。

しかし、経済成長のなかで農村人口は減りつづける一方、「豊かな」社会化した都会の中間層は、現状に満足して次第に「生活保守化」しはじめる。他方、日本が「経済大国化」し、アメリカや西欧諸国との経済摩擦に直面しはじめた時点で、保護政策によって生き延びている農業は、自民党にとって次第に重荷になってくる。したがって保守体制は、この票と金とのバランスをとり直すという構造改革の作業を開始せざるをえなかった。

農村を全面的に工業化しようという田中内閣の「列島改造」は、その最初の試みだった。そして、それがオイル・ショックであえなくつぶれた後、大平内閣の田園都市構想にはじまり、中曾根内閣の「国際化」を看板に掲げた「保守革新」路線にいたる動きは、その第二弾だったということができる。

この保守的な構造改革の最終目標は、はっきりしている。自民党にとって、何よりも大切なのは、資金源としての財界の要求に沿って、日本の工業、輸出産業を維持することである。そして輸出産業の欧米市場を確保するためには、農産物の自由化を段階的に実施してゆく外ない。

日本の農業も、欧米並みに大規模近代化すれば、自由化しても必ずしも全面的につぶれるわけではない。しかし、農村人口は激減し、農村は票田として役に立たなくなる可能性がある。この意味

で、一方では、旧来の農業や補助金によらない「村起こし」の必要が叫ばれる一方、自民党の主たる票田を、農村から都市中間層へと切り替える必要がある。

自民党内の傍流であった中曾根前首相が「保守革新」を唱えて長期政権をつくり、時に党の「族議員」たちと対抗して「大統領型首相」を自称しながら、現実には財界本流ともっとも近い保守本流派の大平内閣の改革路線の実現者になっていった事情は、このように理解することができる。そこでは国鉄つぶしに象徴される行政改革と売上税の導入による所得税減税は、都市中間層やサラリーマンの心情をくすぐるはずだった。

さらに中曾根自民党は、新自由クラブを吸収し、教育改革で文部省の「わからず屋」とたたかう素振りさえみせた。四全総では、東京を始めとする大都市への巨大な国家投資をうたった。また「豊かな」社会の消費者となった都市中間層とりわけ女性や若者の人気をうるために、テレビに常時現れてイメージの演出に努めた。

他方、農村に対しては、アメリカやEC諸国の圧力に抗して、農産物自由化をできるだけ遅らせるかのごとくに振る舞った。この間、遂行した円高への誘導も、さまざまな不安の渦を巻き起こしたにもかかわらず、結果的には自民党の都市戦略の一翼を担うものとなった。輸入品は安くなって物価は安定し、海外旅行にでかける若者たちに、円高の旨味(うまみ)を満喫して経済大国日本へのプライドを掻き立たせたのである。

「八六年体制」における中曾根自民党の大勝利は、このようにして自民党に最後の期待をつなぐ農民と自民党に惹かれ始めた都市中間層の合成からなるものだった。その意味で本来、右翼である中曾根前首相は、「左にウィングを伸ばした」新しい体制の成立を誇ったのである。

しかし、まさにそのことによって、この新しい保守体制は、かつての高度経済成長時代の保守体制と違う構造的な脆弱性を抱えるものになった。それは一方では、農村と都会の両方にアピールする矛盾した政策を継ぎ合わせることによってのみ可能になったのであり、他方では、気紛れな「豊かな」社会の中間層のイメージ的な人気に大きく頼っていたからである。それは、当然、保守支配体制の「成功」から「失敗」への急激な変化の力学をふくむ。現在の政治危機は、まさにその表れなのである。

農協・農民団体の自民党離反

マスコミでは、今日の自民党の苦況は、農政、消費税そしてリクルートの三重苦によってもたらされたとひと口にいわれている。しかし、振り返ってみるとこの三つは、「八六年体制」を成立させたその基礎を、一つずつ裏返すものだった。どうしてそういう事態が一挙に生まれたのだろうか。

それは、「八六年体制」が政策的に矛盾の塊であったばかりでなく、その整理を一寸延ばしにしてほころびを取り繕い、政権を延命していたからであり、そして、後継の竹下内閣は、指名と引きかえに中曾根内閣が逃げていた懸案の解決を一挙に行うよう強制されたからである。農産物を自由化し、農民を切り捨てることは、新しい保守体制の究極の目標であるとしても、現実に農村からの過剰代表によって成立している政党としては、単純に実現できることではない。中曾根内閣はしたがって、ロン・ヤス関係に頼って、問題を引き延ばすことにひたすら努めた。内需を振興し輸入を拡大して、日本の貿易黒字を大幅に圧縮するための日本経済の構造改革を推進する国際公約を前川レポートという形で作文して、時間稼ぎ工作の一環としたことは周知のとおりである。

しかし、現実の黒字幅の圧縮はいくら円高が進行しても遅々として進まなかった。そこには、基本的に中曾根政策につきまとう地価の高騰や社会福祉の切り下げが、貧困な住宅や高い貯蓄率となって庶民の内需が拡大しないということに加えて、建設業界や公共事業の自由化について保守党支持層の中核からの強い反対が控えていたからである。

しかし、中曾根に後継者たることを指名された竹下内閣は、後継の条件からしても、また外交音痴というレッテルを返上しアメリカの信頼をうるためにも、就任早々、中曾根内閣が実行しなかった農産物や建設業界の自由化にせっせと取り組まざるをえなかったのである。竹下内閣が実行した農産物の自由化は、個々の品目について見れば特定の地方に影響を与えるに過ぎず、またそれには米の聖域は絶対に死守する、いや死守するために一部をあえて開放するという歌い文句がついていた。

しかし、今や農民の多くは、この自民党の公約を信じていない。切り捨てられた農産物の一つ一つが、かつてそのように公約されたものであり、農民はそれを信じて資本と労働を投下し今日までやってきたのである。すでに八七年の売上税をめぐる「岩手の乱」の時から、農協や農民団体の自民党離反は拡がりはじめており、それ以後、本格的な国政選挙は行われていないのだ。

ここで、地方議員出身の「選挙の神様」竹下首相が農民の離反の程度をどのようなものとして考えていたかは興味がある。もとより、「ふるさと創生」のスローガンも、また一村一億円の「創生基金」のばらまきも、首相の危機感がもたらした産物であることは間違いない。

しかし、それが根本的な農業政策の再検討によって農民に希望をもたせるのではなく、対策的な基金のばらまきによって票を「買おう」という発想は、まさに国会対策と同じ手法だといえよう。

党内や野党を国会対策的に懐柔して法案をつくりあげたのと同じやり方で、農民や国民を操ることができるという発想を超えた地点から、今回の危機ははじまっていることに気づきえないところに、竹下政治の本質が現れているという外ない。

「八六年体制」の構造的な脆弱性の第二は、このようにして進められた保守改革の中身が、たんなる国際化への対応や都市サラリーマン層の優遇という以上に、現実には露骨な強者の優遇、弱者の切り捨ての哲学を含んでいることが大衆的に実感されはじめるとき、それは一挙に庶民の反乱を引き起こしかねないということだった。行政改革とは、国労狙い打ちの国鉄つぶしに他ならなかったが、それは経営効率を上げるという名目の下に美化された。

今では、JR各社の多くが黒字を計上しはじめたと宣伝されているが、それは借金を清算事業団に棚上げしたからであって、それをふくめた経営全体は決して好転していないことは、伊藤光晴教授の分析（『世界』八九年四月号）でも明らかだ。しかし、首切られた人は不運だが、一部の少数の人に過ぎなかった。健康保険の給付の切り下げの時は、もっと広範な怒りを捲き起こしたが、しかし、病院に通うのは、老人を除けば、ほとんどの人には一時の問題だった。

土地の値上がりの放置は、固定資産税や相続税の問題として、もっと切実な不安を引き起こした。しかし、これも一部の大都会での問題であり、今日明日の問題ではなかった。だが消費税の問題は違っていた。それはすべての庶民を日常的に直撃する問題だったのである。

官僚化と年功序列化

今日の時点から振り返ってみれば、中曾根内閣の売上税の方が、まだましだったように思われる

ほど、現在の消費税は庶民の忿懣の種を多くふくんだ欠陥商品である。売上税は、公共料金や庶民の生活必需品を免税する努力をふくんでいたし、また、流通業界がこぞって反対しただけあって、伝票システムによってクロヨンといわれた所得の捕捉の不公平をいくらかでもなくそうとしていた。しかし、本来自民党の票田である流通業界を宥めるためにつくった帳簿方式による簡易課税や免税業者の仕組みは、税率は低いにもかかわらず、新しい税の不公平をあらわにするものだった。

世論調査に表れた巷の消費税の不満の半分は、税金そのものよりも、それをふところに入れることができる免税業者や野放しの便乗値上げに向けられている。そして、これによって減税されるというサラリーマン層が、管理職クラス以上の上級サラリーマン層でしかなかったことを、庶民は身に沁みて感じとったのである。

実際、今回の消費税導入は、経済成長の中で進行していた日本社会の新たな階層分化を肯定し、いやそれを助長するものとして後世意味付けられるだろう。八〇年代のいわゆる「保守改革」は、現実に、中間層意識の一般化に象徴されるような日本社会の「平等性」の神話によって支えられていたこれまでの保守体制の足元を、自ら掘り崩す方向に向かっているのである。「国際化」政策にともなう地価の異常な値上がりや株の高騰による「ニュー・リッチ」と「ニュー・プア」への両極分解を、それは裏打ちし、仕上げるものとなった。

東大がもっともリッチな階級の子弟を集める保守的で特権的な大学に転化したのは七〇年代半ばからだが、「西欧先進諸国に倣って」という消費税の導入が、西欧社会と同様な階級社会の導入と自民党の都市上層階級の政党への転化を現実に意味していることが大衆的に実感されるようになるとき、新保守体制は一挙に崩れだすのは当然である。その意味で、消費税の導入は、大蔵官僚が単

純に想定した歳入のつじつま合わせ以上の意味を、日本の政治に対してもっていたというべきだろう。

中曾根前首相が、都市中間層や若者・女性にアピールするテレビ・タレントとして演技したということは、この視点からすれば、新保守体制を維持するための不可欠の要素だった。実際、階級性をあらわにしはじめた今日の保守党にとって、リーダーは、イメージで大衆を引き付けることができるデマゴーグ以外にありえないのである。

ところが逆に、長期政権独裁体制のなかで年功序列化し、官僚化した自民党は、そういう大衆指導者を総裁に択(えら)ぶ構造になっていない。実際、二年前の中曾根後継劇で明らかになったように今日では、既成派閥を受け継いだ歳老いた「ニュー・リーダー」たちが、すべて前首相のもとにすり寄る総主流派体制が成立し、またそれぞれの派閥では内部のしめつけが強化されて、脱党や除名を覚悟で幹部に大声で異議を申し立てる威勢のいい青年将校はもう輩出されない仕組みになってしまっている。

その結果が、リクルート事件に直面して、今日、「言語明瞭・意味不明瞭」な弁解で大衆を呆れさせ、マス・メディアの嘲笑の的になる指導者を頂いて、自民党が急坂を転げ落ちるという事態になって表れているのである。それは「八六年体制」の脆弱性の第三のポイントになる。自民党の右往左往、無策ぶりが構造的だというのは、こういう意味合いにおいてである。

リクルート事件の本質

そして、これにリクルート問題が重なる。一年近くにわたって次から次へと無限に拡がるリクル

ートの株提供、パーティー券購入そして政治献金の暴露は、自民党を完全に麻痺させた。それは、自民党が新しい支持層として開拓したはずの都市中間層や女性層の自民党からの離反を決定的にした。竹下首相が「忍」の看板をかかげて自らけじめをつけようとしないことが、さらに事態を決定的に悪くした。今や都市上層の中産階級でさえ、自民党に愛想づかしを始めているのである。

いったい、リクルート問題の本質はどこにあるのだろうか。一つの見方は、もちろん、現在の選挙に金がかかりすぎるので、政治家は、気前よく振る舞う企業が向こうからすり寄ってきて金を出すといえば、どうしても誘惑されるという。これは、一般論としてそのかぎりでは正しいだろう。

しかし、それが、自民党総がらみで汚染されたリクルート献金に対する釈明となり、そしてそれゆえにリクルート問題で責任を取るということは「政治改革」を行うことだという竹下首相の居直りの理由にされ、さらに野党も同じように自民党やNTTにパーティー券を押し付けてたかってきたではないかという暴露的な恫喝になって現れると、リクルート問題をこのような一般論の枠に押し込めて論じることの危険が、現実的に明白になる。それはリクルートという「悪玉」企業と選挙制度に責任を負わせて、政治家個人の責任を不問にするイデオロギーになっている。

一般的にいえば、政治に金がかかり、また政治家が金に誘惑されるという危険は、どの時代どのような選挙制度の下でもある。フランスの政治学者デュベルジェは『ヤヌス（双面の神）』という本の中で、自由主義体制は、金権腐敗という持病をもっていると論じているが、それは選挙制度いじりなどということで根絶されるほど容易なものではないのである。

今世紀の後半に入っても、欧米諸国においてさまざまな形での政治腐敗が暴露されてきた。直接的な献金に対する規制が生まれれば、土地や株の内部情報あるいは家族への顧問料といった新たな

資金づくりの抜け道が考え出される。それはいわば、先天的な犯罪者に対する永遠に終ることのないゲームのようなものだ。しかし、そのゲームをあきらめない努力が、今まで自由な民主主義の体制をなんとか持続させてきていることは間違いない。そして、そこにおける基本ルールが、第一にルール違反が明らかになったものは責任をとること、第二に腐敗が永遠に隠蔽されないよう、適当な間隔で政権交代が行われることであることは、あらゆる先進国で確立された原則なのである。

ロッキード問題に比べてもリクルート問題の救いのなさは、支配政党のなかに顧みて他を言い選挙制度をあげつらう声はあっても、まず責任を取りけじめをはっきりさせるという声がほとんど聞こえないことである。

責任政党ということは、政権を維持しつづけることの責任だけでなく、デモクラシーのルールを守るという責任でもあるということを、正面切って言挙げする領袖ひとりいない今日の自民党の現状に、世襲的な官僚政党になり人間的にみな小粒になった保守党の堕落を、多くの人は感じているのではないだろうか。国会ですべてを明らかにすると称しながら、得々として多数の資金団体に分割して政治献金を受け入れる脱法行為を説明して恥としない首相をもつことの恥ずかしさをすべての国民は感じていると思う。こういう状況の下で、首相が逃げ道としている政治改革の中身として、西独の選挙制度を自民党に都合よく焼きなおした小選挙区と比例代表制の並立を腹案としているとは、まさに居直り強盗にたとえられても仕方がないだろう。

たとえ、今日の日本の政治に一般的に金がかかるとしても、それが自民党と野党とでは、比較にならぬ差があることは、すでに各種の調査が明らかにしている。四月初めのＮＨＫ特集「政治と金」では、平常時の代議士の年間政治経費が、野党で平均三〇〇〇万円であるのに対して、自民党

では平均三倍以上に達していた。明らかに問題は、自民党代議士の金をかける集票の仕方にあるのであって、選挙制度自体にあるのではない。しかも、たとえばリクルート系企業から竹下首相に提供された三年間で、一億五〇〇〇万円に達する資金は、いったい何につかわれたのか。藤波前官房長官は、株を売ってえた金を何につかったのか。

日本の中選挙区制度に問題がないとはいわない。しかしリクルート問題を、この際、「政治改革」という名の選挙制度いじりに単純化するのが意図的であることは、あまりにも明白であるだろう。

しかし、リクルート問題の本質は、たんに気前よく金をばらまく新興の企業に、多くの政治家がたかったという種類の単純な問題なのだろうか。

四月八日の藤尾正行元政調会長の選挙区での爆弾発言はリクルート問題にまったく別な照明を与える。彼が政調会長として知りえた事実としていうところによれば、リクルートと中曾根前首相との関係の核心にあるものは、NTT経由でリクルート社が導入したスーパーコンピューターの価格が四倍の八億ドル（約一〇〇〇億円）に水増しされ、そこからレーガン・アメリカ大統領（当時）へのリベートが払われたことだという。

もし、これが真実だとすると、中曾根首相（当時）はなんでレーガン大統領にリベートを支払わなければならなかったのだろうか。それは溜まる一方の貿易黒字にもかかわらず農産物の自由化を実行しない日本政府に対して、アメリカの世論や議会の対日感情が悪化するなかで、首相が唯一頼りにしたのがレーガン大統領だったという当時の状況を考えてみると氷解する。それはまさしく「八六年体制」の矛盾を繕い、自由化へのアメリカの圧力を和らげて体制を持続させるための贈賄工作だった。そしてそれが、喧伝された「ロン・ヤス」関係の実態だった。リクルートは、その駒

につかわれたのである。

しかし、それはリクルートにとっても悪い取引ではなかった。異常に価格が吊り上げられたスーパーコンピューターを買う代償として、リクルートはNTTの特権的庇護を受け、新しい企業活動の本命である回線リセールを独占しえたからである。もちろん、NTTの真藤会長(当時)には、また中曾根の庇護を受けてNTT分割の声をつぶし、社内での独裁的な地位を確保するという見返りがあった。

リクルートの一見手当たり次第に見える政治献金には、付き合いや保険的なものを除けば、その企業活動にからんでの脈絡がはっきりと通っている。そこで注目すべきは、こういう企業活動とリクルートの政治家・官僚への接近が、すべて「八六年体制」における民営化、国際化そしてそれに伴う都市の地価高騰とからんでいたことだ。本業の求人紹介活動は機能的には労働省の職安活動の民営化だったし、株のばらまきの資金源になったリクルート・コスモスの急激な膨張は、同様に大都市への機能再集中を意図する中曾根政策から生まれた。ちょうどかつての田中の金権政治が「列島改造」という保守体制の変動から政治資金を生み出したように、新保守体制への移行に伴う社会変動の隙間から、中曾根体制に癒着し、さらに次の竹下体制に癒着して成長しようとしたリクルートと保守党政治家たちのもたれあいが生まれたのである。この意味でも、リクルートの問題は、たんなる新興企業の気前のよいばらまきに単純化すべきではない。私たちは国際化と民活の隙間に、政治権力に近寄って栄えようとした同じようなケースがさらにないかについて、警戒心をもやさなくてはならない。

野党政権誕生の条件

ともあれ、総主流派体制といい総汚染体制ともいう現在の自民党体制の中からは、かつての自民党の危機のときのような内部からの政権更新の力学は生まれない。今日では、田中問題のときの新自由クラブのように、農村派と縁を切った都会派保守党の旗揚げも、無意味になった。おそらくただ一つ自民党の中でありうるのは、選挙に弱い若手議員が、イデオロギーや選挙区によらずに横断的に連合して旗揚げすることくらいだろう。

なぜなら、今の長老指導者たちの戦略は、金丸発言にみられるように、事態を一刻も早く収めるために、検察による事件の拡大を牽制する一方、思い切って同日解散に打って出て「みそぎ」をすませることにあると見られるからだ。そのとき、自民党が敗北することは、もちろん覚悟の上である。

しかし、八三年の経験に見られるように、自民党の過半数割れ自体は、体制の持続のためにそれほど怖くはない。長老たちは、その時は、中道政党のうちいずれか一つ連立に誘い込めると高をくくっているのである。

しかし、そこで落選して切り捨てられるのは、多くは地盤の固まらない若手議員たちだ。その多くは前回の地滑り的勝利で初当選した代議士たちである。彼らが解散回避、竹下辞任の運動を起こすのは当然だろう。だが、そういう若手の声が、自民党の金権体質全体の改革に向かうということについては、なんの希望も見いだせない。それは、やはり憲政の常道にのっとって、野党が自民党に代わって政権の座に就き、リクルートだけではなく他のあらゆる癒着と腐敗の構造を、この際明るみに出すことによってしか期待できない。

しかし、今、日本の野党には、いったい本気で政権を担当する気があるのだろうか。

竹下内閣だけではなく自民党の支持率も急落していることを伝える各報道機関の調査も、その数字についてはまちまちだ。しかし、その中で、一つだけ共通していることがある。それは、自民党から離反した有権者の多くが「支持政党なし」へと向かい、なかなか野党の支持へと向かわないことだ。

日本の野党は、この意味で自民党の対抗政党ではない。それはそれぞれ背景になる組織の個別利害や特殊用語と結び付いた集団であって、自民党に見切りをつけたからといって、有権者に直ちに代わりに支持するという気を起こさせないのである。実際、有権者の間ではこういう感覚が定着しているのに、野党の方はそれに甘んじて四半世紀の間、おたがいに個性だけを強調し、時には自民党に対抗するのも忘れて抗争しあってきたのがその歴史だといって過言ではないだろう。

自民党に対抗して野党が政権を目指すためには、野党が本気で連合政権をつくる努力をし、その成果を国民に示す以外にない。それには、たとえば社会党と中道政党が連合するというだけでは不十分だろう。とりあえずは自民党に代わる緊急政権をつくるために、それぞれの政党が解党とまではいわないまでも、政党に加えて国民的なレベルの市民団体や知識人代表を糾合した政治浄化のための「緊急民主戦線」を結成し、できるだけ政党色の薄い統一候補を立てるまでの話し合いを詰めなくてはならない。

政策についても、基本的な相違点は当分棚上げして、政治腐敗を一掃するために一致できるものから実施する。そのプログラムを明らかにしえた時はじめて、自民党を離れた有権者の支持は、野党の側に集まることだろう。たとえ一年間とかぎっても、自民党に代わる政権が日本を支配すると

いうことの意味は、十分にあるはずである。

今、問われているのは、自民党の政治ばかりではない。野党もまた、政治腐敗を一掃し、弱者にも希望をあたえる政治を日本にもたらす責任を問われているのである。「神風」にもたとえられている野党にとって四十年来はじめての政治好機を、自民党政権を覆すために捨身の努力で生かしきるか、それともたんに自党の勢力を増すことに利用するだけか。国民の目はその意味で、今や自民党よりも、野党に注がれていることを、野党は銘記すべきである。


（『潮』一九八九年六月号）

政治家とカネ——制度改革論は責任転嫁——

政治倫理ということばで、今、問われているものは、政治家の金銭や利権に関するモラルの問題だ。実際、リクルート事件は、甘い金に群がった政治家の広がりという点で、十三年前のロッキード事件や金権政治問題に比べて、今や、金権汚染が保守党の全身病であることを示した。

初めはたんなる未公開株の贈与をめぐる問題と思われていたものが、次から次へと発掘されるリクルート汚染の報道のなかで、パーティー券のまとめ買い、受け皿の政治団体の分散、夫人や秘書への顧問料支払い、企業からの秘書派遣などという形で、株券の贈与をはるかに上回る巨額な政治献金のばらまきをリクルートがしていたことが明るみに出て、問題の深刻さはいっそう印象づけられた。今や、国民は、保守党の議員の多くが、リクルートからだけではなく他の多くの企業からも、

同じような脱法行為まがいの手段で資金や利便を受け取っているのではないかと疑っている。リクルート事件は、たんなる氷山の一角にすぎないのではないかという直感が、政治家全体への不信の声となって世論調査に表れているのである。

これに対して、主として保守党の側から、選挙に金がかかるのが問題の根源だという釈明がなされている。さらには頼みごとに物的な謝礼をする日本の贈答文化に問題があるという種類の分析も、流行している。そこから「政治改革」や「虚礼廃止」の必要性が説かれる。これらの議論はそれなりに一理あるように見えて、どこかおかしい。それは罪を犯したものが、環境に原因を転嫁して、自己の責任を棚上げしようという論理と似通っている。環境を改革すれば再び金権汚染が起きないという保証は、どこにもないのである。

実際、今日、洋の東西を見渡してみて、政治家の金権汚染の問題がどこでも深刻な問題であることは周知の通りだろう。アメリカでは下院議長が疑惑の焦点にたち、フランスでも内部情報に通じた政治家の株取引が問題になった。昨年、オーストラリアのクイーンズランド州では、金権疑惑で十九年間続いた保守党政権が崩壊し、またソ連では、ペレストロイカが進むに従って、ブレジネフ政権の腐敗が明るみに出た。これらの問題は選挙制度の問題などというものとは、全く関係ない。

ひるがえって今日の日本の政治家たちが、不法にあるいは脱法まがいの手段で得た金を、選挙にのみ使ったとどうしていえるのか。すでにリクルートからの献金を私邸の建設費にあてた政治家が明るみに出ている。国民は、多くの政治家が、かつての井戸塀政治家と違って、政治にかかわっている間に財産を蓄え、だれの名義かは知らないが軽井沢や御殿場の豪華な別荘を楽しむ生活を送るようになった事実を知っている。政治家の金権汚染は、なまはんかな政治改革などというもので根

絶できるようなものではない。それは権力というものが存在するかぎり、権力者や政権政党につきまとう人類とともに古い持病なのである。

百歩譲って、現在の日本の選挙のあり方にもそれなりの問題があり、政治家はそれゆえに資金集めに狂奔しなくてはならないとしよう。しかし、最近の諸調査が明らかにしているように、保守党の政治家は、野党の政治家に比べて、平均三倍以上の金を選挙区の経営に使っている。問題は明らかに、保守党政治家の選挙運動の仕方にあるのであって、選挙制度自体や政治家全体にあるのではない。選挙区内での冠婚葬祭や運動会などへの金一封のばらまき、後援会の旅行や慰安会への補助など、違法行為すれすれの金のかかる集票活動の方法を発達させたのは、ほかならぬ保守党政治家たちなのである。このようにして、悪貨が良貨を駆逐するように、保守党内部では、国事を論ずる政治家は資金を散布し利益誘導を誇る政治家たちに駆逐されてきた。その頂点に、子分たちへの資金分配量の、すなわち資金調達量の多さを決め手とする派閥の領袖(しゅう)たちが立ち、日本の総理大臣は、そのように獲得された子分のもっとも多い派閥の指導者が選ばれる。これが、われわれが今日もっている政治のシステムなのだ。

悪貨がつねに支配しがちな政治家の世界に、金権汚染から脱却する自発的なモラルを求めることは、木によって魚を求めると同じように難しい。金権汚染は、政治資金、選挙運動、政治倫理に関する徹底した規制ときびしい罰則で、対症療法的に抑え込む以外にない。世界の諸国の経験に照らしてみてもそういえる。かつて同じような腐敗選挙に悩まされたイギリスが立法したような厳しい処罰法規、ウォーターゲート事件を契機としてアメリカが作ったような細目にわたる政治倫理法を、日本の政治はまだ生み出していない。内閣の交代でガス抜きされるのではなく、今回のリクルート

事件がこういう意味での真の政治改革の契機となるよう、世論はいっそう声を強めていかなくてはならない。

（『毎日新聞』一九八九年五月四日）

リクルート汚染―地方で与党化した社公民―

日本の地方政治は、第一次オイル・ショック後の一九七〇年代半ばから、様変わりした。それまでの革新地方自治の連合が崩れ、自民党と中道政党の連合が主流になり、実質的に自民党が各府県や大都市で、権力を奪還した。七〇年代の後半には、勝ち目のなくなった社会党が、あきらめて自公民連合に参加することが多くなったのである。

このようにして、地方の主な首長選挙は実質的に無風状態となった。選択を奪われた市民は、ときに共産党が推す市民候補に批判票を投じてうっぷんを晴らすが、それも比較すれば少数で、その代わりに棄権率はうなぎ登りに上昇した。

その結果、七〇年代初めまでの地方自治に対する参加の熱気や改革への関心は衰え、かつてきびしい批判の対象になった多選首長も、今や大手を振ってまかりとおるようになった。それとともに、首長の収賄など、地方における政治的腐敗の事件は、着実に増加しつつある。

地方政治において、現実の対決がなくなったことは、地方政治を無気力にしただけではない。それは、中央政治でロッキード事件以後混乱した自民党が、速やかに勢力を回復し、長期政権を持続

しえたことと無縁ではない。

社公民などの野党は、地方政治で自民党と対決するのを避け、与党の「うま味」を味わい続ける中で、現状を維持することに満足し、その足腰の強化、すなわち、党の下部組織や選挙組織の強化を怠った。また、選挙民の陳情を受け付け、与党として行政に媒介する役割をはたす中で、地域に利益誘導し支持団体（後援会）の世話を焼く自民党と似た体質の政党に変わっていった。そうなれば、結局、いちばん頼りになる政党は、中央の政府につながっている自民党だということになるのは当然である。

国政選挙の時になると野党は自民党との対決を叫ぶ。しかし、実際に、国政選挙の手足になって動くのは、各党とも地方議会の議員であり、地方の党組織に他ならない。それが地方政治では日常的に協調しあっていて、国政選挙のときだけ対決を唱えても、力が入らないのは当然だ。

社公民は、結局、自民党の補完政党であるという選挙民の実感は、世論調査や国政選挙の実績の上でも投影されている。リクルート事件でいくら野党が色めき立っても、自民党と対決する中道政党と社会党の連合が未だにまとまっていないのは、地方政治の場から、そういう積み上げができていないからだ。

野党が、地方政治で自民党との乗り合い船に乗るようになったことについて、野党は口を揃（そろ）えて、地方政治では国政と違って対決的な争点がないという。しかし、国政の基本争点ではもっと似通っているアメリカの民主党と共和党は、すべての地方選挙できびしく対決している。

政党は、移り変わる住民のニーズを反映した新たな争点を掘り起こし、有権者に選択肢をあたえるという使命を帯びている。

この点での地方政治における野党の任務放棄こそが、七〇年代後半以降の国政における野党の無気力と国会における馴れ合いの一般化の背景だというべきだろう。もちろん、このようにして野党が許容してきた自民党の長期政権こそが、リクルート事件の真の原因であることは、いうまでもない。

野党の弁解に、いくらか理由があるとすれば、それは日本の地方政治が財政的に独立していないことである。従って、中央からどれだけ補助金を獲得するかが、現実には最大の「争点」となり、そのために与野党の協調が要請されるという側面がなかったわけではない。

しかし、今や、地方も、補助金に頼るだけではやってゆけない「村起こし、町起こし」の時代であり、「ふるさと創生」がスローガンになる時代である。地方の議会においても、冠婚葬祭などにおいて、政治家から寄付を受ける悪習を断ち切ろうという動きが生まれている。真の政党政治確立に向けて、保守党はもとより、野党も奮起する条件は整いつつあるというべきだろう。

(『読売新聞』夕刊一九八九年五月二四日)

リクルート事件の意味―八〇年代の保守体制―

検察庁の調査が終結し、宇野内閣も出発して、発覚以来一年近く日本を揺るがせたリクルート事件も、一応の区切りに達したようだ。だが、これで事件は終ったという納得感がないのは、私だけ

クルート事件とはいったい何だったのかの思いをかみしめているに違いない。
ではないだろう。検察も政界もまさに大山鳴動してねずみ一匹の例え通りの結末で、多くの人はリ

国民に心理的虚脱

戦後の政治史を振り返ってみればこの事件は、広く政界上層部を巻き込み、内閣いや政権党自体に決定的な影響を与えたという点で、まさに造船疑獄やロッキード事件に比すべき事件だったといえるだろう。それは長期政権をめぐって、どこの国、いつの時代にも繰り返し起こる構造的な政治的腐敗の露頭だということもできる。

しかし、リクルート事件には、こういうこれまでの政治的腐敗とは異なったいくつかの特徴がある。その一つは、ばらまいた金の範囲の異常な広さと量の多さだ。そのためにそれが明るみに出るや、自民党は単に政治的打撃を受けたに止まらず、後継総裁のなりてが見つからないという政治的な麻痺(まひ)の状態におちいった。もう一つは、その金を受け取った政治家が多かったにもかかわらず、実際に法的な責任を問われた数が異常に少なかったことだ。そのために、今度は国民の方がしばらく心理的虚脱状態におちいったといえるかも知れない。

しかし、そのとき国民の耳目をそばだたせる事件が突発した。幻の伊東総裁選出劇である。竹下首相の意中の人であり、全自民党員が救世主のように待望した伊東総務会長(いずれも当時)が、リクルート関係議員の辞職、派閥の解散、若手の登用という要望を突き付けた。たとえ法的な責任が問われなくとも、政治的な責任という問題がある。統治政党たる自民党が、首相や大臣を務めた最高指導者たちが、すっきりした形でその責任のとり方を国民の前に示してくれることこそ、国民

とりわけ自民党支持層の中核である各界の管理者や指導者が、心の奥底で期待していた「けじめ」に外ならない。そうでなくては、部下に対して「示し」がつかない。

だがこの伊東氏の要望は、結局、党指導者たちの容れるところにならず、この「三点セット」をすべてうやむやにしたまま、伊東氏がいう「表紙をとり替える」だけの形で宇野内閣が出発したことによって、私たちはリクルート事件の核心がどこにあったのかを、端的に悟らされることになった。まさにリクルート事件は、その意味で、現在の自民党すなわち日本の統治構造のあり方と問題を、国民の前に透視させる巨大なレントゲン装置の役割を演じたのである。

「党高官低」の体制

八〇年代の保守体制は、「党高官低」といわれるように、権力組織としての自民党の実力が、長期支配の続く中で強化されたことが特徴的である。それは他方では、党内における派閥や族議員の組織、年功序列制の強化と見合っていた。「総主流派体制」の下に、ニュー・リーダー、ネオ・ニュー・リーダーなど次期指導者集団が派閥指導者たちに限定されている現状は、その結果に外ならない。

リクルートは、この新しい状況に即して、関係官庁のトップだけでなく、それを背後から動かす自民党の指導者層や族議員に、広く株や金を散布したのである。そしてそれは公の職務権限との関係でしか収賄罪を規定していない現行刑法の網の目の外にあった。彼らがいかに巨額の政治献金をリクルートから受け取っても、せいぜい政治資金規正法違反として、会計責任者が二〇万円の罰金を払えば済むのである。

実態を知悉(ちしつ)している伊東氏は、リクルート事件におけるこの構造の政治的・道義的な責任の問題を提起した。派閥の形成と運営に、このようにして流れこんだ巨大な資金が使われていたことは、周知の事実である。しかし、それはこの構造の上に立つ自民党の現在の指導者たちによって拒否された。その理由は簡単だ。彼らが現在の地位を占めているのは、巨額の資金散布をともなう永年の派閥経営の努力があるからで、それを自ら否定することは、到底、できることではなかったからだ。

選挙が国民の結論

リクルート事件が透視させたもう一つの構造は、こういう難局に直面した時の政治家たちの問題すりかえの技術だった。たとえば「けじめ」ということばの突然の流行は、その典型だろう。責任をとるということばの伝統的な表現と受け取っていた人たちは、証人として国会喚問に応じたり、派閥を名目的に離脱したりするのが、指導者たちの「けじめ」のつけ方の結論だと知らされて、改めてびっくりしたにちがいない。これからは、「政治改革」の名の下に、こういう政治責任の問題や刑事責任の強化を棚上げして、「金のかかる」選挙の元凶としての選挙民や選挙区制に責任を転嫁する論議が派手に展開されようとしているのである。

しかし、リクルート事件についての国民の側からする結論は、まだ終っていない。それはまさにこれからはじまる参議院選挙、一年以内にある衆議院選挙において、問われている問題である。今、ただ観客であることを強いられている国民が、どのような「けじめ」を政治家たちに対してつけるか。その結論をまってはじめて、リクルート事件の全体的な意味は論じられるべきだろう。

(『朝日新聞』夕刊一九八九年六月一三日)

政治のけじめ

もし「政治改革」ということが、リクルート事件への対応としていわれるなら、それは自民党の仕掛けたペースに、世論やジャーナリズムが完全にはまってしまったことを意味している。このことばは、リクルート事件など始まる前から、小沢官房副長官（当時）などが、中曾根内閣の看板だった「行政改革」に代わる看板として用意していたものであり、その焦点には、自民党の宿願である小選挙区制の導入がはじめから置かれていたことが、改めて想起されるべきである。

実際、戦後いや戦前からの保守党の宿痾（しゅくあ）は金権腐敗の問題だった。しかし、それは高度経済成長期以降、保守体制そのものの基盤を、外からまた内から崩しかねない危険な病に発達した。金権腐敗への世論の審判はますます厳しくなる一方、金権政治を利用してのし上がった田中角栄のような政治家の横行は、エスタブリッシュメントとしての保守本流や財界主流を陥没させかねない。個人後援会にはじまり、派閥の形成にいたる金のばらまき構造に代わって、党組織の完全統制の下に安全に多数を占めることができる小選挙区制の導入が再燃し出したのには、かつてのような改憲勢力の確保というのとは違った文脈があると考えるべきである。

しかし、リクルート事件のような政治腐敗の問題は、今日の世界のあらゆる所で起きている。権力があれば、そこから私益を引き出し、私腹を肥やしたいという悪魔のささやきは、常に生まれる

からだ。しかし、日本の保守政治家たちは、選挙に金がかかるのが諸悪の元凶だと合唱する。だが、そこに問題を限っても、小選挙区だと金がかからないという保証はどこにもない。一九世紀イギリスでは選挙での買収が横行していたし、今日のアメリカの激戦区では、大金をはたいてマス・メディアを駆使する選挙運動が問題になっている。問題の根元は要するに、選挙区の制度などにあるのではない。どれだけ、収賄や腐敗を本気で罰するか、権力者の不公正な地位利用を厳しく取り締まるかということにあるのだ。

たとえば、リクルート事件の法的な決着で誰もが納得できないのは、巨額の不当な政治献金を得た派閥指導者や首相が、なんら刑事責任を問われないという現行法のあり方だろう。会計責任者の秘書だけが消費税以下の罰金を払いさえすれば、そういう違法な政治資金を使って実力者の地位を占めたものも不問にされるという政治資金規正法は、選挙において運動員が選挙違反でつかまっても当選した議員は基本的に安泰という公職選挙法のあり方と相似的だ。そこに欠けているのは、果実を享受し政治を歪めた頂点の政治家の政治責任をきびしく問うという姿勢なのである。この問題に口をぬぐって、金のかからないはずの選挙制度の導入や資産公開などの「政治改革」を口にするのは、為にする言論だとされても仕方がないだろう。

実際、現行法の罰則を強化し、それを本気で実施するだけで、今日の問題のかなりの部分に対する回答になるはずだということは、現場の人たち誰もがいうことである。

小手先の選挙制度いじり

しかし、こういう現行法規の発想自体に問題がある場合もある。たとえば企業や団体からの献金

を、一定の限度内で原則として認めていることだ。すでに十三年前のロッキード事件の時に、こういう団体からの献金に基本的な問題があるということで世論は盛り上がり、社会党は保守党が企業献金の禁止に合意するなら組合献金を全廃する用意があると宣言し、当時の三木首相もその方向で模索した。今、自民党はもとより社会党・民社党も、この問題にふれようとしない。それでいて保守党指導者のリクルートからの巨額な献金を問題にしても、追及しきれないのは当然だろう。企業献金自体を合法とするかぎり、限度額や公表のレベルをいくら変えても、巧妙な脱法行為が発達するだけだということこそ、リクルート事件の歴史的な教訓なのである。今日、社会党や民社党がこの問題を争点にしようとしないのは、いかに野党も自民党と同じ体質の中にはまりこんでしまったかの証明でもある。

だが、企業献金よりも個人献金の方がもっと問題だと、政治家の秘書たちはいう。たとえ額が少なくても、個人献金の方が政治家に求める見返りは直接的なのだと。実際、政治家に献金するとき、そこに具体的な請託がなくても、いつかは役に立つはずという下心があるのが普通である。この意味では個人献金も、赤い羽根募金のように公共機関を経由する無記名のものでない限り、一定限度以上のものは禁止するというのが本筋である。その代わりに、政治家の活動費は原則として公費によって賄われるべきだろう。それは、私的な集団として発達してきた市民社会の政党の原理的な転換だが、現代の民主主義はその段階にさしかかっていると考えるべきだ。政治改革をいうなら、小手先の選挙制度いじりをするのではなく、こういう原理的な問題にまで立ち入って議論してほしい。

政治的腐敗の根源は、世界のどこにおいても、一党による政権の長期独占が続くことにある。その極限においては、いかに取締法規が完備しても、現実に実行されず無意味になりかねない。従っ

て金力によるだけではなく、一般に不当な力によって選挙が歪められて、与党が一方的に勝ちつづける構造が問題にされなくてはならない。現代日本においてその最大のものが、官僚制と一体になった与党議員による利益誘導であることは周知の通りだ。高石前文部次官のような高級官僚、前高級官僚の選挙への出馬を制限し、官僚と与党の癒着のルートをふさぐこと。それもリクルート事件からの歴史的な教訓として、結実させられるべきだ。

罰則の強化、企業献金の禁止、そして高級官僚の政治家への転身の禁止。民主主義の先進国では常識的なこの三点を実行するだけで、日本の政治は大きく変わり始めるだろう。

（『朝日ジャーナル』一九八九年六月一六日号）

腐敗を生む政治の病根

伊東氏拒否の背景

伊東総務会長の断固たる拒否にあって、自民党は総裁のなり手がないという混乱におちいった。すでに各地の選挙で候補者が決まらないという混乱が、春以来続いていたが、それがついに中央に及んだ感じだ。これまで、総裁志願者が多すぎて党内抗争を繰り返してきた自民党としては、結党以来の難局というべきだろう。

もとより、自民党のなかに総裁・総理になりたいという人間が一人もいないということではないし、また、その能力のある議員がまったくいないということではない。しかし、目前に控えた参議院選挙、そして一年ちょっとの間に行わなければならない総選挙で、リクルート事件に関係なくて国民の受けがよい人物という条件の下では、伊東氏以外に誰も適任者が見当たらないというのが、現在の自民党の状況なのである。

しかも、伊東氏の拒否によって、次期総裁選びは振り出しに戻ったというだけでなく、自民党はさらに難しい状況に自らを追い込んでしまった。それは、現在の派閥構成を基盤にして、ニュー・リーダー、ネオ・ニュー・リーダーと総裁候補をしぼってきたこれまでの総主流派体制を基本的に維持し、とりあえず暫定的に、選挙目当ての「クリーン」な指導者という「表紙」を取り替えようとした派閥指導者たちの思惑に痛撃を与えた。噂された他の「クリーン」候補者たちの誰もが、もはや、伊東氏のもちだした「条件」を無視して、次期「暫定」総裁を引き受けられないことは明白だからである。

伊東氏がもちだした「条件」あるいは氏のことばにしたがえば、「要望」とされる、リクルート事件関係者の引責議員辞職、派閥の解散、若手指導者への交代の三つは、もちろん氏の倫理感覚に沿わない現在の自民党の金権体質の改革の糸口としてもちだされたものだが、そのうち初めの二つは、遅蒔きに中曾根首相も同調したと伝えられたように、現在の党指導者たちに絶対受け入れられない条件ではないはずだ。

派閥の解散は十三年前、ロッキード事件とそれにつづく党内抗争のなかで、福田氏が首相就任当時に主唱して率先実行し、他の派閥もいやいやながら従ったという「前歴」がある。そのとき各派

は、「研究会」や「親睦会」などの名目で実質的に派閥を維持し、やがて一年足らずのうちに、大ぴらに復活させた。

また、議員の辞職は、決して次の選挙での復活を除外したものではない。復活にはさらに選挙で「みそぎ」をすませたという大義名分の付着さえ伴う。勘ぐっていえば、案外、助け船のつもりだったかもしれぬこういう主張に、竹下・安倍らの党幹部の反応が鈍かったことが、伊東氏をして絶望させた真の原因かもしれない。

党幹部たちがほんとうに呑みにくかったのは、若手指導者への交代だったろう。それすらも本来、沈没に瀕した自民党丸を救うための世論と選挙目当ての演出として発想されていた可能性もある。

しかし、高齢で病身の伊東氏の場合と違って、若手指導者は「暫定」に終らない危険がある。一度、権力を手中にしたものが決して自ら「大政奉還」したりしないことは、すでにロッキード事件の時に同じように担ぎだした三木政権の例で、党幹部たちはいやというほど実感している。もし、ほんとうに若手に権力を与えてしまえば、現在の党幹部や派閥のリーダーたちの政治家としての基盤そのものを、永久に危うくさせかねないのである。

しかし、すでに伊東氏の主張は公にされ、世論はその方向に向かって動きだした。もし、党の幹部たちに狡智があるなら、今や、残りの長老候補者の口説き落としに駆けずりまわるよりも、若手指導者の下でなおかつ暫定政権でありうる条件づくりを画策中のはずだ。

「影響力の買収」

リクルート事件は、もちろん、これまでの保守党政権の下で繰り返されてきたさまざまな疑獄事

件の最新版にすぎないということもできる。実際、自民党いや戦後の保守党は、周期的に、政権の中枢がからむ大規模な疑獄事件を引き起こしてきた。

炭管疑獄、造船疑獄、「黒い霧」事件、田中金脈事件、ロッキード・グラマン事件、そして今度のリクルート事件と並べれば、そこに権力に近付いて特別な恩恵を受けようとする企業とそこで甘い汁を吸おうという政治家側とのいつに変わらない癒着構造が存在していることがわかる。

だが、またそれぞれの疑獄事件は、そのときの政治の状況や社会構造を反映した個性をもっている。その意味での今回のリクルート事件の特質も、またそれなりにはっきりしている。

第一に、それは党の主要な指導者、次期指導者のすべてに株を贈り、気前よく献金したという事件の拡がりにおいて、際立っている。まさにそのために自民党は、事件が拡大するにつれて、収拾のつかない混乱におちいったのだ。

もちろん、リクルートの金のばらまき方に、全然、焦点がなかったというわけではない。それは、刑事事件として立件された就職情報や回線リセールなどの事業や審議会委員への任命という特定利益への関連を見れば明らかだ。

しかし、そういう直接的な利益との関連が特定できない多くの有力政治家やその秘書たちにも、リクルートは厖大な資金を散布した。それは明確になったものだけでも、一〇億円を超えている（NHK集計、五月一七日）。中曾根、竹下、安倍、宮沢、渡辺などの有力政治家たちに関わるものがそうだ。そしてその政治的影響はこの上もなく大きかったにも関わらず、その誰一人として、結局、刑事責任を問われそうもないというのが、今回の事件の第一の特徴である。

リクルートは、なぜ、これほど広い範囲の政治家たちに金をばらまいたのだろうか。

多くのジャーナリズムは、それを江副という個人の政治的・心理的な動機にからめて解釈する。だが、政界の裏面に詳しいジャーナリストたちは、リクルートのやり方こそ派手で規模が大きかったとはいえ、今日ではすべての大企業や業界団体が同じような形で有力な政治家たちに献金したりパーティー券の購入を行っていると指摘する。それは、まさに現在の保守支配のあり方、自民党の構造と見合っているのである。

七〇年代末から顕著になってきたことの一つは、自民党が長期政権を続けていたなかで、「党高官低」といわれるように党組織の権力が官僚制を上回るようになったことだった。それは、一方では派閥を年功序列的な組織として固定化し、頂点に立つ幹部指導者の数を限定すると同時に、専門化された族議員の集団を、派閥横断的に生み出した。

その結果が七〇年代とは打って変わった、派閥のサラリーマン社長のような年老いた「ニュー・リーダー」たちの談合による総主流派体制の誕生なのである。そのなかで、企業による政治献金は、政府の役職者や党機関に流れるよりも、もっと効果的な限定された有力指導者と族議員集団に流れるようになったのである。

かつて田中内閣崩壊後の自民党危機に際して、自民党への政治献金は、財界が再組織した国民政治協会に集中し、そこから党機関に献金されることがいったん申し合わされた。今や、その申し合わせは、紙屑のように反古にされているということだ。リクルートのばらまき献金も、その一つにすぎない。

実力のある党指導者や族議員への献金は、官僚や閣僚に対するよりも安全であって実効がある。派閥の親分は同じ派の大臣に指示してくれるし、族議員は所管する官庁に圧力をかける。しかし明

確な職務権限のない彼らが、どのように指示し、圧力をかけようと、それは「私的な」行為であって刑事上の責任は問われないのである。極端にいえば、大臣の愛人に貢ぎ物をし歓心を買って目的を達しても、罪にならないのと同じことなのだ。

私は、昨年、リクルート事件が発覚したときオーストラリアにいた。そこの国営テレビに頼まれて、ニュース番組で事件の背景を解説したことがあるが、ニュースキャスターが私の説明をいいかえて「リクルートは影響力を買おう（buy influence）としたのですね」といったとき、その表現がつぼにはまっていることに感心した。こういう「影響力の買収」は、具体的な請託と職務権限があることで収賄罪を定義した今日の日本の刑法の網の目から完全に抜け落ちている。

しかし、それこそが長期一党支配のなかで、支配政党が実質的な権力組織に転化した日本における政治的な腐敗の基本的な形態なのである。リクルート事件は、その露頭にすぎない。

リクルート事件の第二の特徴は、そこに野党がまきこまれていることだ。社会、公明、民社の三党の議員が、同じようにリクルート社から株を貰ったり、さまざまな便宜供与を受けていたりしたことが明るみに出、公明、民社の二党は、自民党と並んで、党首がその座を辞す羽目になった。社民連の楢崎議員も、同じように金を提供されたが、拒否したために免れた。

これらの野党議員の「影響力」の行使は、国会の場での質問という形に限定され、しかも、それが国会議員としての職務権限の行使として認定されているので、同じ献金を受けている与党の幹部や族議員よりも、もろに刑事上の責任を問われやすい。リクルート事件だけでなく撚糸工連事件でも、野党議員が収賄に問われたのは、そのためである。

「八六年体制」もう一つの側面

なぜ、野党も企業の政界工作の対象になるのか。そこには、やはり七〇年代の半ば以降、野党とりわけ中道政党が次第に与党に接近し、国会が与野党馴れ合いの儀式に転化していった歴史が対応している。やがて社会党も、こういう自民党の国会対策のわだちのなかに引き入れられていった。自民党の一党支配が永久に続くように思われる状況のなかで、野党は国会での駆け引きをほとんど唯一の武器としながら、そこから部分的な利益を引き出し、主として自民党に向けられる「影響力の買収」のおこぼれにあずかる位置に、いつしか安んじるようになったというのは過言だろうか。

地方政治において、共産党を除く与野党相乗りの「総主流派体制」が一般化していることも、この問題とは無縁ではないだろう。それは、リクルート事件を、たんに自民党支配の危機として片付けるだけではすまされないことを暗示している。そこで問われているのは、保守党永続支配の腐敗だけでなく、それを許しそれに適応して生き延びてきた野党をふくめたところの日本政治全体の構造なのである。

リクルート事件の第三の特質は、その量的、水平的な拡がりに劣らぬ質的、垂直的な事件の展開と発展である。

それが最初に報道された時は、未公開株の売買の問題とされ、単純な「経済行為」だと開き直る政治家たちが多かった。株の取得を記者にあけすけに答える議員たちもおり、当のリクルート社が川崎市の助役だけでなく、政治家を含む多くの有力者たちに買って貰ったと進んで公表したのである。また、それは秘書や家族たちの問題で関係ないと言い張る政治家たちも多かった。それが今では、すべてのリクルート・コスモス株の利益を「社会還元」するよう、竹下首相が呼びかけるまで

になった。

誰の名義であれ、未公開株を特別に提供され取得したことにやましい点があると、自民党が正式に認めるようになったのに等しいだろう。

次いで、リクルート系企業からの献金が問題になった。これも当初は、リクルートが贈賄企業として問題化した八八年の夏以前のものなら、非難されるに当たらないと自民党は意思統一した。しかし、やがてリクルート社が大規模な政界工作に乗り出した中曾根政権中期にまで遡って問題にされるようになった。

また、小口に分けられ合法的であることを装っていても、献金全体の総額が問題とされるようになった。一つの同系の企業から、異常に多額の献金を受け取ること自体が問題だということになってきたのである。

さらにパーティー券のあり方も問題にされるようになった。リクルート社が数百枚の単位でパーティー券を買うのは、実質的な政治献金と同じことではないかという声が強くなり、そういう法務省の解釈を世論は引き出した。また、リクルート社が顧問料名義で、安倍幹事長夫人に、毎月、支払いをしていたことも問題になった。

金丸氏は、竹下首相の青木伊平秘書が、自殺する前に一番悩んでいた問題は、検察庁に呼ばれて、リクルート社の問題でなく政治資金規正法違反容疑について聞かれたことだった、と派閥の会合で話している（『サンデー毎日』五月二八日号）。それが秘書止まりの形式的違反で止まるのかどうかは、まだはっきりしないが、もしリクルート社について問題になるなら、他の企業からの場合についても問題になるだろう。竹下首相の場合も新たな問題化の可能性がある。

たとえば、リクルートが五〇〇〇万円分買ったとされている総裁選準備のためのいくつかのパーティーで、竹下首相は二〇億円集めたとされている。そこで券をまとめ買いしたのが実質的な闇政治献金だとされれば、たちまち政治資金規正法違反として、将来の首相のために「影響力の買収」をしようとした数多くの企業の名前が出てくることになるだろう。その結果の混乱は、想像するだに余りある。

こういう事件の発展と政治献金概念の深化は、主として新聞をはじめとするマス・メディアの力によってなされた。そもそも事件の発端から、リクルート事件についてはたしたマス・メディアの役割は特筆に値する。それはウォーターゲート事件や、昨年、オーストラリア・クイーンズランドで州政府を転覆させた腐敗事件でのマス・メディアの役割に匹敵する。しかし、それも報道された権力の不正に敏感に反応し、自民党への支持を撤回する民衆の層の厚みに支えられて可能になったのである。そしてそれもまた、中曾根前首相が誇った「八六年体制」の別な側面でもあった。

自民党若手のいう大衆の倫理的要求水準の上昇は、他面では自民党がその支持基盤の重心を都市中間層に移したことによってもたらされたものであった。そして、旧来の農村を基盤とした長老政治家からなる自民党幹部たちが、この新事態に十分適応しきれなかったのもまた不思議ではない。

保守党の立場を代弁した政治改革案

だが、リクルート事件によってこのように深化したはずの政治腐敗の概念は、これからも維持されつづけるだろうか。

大山鳴動してねずみ二匹しかでなかった政界ルートの捜査の終結と呼応するかのように、自民党

の政治改革委員会がまとめた政治倫理問題についての改革案を見ると、その疑念を抑えることができない。そこでは、株の献金の公表のレベルを下げたり、政治家の資産の公開を拡げて株取引に一定の規制を加えたり、献金公表額のレベルを下げたりという小手先細工が目立つだけで、「影響力の買収」という問題の本質に迫る姿勢は、どこにも見られない。

この案を作成し、党内関係者に説明する過程で、直ちに可能な抜け道がいろいろ議論されたに違いないということが想像されてくる。

さらに、今日のリクルート事件の背景として、選挙に金がかかることが問題にされ、選挙制度の改正に究極的な解決が求められている。西ドイツの方式を自民党に有利なように改悪した小選挙区制と比例代表制の並立案が、そこにはちらちらしている。

こういう保守党の立場を代弁した政治改革案を、さらに煮詰めてゆくと、結局、日本の贈答文化というカルチュアに基本的な問題があるという議論が返ってくる。ロッキード事件の時もそうだった。庶民が五〇〇〇円のお歳暮をやりとりする以上、首相が五億円の礼金をもらうのも無理ないという理屈へと、それはつながった。欧米諸国でも、この種の解釈がもてはやされている。それは、日本はやはり西欧的な議会制民主主義が無理なアジアの国という、裏返しの優越意識とも結び付いている。

私も、今日の中選挙区制度の改革にはじまる政治改革の必要を、長い間、主張しつづけてきた。その旗を下ろす気はない。しかし、こういう改革は、利益誘導が横行し、野党が永久に野党たることに甘んじている選挙の現状からの脱却の第一歩たりえても、金権政治や政治的腐敗を根絶する特効薬ではありえないのである。小選挙区制をとる欧米諸国でも、選挙での買収から脱却するために

は、長い間の努力が必要だった。

そして、今日の小選挙区制の下でも、激戦区では、テレビ・ラジオを使っての宣伝や選挙民の陳情サービスなどのために、巨額の費用が投じられる。選挙を金力によって左右しようという誘惑は、それぞれに国のカルチュアに従って異なった形をとりこそすれ、決して消え去ることはないのである。

ましてや権力者の収賄や腐敗が、洋の東西を問わず現在も横行していることは、毎日の新聞を読む人には常識だろう。それは長期化した権力に伴う必然的な病理現象なのである。

西ドイツの試み

政治的な腐敗を根絶することはできない。人類にできることは、それを対症療法的にできるだけ抑え込むことでしかない。その最大の手段は、議会制民主主義が予定したように、円滑な政権交代によって権力の長期化を防ぐことにある。そのためには、野党の側に反省すべき問題がたくさんあることも事実である。

しかし、また、与党の側も、不公正な政治的慣習によって野党が正当に多数党に転化することを妨害して、権力の座にしがみついてきたことも確かだ。定数不均衡などはその最たるものである。

リクルート事件とのからみでいえば、保守党が野党に数倍する選挙資金をつかっていることが、当然、問題とされよう。最近、自民党内の若手代議士が相次いで明らかにした選挙区経費は、野党の平均の三倍に上っている。

したがって冠婚葬祭などの「虚礼」への支出を自粛する運動も盛んだが、しかし、特定の支出が

減少しても、収入があればそれを別な形で選挙につかうという誘惑を断つことはできない。

問題の本質は、保守党あるいは政権党だけに有利な政治資金調達の方法の根元を断つことである。すなわちそれは、政治家の「影響力の買収」を、すなわち政治献金を全面的に違法とすることだ。

今日の政治資金の規制の考え方は、政治献金をできるだけ広くかつ薄くすることによって、個別利益との結びつきをなくすことができるという前提に立っている。

政党は「浄財」の寄付によって運営されるという考え方だ。そして、これほど現実に遠いものはない。それはほとんど、偽善に近いといってよい。

浄財を集めるというなら、「赤い羽根」募金のように、公共機関を介在させた無記名の募金に頼るべきだろう。そうでない今日の政治献金はすべて、なんらかの見返りを計算の内に入れて行われている。それは、直接、具体的かつ個別的な請託に結び付いていようと、もっと長期的、一般的な打算の上になされようと、本質において変わりはない。

リクルートの献金は、見えやすい個別会社の利害と結び付いていたから指弾された。

しかし、もっと大規模な業界団体からの保護政策や補助金などの継続を求める与党への献金は、指弾されたことはない。だが、そこにどれだけの原理的な違いがあるのだろうか。

「影響力の買収」をめざす政治献金がいったん可能だとなると、あとは規制の網の目をくぐるさまざまな戦術が発達する。リクルート事件が明らかにしたのは、首相自らが国会で明らかにしたこの種の脱法行為のさまざまさだった。

もし、私たちがリクルート事件を政治の構造的腐敗からの脱却の機会として真剣に考えるなら、職務権限のあるなしにかかわらず、政党や政治家に対するすべての個別的な寄付、献金、便宜供与

を原則的に禁止することから出発すべきである。

それは、企業や団体によると個人によるとを問わない。また、政治家の家族や政治団体の営利活動や株式投資、パーティー券や会費の徴収などのすべてが、きびしく規制されるべきである。その代わりに政党と政治家は、その政治活動の資金を公共の機関が集めた募金や国費に仰ぐことになるだろう。選挙結果はその配分の目安になる。

すでに西ドイツのように、この方向に歩みだしている国もある。また、イギリスやオーストラリアは、野党がつくる「影の内閣」の活動資金を国費でまかなっている。公正な基礎に立つ競争とその下での周期的な政権交代のみが、議会制民主主義と政党政治を長続きさせる唯一の基盤である。このことを野党はもとより、自壊の淵に立っている与党も真剣に考えてほしい。

（『潮』一九八九年七月号）

Ⅲ

「山が動いた」
——'89年夏参院選——

政局の焦点になった自民党

「リクルート事件については、自民党を代表して、国民のみなさまに、お詫び申し上げます。その意味でも、私は、政治改革に全力をつくす所存です。ただ、政治改革だけを問題にして、国政の他の部分がおろそかになってはいけない。それはたゆまず前進させられなくてはならない。だから、私は、この内閣を、改革前進内閣と名付けました」

珍しく薄日が差す梅雨の季節の昼下がり、新潟市のショッピング・センター、万代センターの四つ角を埋め尽くした群衆の上を、ラウドスピーカーにのった宇野首相の淀みのない声が流れてゆく。そこには、つい先ほど女性勝手連のグループが掲げたプラカード「スキャンダル首相が応援なんて!! 越後の女をバカにするにも、ほどがあるゾ!!」「これが日本の顔とは、なさけない」を憮然と見遣(みや)っていた表情の影は、みじんも感じられない。

実際、そこにいた二〇〇〇ほどの聴衆のほとんどは、首相や随行した扇千景（林寛子）自民党女性局長に熱烈な拍手を送る動員された〈安全な〉聴衆だったし、女性勝手連のデモも、聴衆の後方をおずおずと動く二〇人ばかりの列に過ぎなかったからだ。

リクルート事件に悩む自民党が「本の表紙をとりかえる」ように成立させた宇野首相の就任最初の地方遊説、しかも社会党女性候補が「女の戦い」を展開している真っ只中に、品の悪い女性スキャンダルで渦中の首相が乗りこんだ初日にしては、この静かなデモ以外に何も起こらなかった。マス・メディアが期待（？）していたようなハプニングは、この静かなデモ以外に何も起こらなかった。自民党のガードが堅かったためか、それとも保守的な新潟の県民性がこういう問題に寛容なためだったのだろうか。

田中角栄が病気で事実上引退してから、新潟の選挙が全国の注目を浴びる機会は遠のいたと思われていたのに、この四月の君知事（当時）の病気引退声明以来、新潟は、突如ふたたび政局の焦点に浮かび上がってきた。

六月初めに設定された知事選挙は、リクルート事件による竹下内閣崩壊と消費税実施後の最初の保守・革新対決の場として、中央の党首クラス総動員の総力戦になったばかりでなく、社会党がそこで三年の任期を残した現職の参議院議員を立てたために、三週間後に設定された参議院補欠選挙は、七月の全国通常選挙の帰趨を占う前哨戦としての意味を、否応なくもたされてしまったのである。

しかも、この二つの選挙とも、保守王国の新潟では初めてという大接戦が予測されていた。知事選挙では、人気の伊東総務会長以外の応援を断った自民党だったが、補欠選挙では、成立したばかりの新内閣の首相の来援を仰いだのもそのためだ。何しろ新潟の参議院選挙に現職の首相が応援にきたのは初めてだというから、どれだけ新潟自民党が危機を感じているかがわかる。

だが、その危機感は新潟だけのものではなかった。中央の自民党自体が、新潟の敗北で、参議院選挙での全国的な自民党大敗へのはずみがつくことを、何よりも怖れていたのである。

コシヒカリの本場の農業県であり、また角栄による利益誘導の恩恵を受けた土建業者が栄える「保守王国」新潟では、これまでの知事選や参院選での保守・革新の票差は、三対二から二対一と開いており、その差は絶対的なものと思われていたのだが、ここにきて急速にそれが怪しくなってきたというわけだ。

知事選挙の熱気

知事選挙の最終日、私は、新潟市の目抜き通り古町の交差点で、各候補の演説や運動ぶりを、半日、眺めていた。君県政の女房役だった金子副知事を無所属で立てた自民党は、当初は「国政と県政は違う」という看板の下に、地方行政の中立性や連続性の論理で、リクルート事件や消費税批判の嵐を切り抜けようとしていたが、選挙の最終局面では自民党が前面に出て、保守党代議士の後援会をフル回転させる票固めにのりだしていた。その日の演説では、その前日宇野総裁指名でお互いに争ったばかりの白川真澄、近藤元次代議士らが呉越同舟し、山東昭子、黛敏郎などの応援弁士を並べ、また、後援会メンバーによる神輿やミニデモを連ねて、華やかな選挙を演出していた。

演説のなかみは、国政と「直結」していた新潟県政のおかげで、新潟が発展したという礼讃やリクルートのけじめをつけて宇野内閣が発足したという弁解などさまざまだったが、小沢辰男代議士は戦車に囲まれた天安門広場の緊張を話題にし、「北京と同じ自由を求める日本の市民は、今こそ自由主義体制を守れ」とアジっていた。

しかし、より熱気に溢れていたのは、社会党がバックになった志苫前参議院議員の陣営だった。社会党がいかにこの選挙に力を入れていたかは、それまでの党議による原則に反して現職の国会議

員を立てたばかりでなく、土井党首みずから短い期間に四回も新潟にきて遊説したことでもわかる。自治労出身の志苫議員は、すでに三回の選挙に出馬当選し、全県的な知名度も抜群の社会党のエース。他方、消費税やリクルート事件についての市民、主婦層の手応えが強いばかりでなく、農政問題に批判的な農協青年部が反自民の立場を決め、また農民勝手連など志苫候補支援の動きも生まれており、保守王国の基盤のゆらぎを確実に感じとりつつあったからだ。NHKや新潟放送は、世論調査の結果として、志苫有利の予測さえ流した。社会党が初めての革新県政樹立の予感に、奮い立つのも当然だといえよう。その意気込みは、ビラまきの人々の「お願いします」という声にも感じられた。

江田社民連代表の応援演説につづいて土井社会党党首が街宣車に立つと、熱狂的な拍手が巻き起こった。この三年間にひときわ貫禄を増した彼女は、着実にカリスマ的な人気をまといつつあるようだ。実際、この後、郊外の団地に入った彼女は、「おたかさん」を身近に見、握手したいという女性たちに囲まれて身動きできなくなったと新聞は報じている。リクルート事件にふれたあと土井は、取引高税の例をあげて消費税は廃止できると熱弁をふるい、また、消費者が安心して食べられるよう農産物の保護を約束した。そして「新潟が変われば、日本が変わる」と訴えた。

共産党に推された長崎候補の陣営も、劣らず熱気がこもっていた。元新潟大学の学長という〈大物〉をかつぎだした共産党は、当初は、この三つ巴の選挙で勝てるチャンスがあるとさえ考えたようだ。長崎氏は、農学者として土地改良事業などを通じて新潟農民とのつながりも深く、一部の農地改良組合の保守系有力者などは、長崎氏の推薦人になった。今では全国でも例外的になった社共連合の市政を布いている新潟市長も、等距離的に二人の革新候補を支持した。委員長に復帰する直

前の不破氏をはじめとする党幹部クラスを続々投入し、経費も本格的にかけたといわれている。金子、志苦の争いという世論調査の結果が出てから戦術もいくらかトーンダウンしたようだが、しかし、この選挙を党勢の一挙拡大のチャンスと捉えてか、運動はなかなか元気だった。そして、その矛先は、自民党よりは、むしろ志苫候補と社会党に向けられていたといった方が正確だろう。

長崎氏の演説は自民党県政の批判を正面にすえたものだったが、応援弁士たちはひたすら、社会党がいかに〈えせ革新〉であるかに攻撃を集中した。「自社公民なれあい連合」「消費税に賛成の人は自民党、どうでもいいなら社会党、反対の人は共産党」とか、「リクルート事件できれいな党は共産党だけ」というプラカードが街宣車の周りをとり囲む。とりわけ、志苫氏の前の自治労委員長だった田中勝治氏の演説は、私怨をふくんでか志苫氏の人格攻撃にまで及んでいた。

保守票の崩壊と離反

翌日の投票日、有権者の出足は良く、投票率は知事選挙では近頃になく高い七九・一%を記録した。この数字に、浮動票に期待をかけた革新陣営は沸いた。開票レースで、金子、志苫二人の票は最後までもつれあったが、残された大票田の新潟市で意外に志苫候補の票が伸びず、結局、金子候補が志苫候補に四万七〇〇〇票（総投票の三・三%）の差をつけてゴールインした。新潟に初の革新県政をという革新陣営の悲願は成らなかったのである。

だが、志苫候補の票は六一万票を超え、これまでの社会党票の全県レベルでの選挙の最高四五万票を、三分の一以上も上回った。また、長崎候補の票も、それまでの共産党票の水準の倍近い一四万票に達し、革新両候補の総得票七五万二〇〇〇票は、金子候補の六五万八〇〇〇票を大きく上回

ったのである。これはもちろん、戦後の新潟では初めてのできごとだ。これまでの知事選挙で、保守革新がもっとも接近したのは、新潟の革新の全盛時代の六六年、革新統一候補の松井誠前代議士が四七・三％の得票を獲得した時だった。今回は、それをはるかに上回り、革新候補が分裂さえしていなければ、ゆうゆうと革新知事が誕生していた状況だったのである。

薄氷の勝利であるとしても、勝ちは勝ちだ。保守陣営は、勝ちどきをあげた。しかし、票の出方の中身を点検してみれば、それは決して手放しで喜べるようなものではなかった。金子票は、全県的に四六・一％と過半数を割ったのみならず、郡部の農村地帯でも四八・九％にしか達しなかった。それは、保守陣営が、浮気な都市票に離反されたのみならず、本来の地盤である農村票でも、大きくぐらついたことを示している。

三年前の八六年参院選の選挙区は、今回と同じような保守、社会、共産三者鼎立で、しかも社会党は志苫氏が候補者として立ち、投票率もほぼ同じ七九％台だった。その結果は、今回の知事選との比較の基準として適切だろう。それと比べてみると、今回の保守票の歩留まりは前回の八一・七％。いいかえれば、ほぼ五人に一人が保守を見限り、革新陣営に鞍替えしたことになる。そしてその割合は、市部、郡部ともにほとんど同じで変わっていない。

こういう保守票の崩壊と離反の原因を、消費税、リクルート事件そして農政批判のいわゆる三点セットに求めるのは、新潟県でも的外れでない。地元紙『新潟日報』の投票日直前の世論調査によると、知事選で消費税問題を重視する人は五四％、リクルート事件を重視する人は四三％に達している。

他方、自民党が主張するように知事選挙は国政選挙と無関係とする人は、それぞれやはり三三％、

四三％いて、保守陣営の宣伝がそれなりに奏功していることをうかがわせる（五月三一日朝）。

農政問題についての農民の不満は、農村の最大の組織である農協の県青年部が、参議院選挙での自民党不支持の方針を打ち出したことに、端的に示されている。農協を基盤とする農協政治連盟の村山正司会長は、この空気を背景に、今回の知事選に独自候補として立候補する意欲さえ示した。それは、自民党につながる農協幹部たちによって結果的にはつぶされたが、現在の農協の政治的空気のありようを示すエピソードだった。農民は、有職者の中の比率としては、新潟県でも一五％前後を占めるに過ぎないが、農村地帯の最大産業として景気を左右し、その影響を受ける商業や関連職業をふくめると、農村では農業と無関係だと言い切れる人は少数なのである。そこでの農産物や肥料、農機具などの流通を請け負うのみならず、金融・保険などにも手を伸ばしている農協は、通常、農村地帯最大の組織であり、その影響力は大きい。

「自民党に対するこらしめ」

この三つの問題の中で、どれが一番決定的だったのかについては、にわかに判定し難い。志苫選対の一人は、「リクルート・ベースの消費税、農政カクテルが効いた」と手応えを表現したが、別な女性運動員は、「リクルートという浮気がばれて愛想がつきかけた亭主が、消費税の暴力でなぐりかかってきた」と表現した。農政問題は、「家に入れる金をだんだん減らしてきながら、次から次へといい加減ないいわけをいうようなもの」だそうだ。こういう時の〈真の〉理由は、判定するのも無駄というものだろう。それは一種の競合脱線のようなものだからである。

私は、この保守党票の崩壊とりわけ農村地帯のなかでの離反の実情を、農民自身の口から聞きた

くて、知事選後の一日、南魚沼の農村地帯を歩いて見た。ここは衆議院選挙では、田中角栄の越山会と桜井新の一新会がつばぜりあいをし、前回の参院選でも保守票が五七・八％を占めた所。それが今回の知事選では四七・三％にまで落ちている。やはり平均五人に一人は、自民党に背を向けたのだ。会ってくれたのは、いずれも三十代の農協青年部の幹部たち。今回の知事選で、反自民の姿勢を鮮明にした人たちだった。名前は仮名にしておこう。

高野さんは四ヘクタールの水田と一ヘクタールの畑を耕す専業農家。水田はコシヒカリ栽培で所得は三五〇万円ばかり。しかし、肥料や農機具代を差し引くといくらも残らない、奥さんが働きに出ているので、何とか暮らしているという。農民の不満は、減反によって生産を抑制され、米価を毎年切り下げられる中で、肥料などあらゆる支出に消費税がかかってきたことだ。農民は、他の業種と違って、生産物の価格を上げて消費者に転嫁することが許されていない。そこに消費税に対する農民のはげしい怒りがあるという。

また、昨年のオレンジ、牛肉の輸入の自由化で、米もいずれは自由化されるのではないか、自民党は信用できないと農民は感じている。自民党や農協は、コシヒカリのような良質米を作っていれば消費者はいくら高くても買うというが、完全に自由化されれば、それもお伽噺だというのが、彼の意見である。

ここらはかつて三宅正一の下に集まった反骨のある農民の伝統があるところだ。それが、高度経済成長時代以後、土建屋に頼らねば生きてゆけないようになって、彼らの選挙でのしめつけに屈するようになった。しかし、越山会が衰えてくれば、そのしめつけの力も弱くなる。そうすれば、社会党票もある程度自然に復活する。彼はまたそういう展望も語った。

宮田さんは、もう少し規模が小さい兼業農家。土建と雪下ろしのアルバイトに出る。土建を通じて一新会の選挙への圧力がやってくるが、雪下ろしは補助金を支給する役場の管轄で自治労も選挙運動してくる。だから、私は両方につきあいどちらからも大目に見てもらえると屈託なげに笑う。

彼は、別に社会党の約束や政策を信じているわけではない。減反や米価の切り下げは、時代の圧力である程度仕方がないと思っている。しかし、自民党がオレンジ、牛肉で農民をだまし、リクルート事件や消費税で、いい加減なことをすると思い、ここらへんで一回こらしめる必要があると思うようになった。また、農協幹部は、自民党のいうなりになって良質米信仰をふりまいているけど、あれは自分たちの地位や権益を守るためだ。青年部の造反は、農協幹部への造反でもある。畑仕事の手を一時休めて、彼はそういう。

桑野さんは、有機農業でコシヒカリをつくり、自然食品としての養豚をやって、他の農家とはいくらか違った農業をやっている。だから彼は、自由化後、どのように農業を続けてゆくかについて、別な展望をもっている。消費者に密着した特別な商品をつくってゆけば、値段は高くてもそれなりの需要はいつでもあると彼は考える。何よりも、自分で納得のゆく価格をつけることができる。だから彼は、現在の農協のシステムからのはみだし者でもある。彼にとって、農協が奨める栽培や流通の方法は無縁だからだ。

彼は、今回の、農民勝手連の運動に、名前を貸した。しかし、それは志苫候補を積極的に支援するということではない。政治はお祭り騒ぎで嫌いだし、政治家は好きではない。今までも、別に深い関心もなしに、頼まれるまま自民党に投票してきた。しかし、リクルート事件と消費税で、自民党ももうたくさんだという感じだ。やはり、こらしめのために、この際、革新に入れてみようかと

いう。でも、補欠選挙には興味はなさそうだ。

こういう農民たちの話から浮かび上がるのは、不満が蓄積している自民党農政に対して、リクルート事件と消費税が止めの一押しのような形で、離反の引き金となったことだ。しかし、それは必ずしも、革新政党に対する積極的な期待とは結び付いていない。「自民党に対するこらしめ」という合い言葉が、それを象徴している。自民党から一時離れたこの農民票を、どのようにつなぎとめてゆくかという革新側の課題は、基本的にいまだ解決されていない。

知事選敗北の原因

それにしても、これだけの自民党票の崩壊が起こっているなかで、なぜ革新は勝てなかったのか。その基本的な原因が、革新陣営の分裂にあったことは、明白である。開票が終った時、地元自民党の幹部は、東京の本部に連絡の電話を入れた第一声で「共産党のおかげで勝てた」といったという。実際、共産党が、個人的な人気のある大物を担ぎださないで、いつもの得票のレベルに止まっていれば、志苫候補は勝てたと社会党の関係者はいう。

しかし、それは社会党側の勝手な理屈だと、新潟県共産党の相沢寛書記長は反論する。長崎候補の票は、必ずしも社会党を食ったのではなく、保守党候補をも食っているからだ。首長選などの小選挙区や衆院選の中選挙区の下では、共産党への投票はつねに死に票だという攻撃にあう。今回の知事選でも、社会党側のそういう攻撃はひどかった。だが、それはつまるところ、小政党を押しつぶそうとする大政党の横暴論だと彼は私にいう。

だが、より根本的な問題は、現在の共産党が、社会党をもう革新政党とみなしていないことから

生まれている。長崎候補応援のために来県した不破委員長は、新潟型の選挙が、党勢拡大をはかる共産党の今後のモデルになったと語った。八〇年の社公政権合意以来、社公民共闘の外に捨てられた共産党の恨みは深い。とりわけ、消費税国会で、国会運営の協議の外にさえ置かれた共産党が、自社公民の〈馴れ合い〉路線と対決しようと意気込むのは、当然である。その意味で、社会党は、中央における四野党共闘路線の手痛いしっぺ返しを、新潟で食ったということもできるだろう。

だが、それなら共産党を除く四野党は、それなりの共闘をこの知事選で組んだのか。それがそうだといえない所に、野党側の問題の深刻さがある。

新潟県では、社民連の勢力は取るに足りないが、比例区に見るかぎり、公明は一二万、民社は七万弱の得票力をもっている。それがすべて社会党と一つにまとまれば大勢力だ。だが、これまでの選挙で、新潟では、社公民が一つにまとまったことはない。

今回、中央からの要請で、一応共闘のテーブルに着いた三党は、統一候補探しで難航した。公民両党は、社会党が時間切れまで両党を引きずっておいて、最後に自党候補に合流させることを狙っているのではないかと疑った。また、社会党が共産党に政策協定をもちかけ、長崎候補下ろしの工作をしているとの情報も、両党を苛立たせた。中途で、社会党が新潟大学の渋谷武教授の名前を持ち出し、公民両党が検討の結果、賛成に踏み切った後に、当の渋谷教授に社会党からの交渉が全くなく出馬の気持ちもなかったことが明らかになって、不信感は増大した。そして、社会党が最後に切り札としての志苫議員の名を出した時、交渉は決裂し、公民両党は自由投票を決めたのである。

社会党の側からすれば、民社の中核をなす東北電力労組や公明党が、新潟における原発推進の立場を取るかぎり、本来、完全な共闘体制を組むのに限度があるということだったろう。現実には、

同盟労組の票の六〇%、創価学会の票の四〇%近くは志苫候補に投じられたはずだ。社会党の選挙対策の責任者、関山信之代議士は、私にそう語った。また、自民党の県連会長である近藤元次代議士は、こともなげに、創価学会は金子候補を支持してくれたはずだ、公明党の建前は自由投票だが新潟の学会員は伝統的に社会党よりは保守党支持が多いと、私に説明した。それが、中央レベルでも掛け声だけでいまだ成立していない四野党共闘ということの現実的な姿なのである。

だが、こういうことのすべては、選挙に入った時から分かっていたことだ。志苫候補の敗因をどのように最終的に総括しますかという私の問いに、社会党の新潟市の責任者だった自治労の進直一郎執行委員は、絞り出すような声で「社会党に基礎体力がなかったということですね」といった。このことばには若干の説明がいるだろう。

企業しめつけによる企業選挙

保守党票の崩れ方は、市部、郡部の平均でみればほとんど違いはないが、衆議院の選挙区別で見ると、かなりのバラツキがある。田中角栄の威光が衰え、越山会の組織がほとんど分解した三区が最大で二三%、その中心都市である長岡では三三%、実に三人に一人が保守党から革新側へと投票を変えたのである。これに対し、最大の票田である新潟市では、世論調査の数字は決して悪くはなかったにもかかわらず、その率は一二%弱。その差が最後の勝敗を決めた。

「それは、最後に必死に運動したからさ」近藤元次自民党県連会長は愉快そうにいう。「どういう風にやったかって。それはまだ補欠選挙中だし、いえんよ」

だが、進執行委員はその運動の方法を、徹底的な企業のしめつけによる企業選挙と表現した。土

建業界が結束して運動したのみならず、新潟県の主な企業のすべてに、社長自ら陣頭に立って社員と家族の票をとるよう圧力がかけられた。ある会社では、社長がタイムレコーダーの前に立って、出勤する社員に投票依頼をし、また他の会社では社員懇談会が開催されて、会社が県や政府からの受注にいかに頼っているかが説明された。他方、金子候補は、市町村などの自治体に、県からの補助金をてこに圧力をかけたという。知事の座が、一兆円の予算を左右するポストであること、そして自民党が国からの補助金のパイプを握る政権政党であるということの重みが、フルに活用された。それが人気に頼って先行する革新陣営を、レースのラストコーナーで一気に追い抜く自民党の運動であり「基礎体力」だったということだ。企業が集中する新潟市は、その影響をもっとも受けやすい所でもある。

知事選の開票が終って一休みする間もなく、三週間後の補欠選挙に向けてレースが再開された。候補者は変われど、三陣営鼎立の状況は、まったく変わっていない。ただ一つ違う所は、国政選挙であるので、もはやどの陣営も無所属という仮面をつけるわけにはゆかないということだ。政党が初めから前面に出ての党営選挙に切り替えられている。

自民党は、君前知事の息子で地元テレビ局の次長の君英夫候補。県民に親しまれた名前のあやかり戦術であることは、明白だ。それに加えて、もし今回、自民党候補が当選しても、三年後の通常選挙ではすでに現議員がいて指定席はないということで、プロの政治家の中から声を上げるものがなかったため、新人の起用になったという。

これに対する社会党は、全くの無名の新人、大淵絹子候補。二年前の県議選に小千谷市から出馬

して僅差で敗ける善戦をしたことから、党幹部の注目を集めた。月給一七万円という四十四歳の工場の事務員だが、土井たか子とともにくらしを考える女の会の県代表として、志苫議員の後継者に選ばれた。

共産党は、県常任委員の村田一男候補。三年前から参院選に立っており、今回は組織を守るための選挙に徹底している。こういう布陣の中での客観的な状況は、社会党の大淵候補にとって、考えようによっては知事選よりも有利に展開しつつあるといえる。

第一に、もう国政と地方政治は別という自民党の知事選での理屈は通らない。したがって大淵候補は、いぜんとして続いている三点セットの追い風をフルに受けることができる。

第二に、共産党は今度は守勢の戦いであるので、それほど票がくわれる心配はない。

第三に、全県レベルの初の女性候補として、党派を超えた女性の支持を期待できる。社会党の女性党首はカリスマ的な人気を呼んでいるし、加えて、宇野首相の女性スキャンダルという新たな追い風が吹き始めている。今や追い風は、四重になったというわけだ。

社会党は、党や地区労以外に、労組婦人部や土井たか子とともにくらしを考える会、日本婦人会議などのメンバーを集めて、各地で「女の会」をつくり、「今だから女」をスローガンに、このポイントで徹底的に押しまくる作戦だ。また、君候補が「世襲候補」であることに、若い人たちの反感がそれなりにあることを捉えて、この点もアピールすることにしている。僅差で敗けた知事選の口惜しさを表に出して、今度こそは自民党をこらしめようと訴えるともいう。

正念場の野党

しかし、これらの利点は、また弱点にも容易になりうる。口惜しさよりもやはりだめだったという敗北ムードが今や支配的という説もあるし、また、もう「女」を売り物にするのは、時代遅れという若者の意見もあった。また、大淵候補が無名で、カリスマ性がないということを心配する党員もいた。

夜、私は新潟市内の幼稚園での小集会での大淵候補の演説を聞いた。小柄で横幅が広い大淵候補は、いかにも気さくな主婦といった感じで、演説もくだけていて上手く、なかなかの政治的器量であることをうかがわせたが、土井たか子のようなスター性にはほど遠かった。

大淵候補にとってのこういう問題のなかで最も大きいのは、国政選挙としていちばん遠い参議院選挙に、今一つ、運動する側も投票する側も、力が入らないということだ。しかも、これは補欠選挙である。それが日本全体の政治の変わり目になりうるといっても、新潟の有権者には、現実に実感が湧かない。そしてまたそこには、知事選のような大きな財政決定権の行方がかかっているわけでもないのである。

私が新潟を訪ねたのは、投票一週間前という中だるみの時期だったせいもあるだろうが、知事選とは打って変わって、どこで選挙が行われているのかわからないほどの静けさだった。候補たちは、広い県内をひたすら回っているだけで、タクシーの運転手も「今回は、会社からも組合からも、まだ何もいってこないよ」と首を傾げていた。ある「女の会」の人は、まだ市内にタテカンさえ、満足に立っていないと憤慨していた。党本部は、大淵候補が女性の新人だというので力を抜いたのではないか、自民党は総理大臣さえ連れてくるというのに、土井さんは、今回は、最後に一回くるだ

けよという。

この疑問を県社会党の選対にぶつけてみると「いや、これからが決戦ですよ」と、一応、否定はしたが、他方では「しょせんは田舎の補欠選挙です、まあこんなものですよ」という答えも返ってきた。ジャーナリストの辛辣な観察によれば、結局、総力戦の知事選で資金も人も尽きたのではないかという。しかし、浮動票を獲得することが最大の望みの大渕候補にとって、選挙がフィーバーして投票率が高くならなくては勝負にならないことは明らかである。

私が泊まっていたホテルでは、宇野総理に随行してきた野田建設相と（建設業者と）の懇談会の案内が、麗々しく掲げられていた。前日には橋本幹事長が経営者たちとの会合を開いていたという。自民党はいよいよ「基礎体力」の発揮にかかり始めていた。

六月二五日、社会党は知事選の雪辱を遂げた。いかに追い風に恵まれていたとはいえ、これまで見たような問題を抱えて、いわば奇跡的な勝利といってよい。それは保守王国新潟においても、自民党の政治を変えたいという人々の願望が、それほどふくらんでいるということの表れでもある。これをいかに、参議院の通常選挙、きたるべき総選挙を通じて、日本の政治の全面的な転換へと結び付けることができるか。まさに野党の正念場である。

（『潮』一九八九年八月号）

自民の敗北は構造的問題—'89年参院選—

予想されていたこととはいえ、現実に自民党の大敗が数字の上で明らかになってみると、その衝撃は大きい。五五年体制（昭和三十年に保守、革新がそれぞれ合同して自民、社会両党ができた体制）が成立してから四十年近くの間に初めて、自民党は参議院で過半数を割った。この状況は、六年間はつづくだろう。第二院とはいえ、このことのもつ重みは大きい。政局は、早期解散に向けて回転しだすだろう。そのはては、自民党と中道政党との思い切った連合か、それとも自民党が政権を投げ出すかのどちらかしかない。

どうして、このような結果が生まれたのか。その原因を、消費税、リクルート、農政のいわゆる三点セット、あるいはそれに加えての女性蔑視問題の相乗効果に求めることは、現象的にはまちがっていない。選挙のどこの現場においても耳にしたのは、これらの問題についての有権者の批判のきびしさであり、また、その意味での逆風の強さに対する、自民党関係者の嘆声だった。

問題は、この逆風が自民党の「エラー」にともなう一時的なものか、それとも長期的につづく構造的なものかということだ。また、つい三年前の同日選挙での自民党の大勝と対比して、短時日の間にどうしてこのような「地滑り」が起きたのかと、いぶかしがる声もとうぜんあるだろう。私は、このような「地滑り」が起こるということをふくめて、今回の自民党の敗北は、かなり構造的だと

考えている。

その第一は、農民票の問題だ。自民党は、今回、二六ある一人区で三勝二三敗と敗れたが、これまでここをほとんど独占したことが、参議院選挙で勝利を占めつづけてきた基本的な原因だった。この一人区は基本的に、農村県であり、そこでの敗北は、農民の離反なくして考えられない。

農民の自民党農政に対する批判は、昨日や今日、始まったものではない。二十年前からの減反政策にはじまり、猫の目のように変わる奨励作物、一つずつ輸入が自由化されていった農産物、引き下げられてきた米価、引き下げられない肥料の値段、かさむ農機具の借金など、今、農村にゆけば、忿懣(ふんまん)の声はいたるところできかれる。その端的な結果は、農村に嫁の来手がなく、後継ぎがいないという現実である。

こういう農民の鬱積(うっせき)した感情を抑えつけてきたのが、農協や土建業を基盤とする保守党の体制だった。しかし、昨年のオレンジ、牛肉の自由化と今年の消費税の実施は、こういう農民の感情を逆なでし、離反の引き金となった。自由化は公約違反であり、消費税は米価に転嫁することができない。二年前の参院岩手補選に現れた農民の離反は、今回は、農協青年部を中心とする離反として全国的に広がった。もはや、多くの農民は、自民党が農業や米作を本気で維持しようとしているとは信じていない。離反した農民の票は、たとえ野党に投じられないとしても、当分、自民党にはゆかない。これまでの自民党支配体制は、農村の過剰代表制によって支えられてきているだけに、このことの今後の政治への影響は大きい。

第二は、女性の保守党からの離反である。消費税に対してはもともと台所に直結している主婦層の批判が強かったのに、宇野首相の女性スキャンダルや堀之内農水相の発言は、今回の選挙に「女

性対自民党」という側面を付け加えさせてしまった。国際婦人年や均等雇用法を引き合いに出すまでもなく女性の社会的な進出と活動は、八〇年代に入って累積的に拡大しており、二年前の統一地方選挙では、女性議員が大量に進出している。自民党の幹部たちは、こういう社会の変化に対して理解と適応能力を欠いていることを、今回、はからずも証明したかっこうになった。

今日の社会がある意味で「女性化」していることは、人々の価値判断の基準が、仕事や会社から余暇や生活中心に移ってきていることにも表れている。それは、イデオロギー的な体制選択というアピールに反応しなくなったという意味で、まず女性や若者の革新離れとなって現れた。しかし、それは彼らが生活的に保守化したということは、決してイデオロギー的に保守党を支持するようになったということではなかった。消費税やリクルート事件あるいは女性蔑視問題のように、市民的な生活の視点から納得できない問題が起きれば、彼らは容易に離反する。自民党にとって八六年の「天国」の後に八九年の「地獄」が控えていたのも、ここに起因している。この意味で、自民党が今回の選挙を天安門事件に引っかけて、大げさに体制選択を訴えたのは、苦し紛れとはいえ的外れだったという以外にない。

また、保守党の幹部たちは、大時代に政治家としての能力と個人的清潔さは別だと演説していたが、すでに欧米諸国に明らかなように、女性やふつうの市民に受け入れられる日常生活を送れないものは、政治家として失格する時代が日本にもきていることを、今回の選挙は証明したといえるだろう。

第三に指摘したいのは、政党構造の問題である。自民党は、伊東前総務会長のあげた「三条件」にあるように、党の面目を一新して選挙にのぞむチャンスがあったにもかかわらず、旧来の派閥構

造にとらわれて、国民にアピールする内閣をつくることができなかった。そこには、長期支配にともなう党構造の硬化という病理が表れている。これに対し、社会党は労働組合の政党という旧来のイメージを振り捨て、土井委員長と多数の「マドンナ」候補を先頭に、女性の時代の選挙を戦い抜いた。今回の選挙ではじめて社会党とその候補に投票した保守党支持者がたくさんいたに違いない。

このようにして、自民党を離れた票の受け皿がようやくつくられた。はたして政権の受け皿はできるのだろうか。多くの人の関心も、またそこにあるに違いない。


（『毎日新聞』一九八九年七月二五日）

打算超え政治は急展開―海部内閣の出現―

大派閥がいずれも自派から候補を立てず、河本派と二階堂グループという弱小派閥のしかもトップ指導者でない人たちを擁立して戦われた今回の自民党総裁選挙の奇妙さを説明するものはただ一つでそれがリクルート事件で総汚染されて表に出られない各派閥の指導者たちによる代理戦争であり、同時に、目前に迫った総選挙を乗り切るために、自壊した宇野内閣に代わる新しい「表紙」をなんとか作りあげなくてはならないという自民党全体の焦りである。

このようにして、宇野内閣と同じように、ほんの少し前までは誰もが想像さえしなかった海部総裁案が突然浮上し、あれよという間に日本の総理大臣に指名されるという事態が生まれた。

参議院選挙の惨敗を通じて、自民党内部に、派閥の論理を超えた党改革と若返りを求める真剣な声があったのは事実である。それは、次の選挙で落選する可能性のある若手議員や現場で苦労している地方代議員たちの突き上げとなって現れた。それは参院選で活躍しスターとなった橋本幹事長の立候補を求める動きとなって凝縮した。

しかし、竹下派が橋本幹事長の立候補を抑え、安倍派、旧中曾根派と一緒になって海部氏を推したとき、派閥の論理が依然として健在であることを、誰もが感じとっただろう。まさに、派閥的な票読みに従って、予想通りに海部総裁は出現した。それに立ち向かった石原候補は、一割程度の票しか集められなかった。密室の選考を打ち破ったという十七年ぶりの国会議員による選挙は、国民向けの儀式でしかなかったといってよい。

海部内閣が、形を変えた竹下・安倍内閣であり、宮沢派が反主流派にまわったとはいえ、旧来の派閥連合内閣であるということは、そのあまりにも手回しのよい党内閣の人事に、如実に表れている。新幹事長に、橋本追い落とし急先鋒であり竹下元首相の腹心である小沢一郎氏が据えられたことはその象徴である。それは、この内閣が本来、総選挙が終るまでの暫定内閣であり、逼塞(ひっそく)中の派閥指導者たちのリモコン内閣であることを物語っている。

海部内閣の出現は、田中金権政治で自民党が行き詰まって三木内閣がかつぎだされた時と、形としては良く似ている。しかし、三木氏には、それまでの主流派の政治に対抗する自分の政治の理念と力量があった。三木氏の秘蔵っ子といわれた海部氏にはたして同じものがあるか。それは、今後を見なければ断定できないが、しかし、政権成立のこういう内情を見れば、かなり疑わしいとされなくてはならない。

ただ一ついえることは、派閥指導者たちの打算を超えて、政治のテンポは急展開するだろうということだ。総選挙で海部自民党が勝っても負けても、逼塞中の指導者たちにもはや出番は訪れないだろう。それが政治というものなのである。

(『信濃毎日新聞』一九八九年八月一〇日)

なぜ農民は自民党を見限ったか—'89年参院選—

はじめに

「山が動く予感がする」と、遊説中の土井社会党委員長は語った。実際、自民党政権という山が動く日がくるとは、五五年体制成立以降ここ三、四年の間、ほとんどの人が想像することさえなかったに違いない。七〇年代の田中金権政治に始まる保守政権の危機の時代も、自民党は直ちに政権の座を失うとは予想されなかった。

参議院では、七四年の夏、オイル・ショックと列島改造にともなう大インフレの中で、与野党の議席差四まで迫ったのが最高の記録である。それが今回、野党の当選者は、総計で与党の三倍近くに達し、与野党の議席を一気に逆転して自民党に三〇の大差をつけたのである。

この影響は、次の参議院選挙で野党が今回の自民党のような大敗を喫しないかぎり、最低六年間は持続する。いかに第二院とはいえ、自民党はこの状態で国会を日常的に運営しつづけることはで

きない。自民党に残された道は、選挙中に橋本幹事長がいったように、中道政党を抱えこんで政権の維持を図ることしかない。

しかし中道政党も、自民党批判で社会党と連合して選挙を戦ってきたわけだから、おいそれと自民党を補完する連立内閣をつくることが、自殺行為であることは、十分、承知しているはずである。今回、共産党をのぞく野党間の協力で当選した一一人の連合の会議員も、野党連合の分解を阻止する力として働くだろう。

だとすれば政局を安定させるいちばん素直な道は、衆議院を早期に解散し、多数を占めるだろう野党に政権を渡すことである。自民党政権という山がいよいよ動くのである。

この自民党の大敗は、消費税、リクルート事件、農政問題そして女性蔑視問題と重なった自民党の「エラー」の一時的な結果なのか。それとも、九〇年代へ向けての長期的な政治の構造転換の始まりなのだろうか。そしてまた、三年前の同日選挙で大勝したばかりの自民党が、どうしてこのように大敗を喫する羽目に立ちいたったのか。

新潟の参議院補選、東京都議選と社会党の勝利がつづき、参院選での自民党の敗北が確実視されるようになった中で、私は、いくつかの選挙区で選挙の現場を歩きまわった。

三重、山形、熊本、愛媛は、今回、さまざまな意味で特徴的な選挙区だった。ここでは、それぞれの選挙区の実状をふまえながら、こういう結果を生むにいたったいくつかの要因について考えて見たい。

自民党大敗、一つの要因

「今度のような選挙は、初めてだね。農民や主婦からどんどん激励の電話がかかってくる。農村に候補者の車がゆくと、農家の主婦が飛び出してきて、紀平の手を握ったまま、〝お父さん、早くきて！〟というんだね。そうすると奥からおやじが、もっそりと照れ笑いしながら出てきて紀平と握手する。われわれの選挙運動によって票を取っているというよりも、運動の外で票が湧きだしているという感じだな」

熊本で紀平悌子候補（無所属、社会党推薦）選対の事務局長をしている地評の福島事務局長は笑った。もちろん、この票が湧きだした最大の原因は、消費税に対する主婦や農民を始めとする広範な人たちの反発である。

新潟の補欠選挙でも、組織はあまり活発に動いたとはいえなかったのに、反自民の票が湧いた。ここでも、組織が燃えたのは、むしろ三年前に、紀平候補が市川さんの遺志を継いで理想選挙の旗を掲げて初めて打ってでたときだという。

「ここでは紀平が女性候補だということは、あまり打ち出していない。熊本は保守的な土地柄だから、女性が表に立つのを歓迎しない空気がある。だから、ここでは新潟のように〝女の戦い〟は表に出さず、〝一票一揆〟をスローガンにしているし、首相の女性問題も演説では触れたことがない」

都会では、女性を反自民党に駆りたてる大きなテコになっている女性問題は、熊本ではあまり表面化していない。紀平候補には、今、流行の〝マドンナ〟候補などとは違う年季が入っているということだろう。その彼女が熊本で戦うのに、消費税批判は最大の武器になっている。

「ここでは、熊本商店街近代化協議会も消費税反対を訴えているし、生協などもぞくぞくと消費

税反対を決議している。農民にとっても、消費税は購入する肥料などにはかかってくるのに、米価は据え置きになって転嫁できない不満を買っている。都会で育った紀平に、農政問題をいわせようとしても、無理です。だから、紀平には消費者の立場で、農民に学ぶという姿勢でものをいうよう勧めている」

紀平をはじめとする野党候補の消費税批判が、どれだけ自民党候補を脅かしたか。中央では、自民党の党議が未だ決まっていないにもかかわらず、宇野首相はいちはやく消費税の「見直し」を公約し、選挙戦の終盤では、大蔵省の反発ももののかは、消費税の福祉目的税化、三％の税率の永久固定化をぶちあげた。

熊本では、自民党公認の浦田候補は、自分はもともと消費税反対で、党幹部の強行採決の指示は〝暴挙〟だと公言してはばからないし、岩崎候補は免税品目の設定、拡大を訴えている。現議員でありながら公認されず離党した沢田候補はもっと大胆に、生活必需品目に対する免税と奢侈（しゃし）品目に対する高率物品税の復活を訴えている。

要するに、現在の消費税をそのまま擁護している人は、選挙の現場では誰もいないのである。

もし今回の参議院選挙の争点を一つに単純化するなら、それは「消費税選挙」だったということができるだろう。

リクルートも農政批判も、この消費税に対する国民的反発という核があって、初めて盛り上がった。今から振り返ってみれば、八六年の自民党の大勝も、財政が窮迫して消費税の幻しが再燃する中で、中曾根首相が「大型消費税を導入しない」と言い切ったことが大きな要因になっていた。その公約が反古にされたことが、このように大きな反動になって表れたというべきだろう。

自民党は、七九年に失敗した消費税を、十年後にようやく導入するのに成功したと喜んだのも束の間、大変に高価な代償を支払い、政権という元も子も無くしかねない羽目に立ちいたったということだ。

自民党の総崩れを決定づけたもの

だが、それは自民党の指導者たちがすでに敗戦の弁でいいはじめているように、単に有権者が見境（みさかい）なく新税に反発し、野党の無責任な扇動にのったということなのだろうか。自分たちが長い間支持を得ていた日本の国民は、先進国のほとんどすべてが導入している税金を、受け入れることができないほど非理性的で盲目的ということなのだろうか。

「消費税に私たちが反発するのは、それが嘘で固めて取った議会の多数の上で強行採決されたということが第一。それに売上税の時とちがって生活必需品への免税措置もなく、また、自民党の支持基盤である小規模な商店が税金を〝ネコババ〟できるなど、ごまかしだらけであることに我慢できないからです」

東京の街宣車の上で、若い女性がそう訴えていた。

「納得できないものは、納得しない」

若者たちがそういうとき、それは消費税問題の根にあるものを照らしだしている。

「豊かな社会」の中で育った新しい世代にとって、もはや価値の基準は仕事の世界にはない。それよりも余暇と消費の生活が大切なのである。彼らはもはや社会主義や革新などというイデオロギー的なアピールに動かされない。その意味で彼らは〝生活保守主義〟ということもできる。だが同

時に、その生活の視点から、納得できない問題が生まれたとき、彼らは容易に保守党への支持を撤回する。

リクルート事件も消費税も、あるいは首相や農相の女性蔑視問題も、この意味では同じ次元の問題であり、それが今回は自民党に重なって起きた。これに対し自民党が、今回の選挙は〝自由主義体制〟を維持するかどうかの選択の問題だと訴えたのは、まったくの擦れ違いのアピールだったというべきだろう。

若者たちは、嘘とごまかしそして腐敗で固められた政治を、〝自由主義〟というイデオロギーで固めて呑みこむことが、もはやできなくなっている。中曾根首相がマス・メディアの上での演技によって、都市の若者や女性たちのフィーリングの世界にアピールして、「左にウィングを伸ばした」と誇った体制は、まさにその「左」の市民たちの生活の視点からの納得を求める反乱であえなく崩れざるをえなかったのである。

しかし、消費税に対するこのような若者、女性あるいは都市中間層の離反だけだったら、自民党はこれほどまでの大敗を喫することはなかっただろう。

今回の自民党の総崩れを決定づけたもの、それは自民党のこれまでの支持基盤の中核だった農民の離反である。自民党はいわば「左」からだけでなく「右」からも見放されたのだ。かくして自民党は、これまでの参議院選挙区の金城湯池だった二六の一人区のうち二三を一挙に失うことになった。当然、一人区のほとんどは、農民票が大きなウエイトを占める農村県である。

農民の自民党からの離反は、すでに二年前の岩手の参院補選での社会党の勝利に、その姿を現していた。その組織的な中核になったのは、農協の青年部である。青年部は四〇歳まで（地域によっ

ては四三歳）の青壮年を集めた組織で、実際には農業の現場を担っている農協の中核的な組織だ。全国的に連絡、協議、研修の場をつくり、時に自民党とつながっているボス的な農協の役職たちと対立しながら、農協運動をになっている。

今回の参院選では、中盤ですでに一七の府県で、県農協の青年部は〝反自民〟の態度を明らかにし、あるいは〝自主投票〟を決めていた。その数は終盤になるに従い増加した。農協はこれまで自民党の集票機構として活動するのが自明だったから、〝自主投票〟を決めて組織が休眠することだけでも、自民党にとって大きな打撃をもたらすことになる。

山形での農民の声

庄内米の産地の山形で、県農協青年部として比例区の〝反自民〟投票を決めた中嶋委員長は、私にこう語る。

「農政に対する忿懣は、いまさらの問題じゃない。六〇年代の減反に始まり、米価の据え置きや切り下げ、農機具の借金そして一つずつ進行する農産物の輸入の自由化とあげればきりがない」

「でも、それが限界に達したと感じるようになったのは、政府が守ると公約したオレンジ、牛肉が、いっぺんに反古にされて自由化されたことだ。自民党は、守ると気勢を上げておかなければ交渉もできなかったというが、それなら、今、米は死守すると農民にいっていても当てにならない」

「青年部の主張は、単純だ。俺は、農業基本法に日本の農業を守ると書き入れるだけで十分だと思う。今、法律で規定されていないから、自民党にその場しのぎの嘘をつかれて、ごまかされてきた。中曾根路線に表れている自民党の本音は、輸出産業を守るということだと思う」

「若い農民が耐えられないのは、農業の将来がはっきりしていないということだ。だから嫁の来手もいないし、子どもたちもいやがって町に出ていってしまう」

「青年部が比例区では、もう自民党に投票しないと決めたとき、農協の幹部たちは、〝お前たちは純粋だから〟といったので頭にきている。いいガス抜きだなどといってる幹部たちもいるが、現場の声を知っていないんだ」

「しかし、選挙区では簡単に〝反自民〟というわけにはいかない。自治省出身で現職の降矢候補には、これまで補助金などで世話になっているし、青年部で候補者たちを招いて話を聞いたときも、革新の候補はにわか勉強で農業の現場を知っているとは、とてもいえなかった」

こう話す委員長は、本当は農民候補を立てたかったのだけど、と残念そうに付け加えた。

「いや、結局、選挙区じゃ白紙で入れる外ないな。俺もほんとは自民党員なんだけど」

熊本・農協青年部の反乱

熊本の農協青年部も、自民党の農政批判の声をいち早く上げた方だ。しかし、それが早かっただけに、自民党や農協幹部たちの対応も素早かった。

二人区の熊本は、これまで自民党の議席独占がつづき、今回も農村、漁業地帯をバックにした浦田候補と、都市部の福祉、商工関係を基盤とする岩崎候補とに地盤割りが行われている。建設業界は二分されている。その浦田候補の志垣熊本事務所長はいう。

「九州の農協青年部は、ほとんどが自主投票になっているが、熊本は、われわれの説得が功を奏して、選挙区では青年部も浦田支持を打ち出してくれた。今、造反しているのは、阿蘇など一部の

地域だけだ。熊本は、新潟と違って保守的で義理堅い所、他の九州の県とは違うと理解している」

今でも造反している阿蘇には、県農協青年部で長い間指導的役割をはたし、六二年度の全国農協青年協議会委員長を務めた山口力男がいる。山口元委員長は、梅雨の合間を見ての田の畦の草刈りに精を出していたが、泥に汚れたままの姿で、私にこう語った。

「自民党は、青年部の批判に対して飼い犬に手を咬まれたようなものと反発し、抑えにかかってきた。しかし、県の組織が形を整えて浦田支持を打ち出しても、現実にはそうは動かない。上吹く風と下吹く風は違う。農協でも青年部が主張すべきことは主張する時代がきている。青年のいうことをまともに受け止められないなら、農村は十年以上、世の中の動きから遅れることになる。そのことがボスたちには分かっていない」

「俺は、熊本の農民青年に反自民を訴えたことはない。問題は、政治家たちにあるのではなく、そういう政治家たちを選びつづけたわれわれの側にある。だから、俺は農民に、他人のせいにするな、それよりも農民の自立が大事だと訴えた。意識革命を起こせと訴えた。自立した人間として農業をやる姿勢をつくろうといってきた。浦田の周辺にも、阿蘇の青年部が主張していることの中身を説明した。しかし、彼らはどう理解したのかな」

「自民党の農業政策の基本的な問題は、それが場当たり的で一貫性がないことだ。農産物輸入の自由化という今日の事態がやってくることは、専門家なら十年以上も前から分かっていたことなのに、その場しのぎでやってきた。だから農民は嘘をつかれたと怒る。でも俺は、政府・自民党を無批判的に信用して振り回されるだけだった農民も、甘かったと思うんだ。まるでどっかの芸者と旦那見たいな関係だよ。だから俺は、農民はもっとプライドをもてという」

「自民党のやってきたことに従ってゆけば、農民は次からつぎへと補償金という名の手切金を貰って、農業を放棄してゆく以外にない。なるほど、自民党のいうように大規模経営化すれば、平地に残った農民は経営的にはやってゆけるかも知れない。しかし、そのとき、もう村も里もなくなっているんだよ。阿蘇でも山に近いところはみな耕作を放棄する以外にない。工場と同じように、採算がとれなくなった農民は、外国にゆけというのだろうか。そしたら、森や山、水は誰が守るんだ。環境はどうやって維持するんだ」

「農政の問題は、農民だけの問題ではない。都会に住む人たちみんなの問題だよ。先生も学校に帰ったら、学生さんに、いっしょに考えようといってほしいよ」

「自民党の農政は、悪いと思うけど、だからといって野党に票を献じる気もないな。野党には悪い農政さえもないもんな。あるのは選挙目当ての甘言だけさ。社会党が選挙前にとつぜん発表した新しい農業基本法案もその口だ。ほんとは、農民の声をまともに受け止めてくれるもうひとつの保守党があるといいと思う」

山口元委員長は、借地をふくめて七ヘクタールの水田を耕す専業農家、この他にハウスメロンをつくり、牛を飼う。規模を小さくして兼業に切り替えれば、もっと現金収入がふえることは分かっているが、意地で専業に執着している。でも、年収はよくて三〇〇万程度、「きちっと計算したら阿呆らしくてやっていけないよ」と笑った。

農協青年部の反乱は、このように自民党に対するきびしい批判ではあっても、直ちに野党支持へとつながっていないのがふつうだ。だが、地方によっては、もっとはっきりと自民党を見限って野党支持へと移ったところもある。農協政治連盟が、社会党の推薦を受けて自分たちの候補をだした

青森、そして最大の単位農協が連合候補を支持することに決めた愛媛などが、その典型だろう。

愛媛・連合候補を支持した農協の言い分

畜産のさかんな熊本が、牛肉の自由化で打撃を受けたように、蜜柑の産地である愛媛もオレンジの自由化で苦しんでいる。一人区のここでは、檜垣元農林事務次官が、農政のベテランとしてすでに三期にわたって参議院議員に選出されているが、これに対し、今回は初出馬の連合候補、池田弁護士が挑戦している。

県農協の青年部（青壮年連盟）は、ここでも〝政治的中立〟を表明、自主投票を訴えるに止まったが、それでは生温いと選挙区選挙でも自民党不支持を決定、消費税の撤廃、米の自由化絶対阻止のスローガンの下に連合候補の支持を表明したのは、一万人の組合員を擁する県東部、周桑町の周桑農協だ。ここでは独自の選対本部をつくって、池田候補のための選挙運動をすることさえ決めている。

私は、松山市の池田選対事務所で、周桑農協の藤井青壮年連盟委員長、和田総合企画管理室長にあった。二人はこもごも次のように語った。

「周桑農協が、他の農協と違って野党候補の積極支持にふみきったのは、自民党の農政を批判するためには、野党支持を打ち出さなくては、はっきりした結果がでないという当然の理屈からだ。池田連合候補を招いて話をきいた後、ふみきることに決めた。青壮年部（連盟）、婦人部、営農推進協議会という農協内三団体が態度を決めたので、農協全体もふみきった。上からの圧力はなかったとはいわないが、それは周桑では逆効果だったよ」

「周桑は、蜜柑農家もふくむけど、それが中心ではない。ここは愛媛の米どころ。問題の中心は米だ。山の蜜柑農家は、自由化が決まってからは、補償金を貰ってこれまでの蜜柑を切り、〝日本一〟など高価な品種に切り替えるという農協の指導に従う以外になくなっている。でも、米はこれからの問題だ」

「愛媛は、農政の専門家だという檜垣さんを長い間かついできたが、何もいいことはなかった。補助金という名の手切金の上乗せ工作をしてくれただけで、農民切りすてという農政の基本線は別のところで決められているとしか思えない」

「今後の自民党批判の運動は、結局、自民党といっしょになって農民を借金漬けにし、そのいうがままに猫の目のように変わる指導に従う外なくさせてきた全国の農協組織に対する批判でもある。俺たちは、俺たちの農業は自分たちの手で守るという決意で、周桑農協を農民たちの声を正面から受け止める組織にしたいと思っている」

「これまで、周桑農協の一万戸、二万五〇〇〇票の八〇%は、自民党にいっていたけど今度はちがう。農協が態度を決めたので、逆に八割が池田にゆくだろう。これは、この参院選一回かぎりの決定ではない。政治が変わるまで、衆院選、地方選、次ぎつぎとやるつもりだ」

「農民は、もう落ちるところまで落ちてしまったから、怖いものはない。自民党に頼ってよくはならないことがはっきりしたから、野党に支持を切り替えて望みを託す以外にない」

二人は、他の農協メンバーといっしょに、これから南伊予の農村地帯に入って、青年たちを集めて夜の集会を開くのだといって、慌しく去っていった。

ここでのジャーナリストたちは、周桑農協が県下の農協の中で農民と密着して営農指導をしてい

ることで際立っており、また青年部が農協のリーダーシップをにぎっている点が、こういう思い切った姿勢に出られる理由ではないかという。

農村をまわり、青年たちの話を聞きながら、私はかつての昭和初期の農村更生運動を想いだしていた。農村不況の中で開始されたこの運動は、追い詰められた農民たちがブラジルや「満州」へ移民してゆく状況をふまえながら、農本主義にもとづく自力更生の青年団運動を育てていった。だがその一部は、反都市、反資本主義の気分の高まりのなかで、軍部と一体になった新体制運動へとまきこまれていった。「村起こし」運動に始まり農協青年部の反乱にいたるこの十年ばかりの農村の現状は、もちろんその単純な繰り返しではありえない。しかしその筋道においてまったく無縁ではない。

この参院選の結果が、自民党がより強固な組織を総動員できる衆院選で、そのまま再現されることはないだろう。しかし、農村における自民党の政治基盤は、確実に崩壊しつつある。農村は急激に変貌しようとしている。野党はそれをはたして正面から受け止めることができるか。そこに、日本の政治の未来もかかっている。

〝熊本自民蟻地獄〟

あらゆる支配体制は、その力が失われるとき、末期的な病理現象が噴出してくる。リクルート事件から自民党の指導部の交替にいたる過程は、それを象徴するものだったといえる。この選挙でも、自民党は魅力のない指導部をつくり、スキャンダルと失言を繰り返しては、一人で坂を転げ落ちるように選挙に敗けていった。

自民党の病理の底には、年功序列的に組織化され、お互いに半ば独立している派閥の構造がある。党の勢いの盛んな時には、自民党の活力の源として評価されるこの派閥も、党が危機に直面したときには、それを内部から解体させる要因に安易に転化する。

この選挙でも、激しい自民党への〝逆風〟、正確にいえば批判の嵐のなかで、あえて派閥選挙を行って内部抗争し、当選者を減らしていったところが、多く見られた。青森、宮城、群馬、島根、宮崎、長崎などはその例だ。しかし、このような派閥選挙の極は、熊本における自民党二候補の落選だろう。その結果、熊本選挙区は、これまでの二議席独占区から一挙に自民党空白区へと転落した。

ここで自民党二候補に替わって当選したのは、七月まで現職だった沢田一精候補である。前知事から参議院議員へと変わって二期務めた沢田議員は、中曾根派に属していたが、昨年、中曾根親分は、かつての自分の秘書官で藤波系だった岩崎前中小企業長官を強引に沢田議員に代えて党の公認候補に押し立てた。

いったんは引退を決意した沢田議員は、夫人や後援会の「このまま引き下がっては男がすたる」という説得にあって、自民党を離党、無所属で立候補した。選挙では、おりからの自民党批判の風に乗ってリクルート事件、消費税をきびしく批判、このままの自民党には当選しても戻らないと言明、高い知名度と同情票で、自民党二候補を圧倒する勢いだった。

非勢を認めた自民党は、選挙中、金丸前副総裁が熊本に赴き、竹下派の浦田候補に票を集中させる工作を行った。自衛隊や建設業界は、こういう時に指令一本で大きな票を動かすためのウルトラCとして使われるという。これに対し、岩崎候補は、派閥的策謀だとして激しく反発、巻返しの運

動を展開した。

「自民党は三重苦だとか四点セットだとかいわれているが、熊本では内部分裂の騒ぎで五重苦ですよ」

熊本の選挙通は笑う。

「それだけじゃない。離党した沢田候補に、同じ中曾根派の渡辺美智雄や安倍派が応援を入れているのですから」

新人の岩崎候補が非勢であるとは、誰もが認めているのだが、中曾根直系の野田建設相の要請で沢田議員の公認を一致して取り消し岩崎候補に決めた県連は、いまさら岩崎候補を断念させることもできない。

「今や共倒れになるのが分かっていても、どちらも引くに引けない、睨み合いのままじりじりと滑り落ちてゆく〝熊本自民蟻地獄〟と、われわれは呼んでいます」

同じような話は、リクルート事件の〝本場〟、三重にも転がっていた。藤波議員は起訴された後、自民党を離党したが、藤波と同じ選挙区でのライバル、田村元衆院議長の影響の強い自民党県議団は、さらに追打ちをかけて議員辞職決議勧告に等しい「関係議員の身の処し方」決議を行った。この決議に憤激した藤波の後援会、藤波会は、自民党候補水谷議員が田村系であることから、今度の選挙では、事実上〝寝る〟ことになるだろうという。

土井社会党の課題

参議院議員は、通常、自分の出身地以外には、自前の後援会をもたない。選挙では、全県の衆議

院議員の後援会が代行して働く。それでもやってこれたのは、一人区ではほとんどの場合、初めから当選が確実視される殿様選挙だったからだ。

しかし、今回の選挙のようなつばぜり合いになると、こういう態勢では力が出ない。企業の締め付けも、利権に遠い参議院議員では効きにくい。絶対優位だった一人区で、自民党があっけなく総崩れになった一因は、こういうところにもある。ましてや有力な後援会にそっぽを向かれたのでは、ひとたまりもないのである。

これに対し、昇り坂の野党の方は、これまでの選挙に比べて、面目を一新していた。第一は、連合の会が成立し、社会、中道勢力の統一候補が生まれたことだ。連合の会の候補は、社会党と分裂して争った岡山を除いて、全員が当選した。

候補者のほとんどは、既成の政治家でなく、知名度もない新人だったけれど、推薦母体の社会、中道諸政党の基礎票の合計をはるかに上回る票を集めて当選した。連合の会候補に脅かされた保守候補は、共産党候補の健闘に期待して、秘かにエールを送っているという笑い話が、あちこちで聞かれたほどである。

もちろん、連合候補に問題がなかったというわけではない。連合候補は、自衛隊、安保、原発という社公民の間で態度が食い違う問題を棚上げすることで可能になったのだが、その中でも原発の問題は、各地で現実の問題であり、いたるところで社会党系の反原発運動や市民運動グループとときしみを発していた。

しかし、さまざまに意見が違うグループが分裂してゆくのではなく大同団結する、あるいは竹内好流にいえば、大異を保持したまま小同に就くことが、保守政党が統治政党としてまとまってきた

秘訣だったとすれば、野党がようやくそれに学びはじめたことは、悪いことではない。

第二は、もちろん〝マドンナ〟候補をたくさん抱えた土井社会党の出現である。それは、消費税問題に重なる宇野スキャンダルや堀之内農水相の失言などで、今度の選挙に自民党と女性の総対決の趣をさえ与えた。他の野党を圧する社会党の大勝に、この側面が大きく寄与したことはまちがいない。

このことの持つ意味は、複雑だ。ただ、私は〝おたかさん〟への人気投票化をやゆしたり、女性候補をそろえた社会党の〝集票戦術〟を批判する議論に対しては、女性の政治進出が、世界を通じる時代の潮流であることに留意すべきだといいたい。

この潮流にのった社会党の選挙は、既成の選挙参謀たちの常識をこえて、今回の参議院選挙を、しろうとの女性や市民の参加による手弁当の市民運動に変えた。それが「女の選挙」、女性のフィーバーということのひとつの意味である。他方、土井社会党とマドンナ候補たちは、これまでの組合政党としての社会党のイメージを一新した。社会党は、初めて、市民的な広がりをもつ野党として、自民党から離れた票の受皿としての役割をはたすようになったのである。はたして社会党が、野党連合の中核として、政権の受皿となれるか。それが、残された最大の問題である。

（『潮』一九八九年九月号）

社会党はいま、何をなすべきか

参議院選挙で社会党はなぜ勝利したか

社会党が直面している問題は、政権を獲得した最初の内閣でまず何をすべきかということである。いや、何をすべきかを訴えることによって、参議院選挙の上げ潮にのって次の衆議院選挙で勝利し、政権を獲得することであるとした方が正確だろう。

五五年体制発足以来、社会党が温めてきたというよりも繰り返してきた自民党政策批判は山ほどあり、またその本来の理念にもとづく基本政策がどのようなものであるかは、安保、自衛隊問題をはじめとして周知のとおりだ。しかし、それは三十年来繰り返されてきたもので、しかもこの間、端的にいえば、社会党を政権に近付けるテコとして、有利に働かなかったものである。問題は、現在の政治状況の中で、突風のように社会党に対して吹き始めた国民意識の追い風に乗って、社会党が政権獲得に向けていっそうの浮揚を図らなければならないときに、何を訴えるかということである。またさらに、自民党内の「社会党（主導）内閣はどうせ短命であり、次の三十年間の保守永続支配体制をつくるためには、一時、社会党内閣をつくらせて有権者に幻滅させたほうがよい」という種類のたかくくりを慌てさせるために、社会党はその最初の政権で何をして、その基礎を固める

べきかということである。この小論の焦点はそこにしぼられている。

議論の出発点は、先の参議院選挙で社会党に投じられた票の性格がどのようなものであったかということだ。一口に、消費税、リクルート、農政、女性（蔑視）問題という自民党の「エラー」、そして土井委員長と「マドンナ」候補という社会党の新しい選挙スタイル、このどれがどの程度、現実の選挙結果に作用したのかということについて、正確なことを知るのは難しい。しかし、その一つの手がかりは、『毎日新聞』が選挙後に実施した緊急調査にある。

これは、東京、三重、福岡、高知の四県について、有権者がどのように実際に投票したかを調べたもので、その内容の一部はすでに紙面に発表された。サンプル数は一二〇〇でそれほど多いとはいえないが、たとえば比例区についての回答は、現実の選挙結果とかなりよく重なっているので、それなりに信頼できるとみなしてよい。

ここでの有権者の本来の支持政党と現実の投票政党との分布は、**表1**に示されている。この調査で、回答者がいう支持政党（自民四六％、社会一五％）は、自民党が若干多すぎるが、ほぼ一九八八年末のレベルに相当する。有権者は、投票以前の記憶を呼び起こしていっているのだろう。社会党は、今回の参院選（比例区）で、三年前の約二倍、この調査では、支持者の二・五倍の票を得た。これはどこからきたのだろうか。調査の数字は、自民党支持者が分解し、その三一％（自民党を離れた票の五七％）が社会党に投じられたことを示している。それは今回の社会党の得票の三九％に達し、本来の社会党支持者の票（三四％）を上回っている。次いで、「支持なし」層の三八％が、今回は社会党に投票した。それは、社会党票の二二％を占めている。八〇年代に入ってから の「支持なし」層の投票は、基本的に保守党へと傾いており、それが八六年同日選挙で投票率を吊

表1　1989年参議院選挙における支持政党と投票政党

（比例区投票者のみ．（　）内は実際の投票結果）　　　　（単位：%）

投票政党 支持政党	自民	社会	公明	民社	共産	ミニ政党	不明	計
	25 (27	37 35	8 11	3 5	7 7	11 15	8 −	100 100)
自民　46	46 84	31 39	2 14	3 45	2 13	11 40	5 27	100
社会　15	4 2	86 34	2 3	1 3	1 1	5 7	1 2	100
公明　6	0 0	5 1	90 64	2 3	0 0	3 2	0 0	100
民社　2	0 0	44 2	0 0	50 28	0 0	6 1	0 0	100
共産　4	0 0	5 1	2 1	0 0	86 54	2 1	5 2	100
支持なし　22	13 12	38 22	7 18	3 21	8 28	20 39	11 30	100
不明その他　5	9 2	5 1	0 0	0 0	3 4	18 9	65 39	100
計　100	100	100	100	100	100	100	100	
(86年選挙	39	17	13	7	9	15	−	100)

り上げた自民党の勝利と結び付いていた。今回は「支持なし」層の社会党への投票は、自民党への投票の三倍に達した。自民党支持層と「支持なし」層からきた社会党票は、合算すると六一%、社会党票のほぼ三分の二が、本来の社会党の支持者でない基本的に保守的な層からの新規投票で占められているということが、ここに示されている。

社会党へのこういう新規投票は、性、年齢、職業などでなんらかの特質があるだろうか。**表2**は、その内容を示している。

この表で明らかになることは、今回の社会党票に、性別、世代別の差がほとんど見られないということだ。たとえば、女性党首と女性候補の活躍から想像されたような社会党への女性票の集中は、現実にはおこらなかった。むしろ、これま

表2　1989年参議院選挙における投票政党と性，年齢，職業別集団

（比例区投票者のみ．（　）内は支持率）　　（単位：%）

投票政党	自民	社会	公明	民社	共産	ミニ政党	不明・支持なし	計
全体	25 (46)	37 (15)	8 (6)	3 (2)	7 (4)	11 (22)	8 (5)	100 (100)
男性	27 (48)	38 (13)	8 (5)	3 (2)	7 (4)	10 (1)	7 (27)	100 (100)
女性	23 (43)	36 (15)	9 (6)	3 (1)	7 (4)	13 (1)	9 (30)	100 (100)
20代	18 (34)	36 (12)	10 (5)	3 (1)	5 (2)	17 (1)	11 (46)	100 (100)
30代	18 (37)	40 (15)	10 (6)	2 (3)	8 (3)	15 (2)	7 (36)	100 (100)
40代	25 (50)	35 (15)	8 (4)	2 (1)	11 (5)	9 (1)	10 (25)	100 (100)
50代	28 (53)	40 (14)	6 (5)	4 (7)	6 (5)	10 (1)	7 (19)	100 (100)
60以上	34 (53)	35 (13)	9 (7)	3 (7)	4 (4)	9 (0)	5 (20)	100 (100)
経営・管理・専門職	29 (48)	35 (14)	7 (4)	5 (1)	6 (3)	15 (2)	2 (28)	100 (100)
会社員	19 (37)	39 (18)	12 (7)	3 (2)	7 (3)	10 (0)	9 (33)	100 (100)
公務員	16 (34)	53 (27)	5 (5)	0 (0)	16 (7)	8 (0)	3 (27)	100 (100)
自営・商店	34 (61)	31 (5)	10 (7)	3 (1)	6 (2)	7 (2)	7 (22)	100 (100)
農業	47 (71)	34 (15)	2 (0)	5 (2)	5 (3)	3 (0)	5 (9)	100 (100)
主婦	19 (42)	41 (15)	8 (4)	2 (2)	7 (5)	13 (0)	10 (32)	100 (100)
学生・無職	27 (45)	34 (12)	9 (6)	1 (2)	6 (4)	15 (1)	8 (30)	100 (100)

での支持率との比較で見るならば、急増したのは女性票よりも男性票だったことがわかる。社会党が女性票で勝ったというのは、保守党の口惜し紛れの言いがかりにすぎない。

世代別では、これまで支持率が低かった若年層と老年層の増加ぶりが著しい。その結果、社会党への投票にお

いては、世代別の大きな差が見られなくなっている。これに対し、自民党の若年世代における投票の減退は著しい。

職業別では、サンプル数が少なかった公務員を除外していえば、やはり主婦層での社会党への投票が著しい。主婦の間では、社会党への投票は自民党の二倍を超え、いまや社会党の第一の支持集団である。同じように、会社員（サラリーマン・労働者層）の間でも、自民党に倍する投票が社会党に集中した。だが、投票の増加という点では、これまで支持者が極端に少なかった自営・商店業層で、社会党票が一挙に六倍に達したことが注目される。いまや、この層の中でも、社会党への投票はほとんど自民党と拮抗しているのである。これに対し、中堅の青壮年層の反乱で注目された農業従事者において、自民党票がいまだに社会党票を上回っている事実は、留意されなくてはならない。

社会党への広範な投票の地滑りは、投票した人たちによってどのように理由付けられているか。残念ながら、私の手もとのデータには、新しく社会党に投票を切り替えた人たちだけの集計はない。しかし、投票決定の理由と、社会党勝利の原因の解釈が、支持政党、性、世代、職業集団別に集計されている。その主な内容は、**表3**に示されている。

投票決定の理由で明確なことは、二つある。一つはやはり消費税の問題が決定的に重要な重みを占めており、それはとりわけ主婦に多いということだが、他方では四つの重複回答が可能なのに、消費税をあげた人が半数ちょっとしかなかったということも重要だ。リクルート事件やその他の問題が、より重要だと考えた人たちも、それなりに多かったのである。他方、候補が女性であるということをあげる人がほとんどいなかったことも、注目すべきポイントだ。

もう一つは、支持政党が投票理由になっている人が、三分の一以下であるということである。別

表3　投票決定の理由および社会党勝利の解釈

投票を決めるとき何を重視したか（4つまで選択）　　（単位：%）

項　　目	全体	男性	女性	経営	会社員	自営	農業	主婦	学生
消費税	52	45	58	48	52	41	58	62	43
農業政策	9	10	7	5	10	7	39	6	5
リクルート事件	33	33	33	29	36	29	52	34	26
宇野首相の女性問題	7	7	7	4	8	7	11	9	5
支持している政党	31	32	30	39	31	35	39	28	32
与野党伯仲か逆転	14	15	13	19	13	14	10	15	9
女性候補	1	1	1	2	0	1	0	1	1
社会党	3	4	6	4	2	3	8	8	4
その他	30	32	28	34	29	30	21	27	58

社会党が勝った原因は何か（4つまで選択）　　（単位：%）

項　　目	全体	男性	女性	経営	会社員	自営	農業	主婦	学生
消費税の廃止を主張	60	54	66	58	68	65	65	63	53
女性党首と女性候補	14	11	17	16	9	12	17	18	11
宇野首相の政治姿勢批判	21	19	22	22	23	24	22	19	15
与野党伯仲・逆転を主張	8	8	8	8	10	11	9	8	4
自民党への不信	62	65	59	66	68	68	66	58	57
清潔な政党だから	3	2	3	3	2	2	5	4	0
外交政策	0	1	0	1	1	0	0	0	0
原発政策	0	0	0	0	1	0	2	1	0
農業政策	6	9	4	6	7	9	26	3	5
その他	19	22	16	15	21	18	26	14	22

な設問では、結局、元からの支持政党に、今回、投票した人は、全体の五二%、半数あまりでしかないことが明らかになっている。このように、争点や状況による政党への選択的な投票が増大したということが、今回の社会党の勝利の原因なのだが、それは他方では、今後、流動的な票を持続的に維持するためには、社会党の側での積極的な選挙対策が決定的に重要な意味をもつことを示唆している。

社会党勝利の解釈も、社会党が「消費税の廃止を主張」したことに集中し、投票決定の理由と重なってい

表4　望ましい政治状況

（単位：％）

支持政党	全体	自民	社会	公明	民社	共産	ミニ政党	不明・支持なし
自民党の安定多数	14	25	4	5	5	2	6	6
与野党伯仲状況	52	49	54	56	53	56	29	57
与野党の逆転	21	16	36	33	32	33	12	20
無回答・その他	12	10	6	6	9	10	53	16
計	100	100	100	100	100	100	100	100

るが、ここで新たに付け加えられた選択肢「自民党への不信」に、もっと多くの回答が集中していることに注目したい。その意味で、今回の参議院選挙は、個々の争点が問題であったというよりも、それらが重複しあった自民党支配体制そのものが、有権者の批判の的となった選挙であった。その限りでは、自民党が主張したに劣らぬ体制選択の選挙でもあった。ただし、その体制選択の意味は、自民党が天安門事件に引っ掛けて急に言い出したようなイデオロギー的な体制ではなく、民衆を裏切り腐敗した自民党支配体制とそれに代わる体制との間の選択だった。

しかし、その自民党支配体制に代わるものがどのような体制であるか、有権者にはっきり見えていただろうか。この点について、調査の結果は、残念ながら否定的だといわなくてはならない。いいかえれば、社会党への投票は、必ずしも社会党が指し示すもう一つの体制への積極的な支持ではなかったということだ。

それは、社会党がこれまで主張してきた外交政策、原発政策、農業政策などが、社会党勝利の原因であると見る有権者がほとんどいないことにも表れている。また**表4**にみるように、この際、与野党の勢力が逆転して、野党が政権を取るということに対する期待が低いことにも、表れている。**表4**は、これまでの支持層による内訳だが、それに

よると、本来の社会党の支持層でさえ、与野党逆転を望ましいとするのは、三分の一強でしかない。今回、新たに社会党に投票した人の内訳ははっきりしていないが、その大部分が自民と「支持なし」層からきていることを考慮に入れると、これより低いことは確実だ。逆に半数以上の有権者が、社会党支持層の場合においても、今でも、自民党政権の下で与野党の勢力が伯仲し、野党が自民党の行きすぎをチェックすることを期待しているに過ぎないのである。

以上の分析を要約すると、おおよそ次のことがいえるだろう。今回の参議院選挙では、本来、自民党を支持している層および「支持なし」層からの大量の票が社会党に流れ込み、社会党の勝利をもたらした。その最大の理由は、消費税問題をはじめとする自民党体制への不信である。女性党首を先頭に、女性候補をたくさん推し立てた社会党の変化は、それ自体、女性票やムード票を吸引する主因ではなかったが、他面では閉ざされた労働者の党という旧来の社会党のイメージを変え、自民党体制批判の票の国民的受け皿として、社会党が機能する条件を作り出したということができよう。しかし、これらの自民党批判票は、これまでのところ、社会党をはじめとする野党に自民党のチェック機能を期待しているのに過ぎないのであって、いまだ社会党のなかに、自民党体制に代わるもう一つの新しい体制のイメージやビジョンを見いだしていない。社会党がこれまで主張しつづけてきた非武装中立の外交政策や原発の漸次廃止政策などは、有権者の今回の社会党への票の切り替えとはほとんど無縁である。社会党が選挙直前にまとめあげた農業政策は、ある程度農民層の期待を集めているが、しかし、その全体の有権者のなかでの割合は、決して大きくない。

八〇年代における有権者意識の変化

消費税問題を中心とする有権者の自民党に対する反乱は、社会党によって、一口に「生活」の地点からの有権者の保守体制への反撃として総括されている。しかし、その「生活」における満足感の拡がりの上で、「生活保守主義」が、保守体制の持続と中曾根自民党の大勝の理由とされたのは、つい三年前のことだった。いま、その生活が消費税によって脅かされたから有権者が反乱するというレベルで問題をみる限りでは、この問題が収まれば有権者はふたたび保守党の側に戻ると考えざるをえないだろう。事実、保守党の側の言論では、今回の敗北は「あらゆる新税に反対する」愚昧な有権者のためだという大衆蔑視観をあらわにすると同時に、さまざまな「手直し」対策によって事態を乗り切ろうという策謀が進んでいる。選挙後三カ月を経て、自民党支持率が徐々に回復している事実を見れば、それはそれなりに成功しているといわなくてはならない。もし、社会党の側で、参院選の勝利を、「敵失」による一時的なフロックでない、あるいはそれに終らせないとするなら、そこに新しい時代の構造的な流れを読み取り、その上に根ざそうとするいっそうの努力が必要である。

八〇年代日本における「生活」の概念はどういうものか。それを革新的に捉え直すというのはどういうことなのか。

NHK世論調査部が、一九七三年以来、五年おきに実施している「日本人の意識調査」(『現代日本人の意識構造』として日本放送出版協会から出版されている)は、この問題についてのここ十五年間の変化を追うときの一つの手がかりを提供している。この調査結果にもとづいて、世論調査部は、現代人の意識空間を、自己本位と社会本位、現在中心と未来中心という二つの軸で分け、これで構成

される四つの空間を次のように特徴づけている。すなわち、自己本位で現在中心を「快」志向、社会本位で現在中心を「愛」志向、自己本位で未来中心を「利」志向、社会本位で未来中心を「正」志向、の四種類である。そしてこのカテゴリーのなかに、今日の日本人が量的にどのように分類されるかを計ろうと試みている。

こういう分類と特徴づけの仕方に議論は残るだろうが、しかし調査の結果で注目されるのは、日本人の意識のありかたが、ここ十五年の間に、徐々に未来中心から現在中心に、そして自己本位から社会本位へと移ってきているということだ。その結果、未来中心だが社会本位で考える「正」志向は、著しく減退した。それは体制的イデオロギー的思考様式の衰退を意味するだけでなく、国家や会社の未来のためにというナショナリズムや集団主義的な心性の弱化をも示しているといえるだろう。

これに対し、同じ社会本位でも現在中心の「愛」志向は、着実に増加しつつある。それは、家族や友だち、サークルなど身近な人たちと和やかな今日の生活を送れることを幸福と感じ、生活の目標とする人たちが増大したことを意味している。こういう第一次的な集団への帰属と、「正」志向での観念的な国家や会社への帰属を同じ「社会本位」ということばでくくるのはいくらか問題があるが、しかし、現象だけははっきりしている。

他方、自己本位な生き方は、利益志向、快楽志向をふくめてほぼ半数を占めており、それは全体として一定の割合で推移している。おそらく、この利益志向の中でも、企業の中での出世を目標にした疑似集団主義（マイホーム主義のモーレツ社員）から、より快楽志向に傾斜した「ミーイズム」への流れの変化があるだろうし、快楽志向の中には、自己本位というよりも身近な集団との共同の

快楽追求に傾斜した流れも生まれているだろう。重要なことは、これらのすべてが、大きくいえば「国家や社会よりも生活が大事」という大雑把な表現の中に、くくられうるということだ。

こういう現代日本人の意識のあり方の変化は、社会生活のさまざまな具体的な側面で、すでに顕著に現れてきている。たとえば、仕事本位に生きようという会社人間は、七三年以降、このNHK調査でも、二年で一％位の割合で減っており、いまや三分の一程度でしかない。それに対し、余暇本位あるいは仕事と余暇をなんとか両立させたいという志向は、着実に増えつづけている。仕事を求める場合においても、理想の仕事は、もはや収入の高いだけの仕事ではなく、健康を保ち、専門を生かし、また職場での雰囲気がよい仕事なのである。その意味で、現代人にとって今日の仕事は、「自己表現」の場であり、「精神的な満足」をともなうものでなくてはならない。

同じことは、仕事を離れた消費生活、余暇生活についてもいえる。生産より消費に価値の重心が移りはじめたといわれたのは、すでに六〇年代の末だが、今日では、余暇生活における消費物資の充足だけでなく精神的な充足、その意味での「生きがい」やアイデンティティーの追求に重心は移っている。さまざまな世論調査では、衣食の物的な充足についての満足度はきわめて高くなっているが、住環境そして精神的な充足については、不満が大きい。この住環境への不満は、大都市での地価高騰によって若年層で深刻化しているが、しかし全体としてはかつてのように、「狭いながらも2DKの我が家が欲しい」という絶対的な不足というよりは、ゆとりのある家庭生活、社交生活を送る場としての住居がほしいという形の不満になっているという点で、余暇生活の精神的な充足を求める心情と連関しているといえるだろう。若者の間に宗教やオカルト的なものへの関心が増大しているという現象も、この一環として解釈できる。

こうした価値意識の変化の基本的な背景としてあるのは、いうまでもなく、「豊かな社会」の持続とその累積効果という、先進諸国に共通の状況である。すでに西欧先進諸国でくりかえし報告されているように、人々の価値意識は、物質的価値中心から精神的価値重視へと大きく傾斜し始めた。そしてまたそれと並行して、切り開くべきフロンティアを喪失し、生活の目標を見失った青少年や老人問題が、新たな社会問題として浮かび上がってきた。働き盛りの壮年層においても、賃金の上昇よりは労働時間の短縮と余暇生活の重視が、より重要な関心事になりつつある。

他方、こういう「豊かな社会」の持続の中で、新たに拡大してきたのは、人々の社会的、政治的な参加の活動である。平和運動、ボランティア活動、環境保護運動に対する参加者の拡大は、社会生活の中での生きがい、精神的な充足を求める志向の高まりと対応している。

先進諸国内での女性の職業生活問題の中心は、すでに単純な女性の低賃金問題にはない。それよりも、先進諸国における女性の職業生活への参加の拡大も、この一環として解釈されるべきだろう。先進女性を男性と同じように働き甲斐のあるポストにつけないということ、あるいは女性が単身赴任や時間外労働を、「モーレツ社員」である男性社員と同じようにしないということからくる差別問題に、焦点は移動している。女性の社会進出にともなうこういう意味での職場のあり方、働くということについての問いかけは、これまで見てきたような社会の価値観全体を変えつつある。ＮＨＫ調査は、この意味で、現在起こりつつある価値観の変容は、女性的な価値観が社会に一般化するという意味での女性主導型の変化であると形容している。

このように、現代社会のなかで起こっている価値意識の変化は、人々の政治に対する判断の基準をも変えてゆく。いまや政策問題について、「天下国家のための百年の長計」だから現在の生活を切り詰めなくてはならないという種類の説得は、大きな効果をもちえない。現在の生活の充足も、同様に重要なのである。また政治家は、その天下国家に奉仕する特殊能力において評価されるべきであって、個人的な悪徳の問題は不問に付されるべきだという主張も、民衆に受け入れられることはないだろう。人々は、自分たちの日常生活の常識において、理解でき納得できる範囲でしか、政治を、政治家を許容しないだろう。それは、かつて人権宣言や法の支配が、政治家に課した制約と同じ種類の新たな現代的な制約なのである。この意味で、消費税問題とリクルート事件そして女性問題と重なった参議院選挙の状況は、いずれも市民的な生活常識の上で、大衆的な説得性を欠いていたという意味で共通している。とりわけ消費税問題において、社会党が重視すべきは、それが「新税はいやだ」という利害感情から出ているだけでなく、法案の作成過程において、またその弱者に負担が重く業者の「ネコババ」ができるという内容において、納得がゆかないものとして拒否されたという側面である。その意味で、消費税もリクルート事件もまた女性問題も、アイデンティティーを重視する今日の生活の感覚において、同根の現象として拒否されたと考えるべきである。その根にあるものが、すなわち「自民党政権」であり「自民党体制」だったのだ。

もちろん、現代日本において、こうした生活のアイデンティティーを重視する感覚は、次第に重みを増しつつあるとはいえ、いまだ決定的な多数ではない。急速に成り上がった日本の「豊かな社会」には、いまだ高度経済成長時代から積み残された物的な問題、低所得や低福祉にあえぐ人々の問題がある。また、国際化にともなう経済の急激な変動は、農民をはじめとして不況産業などにお

いてのいつもながら「切り捨てられる」人々の問題を顕在化させた。大都市における地価の高騰は、若年層にとってのマイホーム問題を、一挙に六〇年代以前のレベルに戻しつつある。

こうした状況を反映して、八〇年代の後半以降、人々の政治への不満は、急速に結節点を見いだしつつあるように思われる。昨年（八八年）年頭の各新聞は、日本人の生活意識の世論調査をのせたが、そのなかで日本社会の現状について、「貧富の差が拡大している」（『毎日』六〇％）、「豊かな社会になったというけれど、自分たちの生活は決して豊かでない」（『朝日』六二％）が、「老後の生活に不安を感じている」（『毎日』五四％）とともに近来にない高い数字を記録した。そこには「心にゆとりをもって生きたい」（『朝日』四三％）という生活理想にもかかわらず、それを許そうとしない日本社会の現実に対する苛立ちが濃厚に反映されている。それはまた、社会党が「自民党不信」の中で、自民党体制にかわる新しいビジョンをさし示す基盤でもある。

生活保守主義から生活革新主義へ

生活のアイデンティティーに重心がかかった今日の生活意識を基盤とした生活中心主義的な思考は、それ自体、政治的な革新・保守のいずれに対してもニュートラルである。いや、むしろそれは、かつての物的な条件の獲得という明確な基準をもたないだけに、むしろ容易に、保守体制の意識操作のわだちにはまりやすい。

「八六年体制」の成立を誇った中曾根政権に対する世論調査の高い支持率は、その一つの表れだった。そのとき、中曾根を支持した人々のなかに、豊かになった生活→単一民族日本人の優秀性への誇り→日本を経済大国へと導いた自民党政権、という納得の構図が出来上がっていた。あるいは、

新人類企業といわれたリクルートの問題は、もう一つの典型を示している。リクルートは男女、世代の別なく社員を扱い、若者たちに働き甲斐を感じさせる会社として若い世代の人気を集め、そのエネルギーで急成長した。それは下田博次氏によって、高度経済成長時代の企業成長の原動力であった「マイホーム」主義に代わるミーイズム時代の新集団主義と名付けられている（『リクルート新集団主義の研究』毎日新聞社、一九八九年）。その新集団主義によって支えられた企業が、いかにハレンチに保守体制にすりよったかは周知のとおりである。

私たちは、八〇年代におけるこうした生活のアイデンティティー強調と保守体制との結び付きの例をいくつも思い浮かべることができる。最近の竹下内閣の「ふるさと創生」のアピールは、その代表的なものだろう。

保守党による民衆の生活アイデンティティーへのアピールは、私の考えでは、七〇年代の半ばの地方政治で、革新地方自治への対抗策として、意識的に編み出された。「列島改造論」を捨てた保守党は、低成長経済の下、革新の福祉主義に対抗して、住民本位のコミュニティ建設、共同体の伝統文化の尊重という新たなスローガンで、中道政党のみならず時に社会党をもまきこんで自民党主導の地方政府を再構築するのに成功した。そのもっとも劇的な例は、滋賀県の武村県政だったろう。そこで武村知事は、田中角栄亜流の利益誘導県政を批判して、環境保護と草の根民主主義によるふるさとコミュニティの建設をアピールし、革新共闘を基盤に当選、滋賀県の文化的ルネッサンスを訴えてすべての公共建築に「文化の屋根」を増築した。その後、自民党も武村県政支持に加わり、無競争で三期を終えた後、八六年、自民党代議士に転身している。

日本が欧米に生活レベルで追い付くことが課題だった明治以来の「近代の終焉」を宣言した大平

内閣は、知識人や官僚を集めて、列島改造に代わる田園都市構想を展開した。それは武村知事の実験を、全日本的な規模で取り上げたものといえる。中曾根、竹下政権の体制構想は、その系譜を継いでいる。

いま社会党に必要なことは、このような生活のアイデンティティーの重視という新しい流れに踏み込みながら、その中でどのように革新のビジョンを鮮明に打ち出してゆくか、そのビジョンの下での新しい政策の体系を、どのように明快な形で作り上げてゆくかということだ。それは言い換えれば、同じ生活中心主義に即しながらも、保守体制へと連動してゆく生活保守主義ではなく、新しい革新的政治体制への期待に焦点を結んでゆくような生活革新主義のアピールを高く掲げることである。それなくして、いま反自民体制の感情に燃えている大衆を、社会党が主導する新しい政権への積極的な支持へとつなぎ止めることは難しいだろう。

私は、いま社会党に集まっているとりわけ若者や女性の期待は、社会党が若者と女性の党だった戦後民主主義の高揚期におけるのと、かなり似たところがあると思う。その当時、社会党は、たんなる護憲と平和の党であるばかりでなく、「封建的な」社会慣習と闘い、生活の合理化をすすめる生活革新の党だった。その理念を再興しないかぎり、人々はふたたび保守体制が敷くレールの上に戻っていってしまうに違いない。

現在、生活革新の旗をふろうとするとき、そのキーワードは、何になるだろうか。私は、それは端的に、「より広範な社会参加の中での充実した生活の追求」として、まとめられると思う。この概念を掘り下げる中で、今の日本の大衆が直面しているさまざまな問題と社会党が荷なうべき課題が、明らかになってゆくだろう。

社会参加の中での生き甲斐の追求を強調するとき、私たちは、第一に「社会」の概念を拡げなくてはならない。先のNHKの調査に見られるように、いまだ多くの人が社会ということの範囲を、家族や職場の同僚集団などに限っている。それは、より多角的な社会関係をつくれない日本社会の「貧しさ」を表すと同時に、同質的な集団の中に安住し、集団エゴイズムと単一民族社会のイデオロギーに吸収されてゆく温床にもなっている。これに対し、もっと開かれた「社会」の概念を、私たちは、対峙させて推し進めなくてはならない。

その第一は、職場社会である。生活の中で仕事のもつウエイトが減退したということは職場生活が精神的に貧しいからであり、多くの人たちは、依然として働き甲斐のある職場を求めている。「働き甲斐のある職場への参加」を目標とするとき、それは当然、そこへの機会が男女平等に開かれている保障、また、職場における労働関係での人権の保障が前提にならざるをえない。同様に高齢者層の社会福祉の問題も、まずお年寄りなりに働ける職場をつくり、社会参加の機会を確保することが、これからの最大の課題として掲げられなければならないだろう。

第二は、職場外での社会生活の拡大とその機会の確保である。日本では休日や余暇の最大の過ごし方が、家庭でのゴロ寝やレジャー産業が用意した場所での娯楽でしかないのは、日本社会の精神的な貧しさの表れの別な側面である。これに対し、私たちは、もっとさまざまな社会活動への参加の機会を拡げ、それを盛り立てるような環境を作り出さなくてはならない。もちろん市民運動や住民運動、消費者運動やボランティア活動などは、その一環として重要である。さまざまな社会的ネットワークの拡大は、その流れに沿っている。と同時に社会党は、この面での先進国である北欧諸国において、社会民主党政府が、クラブや小人数での社会運動に補助金を出して助成した歴史をも

っと研究すべきである。自民党的な補助金が、道路や建物という物的な生活利益に限定されていたのと対照的な補助金の使い方が、そこには示唆されている。

この文脈でもうひとつ重要なのは、国際化の波のなかで、日本社会の底辺から民衆的な国際交流を拡げることである。それは、日本人の閉ざされた「社会」概念を打ち壊すのに役立つ。そのためには、いま高校レベルで切実にもとめられている海外姉妹校や姉妹町村づくりに、政府として積極的に斡旋するルートをつくることも考えられるだろう。

第三に、こういう社会参加の拡大、その意味での生活の充実を妨げる社会基盤、インフラストラクチャーの整備があげられる。そのためには、すでにふれたような社会差別の撤廃と人権保障の拡大が必要だが、それと同時に、欧米社会に比べていまだ不十分な物的な基盤づくりも、目標に掲げられなければならない。国民の多くが不安に感じている年金問題、老後の生活と病人の看護について、社会党は国民の納得のゆく独自のプランを提出する必要がある。また、他方においては大都市地域の住宅問題について、地価抑制のために思い切った施策を講じる一方、国家保障による住宅資金の低金利貸し出しに努めるべきである。私が最近一年間過ごしたオーストラリアでは、一軒目の自宅の購入、建築について、八〇％の低金利融資が保障されていた。若者たちは誰もが、レジャー資金や新婚旅行の費用を節約して、二〇代で自分の家をもつという「グレート・オーストラリアン・ドリーム」の追求に懸命だった。それに対して、日本の若者たちは、海外旅行や車に大金を使い、最近の富士銀行の調査によれば、結婚費用に平均七〇〇万円も費やしているという。レジャー産業、ブライダル産業のつくりだした消費のレールの上にのった若者たちの見せかけの「豊かさ」は、「一生家を持てない」という絶望感と裏腹になっている。それは社会党がくさびを打ち込むべ

き、保守体制の下での「豊かな」生活の最大の矛盾だ。こういう生活の革新と未来への希望のアピール、そしてそのための具体的な施策の提示こそ、若者たちを社会党へと引き付ける最大の武器になるだろう。

この問題を追求してゆけば、今日、多くの人たちが感じている「日本社会は不公平で、不平等だ」という忿懣に、応えることにもなってゆくだろう。現実に、保守体制の下での「豊かな」社会化とは、土地問題にしても消費税問題にしても、あるいは株の高騰にしても、上流階級をますます豊かにする方向を露骨に打ち出すものだった。「不公平の是正」「平等な社会の建設」「社会的弱者優先の政策」は、いまだに多くの人々に納得のゆく社会の理想像なのである。

このように社会の概念を拡大し、社会参加を通じての充実した生活とそれを可能にする社会基盤の整備という理想を追ってゆくとき、その理念として結晶してくるのは、すべての人は本質的に同じであり、そのようなものとして尊重されなければならないという人権の概念に基づいた「友愛」と「連帯」の精神であり、それに貫かれた平等社会の建設である。フランス革命二〇〇周年にあたり、いま自由を謳歌している社会の中で、新しい「平等」を求め、あらゆる「差別反対」を求める先進諸国内での波の盛り上がっていることに、私たちはもっと深く注目する必要がある。その意味で、参議院選挙で自民党が「自由な」日本を鼓吹したとき、社会党の側から、その自由をふまえて「平等な社会」の実現こそが現在の課題だという即座の切り返しが生まれなかったのは、社会党の側に、今日の日本の民衆の不満と先進諸国における問題の状況についての認識に発する十分な用意がなかったからだろう。

ポーランドの「連帯」をはじめとする社会主義運動のなかでの「友愛」概念の復活は、力による

権力の奪取と、上からの「下部構造」の強制的な変革があらゆる社会問題を消滅させるという革命主義との基本的な訣別と重なっている。同時にそれはまた、市場原理と自由競争に固執することで、あらゆる社会問題は、予定調和的に解決されるはずだという古典的な資本主義とも一線を画することをも意味している。実際、今日の日本が直面している、国際的な経済摩擦や発展途上国との経済関係、あるいは深刻化しつつあるアジア系労働者の流入問題などは、市場原理にまかせるだけでは、とうてい解決のつかない問題である。他方、教育の場における競争原理の際限のない展開は、乱塾といじめという形で、子どもの精神生活を深く蝕んでいる。こうした問題に対し、保守体制は、経済大国の国際的な責任や大企業の社会的な責任という種類の掛け声で、コントロールしようとしているが、そこで逆に強化されたのは、大国にふさわしいという軍備であり、大企業からの政治献金だった。他方、教育改革の名の下に、いっそうの競争原理の導入が図られたのは周知のとおりである。

いま社会党が、統制経済、計画経済に力点を置いた一九世紀的な社会主義と訣別し、自由経済の基調を維持するとした場合、それがどのように保守的な市場経済万能論と違うかが、国民に明確に打ち出されなくてはならないだろう。同時に、それは、いまだに欧米諸国に根強い、日本の社会党政権が保護主義に向かうという警戒心を覆すためにも必要である。また社会党は、七〇年代はじめの革新地方自治の時代のときのように、支持団体である自治労の利益のために、地方財政を破産に追い込んだという種類の非難をかわすためにも、社会党が目指しているものは、保守党に代わるもうひとつの利益政治ではないということを、明らかにする必要がある。その意味でも、友愛精神に貫かれた普遍的、国際的な弱者の連帯にもとづく政治姿勢を明らかにするとともに、企業エゴや大

国エゴが市場原理の中で横行することに、内側から歯止めをかける姿勢を強調することが大切である。

社会党に必要なのは、このように庶民の生活尊重、生活中心主義という政治姿勢の中から、新しい時代に即した「生活の革新」の訴えをまきおこし、それにもとづいた一貫した政策の体系を、国民に明快な形で訴えることだ。それなくして、単に、政権を前にして、保守党のつくりあげた既成事実に無原則的に妥協してゆく種類の現実主義では、大衆の支持を積極的につなぎ止めることは難しい。シンプルだが生き甲斐のある生活、「友愛」と「連帯」の精神に満ちた社会参加の中での充実した生活をすべての人が営める「平等社会」のビジョンを、社会党が強力に呼び掛けることができたときにはじめて、自民党不信から社会党へと顔を向け始めた若者や主婦、お年寄りたちを、与野党の逆転を熱望する社会党の積極的な支持層へと転化させることができるだろう。

社会党が直面する五つのレベルの政権

いま社会党が直面している政権の性格と課題はなんだろうか。

社会党は、公明、民社両党との連合政権樹立を課題とし、そのための政策協定づくりが第一の課題だとしている。そのために、いわゆる綱領的問題である、安保、自衛隊、原発そして韓国問題の現実主義的な妥協を行うかどうかに直面し、党内は混乱している。しかし、私にはこれは擬似的な課題であるように思われる。それは公明、民社の党略から出た駆け引きにのってしまったのであって、国民的な視座から見た場合、そういうところに現在の政治の課題がないことは明らかだ。

社会党が直面している政権の種類は、その歴史を反映しつつ、おおむね五つに分けることができ

る。

第一の、究極的なレベルには、社会主義体制の建設を課題とする政権の樹立という課題がある。社会主義の定義そのものは、この四十年間、ドラスティックに変化したが、しかし、社会主義政党である以上、社会主義体制の樹立がその究極の理想であることは、自明だろう。

しかし、社会党がそれを選挙で、直接、有権者に訴えたのは、敗戦直後の数年でしかなかった。一九五〇年前後から、朝鮮戦争と追放政治家の復帰にともなう「逆コース」の動きが顕著になり、民衆的な課題は、「護憲」による「平和」と「民主主義」の確保、戦後の市民的、近代的な生活と社会の擁護にしぼられた。社会党は、五〇年代を通じて、この課題を前面に立て、大衆の間に勢力を拡大した。その「革新国民運動」の上げ潮の頂点に、「六〇年安保」がくる。この時代、社会主義政党というよりも、革新政党としての社会党の二番目の顔がつくられた。革新政権を樹立し、安保と自衛隊を廃棄し、非武装中立を実現するということが、当面の社会党政権の課題となった。しかし、この期間を通じて、社会党の中枢は、社会主義革命の路線論争に明け暮れ、また護憲運動と社会主義革命の連関についてのさまざまな神学的議論の構築に腐心していたのである。こういう論争の果てに「道」(「日本における社会主義への道」)が策定されたのが、すでに舞台が次の時代に回った一九六二年であったということは象徴的である。

一九六〇年、自民党が改憲問題を棚上げし、戦後の近代的、市民的生活の肯定の上に立って経済の高度経済成長を追求し、大衆に所得倍増を約束する路線へと転換したとき、社会党のリーダーシップの下にあった「革新国民運動」は、分解した。「護憲」「平和」は、現実感を伴わないお題目となり、高度成長の下での労働者へのより大きな分配、ヨーロッパ並みの賃金を要求する経済闘争重

視の春闘路線を組んだ社会党と総評ブロックの現実の運動は、労働組合の枠をこえて拡がらなかった。この時代、すでに生活から発する政策の争いは、保守・革新の共通の土俵であったのだが、生活の充実の目標を物的にのみとらえた保守党の路線に対し、基本的に争う視点をもたなかった当時の社会党の運動は、必然的に保守党の展開した利益政治の枠組みに吸収され、その中で総評系労働組合という部分的な利益を代弁するものとして、位置付けられざるをえなかったのである。それ以後、社会党が万年野党として甘んじるようになったことの歴史的な原因はここにある。

高度経済成長時代の末期、過密の大都市の中から、都市環境の整備と福祉政策を求めて、保守体制への反乱が起こった。それは、ある意味では、賃金と同じように分配をめぐる争いであったが、しかし他面では、コミュニティの構築と地方自治への参加という新しい側面をもっていた。しかし、社会党中央が、この闘争の大衆的な盛り上がりの意味を認知したのは、はるかに遅れていた。構造改革派によって主導されたこの闘争は、反安保、反自衛隊の闘争に比べれば、局所的な改良闘争にしか過ぎないとされていたのである。そして、この地方革新の波も、高度経済成長時代が終るにともなって急速に引いてゆく。

七〇年代後半から新たに始まったのは、利益政治に代えての新しい生きがい政治、文化政治のサイクルである。それは地方にいまだ根強く残る利益政治待望の空気と重なりながら、しかし、次第に地方へも、「村起こし」「ふるさと建設」というような形で、拡がってゆく。保守党の側が、利益誘導と新ナショナリズムの併用で適応しようとしたこの新しい時代に対して、社会党の対応は八〇年代の「ニュー社会党宣言」までもちこされた。

このとき、社会党政権のありかたとして、第三のタイプ、革新政権の前段階としての過渡的政権

論が、はじめて提起されるようになった。自民党が長年の間につくりあげた既成事実は、一挙に転換するわけにゆかない。したがって、自衛隊解体や安保条約解消という革新政権の本来の目標を実現する前に、しばらくの間、国内外の条件を整える準備期間が必要である。佐々木元委員長の社会主義的政権にはじまり、安保条約の段階的解消の石橋構想にいたるこの過渡的政権の構想がそれにあたるが、しかし、その内容は必ずしも明確にされていない。具体的に、この期間がどの位つづくのか、どのような条件がみたされれば次の段階に進めるのか、その間、社会党が違憲とみなしてきた安保、自衛隊の法的位置付けをどうするのか。革新政権から社会主義政権への移行と同じような問題が、ここには残されており、論争の火種となっている。

しかし実は、このような過渡的な社会党政権の樹立でさえ、現状では、はるかに遠い未来であるにすぎない。そこから、第四の政権、すなわち現在論議されている中道政党との連合政権の問題がでてくる。連合政権においては、当然のことながら、中道政党も同意する範囲内の政策しか実行できない。とすれば、安保、自衛隊、原発など、社会党と中道政党の基本路線が違う問題については、社会党の政策を一時棚上げして、中道政党の路線に従う以外にない。

この単純な問題がもめるのは、結局、連合政権から社会党政権への移行の問題が、ふたたび明確でないからである。社会党内には、連合政権は、社会党単独政権の前段階で、社会党が選挙で過半数を占める状況が生まれたら、直ちに解消して単独政権へと向かうべきだという議論が根強い。「連合は次の選挙まで」という種類の期限つき連合論が生まれるゆえんである。しかしそれでは、踏み台にされて切り捨てられる中道政党としては、たまったものではない。連合を半永久的に長期的なものとし、中途で社会党が連合を解消しないよう、原則的に立場が異なる綱領問題にまで口を

新政権の半永久的な棚上げを、ふくむことになってしまう。社会党本来の革いま連合政権を半永久的なものとする誓約をしたい意向のようだが、それは当然、方が有利だという動きも根強い。社会党中央は中道政党が保守党との連合に向かうのを防ぐために、はさむという理屈が生まれてくる。他方では、中道政党内にも、社会党とよりは保守党と連合した

私には、四党の連合は不可能だとしか思えない。それは論理的に難しいだけでなく、現実的にも難しいのである。最近のをふくめてここ数年の世論調査や意識調査を調べてみると、たとえば民社党の支持者は、安保、自衛隊などの問題について、基本的に社会党よりは自民党に近い。現実に彼らが期待しているのは、社会党との連合ではなく自民党との連合なのである。地方政治においても、自民党と民社党との連合は、すでに二十年以上の歴史をもっている。体質的にも、軍需産業、電力(原子力)産業、輸出産業の利益の露骨な代弁者としての部分を抱えすぎている。連合問題を通じての民社党との妥協のしすぎは、社会党内に深刻な亀裂を残さざるをえないだろう。公明党の下部についても同様である。

その意味で現在、社会党に可能なのは、いま不人気な自民党と連合することへの中道政党のためらいを利用して、反自民政権という一線でまとまる野党間の暫定的な連立政権をつくることでしかない。暫定的な連立政権をつくるのに難しい連合協定は必要ない。実際、中道政党は、七〇年代以降、自民党の危機に際して、しばしば連立政権をつくろうと企ててきたが、そのいずれにおいても連合政権合意などの面倒臭い手続きは取られなかった。必要なのは、せいぜい当面の具体的な基本問題についての政策協定であり、ポストの配分についての合意なのである。この連立政権においてなされるべきことは、現在の有権者の自民党不信、政党への期待に応えて、消費税を廃止し、政治

改革を徹底的に行うことである。それ以外のことは、暫定的な連立内閣の性格上、手をつけるべきでないし、また、実際上できないだろう。したがって、経済、外交の基本的な骨組みは、自民党のそれを踏襲する以外にない。そして、この暫定政権の任務を終えたら、速やかに衆議院を解散して、第三の政権、すなわち、社会党単独の過渡期政権に向けて選挙を戦うべきである。

政治改革の問題に入る前に、長々とこうした議論を重ねてきたのは、改革を荷なう主体の政権の性格の見極めがつかないまま、あるべき改革を考えても、それは単なる画餅でしかないからである。同時に社会党内部に、次の政権のイメージについて、とめどもない混乱が生まれているように見えるからでもある。かつて中曾根元首相が、政権を握った当座、青年期から書き貯めてきた構想を一挙に実現しようとして世論の猛反発をくったように、社会党内には、突然、近付いてきた政権のチャンスに、さまざまな宿願を一挙に実現したいという願望が渦巻いているように見える。参議院選挙後、突然、ジャーナリズムの集中砲火にさらされて、社会党政権の抱負を語る幹部たちの言動にも、この五つの社会党（主導の）政権のどのステージを語っているのか、不明なものが多い。そこから社会党の無原則的な現実主義への転向や妥協という批判も、また生まれている。

同時に、こうした混乱は、社会党内部における、参議院選挙での「突風」的な勝利の性格についての無理解からも生まれている。すでに社会主義の理想はもとより、護憲平和の問題も、有権者を大きく動かす現実的な争点ではなくなっている。そして、六〇年代以降の所得や福祉についての訴えも効かなくなってから久しいのである。このように社会党が政権から遠ざかっていた期間が長くなるにつれて、党中央がつねに時代によって追い越されるという社会党に伝統的な構造は、ますます重層的になってきた感さえある。

その中で、突然、向こうから近づいてきたかに見える政権で、年来の宿願を果たしたいという想いの活動家たちが、たくさんいるのは不思議でない。だが、いかなる改革を強行しても、政権が持続しなかったら、それは直ちに水に流されてしまうだろう。たとえば、九月、那須の政策研修会で発表された「土井提言」では、平和運動の活動家や沖縄の人たちの願いを容れて、「非核三原則の厳格適用」を、次の政権の課題として掲げている。しかし、この問題は、論理的におし詰めれば、当然、ニュージーランドのように、核疑惑艦船と航空機の全面寄港拒否、飛来拒否に発展せざるをえない。それは、ニュージーランドの例に明らかなように、アメリカによる安保条約の実質的な停止という重大な問題に移って行くだろう。それは、安保条約を当面維持するという方針を、内側から否定するものでもある。当面ありうる政権が暫定的な連立政権だとして、そういうことで内閣を維持できるのか。また、この強行策で社会党単独政権の基礎が拡大するというどれだけの展望があるのだろうか。

非核三原則問題を掲げているのは、強硬派に対するリップサービスで、社会党が現実に考えているのは、事前協議を日本側から要求するという先例をつくりたいというだけだという観測もある。しかし、一度振りかざしたダンビラを収めるのは容易なことではない。それは、単なる選挙用のアピールとしても、軽々しく持ち出すべき問題ではない。

社会党が、次の暫定連立政権でとりあえずなすべきこと、またできることは、現在の反自民の潮流と期待に沿った政治の改革をこの期間に成し遂げ、その成果を生かして、その次の本格的な社会党政権の成立に向けて社会党支持の定着化といっそうの拡大を図ることだということは、ほとんど自明なことではないだろうか。

政治の「建直し」のためになすべきこと

いま社会党が明らかにすべきは、第一に次の連立政権で何をするかの青写真であり、第二に、それを荷なう社会党の組織をどうすべきかということである。連立政権が暫定である以上、現在、中道政党との間でもみくちゃになっている種類の問題については、次の内閣では基本的に現状を大きく変更しないことを明らかにするだけで、それ以上、深入りすべきではない。

とりあえず、まずなすべきことは、消費税の廃止と税制改革および農政問題についての基本方針を鮮明にすることである。

もう一つなすべきことは、リクルート事件をはじめとする政治の腐敗構造に、徹底的なメスを入れることである。

第一に、参議院における中曾根喚問をはじめとして、検察の不起訴のまま闇の底に沈んでいったリクルート事件の暗部を、献金や株の贈与を受けた自民党有力者の国会喚問や情報公開を通じて、徹底的に明るみに出すことである。

ついでにいえば、このような事件の調査において、英米的な特別調査委員会制度を導入することを、社会党は真剣に考えるべきである。それはたとえば、アメリカのウォーターゲート事件、オーストラリアのクイーンズランド事件において、威力を発揮した。その制度の下では、世論の圧力の下に政府が任命した特別調査委員会が、準司法権をもって疑惑の事件の関係者を召喚し、その調査結果を公表する。それによって、国会喚問の短い時間制限や司法捜査の時効と刑事罰の壁を破って、政治的、道義的に問題ありとされたケースは、その全容が国民の前に公表されたのである。

第二に、政治資金規正法や公職選挙法の改正を通じて、財界から自民党への政治資金の流入の道を断ち、違反行為に対する罰則を徹底的に強化することである。そのためには、野党が主張しているように、当面、政治献金の最高額を年三〇万円に抑え、かつ政治家の資金団体を一団体に限定するのも、暫定措置としてはいいだろう。しかし今日、献金のルートや形は、もっと複雑化しているのが常識である。それは株取引ばかりではない。パーティー券のまとめ買い、非常識に高い講演料や顧問謝礼、家族や秘書への顧問料支払い、秘書や選挙運動員の提供、自動車や事務所、別荘の提供等、考えられるあらゆる抜け道が、そこにはある。それはほとんど無限の抜け道探しのいたちごっこのようなものだ。

しかし、それは世界中の先進国が経験した事態でもある。そしてまた多くの国が、世論に後押しされながら、さまざまな立法技術でこれらの抜け道をひとつずつ封じる努力をしてきた。政治家本人、家族、秘書に対する、公職在職中および離れて五年以内の、限度をこえたあらゆる贈与や不当な便宜供与を一般的に禁じ、それを有権者が誰でも告発できる道をつくること、また、違反に対して政治家本人の責任を追及する罰則をつくることが、ここでは肝要である。

だが、いま問題とされている政治献金は、ほとんど個別企業から政治家に向けられているものに限られている。しかしそれよりも、大きな業界団体から派閥や政党自体に向けられているものも、同様に問題とされなくてはならない。現実に、自民党と財界の癒着は、そのようにして出来上がっているのであり、またそれは、自民党代議士たちが、平常の年平均で一億円以上、野党代議士の平均三倍以上もつかっているという選挙資金の源でもあるからだ。選挙のこのような不公平、不平等についての有権者の拒否反応は厳しいし、これを放置しておいて、社会党をはじめとする野党がい

ったん獲得した多数を維持しつづけることは覚束ない。

しかし、企業や業界団体からの献金を厳しく制限し、数年後には全廃に向かうとすれば、組合や宗教団体からの献金も、当然、制限、廃止されてゆかなくてはならない。それでは、政党はどのようにして運営できるのだろうか。一つは、国民政治協会を共同募金のような公的機関にし、そこへの無制限の免税の個人献金、企業献金を認め、その収入を議席数に応じて政党に分配する道をつくるということだ。また、所得税に上乗せした目的税をつくり、同じように配分するのも一つの手だろう。その意味での政党法の導入について、社会党は積極的であってよい。このようにすべての政党と候補者に、同じスタート台に立った競争を保証すること。そして、政治家や候補者に対する一定限度以上の個別的な資金提供や、便宜供与を、公務員に準じて厳しく処罰すること。それが政治改革の第一歩でなくてはならない。

しかし、リクルート事件で国民の目の前に明らかになったもう一つの問題は、官僚の自民党との癒着であり腐敗であった。官庁は、族議員のパーティー券を業者に斡旋し、高級官僚の自民党議員への立候補を、在職中から官庁ぐるみで準備し応援する。すでに半ば常識化しているこのような慣行について、世論の批判は強いにもかかわらず、いまだどのような改革の提案もなされていない。今日の自民党の永続支配の一つの理由は、それが官僚制と人的にも機能的にも癒着したからであることは、海外において常識化している事実である。自民党は高級官僚を候補者として受け入れ、官庁から政策立案についての高度な情報や資料あるいは立法技術を独占する。それについて、野党は、はじめからカヤの外に置かれており、その累積効果によって、政権担当能力を問題にされる二級政党の位置におとしめられ、それは悪循環してゆく。このサイクルを断ち切らない限り、野党に未来

はない。

社会党に政権が近づいたことで、官僚の野党への態度に微妙な変化が生まれ、社会党のなかにも、これからは官僚も野党から立候補すると期待する声があることを新聞は報じている。しかし、先進議会主義諸国の中で、高級官僚がこのように直ちに代議士に立候補したり、官僚が在職中から選挙運動をしたりすることが可能な国は、日本だけなのである。政党は、本来、行政の実権を握っている官僚を、市民の代表としての議員がコントロールするための組織として生まれた。それが、官僚と一体化し、その延長に転化してしまっては、三権分立も、政党政治も、また行政の中立や公平性も、その根幹のところで失われているというほかない。この意味で、野党の連立政権が成立したら第一になすべきことは、高級官僚の公職への立候補を禁じること、すくなくとも五年間は、候補者資格を停止する立法を作ることである。

官僚制にメスを入れるという以上、他方では、官僚と財界との永年の癒着の問題も切開されなくてはならない。実際、高級官僚の関連大企業への天下りを通じて、業界と官庁は癒着し、その結果としてできた政財官複合体が、今日の保守体制の中枢を形成していることは、周知の事実である。官僚と業界の癒着によって行政が歪められた実例は、枚挙にいとまがない。通産行政は輸出産業の利害の代弁者になり、公害行政は国民の税金で公害産業の尻拭いをする機関になっている。厚生省が薬の認可問題をめぐって製薬業者に甘くさまざまな薬害を招いていることはしばしば報道されており、現在では防衛庁からの防衛産業への天下りを通じた癒着は、防衛費の肥大の陰の要因となっている。

そればかりではない。官僚制がこのように政治家や企業のトップへの最短ルートになっていると

いうことは、進学校→東大法学部→高級官僚というコースの神話化とともに、教育の体系全体を出世競争に直結させ、歪める原因にもなっている。この意味でも、政界ばかりでなく、財界に対しても、最低五年の関連業界への就職禁止規定をつくるのが緊急に必要である。

それは、官僚の人権問題に関わるという種類の厳しい抵抗を招くに違いない。しかし、たとえばイギリスのように、高級官僚の定年を長くしてその生活を保障するとともに、トップの管理職にならなかった人たちを、途中から研究職や立法職あるいは特別事業の専任に転用するなどの道をひらくことによって、官僚に官僚としての職業的生涯をまっとうさせることは、いくらでも可能であるだろう。

政治的腐敗と癒着の防止に並んで重要なのは、もちろん選挙における公平の確保である。その資金収入面での問題は、先にふれた。資金支出面での問題は、単純買収にはじまり、物品供与、後援会の飲食、物見遊山の安価提供、冠婚葬祭での「挨拶」という形での寄付等、枚挙にいとまがない。問題は、現行法でも原則的に違反であるこれらの行為が、実際にはほとんど取り締まられていないことだ。それは実際には、現金買収を除けば、罰則がゆるやかで取り締まってもほとんど効果がないことにもよる。しかし他方では、永続支配している政党と末端警察行政との癒着の表れでもある。

このような運動の不公平とともに重要なのは、制度的な不公平、すなわち定数不均衡の問題だ。この問題に対する基本的な回答は、すでに欧米諸国の先例にあるとおり、第三者委員会に付託し、選挙法にあるとおりの国勢調査にもとづく五年おきの是正を、自動的に行うことだ。不均衡の許容限度は、一〇％以内ときびしい国もある。府県ごとに定数を自動的に配分し直し、府県内での配分をその府県の地理、統計の専門学者と専門官僚からなる第三者委員会に付託し、国会はそれを尊重

するという法律がつくられれば、政治への、そしてその改正を成し遂げた政党への信頼は、一段と高まることだろう。

この問題は、同時に選挙区制度の改正の問題と連動している。それについては、現在の選挙制度審議会の答申を待つ以外にないだろうが、社会党が、これまでのように党略的に中選挙区制度に固執しないことが肝要だ。もし、答申が西ドイツ方式に固まるなら、そして自民党が小細工を弄しているように、小選挙区部分と比例代表区部分を並立的に分割する方式でないならば、社会党は受け入れるべきだと思う。私は個人的には、下位候補の票を次々に委譲してゆくオーストラリア方式が小党分立を防ぎ、また有権者が野党連合のあり方を決めることができるという点で面白いと考えているが、野党連立政権が受け入れることができる改正という意味では、西ドイツ方式が、現在の中選挙区に勝ると考える。

もちろん、政治改革の課題は、以上につきるわけではない。自民党の利益誘導選挙を可能にしている補助金制度の問題、地方自治に生命を吹きこむための地方分権の問題、と限りなくある。しかし、今回の参議院選挙の主題に沿った当面の改革として、以上の改革を遂行するだけでも、戦後の政治体制の根幹にふれる大事業である。いや、それは自民党が世論操作の一環として考えた政治改革などということばの枠に入らない、政治の「建直し」、日本流のペレストロイカの名にふさわしい。実際、いま有権者が求めているのは、古い革新のメロディではなく、八〇年代の現実に沿った公平な社会、納得できる政治をもとめる大衆の心の琴線にふれる現実的な政治の「建直し」なのである。社会党は、この「建直し」法案を、一括提出し、連立政権の政治生命をかけて世論に訴え、通過を克ち取るべきである。そのとき、次の社会党政権の展望もはじめて拓けるだろう。

政治の「建直し」のもう一つの目標は、社会党自体の改革である。実際、政権政党の組織のあり方は、政治体制のあり方と深く連動する以上、それは見逃せない問題だ。

一九六〇年代に、自民党が官僚制の延長機関になったと同じような意味で、社会党が総評系組合の延長機関になったという問題は、土井委員長の下で、今回の参院選での大量の女性候補の進出などを通じて、かなりのところ改善されてきた。それは、現実に組合が弱体化したことによる代償的な措置として始まったのだが、それが社会党の得票力を増大させる結果に終ったことは、現実に見るとおりである。問題は、この措置が、いまだ社会党のあるべき原則として、確立していないことにある。

社会党が、現代日本の中で、多様な社会参加を進め、生活の革新充実を訴える政党になるためには、現実に、その組織的な基盤を、労働組合ばかりでなく、多様な社会団体の上に置き直さなければならない。すでに成田書記長時代から嘆かれた組合党員の地域での日常活動の不足とは対照的に、今回、社会党参議院候補を押し上げた女性団体、市民団体、消費者団体、生協運動、農協青年部などは、いずれも地域での長い活動の積み上げの歴史をもっている。それこそは、社会党が今後、もっとも頼りにすべき組織的基盤である。社会党は、各選挙区で、これらの団体や組織の連合体をつくるための世話役を務め、その運動がいっそうの成長を遂げるよう、できるかぎりの努力をすべきである。同時に、これらの人たちが党員になるかどうかにかかわらず、定期的にこれらの集団の意見を徴し、それをできるだけ取り入れるように、努めるべきである。

かつて社会党は、山川均が定義したように共同戦線党として出発した。今日、社会党はその原点に帰って、政治の革新、生活の革新を求める多様な社会集団、多様な運動の共同戦線として、自ら

を位置付け直すことが重要である。その意味では、こういう多様な運動の組織化が進行した時点で、その代表を党の執行部に迎え入れるということが必要である。

多様な社会運動の組織化と並んで重要なのは、知識人や若手官僚グループを、党の周辺にもっと吸収してゆくことだ。かつて大平首相が、「自民党に批判的な人も二一世紀の日本を憂える人はすべて」という殺し文句で、多数の知識人、官僚を集めて九つの審議会を組織した経緯は、よく知られている。それは、のちの中曾根内閣の長期政権の基盤になった。社会党に同じことがこれまで出来なかったのは、単に社会党が政権の可能性のない万年野党であったからばかりではない。社会党に特有のイデオロギー的な狭さが、党外の意見に素直に耳を傾けることを妨げさせてもきたのである。どうせ何をいっても、摘まみ食い的に利用されるだけで、尊重されることはないという白けきった雰囲気が、知識人たちの間には瀰漫している。このような状況を改めるには、どうしたらよいか。社会党は真剣に考えるべきである。

同様に、社会党が真剣に組織化に努めなければならないのは、青年層だ。七〇年代はじめ、急進化した社青同を社会党が切って以来、社会党の青年、学生に対する影響力は、急激に衰えた。フランス社会党、オーストラリア労働党は、いずれも大学革命、ベトナム反戦運動の若者たちを党内に導き入れることによって、その後の政権の基礎を作った。しかし、日本の大学のキャンパスの中では、大学革命の運動が鎮圧されて以来、社会党系の運動はひとつとして存在してこなかった。それは、七〇年代以降の社会党の衰退の別な理由でもある。今回の参議院選挙でこそ、若者たちは中年世代に負けず土井社会党に投票したが、ふだんの支持率は、老年世代並みに低く、はるかに保守党の後塵を拝してきている。それは、若者たちの間における、政治的無関心の一般化と政治的知識の

減退、投票率の低下とも連動している。

これまでの社会党に対する若者たちの無関心は、政権獲得の意欲の見えないこれまでの社会党に力が入らなかったこともあるが、基本的には社会党が、今の若者たちに訴えるものをもっていなかったことによる。とりわけ若者たちは、社会党のダサイ文化的スタイルにがまんがならないのだ。若者はつねに既成文化の破壊者、新しい文化の支持者であり、その限りでアナーキーでもある。そのエネルギーを組み入れることができるしなやかな組織、それ自体が多様な集団の統一体でなく連合体である組織を、社会党が作り上げないかぎり、若者を社会党が吸引することは難しい。

それはまた社会党が、選挙において、女性候補のみならず、どれだけ青年候補者を立てることができるかという問題とも関連する。老中青の三結合は、毛沢東によらずしても、あらゆる組織の活力を支える基本原則である。そしてそれを世襲という形で実現している自民党に比べて、年功序列的に候補者が組合などから押し出されてくる現在の社会党の衆院議員の平均年齢がずっと高いのは、周知のとおりである。

この問題を解決するためには、議員が定年で引退するとき、その地域の一番若い活動家から、少なくとも三十代から次の候補者を択ぶというような慣習を定着させる以外にないだろう。若者の初恋にも似た政党支持が、はるかに後まで残ることは、いまだに高い戦後民主主義世代の社会党支持率をみても、明らかだ。そこには、社会党の将来がかかっている。

これまで私がのべてきたさまざまな社会党に対する注文や要望は、社会党が、現在の日本で、唯一、政権交代の可能性のある自民党への対抗政党であることから出ている。もし、社会党がここでふたたびポシャるなら、自民党が期待しているように、今世紀の間、日本ではついに政権交代は起

こらないかもしれない。それは、ついに議会主義が日本で機能しえなかったということであり、そのことが日本の内外に及ぼす影響、いや害毒は計り知れないだろう。その意味で、社会党が、いま大胆に脱皮し、政権獲得に向けて奮起することがいかに大切かの自覚を、望むや切である。

（高畠通敏編『社会党』岩波書店　一九八九年）

総評運動の栄光と限界

総評が果した役割

総評が戦後日本で果した輝かしい役割を否定することは、誰にもできない。とりわけ、総評が平和四原則を押し立てて戦った五〇年代において、総評の組織力とリーダーシップに裏付けられた大衆運動の展開と左派社会党の躍進がなければ、はたして「逆コース」へと向かいつつあった当時の日本の流れを押し止め、保守党に改憲と自衛隊の本格的な軍隊への格上げそして徴兵制を断念させることができたかどうか疑わしい。

また五五年以降の総評の春闘の展開によって、賃金水準の急速な上昇が可能になったと論じる人もいるだろう。さらに経営者の中には、六〇年代を振り返って、総評の圧力によって、日本の企業はいっそうの合理化と技術革新に乗り出さなくてはならなかったと、総評の存在が高度経済成長の

要因であったとする人もいることは、周知の通りである。もちろん、総評の絶え間ない努力のお陰で、この三十年間の労働者の職場での権利保障は、飛躍的に前進した。それは、総評というバックがあることによって、個別企業の労働者は、安心して闘争に入ることができた。

しかし、あらゆる運動において、栄光はその限界とないあわせになっている。そのことは、総評の歴史においても例外ではない。いやそれは、総評のこの四十年近くの歴史において、もっとも典型的に示されているといえるだろう。

革新国民運動の成功と解体

総評がもっとも輝かしい政治的・社会的役割をはたした五〇年代、総評は傘下の労働組合だけでなく、広く民主化を求める国民的な大衆運動の中核であった。「革新国民運動*」とよばれるこの運動の核心にあったのは、「平和」と「民主主義」の合い言葉であり、悲惨な戦禍の記憶と国民を戦争に駆り立てた権威主義的な戦前の政治体制への憎悪だった。それは同時に、個人の幸福追求の自由を認めず、民衆に滅私奉公を強制したムラやイエという共同体的な社会構造への反発と結び付いていた。

（*もちろん、この言葉は清水慎三氏の造語に基づいている。私もかつてこの運動の力学について、政治学的分析を行ったことがある。『年報政治学』一九七七参照）

当時のあらゆる意識調査が立証しているように、「革新国民運動」の基盤にあったものが、この意味で日本社会の近代化を求める感情であったということに留意しておくことは、重要である。総評あるいは社会党は、その社会主義的なイデオロギーによって大衆を引き付けたのではなかった。

そして、大衆の中から、近代主義を突き抜けて戦闘的な民主主義や市民主義へと歩みでたのは僅かだった。「革新国民運動」の成功は、戦後という状況と逆コースを振りかざした保守体制のアナクロニズムによって、もたらされた部分が大きかったというべきだろう。

同じ理由が、六〇年代以降の「革新国民運動」の解体と総評運動の停滞を説明する。「六〇年安保」に学んだ保守党が、改憲を棚上げし、国民の幸福追求の自由の基本的肯定の上に、経済の高度成長と「月給倍増」を保守党の基本政策として打ち出したとき、「革新国民運動」の下に集まっていた中間層大衆は、急速に解体へと向かった。

「平和」が今や「マイ・ホームの平和」に、「民主主義」が「出世と競争の民主主義」に変質してゆくのを食い止めるものはなかった。大衆は、企業の要請する忙しい生活の中で運動から離脱し、次から次へと企業が生産する「三種の神器」を備える意味での「豊かな」生活の夢に溺れ、子どもたちを受験競争へと駆り立てた。

それが「革新国民運動」の「平和と民主主義」の帰結であり、逆コースを食い止め近代社会を建設することの意味であったことに対し、総評や社会党が、適切な対抗理念を打ち出したとはいい難い。もちろん五〇年代から引き続いた戦争準備体制への警戒の呼び声はあった。しかし、経済成長とそれに伴う所得水準の上昇自体を否定する視座は、労働運動のなかにも社会党のなかにもなかった。

現実には、総評は組織人員の上からは、この高度経済成長時代にピークを迎えている。その活動は、企業の高度経済成長に追い付く「ヨーロッパ並みの高賃金」を求める春闘など活発だった。しかし後年、日経連のリーダーが回顧したように、総評の活動は、春闘という抑制された闘争方式で、

企業にいっそうの合理化と生産性の向上をうながした点で、結果として経済の高度成長のパートナーであった。そして、このように総評運動が経済中心に傾くことと、「革新国民運動」の分解とはまた相互に呼応していた。高度経済成長時代、総評はその組織の拡大にもかかわらず、その政治的・社会的影響力あるいは威信という点では、五〇年代よりも、はるかに低下したのである。

大衆参加時代に立ち遅れ

六〇年代、総評は高度経済成長によって新たに生じはじめた社会問題に対して対応能力の鈍さや遅れを見せはじめた。たとえば過密や過疎に伴う環境問題、公害問題がその一つであり、また米軍の北爆によって激化したベトナム戦争問題が、その例である。これらの問題では、総評や労働運動の方針や指導と関係なく、住民運動や市民運動が自主的に組織され、運動を展開した。かつて基地問題では、現地の住民団体と共闘した総評系組合も、企業の論理が問われる環境問題では、住民運動と対立した。ベトナム平和の問題で総評がはたした役割は、決して小さくなかったが、しかし、それは広範な市民層を巻き込む素早い行動と多様な活動を展開したベ平連などの市民運動に比べて、はるかにアピール能力で劣った。

総評が、このように新たな社会問題への対応能力に欠けたということは、その組織のあり方に由来する部分も多い。五〇年代、総評がとった中央集権的な組織方針と、組合幹部が社会党へ入党することによってつくりあげた強固な総評・社会党ブロックは、「革新国民運動」の成功と社会党の伸長の理由だった。しかし今や経済成長とともに力をつけはじめた大衆や市民団体、そして多様化した社会関心と社会問題の前に、それは明らかに硬直化しはじめていたのである。

大衆的な視座からすれば、総評の機関決定方式とは、その幹部たちが密室で影響力を保持するための談合組織として映じた。大衆参加の時代がすでに始まっていたにもかかわらず、組合は、その指導者選出の方法自体についても大衆的な方法を導入しなかった。総評・社会党ブロックということは、こういう幹部たちが年功序列的に議員の座という天下り先を確保するための方法とみなされるようになった。そして大衆の票が社会党から離れれば離れるほど、社会党はいっそう人的にも財政的にも総評に依存するという悪循環の過程が拡がったのである。

このようにして、大都市を中心に革新自治を求める波が高まり、自民党首長が軒並み敗退するなかで、六九年、社会党は衆議院九〇議席の惨敗を喫する。「脱政党革新」ということばは革新政党への不信を表現したことばだが、実質には、社会党と一体化し、それを自己の組織的な利害の政治的道具に変質させた総評への不信の表れであったと解釈することもできる。

この問題を掘り下げてゆけば、私たちは、これまで繰り返し議論された日本の労働組合の組織原理である企業別組合、そしてその上に立つ総評の「日本的労働組合主義」の問題に、立ち戻らざるをえない。敗戦後の労働運動の急速な成功の原因であったこの組織原理は、六〇年代以降の日本の経済成長の中で、運動のそれ以上の発展を阻害する要因に次第に転化していったように、私には思われる。

対抗文化不在のままに

企業間格差が増大するなかで、労働者の横の連帯は形だけのものになっていった。春闘は儀式になった。三井三池に典型的に表れたように、競争に破れた企業の労働者は、企業からだけでなく、

他の労働者からも切り捨てられざるをえなかった。同じように、職場の中で臨時労働者は常傭労働者から差別された。そして個別企業の生産性を高めることが、そこでの労働者の賃金を上昇させるもっとも確実な道だとすれば、組合は企業の合理化と労働強化による生産性向上に協力せざるをえなかった。私は、この時代に急速に表面化した日本社会の組織原理を「集団エゴイズム」としてとらえ、しばしば分析を試みたが、企業別の組織原理を乗り超えられなかった労働組合も、そのわだちから自由でなかったのである。

それが結局、中間層大衆ばかりでなく、労働者一般も、経済の高度成長の中で「平和と民主主義」が風化するに従い、商品経済の中での欲望の解放と無際限な個人競争に巻き込まれていった基本的な原因であったように思われる。欧米諸国や、私がつい先頃まで暮らしていたオーストラリアの労働組合などを見れば、そこには〝労働者階級〟的ということばで総括される、支配階級の文化に対峙する対抗文化の体系が存在している。それは時代によって具体的なあり方を変え発展させつつも、つねに支配文化に対抗するものの見方、考え方を大衆に提供している。たとえばフランスやオーストラリアで社会党・労働党が、ベトナム反戦運動や大学闘争に立ち上がった若者を、後に組織の中に組み入れ、七〇年代以降の豊かな社会の中での社会主義政権の樹立を可能にさせたのは、この対抗文化のシステムの存在によるもので、単純にいわれているように、彼らが現実主義的路線をとったからでは必ずしもない。

翻って、高度経済成長時代の総評・社会党ブロックにおいては、それは実現されなかった。一億総中流化意識が、労働者をも包み込んで進行する中で、若者や女性の新しい活動家は、分断されたまま総評・社会党ブロックの運動から疎外されていった。社会党の支持層のピークは、五〇年代の

「革新国民運動」の記憶に生きる世代に固定したまま、時代とともに老化していった。私は、今日の総評の終焉を迎える基本的な原因は、この時代に作られたと考えざるをえない。

私の専門の一つは、選挙調査である。六〇年代後半以降、調査の過程で常に聞かされたのは、選挙運動に際して、社会党候補であっても、組合外から立候補した候補は、組合に動いて貰うために運動費を払わねばならないという問題だった。組合候補でも、出身組合以外に対して、次のローテーションの話し合いが成立していなければ、同じような問題が起きる。その限りで保守党の選挙のやり方と本質的に変わりがない。それは労働組合が、支配文化に対抗するもう一つの文化、価値の体系を作るのに失敗した典型的な表れであるように思われる。

求められた新しい組織原理

七〇年代後半以降、日本が低成長経済の中で、ハイテク革命を通じて経済大国に成り上がり、「豊かな」消費者社会が持続的に深化するなかで、総評運動は、社会的な影響力の衰退ばかりでなく、現実的な危機を迎えるにいたる。この間、中間層大衆の意識は、総評系労働組合に無関心になっただけでなく、その闘争を、生産性を阻害し生活の便宜を奪うものとして、白眼視するようになった。交通春闘がマス・メディアで「迷惑」と書かれるようになり、また総評が組織的な生命をかけたスト権ストが、孤立無援の状況の中で敗北するにいたったことは、その端的な表れに他ならない。総評がこの状況から慌てて打ち出した「国民春闘」のスローガンは、まったく空疎なものに終らざるをえなかったのも当然である。

総評系組合の危機は、内部からもやってきた。それは若年労働者を中心とする組合活動への無関

心の増大とそれに伴う組織率の低下である。それは日教組などに、もっとも端的に表れている。
この時代、人々の生活関心の多様化と新しい社会問題の進展は、いっそう進んだ。環境問題は、フロンガスなどによる地球の温室効果や、酸性雨、そして熱帯雨林の消滅の問題として世界的に深刻化した。教育問題は、伝統的な君が代教育などイデオロギー問題に加えて、学校暴力や少年非行という新たな次元が付け加わった。女性の社会的な進出とウーマンリブの問題が、大衆運動の新たな課題になった。経済大国化と国際化にともない外国人労働者の流入が新たな社会問題として浮かび上がってきた。そして今、自由化にともなう最後の切り捨て産業として、農業と農民の問題が焦点になっている。

これらの新たな課題に対して、旧来の総評的な組織と運動は、迅速かつ有効な取り組みを見せることができなかった。それは、総評的な労働運動の新しい時代における限界性の感覚を、一般に広めるのに十分だった。だが、それだけではない。「豊かな」社会化の意識の蔓延は、人々の関心を、職場や労働のあり方から、余暇生活のあり方へと大きく変えていったのである。それは、総評の無力化をすすめる新しい要素であった。

社会党が、土井委員長の下に組織的に総評離れした中で、参議院選挙で大躍進を遂げた現在の時点から振り返れば、この「豊かな」社会化の中での人々の意識のあり方は、高度経済成長時代のように、単に支配的な価値意識にまきこまれるというよりは、はるかに成熟していることがわかる。それは、生活の視点から納得のゆく政治を求め、それを挺子に、保守党の経済成長の約束や自由主義体制へのイデオロギー的訴えを退けるだけの自立性を備えてきている。

しかし残念ながら、総評的な労働運動は、それを組織の中に掬い入れて、新しい労働運動の原理

として組織化できなかった。その弱みにつけこんで、体制側の行政改革と民活の名の下での官公労解体の攻撃が行われたのである。

始めに記したように戦後史、とりわけその初期における総評の輝かしい業績は、いくら強調してもつきることはない。それを貫いていたのは、社会と時代の先頭に立つ批判精神と責任感だった。そして、その根底には「平和と民主主義」という普遍的な理念があった。

今日、総評は新たな統一的な労働組織へと発展的に解消しようとしている。願わくは、その後の総評の運動過程の批判的検討をふまえて、新しい組織「連合」の中に、新しい時代に即応したその批判的な精神と普遍的な理念、そして最大の大衆組織としての時代を領導する責任意識の良き伝統が継承されてほしいものである。

（月刊『総評』一九八九年最終号）

Ⅳ 冷戦の終結とソ連・東欧社会主義の崩壊

世界史の大動乱と日本との接点

今、部屋のテレビは、ようやく始まった参議院での消費税審議の模様を映しだしている。四野党の足並みの乱れをつこうという自民党の党略まるだしの質疑やそれに対する応答が、一日、繰り広げられているのを視聴していると、ベルリンの壁の事実上の崩壊で沸き立つ欧米社会からタイム・スリップして異次元の世界に戻ったような気がしてくる。

だが、同じテレビが、壁を越えて再会して抱き合い感涙にむせぶカップルや、歴史の転換点に際会して興奮を抑えることができない人々の群れを映しだしていたのは、つい数日前のことなのだ。

いや、日本の社会も、先頃の参議院選挙では、ついに自民党の一党支配が崩れるとばかりに沸き立っていた。だが、それから半年たらずの間に興奮はすっかり醒めて、今や総選挙が目前に迫っているにもかかわらず、野党政権が明日にでも樹立されると予測するジャーナリズムはほとんどない。

平成元年「夏の陣」は、本格的な「冬の陣」への前哨戦ではなく、一時の「乱」に過ぎなかったという空気がいつのまにか染み通るようになった。連合政権論議を前にしての野党陣営の分裂、パチンコ疑惑や候補者擁立問題での社会党のもたつきぶり、そしてそれと対照的な海部自民党の支持率の回復ぶりを見れば、そういう空気が生まれるのも、当然かもしれない。

しかし、現在、急展開しつつある新たな国際情勢と去る七月選挙での自民党の大敗とは、それほど関係ないできごとだったのだろうか。いや、この国際化の時代において、「経済大国」日本の政治が国際情勢の激変と無縁に展開するなどということがありうるだろうか。この問いをつめてゆくためには、現在の国際情勢の激変が何から由来するのか、それはどこへ向かいつつあるのかについて、しばらく立ち止まって考える必要があるだろう。

ゴルバチョフ「革命」第一の意味

現在の社会主義陣営内の政治的変化、そしてそれにともなう東西緊張の急速な緩和が、ゴルバチョフというソ連指導者の出現によってもたらされたものであることは、誰もが等しく認めるところだろう。実際、政治が、一面ではリーダーシップという個人的な要因にかかっていることをこれほど劇的に示した例は、二〇世紀後半の世界史で他に探すのは難しい。強いて挙げるとすれば、マイナスの意味で、文化大革命を発動した毛沢東を想い浮かべるのがせいぜいだ。

しかし、もちろんゴルバチョフが政治転換のリーダーシップを発揮しえたのも、その社会的な条件が熟していたからである。その基本的なものが、ソ連経済の停滞であったことは周知の通りである。

ゴルバチョフは、ソ連指導者として経済の停滞という事実を正面から認めたばかりでなく、その基本原因が過大な防衛支出と官僚統制経済というソ連の政治社会体制にあると結論した。そこから、東西緊張の緩和による防衛支出の削減と市場経済の導入による経済の活性化という大転換の戦略が生まれる。国内政治の自由化（公開化―グラスノスチ）による経済の建直し（ペレストロイカ）という

戦略は、西側諸国からの信頼性増大による緊張緩和と貿易拡大、国内の硬直した官僚統制に打撃を与え知識人層を吸収するという二つの目的を同時に充たすためのいわば必然的な帰結だった。いや、公開化はさらに、既得権益にしがみつく旧指導層の腐敗を暴露し、彼らを一掃するための不可欠の武器でもあったのである。

しかし、その選択によって、ゴルバチョフは、二〇世紀のヨーロッパ、いや一九世紀半ば以来、世界的に知識人や若者に影響をあたえ左翼運動の形成に貢献してきた政治的神話を、決定的かつ最終的に葬ることになったのである。それは、ゴルバチョフ「革命」の第一の意味である。

たとえば、社会主義が資本主義よりも生産力の発展に合理的な体制であるという、周知のテーゼを振り返ってみるがよい。それは、一九世紀以来、多くの知識人や若者が社会主義という体制を志向する決定的な要因の一つであった。二〇世紀の後半に入っても、私たちは、繁栄の見せかけにかかわらず資本主義の最終的な破局は迫っているという社会主義陣営発の予言を、どれだけきかされてきたことか。

ソ連指導者としてはじめてアメリカを訪問したフルシチョフが、戦争においてでなく平和的な共存の中での経済的な競争において、アメリカに勝つと宣言したのは、つい四半世紀ほど前のことに過ぎない。だが、今や、世界最初の社会主義革命の国であり「社会主義の祖国」であることを自認してきた国の指導者が、四分の三世紀近くの社会主義体制の実験の後で、社会主義経済の決定的な立ち遅れを認め、しかもその原因が戦争や悪天候あるいは邪悪な指導者という偶然的、過渡的な要因によるのではなく、これまでの社会主義体制自体の中に原因があることを、公に認めたのである。その影響が深刻でないわけがない。

あるいは、社会主義と政治的自由という古くて新しい問題について、歴史をひもといてみよう。日本の共産党は、最近、『自由と民主主義宣言』（一九七六年）の改訂版を出して、ふたたび共産党が昔から政治的な自由を擁護する党であったと強調している。しかし、それは弾圧に抗する運動体の戦術的な主張としてであって、マルクス主義が本来的に「形式的な自由」にとどまる「ブルジョア的な自由」のきびしい批判者であったことは、初期マルクスの代表的政治的著作『ユダヤ人問題について』一つ読めば、明らかなことだ。

それはソ連においては、一九三〇年代のスターリン憲法によって、明確に定式化された。ブルジョアジーが存在せず、今や全人民の国家となったソ連において、共産党とは別な政党を認める理由はなく、人権の保証や報道や集会あるいは出版の自由も、社会主義国家の安全という枠の中においてのみ認められる相対的なものに過ぎないとこの憲法はいう。この論理は基本的に現在においても受け継がれている。

いいかえれば、共産党すなわち国家をになう政党である以上、社会主義国家の中において、共産党を批判する政党や政治団体を許容する理論的な根拠はなく、また、革命を守る、すなわち、ソ連国家を守る、そして現実には国家と一体になった共産党を守るということは、個人の人権や市民的な自由の擁護よりも上位の至上命題であったのである。

この論理の中で、ソ連はもとより、日本をふくめた諸国の知識人や民衆は、いかに振り回され、屈伏させられてきたことか。私たちは、たとえばスペイン人民戦線を象徴的な典型とする二〇世紀の左翼の運動史の長く暗いこの側面を、想起せざるをえない。

そして、この論理は当然のことながら、異論と分派の自由を許さない各国共産党の民主集中制の

原則とも重なっていた。いや、人民の前衛党としての共産党組織が、レーニンによってこういう疑似軍隊的な戦闘集団として規定されたことが、党が権力を掌握した革命国家における党＝国家の至上性の規定と政治的自由の抑圧の直接の源泉であったとすることができよう。レーニン主義を捨て、自由と民主主義の擁護者をもって任じる日本共産党が、党内批判派を封殺する民主集中制については未だ譲ろうとしていないのは、周知の通りである。

ゴルバチョフのグラスノスチは、この民主集中制に始まり共産党の独裁にいたる一体構造に、基本的なひび割れをもたらすものだった。政治的自由の保障は、当然、ソ連共産党の独裁の必然性の否定へと論理的に向かわざるをえない。

ソ連の捨て身の賭け

八九年一一月、新たに選挙され、非党員を多くふくむようになったソ連最高会議に、ついに共産党の指導的役割つまり一党独裁を規定した現憲法の規定を次の人民代議員大会で再検討する動議が出され、ゴルバチョフの必死の反対にもかかわらずそれは多数を獲得したが、規定の過半数にわずか三票たりず、見送りになった。しかし、そのときゴルバチョフが援用したのは、ソ連社会において、共産党に代わる政治勢力が存在していないという現実主義の論理でしかなかったのである。その後、彼は将来におけるこの規定の見直しにふくみのある発言をしている。ペレストロイカを始動したゴルバチョフの権力的基礎が不安定であるというのは、それが保守派の抵抗にあっているからばかりでなく、その力学が、自己のよって立つ共産党という権力基盤そのものを覆しかねない可能性を、論理的に秘めているからなのである。

しかし、ここで、ゴルバチョフの下でのソ連が、共産党支配の体制維持のために、秘密警察や軍隊を中心とする強制力の行使を控えている、あるいは控えざるをえなくなっていることは、かつてのスターリン、ブレジネフ時代のソ連や天安門事件の中国との対比の上で、注目に値する。最高会議の票決で危ない橋を渡っても、ゴルバチョフは、党の指導性を維持するために公開の投票に賭けた。ゴルバチョフの改革が、中国がこれまで繰り返してきたように、百家争鳴を奨励して反対派を浮かび上がらせた後、力で弾圧するという種類の轍(わだち)をぬけだした本格的なもので、もはや後戻りのきかないものではないかという見方を、それは裏付けている。今や、KGBでさえ公の批判の対象になっているのである。このことの意味は、計りしれぬほど大きい。

それは、一方では、民主集中制と革命(プロレタリアートの)独裁という革命運動や革命国家につきまとう論理の正統性を、自己否定するということへと発展しかねない。それは直ちに、先進国社会における共産党の存在意義に関係する。西欧最大のイタリア共産党は、すでに共産党の名を捨てる方向に動いている。第三世界において未だ根強い共産党運動も、今度はもはや「革命の祖国」からのお墨付はえられないことを覚悟しなくてはならないだろう。

他方では、資本主義諸国が自らを自由主義国家とし、ソ連や社会主義国を指してファシズムと同じ全体主義国家だとしてきたことの根拠が、また失われるようになる。今や、政治思想やイデオロギーの次元の上で、新たな物差しが必要になりつつあるのである。

しかし、ゴルバチョフ体制の下で、国家(党)がその支配体制を維持するために、力の行使を放棄する、あるいは少なくとも抑制するという転換を行ったということを、もっとも明確に印象づけたのは、ソ連と東欧諸国との関係だった。そしてそれは、ポーランド連帯政府の樹立から、ベルリ

ンの壁の崩壊にいたる現在の国際政治の激動へと、一直線に結び付いている。それは、現在の激動の第二の意味である。

ゴルバチョフにおける国際政治での力の政策の転換は、すでに、中距離核ミサイル全廃条約の締結へといたる決断の中に表れていた。しかし、それはそれ単独では、別な意味付けも可能であった。事実、アメリカ軍部はこれを、アメリカの宇宙防衛構想（ＳＤＩ）を妨害するためのソ連の一時的な戦略的な後退と見なし、ソ連は別な核兵器や通常戦力での軍拡を進めているとの見方を崩さなかった。日本の防衛庁が、アジアにおいてソ連はいぜんとして軍縮していないという見解を表明したのは、つい先頃のことに他ならない。

しかし、ゴルバチョフは八八年、東欧におけるソ連地上軍の削減にのりだし、ついでポーランドにおける連帯政府の成立を許容し、またハンガリー共産党が西欧型社会民主党に転換するのを許容した。その結果、ハンガリー、ポーランド経由で東独からの大量の出国者が生じ、東独はベルリンの壁を維持できなくなり、ホーネッカー体制が崩壊した。

現在では、それはすべて、ゴルバチョフの意図の中にあったと見なされている。ソ連の政治改革を本格的に進めれば、こういう結果になることを、予定するのが当然だからである。

これにより、ソ連を東欧で軍事的に支えていたワルシャワ体制は、事実上、崩壊したも同然となった。実際、非共産党政権が支配する東欧諸国をふくんだワルシャワ体制は、共産党が政権に参加する国をもつナトー同盟よりも頼りないことは、明らかだからだ。すでにポーランドをはじめとして、自由化にのりだした東欧諸国は、アメリカや西独などと政府間レベルでの経済援助協定の締結に向かって走りだしているのである。

ハンガリーが提唱しているナトー・ワルシャワ両軍事体制の同時解体、そしてゴルバチョフがいった東西ヨーロッパの「共通の一つの家」という構想は、この転換をまとめるソ連側の最終戦略目標だと考えられるだろう。それが、ソ連の国際権力政治上での新たな安全保障として置かれているとしても、そこへ向けてソ連は、ワルシャワ体制の実質的な一方的解体という捨て身の賭けを行ったのである。

二大陣営の平和的共存

このことはまた、当然、第二次大戦後の世界を、権力政治の上から規定してきたヤルタ・ポツダム体制という東西勢力圏の分割協定を、ソ連の側から崩すということを意味している。まさにベルリンの壁は、この勢力圏分割の物理的な仕上げとして構築されたものであったのだから、その崩壊は、この意味でも象徴的である。

そして、冷戦のさなかのかまびすしい非難合戦とは裏腹に、現実にはこの分割によって、その後の二大陣営の平和的共存は、現実的に可能になったのだった。この間、分割が確定していないアジア、アフリカの諸地域では、時に冷戦は局地的な熱戦に転化した。アフガニスタンは、両者の帰属の解釈が食い違った最終的な例だった。

だが、東欧においては、ハンガリーやチェコが反乱し、西欧諸国への援助を求めているときでも、西欧諸国は慎重に構え、指導者が処刑され市民の抵抗がソ連戦車に蹂躙されるのを横目に、実際上は彼らを見捨てたのである。それは世界的な平和共存ということのいわば暗黙の代償であった。第三次世界大戦の悪夢を描いた未来小説の多くが、東欧諸国の反乱と解体から始まっていたのは偶然

ではない。だが今や、その実質的な解体が、ソ連によって武力介入もなく見過ごされようとしているのである。

報道によれば、この事態の急展開に、西欧諸国のほうがむしろ慌てているという。事実、東欧諸国がEC諸国と経済的に一体化してくれれば、西欧諸国は新たな経済的な重荷を背負うことになるし、また突然、現実的な色合いをもち始めたドイツ再統一は、近隣諸国にとっては、二〇世紀前半の悪夢の復活でもある。欧米諸国が、東欧諸国の非共産化の行方を見定めるのに慎重なのは、当然だろう。

しかし、ゴルバチョフ「革命」がどこまで及ぶかが見極めがたいのは、それがソ連という国家の構成自体に波及しかねないからである。それが、現在の事態の第三の意味である。

ソ連が複雑な民族問題を抱えた国家であることは、よく知られている。それは一方では、ロシア人優位の社会体制に対する不満と結び付いて、民族的な抵抗と反乱の火種はつきない。他方、第二次大戦とスターリンの拡張主義の結果、ソ連は、旧バルト三国の独立運動を、またポーランド、ルーマニア、中国、日本との間に潜在的な国境問題を抱えるにいたった。

ゴルバチョフ政権による自由化と力の行使の自己抑制は、直ちにこれらの民族的運動や分離運動の活性化をもたらさざるをえない。事実アルメニア地方や旧バルト三国地方の運動は、現在、燃えさかっている。これを放置しておけば、それはソ連という国家自体の解体につながりかねない。ゴルバチョフ「革命」が危うい綱渡りである所以も、明瞭である。

日本の北方領土問題が、長年にわたってその存在すら否定されてきた理由も、ここにある。それは直ちに西側での国境問題へと波及しかねないからだ。しかし、ゴルバチョフ政権は、民族・国境

問題がもっとも微妙になりかかっているその時期に、突然、日本を訪問したヤコブレフ幹部会員を通じて、北方領土問題解決の「第三の道」を示唆するの挙にでた。いったいその真意はどこにあるのだろうか。それを考えるためには、私たちは、このゴルバチョフが引き起こした世界史的な大変動と日本との接点はどこにあるのかという冒頭の問いに立ち戻らざるをえない。

北方領土問題「第三の道」

先に私は、ゴルバチョフの転換の条件になったのは、ソ連の経済的な立ち遅れの認識だとした。だが、それをさらにつめるならば、私はその決定的な契機になったのは、七〇年代後半以来のハイテク革命を通じての日本の新たな経済的上昇だったと思う。それは、就任一年後の有名なウラジオストック演説（八六年）のなかにも反映している。

エレクトロニクス時代に突入して、民生産業ばかりでなく軍事産業でさえ新たなハイテク技術に依存するようになったとき、気が付いてみればその鍵を握っているのは、ソ連でもアメリカでもなく日本であったということ、ソ連が経済的な発展競争に後れをとったことを自認せざるをえなくなったときに、ライバルのアメリカも日本との経済競争で敗者になりつつあったという事実は、たんに官僚統制の下での社会主義経済の活性化という以上の問題を、ゴルバチョフにつきつけた。

なぜ、こういう事態が生まれたのか。この問題に対する解答を探ってゆけば、それは日本が軽軍備政策の下に、防衛支出や軍備への投資を切りつめてきたからだという結論に、当然、到達せざるをえない。ゴルバチョフ政策における軍縮への転換は、この意味で、当面の国家財政の危機をカバーし、負担を軽減するという以上に、ソ連の経済体質そのものを改革するという意味を担っている

と見るべきだろう。その方向を辿りつづけるという決意に立つ限り、緊張緩和は長期的であり、東欧諸国の自立化は容認せざるをえないのである。

このように考えると、社会主義経済体制が資本主義経済体制に屈伏したという形で事態をとらえるのは的外れだというゴルバチョフの言明が、必ずしも強がりの言でないことが了解されてくる。今、アメリカでは、たとえばブレジンスキーのベストセラー『大いなる失敗』のように、資本主義の共産主義に対する最終的な勝利、前大統領レーガンの力の威圧政策の勝利を声高にうたいあげる議論が流行している。なるほど社会主義国がいっせいに展開している市場経済の部分的な導入政策や国営企業の私有化政策など見る限りでは、そういう結論も生まれやすい。

しかし、ゴルバチョフの眼は、社会主義、資本主義ともに共通する軍拡経済の超克を見つめている。そして、こういう点については、私的産業としての軍需産業の圧力が強い資本主義国に対して、社会主義諸国は、政治の力により転換することが容易だという自負がある。

北方領土についてのソ連の「第三の道」の示唆も、この文脈にそってある程度理解することが、可能だと思う。北方領土問題で平和条約が結ばれないことが、日本のシベリア投資を妨げているばかりでなく、それは極東における残された国際緊張の最大の種子として日本の防衛力増強の口実となり、ソ連の極東兵力の削減を難しくしている。

もし、なんらかの妥協策によって、欧州の非核化、両軍事体制の同時解消とおなじように、極東における日米の軍事力の削減や対ソ軍事同盟の解消が勝ちとれるものなら、北方領土問題についての譲歩は安い代償だと、ソ連は本気で考え始めているに違いない。

ところで、ベルリンの壁崩壊後の東独情勢についての『毎日新聞』の伊藤記者の観察は、壁の解

消を喜ぶ民衆の心のなかにある社会主義的な文化伝統の深さにふれている(一一月八日)。

西側経済の発展を羨みながらも、東独民衆の多くは、優勝劣敗という資本主義の文化、資本家が利潤追求だけを目的として企業活動を行うという原則自体を、全面的に肯定していないということだ。それは、デモ行進する民衆のスローガンに、社会主義自体の否定がないことにも表れているという。

最近、訳出されたばかりのエンツェンスベルガー『ヨーロッパ半島』(晶文社)は、かつて彼が世界の「周辺部」だとしたヨーロッパへの「心ならずもの」立ち戻りを表明するヨーロッパ紀行だが、そこで彼が確かめたのも、「経済効率だけを追求する」「白い日本人」として統合ヨーロッパをつくることに対する、ヨーロッパ各地の民衆の根深い拒否の心情だった。そこに、ポーランドの「連帯」やハンガリーの新生社会党が、欧米型の資本主義政党としてではなく、非共産党型の自由で民主的な社会主義の政党を志向していることの意味がある。

私たちはその伝統を、戦車でつぶされたかつてのチェコの「人間の顔をした社会主義」に読み込むことも可能だろう。

いいかえれば、表面的な体制の違いをこえて、現代ヨーロッパ社会の民衆の心情の奥底深くに、資本主義を超えたより人間的な体制への願いが、民衆相互の連帯と協力に基礎を置き、盲目な資本の意志を抑制できるもうひとつの体制への希求が流れていることを確認することが、大切なのである。この意味で、一九世紀的な教条主義を捨て、市場原理と競争経済による活力を維持しながら、その経済的な成果を民衆的な立場から人間中心主義的に生かそうとよびかける新しい社会主義の政党は、現代ヨーロッパではつねに大きな政治的なチャンスに恵まれているといえる。

それは、ふたたび、今日の日本の政治的な状況の問題へと連動する。政党政治につきものの盛衰の波があるとはいえ、西欧諸国では新しい現代型の社会民主主義政党は、とっくに政権政党の域に達し、諸国で政権担当の実績をつんできた。ひとりその波に乗り遅れていた日本の社会主義政党は、労働戦線統一と女性党首をいただく市民参加型の社会民主主義政党への衣替えにより、八九年七月の参議院選挙で地滑り的な大勝を博した。これは、決して孤立した現象ではないのである。

先日のサンフランシスコ地震のテレビ報道を視聴し、その解説を聞きながら、いつしか私は、七月の選挙の分析をそこに重ねていた。地震の波には、周波の短いのから長いのまでいろいろあり、また、橋や高速道路には、その構造固有の振動波があるという。オークランドの二階建て高速道路が崩れたのは、地震の各種の波がそこで重なり、それと道路固有の振動数が共振したのが、第一の原因だ。加えるに、橋脚は旧くなって構造疲労を起こしており、さらに地盤は不同沈下して歪みがうまれていたという。

七月の参議院選挙においても、消費税や首相の女性問題という短期的な波があり、浮動票が多いという参議院選挙固有の振動数のそれへの共振という問題があった。その限りで、首相のすげかえをはじめとし消費税の大幅手直し宣伝による自民党必死の「手直し」対策と、後援会で固めた衆議院選挙という共振しにくい震動派の特質により、自民党がかなりのところ次の総選挙で挽回し、政権を維持しつづけるのも不可能ではないという観測が生まれるのも、その限りでは当然だろう。

九〇年代日本の政治

しかし、九〇年代における日本の政治の将来を展望するという立場にたてば、地震の例でいうと

ころの長期的な波の問題や政党の構造あるいは地盤の問題が、どうしても基本的な尺度にならざるをえない。そして、それらは総合して、自民党の一党支配体制の決定的な崩壊を予告していると見る以外にない。

第一に、これまで自民党が伝統的に基盤としてきた農民層の離反がある。減反と農産物の自由化そして展望のない農業経営が重なって生まれている現在の農民の自民党離れの長期的な波に対して、自民党は根本的な対応策をもっていない。ただ、老齢化した農民の自然減少を待って、少数の専業農家による、大農経営を推進し、また「ふるさと基金」を恒常化して、欧米諸国から文句がでない新種の補助金にする等の糊塗策しか持ち合わせていないのである。

第二に、大都市では、高騰したまま安定してしまった地価の問題がある。すでに各種の世論調査に表れているように、値上りした家賃を払う都市民衆は生活の苦しさを訴え始めた。また、土地や家をもたない庶民の不平等感覚は増大し、政治への不満感がひろがっている。もう一生自分の家をもてそうもないという青壮年サラリーマン層の忿懣は、累積的に増大する一方である。その結果、自民党は農村の伝統的な支持ばかりでなく、七〇年代末以来、ようやく獲得し始めた都市中間層の支持をも、ふたたび失いつつある。

第三に、自民党は、高年齢層の支持を急速に失いつつある。高齢化社会に備えての福祉の切り下げ、とりわけ、今、懸案の年金支給年齢の切り下げは、実施がかなり先であるにもかかわらず、強い反対をまき起こしている。また消費税は、年金で生活する老年層を最大の被害者層にした。世論調査において、六〇年代以後、福祉の問題がはじめて、国民の政治への要望のトップに返り咲いたのは、こういう状況を背景にしている。

第四に、自民党からまた女性が顕著に離反しつつある。それは単純に土井社会党の影響の問題ではない。女性の職場進出をはじめとする社会参加の拡大は、先進国社会に共通な現象であり、それはすでに男性を追い越した女性の高等教育進学率に端的に示されているように、日本では、今後、急速に拡大する傾向にある。そして、自民党の政治家はもとより、これまで男社会をつくりあげその実権を握ってきた日本の男たちは、基本的に自民党と一体となって女性の社会進出を白眼視していると、女性は感じている。この直感を修正するのは、自民党にとってなかなかに難しいことだろう。

農民の離反は、日本が経済大国化し国際化したことによる一種のつけが回りまわって、自民党に返ってきたと見ることができる。同じように地価の高騰や高齢化社会、女性の社会進出は、やはり国際化や先進国社会化から生じた当然の結果であり、あるいはそこから生じたひずみの帰結である。あたかも六〇年代末、高度経済成長政策の成功によって生じた過密と過疎の新しい社会問題によって、大都市地域での自民党支配が崩壊したように、経済大国化の成功によって、自民党は逆説的にその地盤沈下を招いたとすることができよう。

そして、ここにおいて決定的なのは、自民党の組織が、また長年の一党支配の持続によって、官僚制並みに硬化して構造疲労を起こしているということだ。年功序列的に固められた党内出世構造、解消の掛け声すら起こらなくなった派閥の公的な組織化、その結果としての党内総主流派体制と長老政治家支配。これらはすべて、自民党の組織的な硬化の表れであり、政党としての活力が失われたことの証明である。リクルート事件以後の混乱の中で、一時、自民党内部に若手集団の反乱の気運が生まれた。

しかし、それが十年以上前の新自由クラブ結成ほどの盛り上がりも見せずにしぼんだのは、やはり今日の自民党から活力がそれだけ失われていることを示している。自民党が、新しい社会の要請に応えそれにアピールする指導者群を輩出させる柔軟性を復活しない限り、その地盤沈下は続くものと見なければならない。

しかし、このように視点を日本の中に据えて見た、その意味では長期といっても検出しやすい地震波に加えて、現在の国際的な政治環境の激変と連動している、よりマクロな波が、九〇年代の日本の政治をゆっくりと、しかし根底からゆさぶるものと、私たちは考えなくてはならない。

財界、通産省をゆさぶる悪夢

もし、ゴルバチョフの転換が成功して、国際社会に本格的な緊張緩和と東西融和が生まれたとき、それはどのような形で日本にはねかえってくるだろうか。誰もが想像つくことは、第一に、現在の日本と米国、ECとの経済摩擦の問題が国際社会の中で正面に押し出されるようになり、日本の保守政権はさらにきびしい立場にたたされるだろうということだ。そこに、軍縮を要請する国際世論が拡大する状況が重なれば、なおさらそうだろう。

日本の防衛費を縮小し、社会保障費を拡大せよという世論の圧力は、当然、増大する。他方では、次期主力戦闘機の選定問題に表れたような、貿易黒字解消の手段としてより多くの武器を輸入せよというアメリカの圧力は、いっそう増大するに違いない。それは、保守党政権にとってのきびしいジレンマである。

他方、目前にせまったECの経済的統合、アメリカ・カナダの市場統合の問題がある。もし、い

ぜんとして展望を見いだせない日本の市場開放にいらだったアメリカやEC諸国が、管理貿易やブロック経済に移るようになったら、というのは、日本の財界や通産省をゆさぶる悪夢である。

こういう悪夢的な事態に備えて、環太平洋経済圏の組織化などの保険的な準備は、一応、行ってきているのだが、しかし、それは入口段階で諸国の思惑は分裂し、いっこうに進展を見せていない。

だが、このような日本の孤立化に拍車をかけているのは、九〇年代以降の世界で、決定的に重要性を増しつつある環境問題、とりわけ温室効果ガスの排出規制問題である。日本はアメリカ、欧州のような大陸諸国における気候変化や酸性雨問題の深刻さを理解していない。しかし、それは二一世紀に向かって、欧米諸国の合唱による日本批判の有力な武器となり、かつての石油問題と同じように日本産業界に対する新たな資源エネルギー的な障壁となって、立ち現れる可能性がある。

これらはすべて、保守党が、たとえ消費税批判という目前の嵐を乗り切ったとしても、その後に直面せざるをえない長期的、構造的な難問である。保守党がここで期待できるのはただ一つ、野党の側が分裂と内部抗争を重ね、めぐってきたチャンスをつかまえ損なって、有権者の支持が、ふたたびあきらめとともに保守党に戻ってくることしかない。だが、そこで失われるのは、野党が政権につくチャンスばかりでなく、日本の政治が政党政治として再生するチャンスでもあるのだ。

九〇年代のはじまりが、新しい希望の世紀への助走を意味するか、それとも二〇世紀の退廃の極としてのデカダンス（世紀末）の時代のはじまりであるのか。私たちの前にあるのはその岐路なのである。

（『潮』一九九〇年一月号）

二一世紀日本の選択

二〇世紀の世界を開幕した象徴的な事件は、日英同盟と日露戦争だった。それは、アジアの国である日本が、西欧列強のつくりあげた一九世紀的な力の秩序に割り込み、そのバランスを変えるという運動の始まりだった。だがそれは、二つの顔をもっていた。日本は、一方ではアジア諸国の先頭に立って、欧米諸国の覇権を排撃することを主張しながら、他方では、欧米諸国に伍して、他のアジア諸国を収奪する側にまわっていたのである。

世界の中で孤立している原因とは

二〇世紀の日本と世界の歴史を振り返ってみると、前半の戦争、後半の平和という時代の対照をふくみながら、この二つの顔について一貫していたことがわかる。日英同盟は日米〝同盟〟へと転換し、日露戦争は欧米諸国との経済摩擦へと姿を変えながら、二〇世紀末の日本は、欧米列強優位の世界秩序への割り込み運動をつづけると同時に、欧米諸国と肩を組んで第三世界諸国からの資源〝収奪〟の一翼をになっている。後者は、東南アジアの熱帯雨林を破壊しながらの木材の輸入や、アラブの安価な石油を確保するための、欧米諸国に伍しての自衛隊の〝海外派兵〟騒ぎにも明らかだろう。

この二つの顔は、二〇世紀日本を世界の中で孤立させる基本的な原因となった。欧米諸国は当然のことながら、自分たちの覇権を脅かし、領域を侵害するアジアの新興国を敵視した。それは、日本が黄色い顔をしながら、欧米諸国が発達させたテクノロジーを模倣し、しかもより器用に応用するだけになおさらだった。他方、アジア諸国を始めとする第三世界の諸国において、日本は、同じ皮膚をもちながら、欧米諸国の覇権の論理をより赤裸々な形で押しつける国としてイメージされた。第二次世界大戦で日本に占領された記憶は薄れつつあるかも知れないが、それに代わって、アジアのいたるところに経済進出し、金力をバックにわがもの顔にふるまう商社マンや観光客が、第三世界の民衆に与えている印象は、強烈である。

しかし、この十年間、日本についてのもう一つのイメージが、第三世界の中に生まれつつあることも確かである。それは、資源小国である日本が、欧米諸国に比べて軍事費を節約しながら、高い教育水準を背景にハイテク革命を遂行してオイル・ショックをのりきり、ついに西欧諸国の生活水準に追いついたというイメージである。中国は今、どちらかといえば、二〇世紀前半の日本をモデルに、強権体制の下での経済成長を志向しているが、多くの第三世界諸国にとっては、経済大国から軍事大国へと上昇したがる自民党幹部たちの意欲とは裏腹に、戦後のこれまでの日本の実績こそモデルとして学ぶに値するという意見が強い。問題は、この実績が、はたして二一世紀の世界においても通用するかということである。

軍縮と国連の機能強化が現実化

八〇年代末の第二のロシア革命すなわちゴルバチョフ革命によって、先進工業諸国内の二〇世紀

的問題は、ほぼ終りを告げた。資本主義か共産主義かという体制選択のきびしい闘争は、修生資本主義と社会民主主義の温和な対立へと道をゆずり、また、三度目の世界大戦を危惧されていた東西両陣営の軍事的な緊張はほどけて、世界的な軍縮と国連の機能強化が現実化しはじめた。その限りで、近代技術文明の発達に基礎をおいた平和で豊かな社会の建設は、はじめて軌道にのりつつあるように見える。

しかし、いったん視点を先進工業諸国の外に移せば、そこにはまったく新しい二一世紀的な難問が、不気味な姿を現し始めていることが、直ちに了解される。それはすなわち、現在の湾岸危機に象徴される第三世界の不安定性の問題であり、また、この夏の異常な暑さに表れた地球環境の急速な悪化の問題である。前者は、第三世界諸国を安価な資源供給国の地位に押し止めて獲得した先進工業諸国の経済繁栄が、はたして二一世紀においても維持できるかという根本的な問題を背景にしており、後者は、第三世界の安価な化石燃料をエネルギー源として作り上げてきた近代科学技術文明についての基本的な変革を要請している。現在の傾向線をそのまま将来に投影して予想される二一世紀世界の人口爆発、食糧危機、エネルギーの枯渇、地球の温暖化などの諸問題について、世界は、未だ何の基本的な解決の展望を生み出していない。

使い捨て浪費型経済構造も改めよ

振り返ってみれば、この十年間の豊かな日本の発展も、基本的には、この欧米的な近代世界の発展を、より効率的に追いかけることによってはじめて可能になったものだった。それは、第三世界からの安価なエネルギーや天然資源をストップされ、世界から掻き集めている豊富な食糧が断たれ

れば、一挙に崩れる性質のものでしかない。

だが、その窮境に居直ることによって、二一世紀世界における日本の進路が逆に開ける可能性も残されている。それは、この十年間の努力をさらに進め、世界に先駆けて、資源少消費型、地球環境保全型の新しい科学技術文明のモデルを、日本が作り出してゆくことである。そのためには、軍事支出ではなく新しい技術の開発へいっそうの集中的な投資を行うとともに、現在のような使い捨て浪費型の経済構造や社会倫理を改める努力が、当然、必要とされる。だが、それに成功してはじめて、二一世紀日本は、欧米先進諸国、第三世界諸国の双方からともに尊敬される地位を獲得することができるに違いない。

（『聖教新聞』一九九〇年一〇月一八日）

世界史の転換と日本

この夏以来、世界の関心は、イラクのクウェート侵攻に始まる湾岸危機に集まっている。その帰趨はまだ定かでないが、一時のショックが過ぎ去ってはっきりしてきたことは、これが世界大戦の糸口になるという種類の大事件ではないということだ。大事件はむしろ、この湾岸危機で、米ソが協力して事にあたったことにあるといってもよい。それは、冷戦が終ったということの証明であり、世界史が転回して新たな時代が始まったということの表れだったからである。

冷戦の終焉をもたらしたのは、勿論、ソ連のゴルバチョフ革命だった。振り返ってみれば、二〇

世紀はまさにロシア革命に始まり、ロシア革命に終ったとさえいえる。はじめの革命が、資本主義と社会主義というイデオロギー対立が世界のすべての国々をまきこむ権力闘争へと発展してゆくのろしだったとすれば、後の革命は、その動乱の二〇世紀に終止符を打つだけでなく、近代国家のはじまりと共にあった覇権国家間の武力闘争すなわち大規模な戦争の歴史に、終止符を打つものだった。

冷戦が終焉したあとのヨーロッパは「大きな一つの家」へと変わりつつある。アジアでも、いかに日米、米中がきしみを発しようと、それが武力対決へと発展してゆくと予想するものは、もう誰もいない。それぞれの陣営内部では、戦争が起こりえない相互依存関係が作り出されてきており、それゆえ、冷戦の終焉は、これまで誰も予想もしなかった世界的な軍縮の動きを引き起こしたのである。

このような世界史の転回の口火を切ったゴルバチョフ革命の性格は何かということについては、これから盛んな論議が起こることだろう。ソ連においては、それが東欧諸国の自由化、民主化の革命と違い、強力な指導者によって遂行される権威主義的な革命としてしかありえないという論議が盛んである。

この意味で、私は、このゴルバチョフ革命が、日本の明治維新とよく似ていることに、興味をもつ。二つの革命とも、その基本的な動機は、自国の経済的、社会的な発展の立ち遅れに対する支配層内や知識人層の焦りにあり、それが軍事的な危機感として、軍部や武士層のナショナリズムと連動するようになったとき、革命は決定的になった。しかし、そのプロセスは計画性に欠け、また経済の構造転換と開国によって、国民生活は混乱して一揆や内乱の絶え間がなく、明治維新では、それはほぼ二十年間つづいたのである。

この内部混乱の中で、進んだ外国のシステムをできるだけ取り入れようとする欧化派や民主派と、その行き過ぎが国家のアイデンティティーを崩すとして対抗する原理主義派、国粋派との対立が起こる。明治維新における板垣や大隈にあたるのが、現在のソ連におけるエリツィンやポポフだとすれば、西郷は社会主義ソ連のイデオロギーに固執したリガチョフかも知れない。そして、両者の中間にあって綱渡りしているゴルバチョフは、大久保にたとえることができよう。もっとも、ソ連の大久保は、廃藩置県ならぬ廃党によって旧い政治と行政の仕組みを一挙に切り換えることができない点、日本の大久保よりも苦しい立場にあるといえるかも知れない。

この視点からすれば、ゴルバチョフ革命は、一種の近代化革命であり、その行方は、一部のアメリカの論者がいうように、共産主義が崩れて資本主義になるというようなものではありえない。日本の近代化がそうだったように、ソ連も西欧と同じ社会になってゆくと仮定することは単純すぎるのである。

明治維新は黒船の衝撃から始まった。ゴルバチョフ革命でそれに匹敵するのは、何だったろうか。私は、端的に、そこに日本を先頭とするハイテク革命の衝撃があったと考える。ソ連はアメリカと、ミサイルや核兵器で軍事的に対抗している間は、国際的な計画にもとづく重厚長大型の工業化で何とかやってこれた。しかし、軽薄短小のハイテク時代に移ったとき、大衆的な教育の普及と民間産業の自由な競争という社会的な条件がなくては、太刀打ちできないことが明確だった。そこにゴルバチョフを先頭とする支配層内部の転換への決意があった。しかも、ハイテク革命の先頭を切った日本は、アメリカよりも軍事費の負担が少なく、また、官民一体になって遅れた経済を急速に発展させた実績をもっている。ゴルバチョフが、欧米諸国よりも日本をモデルにしようとして調査団を

派遣してきている理由はここにある。

二〇世紀初めの日露戦争は、実際にはロシア革命の口火になったとされている。同じように、日本はもう一つのロシア革命と世界史の転換の引き金を引く役割を演じたのである。しかし、私たちはそのことに安んじていることができるだろうか。

動乱の二〇世紀はまさに終ろうとしているが、二一世紀社会の姿は、まだ見えてこない。それは、地球環境の維持と資源多消費型文明からの脱却、先進工業諸国と第三世界との関係の再構築、という新たな難問を前にして、苦悶（もん）の最中にある。この視点からみる限り、中東の安価な原油によりかかった八〇年代日本の成功は限定的であり、湾岸危機は、長期的には深刻な問題の予告編なのである。

今、日本が湾岸危機に対応しようとしているやり方は、その意味で、歴史的に後ろ向きであると評されても仕方がない。私たちは、戦後の日本が世界史の新しい転回にはたした役割に自信をもち、それをさらに二一世紀に向かって進める方向で、日本の進路を築いてゆかなくてはならないだろう。

（『信濃毎日新聞』一九九〇年一一月六日）

（一〇月二〇日の上田高校九〇周年記念同窓会での講演要旨）

ソ連崩壊の力学

歴史上のあらゆる大事件は、歴史が一回限りの事象だという意味では、すべてユニークであり新

しい。しかし、そのユニークさに目を奪われている限り、私たちは、大事件が起こるたびに、茫然自失し、混迷におちいるばかりになる。その時に私たちを救いだすのは、過去の事件への歴史的なアナロジーだ。それによって、人類は、自分たちの置かれている状況を理解する手掛かりを見出し、歴史の方向性を探り出すのである。

一昨年の東欧の激変に始まり、今日のソ連に及んでいる歴史の大変動は、歴史が社会主義革命によって終るというマルクス主義の歴史理論を信じてきた人たちにとっては、茫然自失の事態であるに違いない。また、単純に、自由主義陣営のイデオロギー的な勝利を信じている人たちにとっても、それは複雑すぎるドラマだ。なぜなら、歴史的なアナロジーでいうなら、ここには、少なくとも三つの主題が複合して同時に展開しているからである。

一つは、イデオロギーの支配からの解放というテーマだ。共産主義国家は、オーウェルが描いたように、現代における最大のイデオロギー国家であり、理念と権力が結びついた神政国家だった。その理念は、信じる人にとっては理想であったが、信じない人にとっては、人間の意識さえ支配しようという暴力だった。一つの神政国家がどのように崩壊してゆくかのドラマは、ヨーロッパ近代のカトリックの王国の崩壊の中で、典型的な形で展開されている。実際、かつてH・G・ラスキが『信仰、理性、文明』の中で指摘したように、キリスト教が原始キリスト教の理想主義から出発し、それに献身した人びとを聖人に祭りあげながらカソリック教会が支配する世界的な組織や中世ヨーロッパの神政国家を作りだし、やがてそれに抵抗し反逆するプロテスタントや理性的な啓蒙主義者を生み出していったプロセスと共産主義運動のプロセスは酷似している。ソ連は、今、自由な社会主義、社会民主主義というプロテスタントに信仰を切り換えた人たちと、すべての社会主義的な幻

制への怒りなのである。

らの手をつながせているのは、異端審問や魔女狩りによって体制を維持していた神政国家の弾圧体

想を信じないという世俗的合理主義者、現実主義者たちの大波によって洗われているのである。彼

このアナロジーの中で人類にとって重要な教訓は、政治の世界を宗教やイデオロギーから切り離さなければならないということだ。宗教からの切り離しは、血なまぐさい宗教戦争を経た後に、世俗国家の成立という形で何とかできあがったにもかかわらず、イデオロギーからの切り離しは、未だ成功していない。そこには、政治の世界を一つの理論や理想通りに作り直すことができるというプラトン以来の知識人たちの夢、権力をにぎった官僚たちが自分たちが国家を設計し運転しているのだと思い上がる自負、そして単純な図式に酔い、それに盲従する大衆という現代的な要因がある。その意味で、ソ連共産主義国家の崩壊の中で、信じていたものが崩壊したことで信念やアイデンティティーの危機にさらされた知識人や大衆、そして官僚層の抵抗を無視することはできない。ただ、それが反動宗教改革の運動を形成できるかどうかは問題だと思う。反動宗教改革のそれなりの成功も、カソリック教会の組織とそれをバックアップするスペイン・ポルトガルなどの帝国が残ったからだ。今の共産主義運動には、それに匹敵するものがない。中国やキューバがもはやソ連民衆をも引きつけうる「革命の祖国」たりえないことは明白である。

第二は、経済的に優越する西欧世界の圧力の中で、必死に体制を転換しようと「上からの近代化・西欧化」をはかる近代化革命に付随するドラマである。その意味での歴史のアナロジーを求めるなら、その典型は疑いもなく日本の明治維新に求められるだろう。

明治維新は、「黒船の衝撃」に端を発し、軍事力格差に危機感を募らせた旧体制内のエリート、

中堅武士層たちが、「停滞の時代」を打ち破るために結束して立ち上がることからはじまった。彼らの共通の心情はナショナリズムであり、その論理は建国の理念に立ち戻ることつまり「尊皇攘夷」であり、維新であった。しかし、政権を握ってから、彼らは真二つに分裂する。すなわち、経済の革新、「富国」あっての「強兵」を求める文明開化派や自由民権派は、西欧の社会組織や文明をまるごと受け入れる近代化への路線変更を主張したのに対し、復古の精神にこだわる心情派は、国粋主義的な文化や思想の維持にこだわった。それぞれの側には、不平等条約を撤廃し西欧諸国と対等の国際関係を結ぶためには、国内制度を西欧化しなくてはならないという事情と、近代化によって身分特権が失われるという旧武士層の不満が重なっていた。大久保利通を中心とする明治政府は、維新以後三年にして、復古から文明開化へと転換し、廃藩置県、廃刀令で旧領主、武士層を解体するが、その過程で板垣退助らの民権派、西郷隆盛らの復古派をともに切って捨て、ついに復古派のクーデタである西南戦争に直面する。

ソ連にとっての「黒船」はいわばSDI（宇宙防衛構想）だろう。ブレジネフの「停滞の時代」の中でハイテク革命に乗り遅れたソ連は、軍事的劣勢に危機感を抱いた軍部や共産党ぐるみで、レーニン建国の時代に戻る「ペレストロイカ」維新に乗り出した。しかし、その過程で、大久保ならぬゴルバチョフ政府は、次第にレーニン復古の枠をこえ、西欧的な自由主義と市場経済を全面的に輸入する「文明開化」政策へと転換するようになる。そこには、経済援助や西欧同盟への加盟をテコに体制の西欧化への圧力をかける西欧列強の外圧が重なっている。これに危機感を抱いた復古主義者はリガチョフを先頭に反旗をひるがえし、他方、ペレストロイカのテンポの遅さに憤った民権主義者エリツィンらは下野して新政党の結成を画策するようになる。八月一九日のクーデタは、エ

リツィンたちの主張に押されて、議会開設ならぬ新連邦条約という新体制にふみきったゴルバチョフ政権に対するリガチョフの残党たちの起こした士族反乱のようなものだ。これを鎮圧したのち遂行された共産党の解体は、遅蒔きの廃刀令、廃藩置県のようなもので、これによって新しい大統領制国家の機能に対する内側からの障害であった身分的な特権的支配組織、共産党ノーメンクラツーラは、最終的に解体されることになったのである。

この過程で、ソ連の「上からの近代化」革命が明治維新と決定的に異なることは、第一に、大久保政府が、旧幕藩体制の統治組織と武士層に代わる新官僚政府と国民軍の形成に速やかに成功し、それを西郷や板垣に対抗する自身の権力基盤としたのに対し、ゴルバチョフ政権は、共産党と特権官僚層という旧支配組織を今日まで引きずったまま「上からの革命」を行おうとしてきたことだ。その点では、東欧諸国の「近代化革命」の指導者たちとも決定的に異なっている。それは彼が、下級武士出身というよりいわば「最後の将軍」として「上からの近代化」に当たらざるをえなかったという地位上の制約によるものだろう。そこから、これまでのペレストロイカの不徹底性、また、共産党を解体した今後の彼の権力基盤の脆弱性という問題が生まれることになる。もう一つは、自由民権派つまりエリツィン派の勢力が、明治維新に比べてずっと強かったということだ。それは、封建社会からぬけでたばかりの当時の日本と大衆化と市民化の波を潜った現代ソ連との決定的な違いである。

第三は、植民帝国の解体というドラマだ。ロシア民族問題の専門家ダンコース女史が指摘しつづけてきたように、社会主義ソ連は、帝政ロシアが植民地化した周辺領域をそのまま引き継いだ、現代に残された唯一の植民地国家だった。植民地国家ということは、すなわちソ連の人口の五二%、

面積の七六％を占めるロシア共和国による植民地化ということである。広い意味でのロシアである白ロシアとウクライナを合わせれば、その人口は八六％、面積は八〇％に達する。他の一二の連邦共和国は多かれ少なかれロシアの植民地の地位に置かれている。革命後のソ連は、この三国とカザフ共和国の連合として出発したのだが、やがてスターリニズムの中で、フィンランドを除く旧帝国の領域のすべてを含み、それをさらに拡大する植民帝国へとのしあがった。日本の北方領土をふくむサハリンと千島列島が、日露戦争の恨みを晴らすとして、スターリンによって併合されたことは記憶に新しい。ソ連社会主義は、それを美しいことばで繕ってきたが、ペレストロイカによる強権国家としての弾圧機構が弱まる中で、各民族共和国の独立や分離の動きが一挙に噴き出すことになった。

植民地化によって、ロシアは各共和国にモノカルチュア的な分業体制をおしつけ、それによって連邦の経済的な絆を保ってきた。しかし、逆に、この強制的な分業体制が、ソ連の経済的な発展を妨げ、中央財政による後進共和国諸国へ「経済援助」や投資は、ソ連の経済混乱の中で、ロシア「帝国」の負担とさえ感じ取られるようになった。植民地的な共和国だけでなく、エリツィンが新主権国家連邦条約の作成でリードを取ったことに表れているように、今や、ロシア共和国のなかでも、植民地的な共和国の独立を容認するのが大勢となっているのである。ソルジェニーツィンは『ロシアよ甦れ』の中で戦後の日本を例に取り、植民地の経営という重荷から解放されることが、ロシアを経済的に再生させる道だと訴えている。

しかし、植民地を捨てて小さな本国だけに戻るということは、国家主義的な誇りをいちじるしく傷つける。それは敗戦や革命の混乱の中でようやく行われることだ。戦前の日本で石橋湛山は「小

国日本」を提唱し、植民地の放棄を訴えたが、もちろん世論はそれに耳を貸さなかった。日本が植民地を放棄したのは、敗戦によってやむなく強制されたからだ。イギリスは、第二次大戦で反日戦線への従軍協力という必要に迫られて、植民地独立の密約をあたえざるをえなかった。しかし、戦後、フランスがアルジェリアの独立を容認しようとしたとき、フランスの右翼軍人は決起し、それがド・ゴール体制の成立へとつながった。今回のソ連のクーデタは、こういう国家主義者たちの「連邦解体」の危機意識による決起として見ることも可能である。

ソ連の民族問題を複雑にしているのは、バルト三国やイスラム系共和国のように、単純にソ連のくびきから脱して独立したいという問題が、そこにあるからだ。広い意味でのロシアとみなされ、本来のロシア主権国家連邦に残るとみなされていた諸国の中にも、ロシア共和国が財政的、軍事的に自立し、エリツィン・ロシア大統領の発言権が強化されることへの反発がある。それは、新連邦が各共和国の主権的な自立性を認めれば認めるほど、連邦の中における大国と小国の格差の問題があらわになるということだ。他方、イスラム系民族の独立問題は、モザイク状に民族が入り組んだ周辺イスラム諸国に飛火し、新たな戦乱の火種になる可能性をふくんでいる。

バルト三国やモルダビアなどいくつかの周辺共和国が独立した後のソ連の将来の国家組織のあり方を理解する歴史の先例は、独立戦争後のアメリカの争いだ。中央集権的な連邦国家か、分権的な国家連邦かという争いは、また大農園主、工場主を中心とする共和党の権力確立とより低い階層を中心とする民主主義者たちとの対立と重なっていた。前者の勝利の上に立った初代大統領ワシントンは、共和党の一党支配をよびかけ、それは以後、三十年近くの間、維持されることになる。

共産党が連邦制の維持に固執し、エリツィンが国家連合を固執していたのと、この構図は似てい

る。そして、共産党が壊滅した後、大勢は国家連合へと向かうのは当然だ。しかし、その時、ゴルバチョフ自身の権力はもはや残されるべくもない。彼がいくらかの外交権と対外的な威信しかもたない象徴的元首へと祭り上げられてゆく可能性は大きい。

しかし、政治的な自立が達成された後での大国と小国との新しい優越と従属の関係、また、ナショナリズムというよりもエスニックなレベルでの少数民族に対する抑圧と反乱の問題は、現代史で未解決の問題であり、それは今、いたるところで燃えさかっている。ソ連という最後の植民帝国の解体は、その意味で、民族自決主義で割り切ることができた二つの大戦後の諸植民帝国の解体とかなり趣が違うことは確かだ。

共産党が崩壊し、ソ連「帝国」が解体した後の世界はどうなるのだろうか。

第一に、国際情勢という視点から見れば、世界最大の軍事力をもつアメリカの一極支配が、当分の間、続くことは間違いない。アメリカは湾岸戦争の時のように、世界の「憲兵」を自認し、積極的な行動をつづけるだろう。しかし、他面では、対ソという結集軸を失った西側世界が分解し、連合してアメリカを牽制する動きに出るようになることも当然である。この意味で、独自路線をゆくフランスや欧州随一の大国になったドイツが利害で結ばれているロシア共和国と連合してアメリカにあたるようになるかどうかがこれからの問題だろう。

第二は、二一世紀の政治思想の対立はどのようになるかということである。暴力革命、一党支配、中央集権、官僚的な計画経済という共産主義、レーニン的な社会主義の思想は、決定的に敗北した。日本共産党は、レーニン主義の遺産である党組織における民主中央集中制にこだわっているが、これもやがて放棄するに違いない。この後に残るのは、修正資本主義と福祉国家、議会主義と複数政

党、政治的な自由と人権の確保という共通の枠組の中での相対的な違いにもとづく政治対立ということになるだろう。

この違いの中で、二一世紀に向かって重要になるのは、環境保全、差別問題、南北問題、軍縮問題であるに違いない。問題は、こういう新しい政治問題が、かつての社会主義のような大衆的なアピールをもつことが難しいということだ。富める者と貧しき者という近代初め以来の政治的な対立軸が消滅した二一世紀先進国社会での政治対立の様相は、これまでとはまったく様相を異にするものとなりそうだ。

(『SAPIO』一九九一年九月二六日号)

V

自民党のふんばり——’90年春総選挙——

今回の選挙が問うもの

昨年の参議院選挙と比べて、今回の総選挙は、底辺での熱気が今一つ欠けているようだ。総選挙こそ、あの劇的だった参議院選挙の仕上げになるはずと意気込んでいた人たちには、拍子抜けだろうが、それが昨今の偽らぬ現実である。その最大の理由が、不発に終った野党連合にあることは、いうまでもない。

「体制選択」というのが、自民党が立てた今回の選挙のメイン・テーマである。すでに参議院選挙の時も、天安門事件にひっかけて出していたスローガンだが、その後の東欧諸国の激動をふまえて、さらに全面に押し出してきたものだ。共産主義や全体主義に通じる社会主義体制かそれとも自由主義、資本主義体制の堅持かこそが、問われているという。それに対して、野党の方は、参議院選挙での最大の追い風となった消費税問題を蒸し返して、点を稼ごうという戦略だ。この選挙での野党の勝利が、消費税の最終的な廃止につながると懸命に訴えている。

ひるがえって見れば「体制選択」という訴えは、自民党が追い詰められたときの常套手段である。六〇年代末の革新地方自治の波の中でも、自民党は「県庁（都庁）に赤旗を立てさせるな」式のアピールに頼った。それは、保守バネを揮い起こさせる効果をもっているのだろうが、しかし、土井社会党を中心にした野党勢力に対する牽制としては、あまりにもピントが外れすぎている。

いいかえれば、自民党は、実際には、その危機に際しての有効な現実的対応策を欠いているということなのだろう。大派閥と旧リーダーたちの傀儡であることがあまりにもはっきりしている海部内閣の下では、政治改革や消費税「見直し」にしても、あるいは農政問題についても、国民に自慢できる見栄えのよいすっきりした政策を提示できないまま選挙戦に突入せざるをえなかったことが、そこに反映している。いや、海部首相は、念願の所信表明演説さえすることができなかったのである。

それにもかかわらず、自民党首脳の中には、現在、自民党体制が終焉するという現実的な危機感が、ほとんどないようだ。実際、今回の選挙の最大の争点は、リクルート事件に象徴される自民党のただれきった永続支配体制をどうするかという問題であるはずだった。その意味では、そこに野党の視点からするもう一つの体制選択という争点があったはずである。しかし、それを野党は、この選挙で打ち出せないでいる。その理由は明白だ。野党連合構想が実らないまま、自民党政権に替わる野党政権の展望を、野党は積極的に国民に示すことができないからである。与党の側からする「頼りにならない野党」というボディーブローは、着実に国民の間に浸透している。人の噂も七十五日のたとえどおり、リクルート事件の衝撃も消えて、自民党は支持率を回復しつつある。これで消費税への反発が薄れてくれていれば、政権は今後も安泰だという思いが、自民党の中で支配的なのも不思議ではない。

しかし、ひるがえって世界の情勢を見れば、日本の政治がこういうコップの中的な争いに終始できる余裕は、とっくにないはずである。経済摩擦の本格的な打開の展望は開けず、農民はじわじわと安楽死を迫られつづけている。そして、昨年後半以来、急速に展開した東欧をめぐる世界情勢の

なかで、先進諸国は〝冷戦後〟の新たな国際政策の構築に懸命である。そのとき、ひとり、アジアをめぐる状況は変わっていないと称して、防衛力増強の既定路線に固執する日本の立ち遅れは、いやが上にも目立たざるをえないのである。

その意味では今回の選挙は、政党リーダーたちの画策する政党組み合わせによる多数派工作などの話を離れて、この際、それぞれの政党の政策や体質を新たな目で検討し、支持政党を考え直すよいチャンスであるのかも知れない。

(『山陽新聞』一九九〇年二月四日)

政治の日本型構造とその変容

「利益誘導」の誇示

議会主義の先進諸国の選挙と比べて、日本の選挙とりわけ国政選挙は、選挙の制度、集票組織そしてその背景をなす文化やモラルにおいて、きわめてかけ離れた特徴をもっている。

制度の特色は、第一に、衆議院での中選挙区、参議院での都道府県別選挙区と全国単一の比例区の併用というユニークな選挙区制度が、行われている。とりわけ世界にもほとんど例のない衆議院の中選挙区制は、一九二五年の男子普通選挙法の成立と同時に導入されたものだが、その時の狙い通り、多党の分立を結果してきた。

さらにこれと、明治以来伝統的な中央優位の財政構造が重なって、選挙はつねに国鉄路線や建設補助金などを中央から獲得する候補者たちの「実力」の競争へと傾斜してきた。ここから、国政選挙が保守党代議士たちによる「利益誘導」実績の誇示競争になると同時に、中央官庁と結び付いた保守党が野党候補を退け、政権を永続的に独占する基盤が生まれた。保守党の中でも、国策の基本だとか外交問題だとかを訴える代議士は落選し、その代わりに出身官庁からの「お土産」を携えて出馬する高級官僚からの転身組が、幅を利かす風景が一般化した。それは、日本中が建設ブームに沸き立ち、中央官庁が余剰金をつねに抱えていた高度経済成長時代に固まった、日本の国政選挙の基本構造だといえるだろう。

公示の時はすでに……

日本の選挙の第二の制度的特色をなす選挙運動のきびしい制限も、これと対応している。日本では、選挙の公の運動期間は、公示から十五日間と短く、またその方法も、欧米諸国に伝統的な戸別訪問を禁止するなどきわめて限定されている。しかし、これがみせかけに過ぎないことは、誰でも知っている。選挙が公示された時は、すでに終盤戦であり、街頭で始まる派手な運動はいわばその仕上げに過ぎないのだ。

このようにきびしく運動を制限しているのは、選挙の過熱を防ぎ、戸別訪問による買収などの機会をなくすという大義名分に基づいている。しかし、それが裏選対幹部などを通じて行われる買収の横行をいっこうに減らさないばかりか、他方では、地元での「国政報告会」や後援会との座談会などを通じて、日常的に利益誘導の成果を誇示する保守党現職議員たちの地盤を守る防壁になって

いることも、明らかだといえよう。

このような制度に対応して、選挙の組織もまた特徴的だ。普通選挙が広まった一九世紀後半以降の欧米諸国では、大政党は地域に大衆的な党員組織をつくり、その力と運動で候補者を議会へと押し上げるのが、一般的になっている。これに対し日本では、保守党は議員の個人後援会が主体であって、党自体の大衆組織は、総裁予備選導入以後数百万人の名簿がつくられるようになったが、実際の活動はないにひとしい。社会党にいたっては、ながらく労働組合の選挙活動におぶさったままできたので、その党員数は、得票の一パーセントにも遠く及ばない。そして居住地の後援会組織をつくれないことが、またその非勢の原因にもなっている。民社党や公明党が、それぞれ同盟系組合や創価学会に選挙組織を頼ってきたのは、よく知られている。その意味で、自前の大衆政党組織をもっている政党は、共産党だけだといえるだろう。

国際的に低い評価

保守党候補者にとって、集票組織としての後援会は、確かに強力で頼りになる組織である。しかし、それが候補者の政策や政治姿勢に対する支持を基礎に支持者たちがつくった集団というよりも、集票を目的に候補者が組織した集団である点が、欧米の集票組織と基本的に違うところだ。

候補者は、選挙の時の支持票の見返りに、後援会の会員たちに、日頃からこまめに「義理返し」をする。就職や結婚あるいは交通違反の取り下げなどの世話をはじめとして、冠婚葬祭への花輪や香典、選挙区内でのさまざまな行事への寄付や物品の配付、後援会主催の安い会費での慰安会や温泉旅行など、こういう後援会活動のさまざまは、誰でもよく知っている。地元への利益誘導の誇示

は、いわば後援会の看板であり、こういう「日常活動」でも票が足りないと見なされれば、「実弾射撃」という奥の手が発動されることも珍しくない。そして、このような後援会の維持活動に金がかかることが、ロッキード事件やリクルート事件で政治家が企業からの後ろ暗い金に手をだした弁解とされてきていることも、周知の通りである。

このようにして、国政選挙の現場では、マスコミがうたう「選挙の争点」はいつも蒸発し、候補者の利益誘導の「実力」や「日常活動」の手厚さだけが、有権者の候補者選択の決め手になる。こういう代議士たちをどれだけ抱えたかで支配政党の党首が決まるとすれば、日本の政治が国際的に評価が低いのもやむを得ないことだろう。

二二万票獲得の驚異

投票という行為が、日常的な生活の中での卑近な利害や社会的な義理の中で決められる。そこには、日本の伝統的な文化や社会倫理（エートス）が、反映していると見る人たちも少なくない。先進諸国の中で日本は珍しく、今日にいたるまで農村に大きな人口をもち、また共同体的な社会組織を温存してきた国である。都会の企業も、終身雇用制の下に集団主義的な経営で、今日の経済的な成功を築いてきた。こういう濃密な共同体的な雰囲気が生きている社会では、選挙は「公」として、私的な社会関係を断ち切ることは難しい。企業ぐるみで選挙が行われたり、農閑期の土木建設工事に村人の生活がかかっている所では、投票は生活を続けることの条件でもある。

これがさらに、明治以来、都会に対して差をつけられてきた地方社会の郷党意識や、地方でいまだに強固に残存している恩や義理の意識と結び付くと、中央からの利益誘導を核とした後援会は、

つい数年前のことだ。

ロッキード事件で批判をあびる田中元首相に、二二万票という支持を与えて世間を驚かせたのは、

異常な結束を示すようにさえなる。新潟開発の「恩人」田中角栄元首相を「盟主」と仰ぐ越山会が、

利益や義理に関心薄

しかし、こういう日本の選挙構造が、いつまでも不変であるわけはない。実際、七〇年代後半以来、定着してきた日本の高度消費社会、大衆情報社会という条件の中で、日本の国政選挙は、微妙にしかしまた着実に変化し始めたのである。

それは第一に、新聞の意識調査などの中での「支持なし」層の増大という形で表れた。それはやがて社会党をも追い越し、隠れたる「第二党」の位置を占めるにいたった。またその支持なし層の中身も、政治が分からないから支持なしという伝統的なDK型よりも、情報はたくさんもっているがどの党も積極的に支持しないという現代的なアパシー型が、はじめて上回るようになった。

七〇年代末から、国政選挙の投票率が大きく変動するようになったのはこのことと連動していると、研究者たちは考えている。七九年、八三年の選挙は、いずれも戦後最低に近い投票率だったのに反して、八〇年の同日選挙は高い投票率を記録した。そして自民党の惨敗と大勝が、それとまったく比例して生じたのである。

その背後には、消費社会的、情報社会的な生活様式と文化が、都会ばかりでなく地方にもようやく浸透しはじめたということの影響が潜んでいる。若者や女性を先頭に、生産や会社での生活よりも消費や余暇生活のなかに、人間的な生きがいやアイデンティティーを見いだす層が、着実に増大

し始めたのである。彼らは物質的な利益よりも精神的な価値を追い求め、心の充足を重んじるようになる。会社や組合あるいは村共同体という束縛は、こういう人たちに対して強制力をもちにくい。実際、今の若者たちは、仕事に魅力がなければ、大会社でも惜しげもなくやめてしまうのである。

彼らが、利益誘導や打算づくの義理で動いている選挙や政党に対して、積極的な関心をもたないのも当然だろう。他面、そこに首相の急死とか女性党首とか、マスコミをわかせる情緒的な側面がからめば、選挙はエキサイトする。この意味で、日本の選挙ではじめて、テレビなどを通じてのイメージ選挙が、重要な役割を占めるようになった。八六年選挙における中曾根自民党の大勝利は、そのようにして計算され演出された選挙のはじめての勝利だったともいえるだろう。

女性進出が重なる

だが、私たちはこの高度消費社会、大衆情報社会化が、また日本における女性の自立と社会進出という新しい時代の到来とも重なっていることを見逃すことはできない。それは、ともすれば情緒的に流されやすい現代の選挙に、「生活者」や「弱者」の視点から問うという太い軸をもたらした。また家庭の茶の間での会話で、納得できないものは納得しないという、市民感覚での政治批評を揺るぎないものとした。同時に、女性が活発に選挙活動にのりだしたことは、それまで地域組織を欠いていた社会党にはじめて地域での選挙組織をつくりだした。昨年の参議院選挙で消費税やリクルート事件そして首相の女性問題が大きな争点になり、女性党首を頂く社会党が大勝したのは、その典型的な表れだったといえる。

この意味で今回の選挙は、伝統的な選挙構造を総動員する自民党と、新しい選挙構造にのって勝

利の再現をもくろむ社会党という新旧二つの選挙構造の激突として見ることもできるだろう。

(『信濃毎日新聞』一九九〇年二月八・九日)

政権交代への動き封じた選挙

社会党は一人勝ちしたが、全体としての野党が負けて、自民党の安定多数政権だけが残った今回の総選挙結果は、昨年夏の参院選以来、もしや与野党の政権交代が日本でも起こり得るのではないかと、期待していた人たちを深く失望させたことだろう。

たとえ野党の政策に全面的に賛成できない人の間でも、政権交代のない一党の永続支配が、リクルート事件に象徴されるような倫理的腐敗と、政治的な頽廃を伴うものであることを痛感している人は、少なくないはずである。その意味で、今回の総選挙は、ようやく動きだしたかに見えた政権交代や政治改革への動きを、もう一度閉じこめた不毛の選挙として、歴史に残るに違いない。

選挙の現場を回って実感したのは、いわば保守体制の総力をあげた防衛戦であるということだった。報道された財界からの多額の献金、それに裏付けられた昨夏以来の長期の運動、そして企業ぐるみの動員。そのすべてが、昨年の参院選以後の保守陣営の深刻な危機感から生まれた。「体制選択」というアピールは、後に自民党の指導者たちが軌道修正したように、客観性を欠いたものであったとしても、保守陣営を結束させ、参院選で社会党に「浮気」した保守党支持者たちを呼び戻す

テコとしての役割を果たしていたように思われる。

しかし、それが票に結び付いたのは、有権者の中に野党政権についての失望と危虞(きぐ)が、広くゆきわたっていたからでもある。野党はついに、連合政権への合意を国民に提示することができなかった。自民党政権に代わる政権の展望がないところでの政策論議は、絵に書いた餅(もち)でしかない。保革伯仲を望むが、野党政権は望まないという、選挙前のすべての世論調査に表れていた傾向は、参議院では野党を支持するが、衆議院では自民党に回帰するという選挙結果とも、事実として符合しているといわなくてはならない。

保守陣営の総力戦という意味で、今回の選挙で目立ったのは、旧来の選挙と基本的に変わらない地元利益や人間関係に訴える選挙の手法であり、経済的な繁栄を維持することの訴えだった。しかし、そのアピールは、国民の「生活保守」的な心情に訴えるものであっても、二一世紀に向けて急速に変化しつつある社会、今日の国際的な難局の中で問われている日本の新しい針路を指し示そうというものではなかった。欧米諸国が、日本の政治的な安定を歓迎しながらも、今回の選挙の戦われ方に一様の不安を示したことには、それなりの根拠がある。

だが、まったく新しい芽がなかったわけではない。跡目相続という批判を浴びながらも、自民党の中で世代交代が進み、社会党の女性や新人候補に票が集中したのは、国民の期待がどこにあるかを物語っている。中道政党や共産党が凋落(ちょうらく)したのは、投票率や国際情勢の影響もあるだろうが、一つには政党体質の自己革新への努力が、自社両党に比べて劣っていたことにもよる。

膠着(こうちゃく)した勢力分野の中で、自社両党の主導による五五年体制型の国会運営が、早くも観測されている。しかし、それが国民に分かりづらい、与野党なれ合いの国対政治の復活を意味するとしたら、

歴史の潮流を見誤るものというほかない。それは野党を野党たることに自足させ、永遠に野党としてとどめさせる道である。

いま求められているのは、いかに崩れかかった野党連合を再建し、政権交代の力学へと結び付けるかということである。すべてはあるべき未来を遠望した、その視点から出発しなくてはならない。

（『朝日新聞』一九九〇年二月二三日）

政権交代できる体制を

選挙を決めるものは、単なる有権者の政党支持だけではない。そこには、制度、運動、戦略、人そして偶然が、同時に複雑に作用している。

たとえば、参議院と衆議院の選挙制度の違いは、政治意識や政党支持のそれぞれ異なるレベルの表現へと向かう。参議院では、消費税やリクルート事件あるいは農政問題についての自民党への批判がストレートに表現されても、衆議院では、候補者との日常的な接触や職業的、生活的な利害にからんでの政党の力量への評価が反映する。本来、両院制度は、代表の質が違うということを前提につくられたものだが、それが半年あまりの間に、これほど劇的に表現されたことは未だなかった。

そして、今回の選挙は、与党と野党の運動量の差の表れでもあった。昨年夏の参院選で危機意識にかられた保守党は、それ以来、総力をあげて選挙戦を行ってきた。とりわけ危ないと目されたり

クルート関連議員の運動の仕方は、徹底的だった。これに対し、「追い風」を過信した野党候補の運動には、おざなりが多かった。社会党や連合の候補で、選挙が近くなってようやく立候補が決まった人たちの成績が悪かったのも当然である。

もっとも、この運動ということの中には、最近では例がない保守党による大量の資金調達や企業選挙ぶりもふくまれる。そしてそれが可能なのも、企業献金に甘い日本の制度のせいでもある。

選挙の戦略という点では、四人区や五人区での社会党の複数候補擁立が注目される。それは自民党の徹底的な保守票掘り起こしと並んで、選挙を過熱させ、高い投票率をもたらした大きな原因だった。しかし、その蔭で、地方の三人区を主とする多くの選挙区が、与野党の争いという点では無風選挙区だったことも、留意されなくてはならない。たとえば地方の三人区では、自民二、社会一という議席配分が定着しており、そこでは社会党や中道政党は、今回も選挙を事実上放棄していたのである。社会党の〝大勝〟が、自民党議席の半分という壁で止まる理由である。

その意味で野党にとって、今回の選挙の戦略上の最大の課題は、第一に、保守党に代わる連合政権のイメージを提供すること、第二にそれを裏付ける候補者を擁立することにあった。そして連合政権協議が不調に終り、社会党と中道政党が選挙協力もなしにバラバラに選挙戦に入ったとき、全体としての野党の敗北という今回の選挙の結果は、必然的だった。社会党と中道政党の候補の数を単純に合算すれば、共産党と合わせて自民党を過半数割れに追い込むことが可能なように見えても、個別に選挙区をチェックすれば、野党間でくいあう結果になることは、明白だったからである。

候補者の人の問題は、いつの選挙でも重要だが、それが今回ほど露わになった選挙はない。野党の間で、社会党が独り勝ちしたことの大きな理由もそこにある。社会党が、新鮮な市民候補、有能

な女性候補を早くから立てて運動した選挙区では、その支持の裾野を拡げ、昨夏の参議院比例区に匹敵あるいはそれを上回る得票さえ獲得した。土井委員長という党首に人をえたことの効果は、いうまでもない。これに対し他の野党が低落したのは、一つには、人を変えて裾野を拡げるという努力に欠けていたためである。自民党も、世襲という批判の多い形ではあるが、世代交代によって若い有権者をひきつける努力をしていることを考えれば、年功序列的に幹部や候補者が変わるだけの組織政党の将来は、今後も明るいとはいえない。

しかし、これらの条件のすべてを超えて、もし、投票日が大雪や寒波に見舞われ、投票率が大幅に低下すれば、中道政党や共産党が相対的に浮かび上がって、自民党が過半数すれすれになるという事態も、可能性のうちには残っていた。七九年以来、衆議院の単独選挙の投票率はすべて低く、八三年の選挙では、自民党は絶対優勢を伝えられながら、連立内閣へと追い込まれたのである。しかし、暖冬が定着し、農閑期だが観光シーズンでない二月の投票率は記録的に高かった。野党は、最後の偶然性にも見放されたのであり、今後も僥倖に期待することはできないだろう。

参議院と衆議院の多数が食い違った今後の政局運営は、複雑な合従連衡の下で行われざるをえない。すでに自公民連合から、自社公民の大連合にいたるまでのさまざまな画策と観測が、ジャーナリズムをにぎわしている。伝えられるように社会党の中枢に田辺前書記長が復帰するようになれば、この動きはいっそう強まるに違いない。

しかし、国民の視点から見ていちばん望ましいのは、できるだけ速やかに政権交代が可能な政党政治のシステムがつくられ、五五年以来続いている一党永続支配という変則的な政党政治に終止符が打たれるということである。ふたたび始まった自社二極体制を、野党が野党たることに自足して

しまった五五年体制の復活に向かわせないためにも、今回の選挙結果の分析を十分にふまえてほしいものである。

（『中国新聞』一九九〇年二月二六日）

民意は政治に何を問うたか

青森――農民の自民党農政への不満。「核燃」問題で揺れる六ヶ所村。津軽選挙民の動向

暦の上では大寒の二月の上旬だというのに、青森・三沢空港には、セーターを着てブーツをはいた私を嘲笑うように、雪ひとつなかった。陽光がきらめく外気は、東京とまったく変わりない暖かさだ。車で六ヶ所村へと北上するにつれて道路脇の雪は、次第にふえていったが、しかし、車が難渋する雪道というには遠かった。今年も暖冬の上、道路も整備された今日では、北国でも、二月選挙に何の痛痒（つうよう）も感じないのだろう。

各紙が自民党の圧倒的な優勢という選挙予測を伝えるなかで、昨年七月の参院選の反自民の盛り上がりは、いったいどこにいったのだろうというのは、誰しも抱く疑問に違いない。私が、選挙戦さなかの青森を訪ねたのも、そのためである。青森は、名にしおう保守王国。前回の同日選挙（八六年）では、一区、二区ともに自民党が全議席を独占したところだ。しかし、参院選では、社会党推薦の農民候補、三上隆を推して農協政治連盟、農協青年部、婦人部が一丸となって戦い自民党候

補を圧倒、空前の三五万票（五二％）という得票で当選したのである。比例区でも社会党は、衆議院選挙区別に分け直すと、一区、一五万七〇〇〇票（三八％）、二区、一〇万票（四三％）という高率の得票を獲得している。

青森の反自民票の高まりの背景には、もちろん、農民の自民党農政に対する積もりつもった不満がある。しかし、さらにここでは、政府が六ヶ所村に建設を強行していく核燃料サイクル基地、いわゆる「核燃」の問題が、それに重なっている。

日本中の原子力発電所の使用済み燃料を再精製し廃棄物を貯蔵しようというこの施設は、原子力船「むつ」の母港と同じように、過疎にあえぐ本州北端の青森を潤すはずのものとして、電力業界が政府・自民党と一体となって県と六ヶ所村を口説き、着工されたものだった。

しかし、施設から排出される放射能への不安が県民にひろがり、参院選前の青森放送の世論調査では、県民の七〇％が反対を表明している。地元の六ヶ所村でも、酪農農家を中心に建設反対の声が高まり、これまでの建設推進派の村長に代わって、工事の凍結を要求する新村長が選出されたのは、昨年の一一月のことだ。三上候補の圧勝には、そういう「核燃」反対の県民感情も、色濃く投影されている。

＊

下北半島の付根、六ヶ所村に入ると、「牛乳のふるさと」の大きな看板が目につく。太平洋から吹き寄せる夏の冷風「ヤマセ」と水利の悪さのために米作もままならぬ青森のこの地域では、酪農が農業の主体なのである。その一軒、夫婦で七〇頭のホルスタインを飼っている五十嵐誠一さんは、酪農農家の心情を次のように語る。

「国の政治は遠いから、あんまり興味はないね。自民党から社会党に変わったとしても、別に期待もないしね。しかし、この前の参議院選挙の時は、革新に入れたよ。消費税で、飼料の値段は上がるし、ビーフの自由化で廃用牛の値段が下がってしまって、経営は打撃を受けている。それに、『核燃』で、六ヶ所村の牛乳が売れなくなったら、大変だからね。やっぱり、自民党こらしめだね」

「この辺は保守的というか、上がいえばその通りに票が出るという地域だったけど、でもだんだん崩れてきているのは、確かだよ。しかし、衆議院選挙で、この前のように反自民党票がでるとは思えないな。酪農農家は『核燃』反対の気持ちはつよいが数は多くないし、衆議院選挙では、消費税や『核燃』の問題だけで、単純に投票するってわけにいかないものね。これまでのいろいろなつながりが、ものいうからね。農政連で反自民の旗を振っているのは、津軽の方が中心じゃないかな。南部の農協青年部は動いていないよ」

＊

青森は、八戸を中心とする太平洋側の旧南部藩の一部と弘前を中心とする日本海側の旧津軽藩とが合わさってできた県である。幕府側について明治以後苦難を重ねた南部藩地域と、東北唯一の官軍派だった津軽藩地域とでは、今日でも微妙な感情や文化のずれがあるようだ。気候や風土も表日本と裏日本というくらいに違う。そして、衆議院の選挙区は、旧津軽側だった青森市を一区に編入して、後は南部と津軽の線に沿って分けられている。

「南部は手を引っ張るが、津軽は足を引っ張るというくらいに、一区、二区は違うさ」

八戸のある保守系選挙参謀は、そういって笑った。

「南部藩の人間は、強い郷党意識で連帯するからね。岩手県に入った旧南部藩地域から総理は何

人も出ているが、津軽からは出ていないのも、そういうことさ。その代わりに津軽には名物の津軽選挙がある」

保守系選挙の内輪もめが、選挙管理委員の買収による票いじりの工作にまで発展し、あちこちで告訴合戦が繰り広げられた津軽選挙の激しさは、しばらく前まで、ジャーナリズムのかっこうの話題だった。

しかし、南部の強い郷党意識は、衆議院選挙では、党派をこえた人間のつながりをもたらす。それが、ここでの保守党の最大の武器の一つだ。

「私に投じられた『核燃』凍結の票は、決して反自民という票ではありません。建設の決め方が強引すぎたから反発が起きたので、国がもっと説得に時間をかけ、地元の面倒を見てくれるまで工事を凍結してほしいというのが、私の主張です。衆議院選挙では、誠実で陳情の面倒見のよい、頼り甲斐のある自民党の先生を選ぶということです。参議院で三上さんを選んでも、野党の遠吠えで、何も変わらなかった」

こう語るのは、これから国に陳情にでかけるという六ヶ所村の土田浩新村長である。彼は、衆議院選挙では、これまでずっと竹中修一代議士を後援してきたという。

いっしょに上京する農協組合長で村会議長でもある橋本道三郎氏は、つづけていう。

「国が、下北半島全体の開発や環境整備にもっと力を入れなくては承服できないということだ。もうむつ小川原開発を打ち上げたときのように、企業が地方に進出する時代でなくなっている。だから、こういう施設を下北にもってくるというなら、もっと国が地域開発に責任もってくれなくては困るということだ。うちの農協は、今度の選挙は、まったくの自主投票で何も決めておらんよ」

橋本氏は、土田村長を押し出した影の実力者。衆院選では、大島理森派だといわれている。

このように、「核燃」凍結をいう六ヶ所村村民の気持ちは、直ちに衆院選での反自民の動きとつながっているわけではない。そこには、国に頼ってしか生きられない過疎の村の悩みがある。それは常に条件闘争の範囲をでないのだ。そして、その時頼りになるのは、つねに与党の先生でしかないのである。

四人区である青森一区で、社会党は一議席を確保するのがつねだった。ところが前回の同日選で、当確といわれた関晴正前議員は次点に泣き、その代わりに、八戸地方を地盤とする田名部匡省、大島理森、青森地方を中心とする竹中修一、津島雄二の自民党四代議士が当選した。この四候補は、社会党議席を除いた三議席を七〇年代末から激しく争ってシーソーゲームを演じてきており、今回も返り咲き確実の関候補を除く三議席をめぐって、はげしいサバイバル競争を展開中である。その熱気のなかでは、七月の参院選の反自民票がどう動くかなどということは、どこかに吹きとんでしまいそうだ。

第一、どのように関候補が票を集めようと、社会一、自民三という議席の割り振りに関係はないのだ。このように、社会党あるいは野党が、現実に戦いを放棄しているなかで、参院戦の一騎討ちでの社会党への「浮気票」は、着実に保守陣営へと回収されてゆく。

今回の選挙で、社会党は、二九の選挙区で複数候補（推薦をふくむ）を立てて、激しく戦った。また単独候補の場合でも、中道政党や共産党の有力候補に対抗して、きびしい選挙戦を展開した。しかし、他方では、三人区や四人区で単独候補が「指定席」をもち、ゆうゆうトップ当選した選挙区は、実に五選挙区にのぼっている。これらの選挙区では、社会党ははげしいサバイバル選挙を繰

り広げた保守党候補に比較して、いわば「殿様選挙」を展開していたといっても過言ではないだろう。

「いや、当確とか優勢といわれると、ゆるみが出て落選する。前回もそうでした。だから問題は、われわれ自身との戦いです」

そう語る関陣営の幹部は、しかし、選挙戦がすでに「守り」の選挙であることを物語っていた。組合、農協青年部などを通じて、昨年七月の比例区の票を固めるのが目標だという。

これに対し、現職の誰か一人落ちる保守陣営では、積極的な攻撃に頼るほかない。

田名部陣営では、一五〇以上に上る地元企業の後援の下に、典型的な企業選挙を展開、これに対して、大島候補は、県会議長の父親の遺産と総裁派閥の強みを生かして、八戸地方の発展を訴えていた。また、青森周辺を地盤とする津島候補は、青森政界のドンだった津島前知事の一族で大蔵官僚出身という背景をバックに、また竹中修一候補は、公共工事に強い竹下派と長年の実績を背景に、売込みに懸命だった。その中では、高齢と病気で発声が自由でなくなった竹中候補の不利がささやかれていた。

「参院選であんなに反自民票が出たのは、新幹線問題もひびいている。この前の同日選のとき、与党の幹部がきて、自民党を支持すれば、新幹線を必ずもってくると演説した。また、『核燃』の見返りに、新幹線がくるとも匂わされた。しかし、整備新幹線の決定は軽井沢だけで、青森は外された。観光地向けは採算が取れるから作るが、青森はだめだという。いったい、政治を何と心得ているのか。県民が怒るのは当たり前です。自民党は一回多数を失って野に下るのがいい」

こういうのは、県新幹線問題の特別委員長だった野沢剛県議である。こういう真面目な地方政治

家をたくさん抱えているのが、自民党の強みだ。しかし、また彼は田名部選対の中枢でもある。

「青森は市会議員選挙と同日選挙を仕組んで、高い投票率が見込まれている。そうすると、南部を地盤にする田名部と大島は、不利ですね。投票日に、青森が吹雪いて、太平洋岸が晴れてくれないかと、冗談にいっているんですよ」

そういう彼のことばに、笑顔と裏腹の真剣味がこもっているように聞こえたのは、考えすぎだろうか。

弘前では、雪はやはり深かった。しかし、ここでも暖冬の影響はあらわで、雪祭りの呼び物の雪灯籠も解けて傾きかかっていた。

三人区の青森二区では、社会党はここ二十年以上、議席を取ったことがない。前回の総選挙で、弘前出身の県議山内弘候補を立てて戦った社会党は、当選ラインの六万五〇〇〇票をはるかに下回る二万四〇〇〇票しか獲得していない。したがって、衆院選比例区での一〇万票というのは、驚異的な票だったというほかない。それをどのように、繋ぎ止めることができるか、それが社会党陣営の課題である。

この大量の反自民票の原動力になったのは、農政連を中心とする農民の反乱だが、その中核になったのは、ここ弘前農協の農政連、青年部、婦人部だった。弘前農協は、りんごと津軽米を中心に、九八〇〇人、全国第三位という組合員を擁する大単位農協である。三上隆候補も、この近在の出身であり、この農協に押し上げられて議員となった。

弘前農協の反乱は、健在だった。弘前農政連の須藤稔委員長は、語る。

「三上の続きで、当然、社会党候補一本ということだが、衆議院選挙になると、地域の農協には

昔からのつながりがあって、そうもゆかん。それで組織を守るために、県農政連は、田沢、竹内の二候補に『核燃』に反対するという同意書を書いてもらって、共同推薦ということにした。しかし、弘前の農協四団体（農政連、青年部、婦人部、農協労組）は抗議文を出し、山内候補一本でゆくことにした」

「なぜ、社会党候補を支持するか。それは『核燃』反対という一点にかけてだ。貧乏県には、いろいろ補償金をもってきさえすれば、何をやってもいいという発想がけしからん。六ヶ所村に遠い青森二区の方が、純粋に物事を見ることができる。『核燃』反対の県民運動がここまで大きくなったのは、農協婦人部の熱心な啓蒙活動があってのことです」

「『核燃』反対には、私たちの生活がかかっている。今、弘前農協は、東京の江戸川や小岩の生協などへ産直で直接出荷しているが、そこでの歌い文句は、クリーンで安全な農産物ということです。しかし、向こうから、青森に『核燃』が建設されるとイメージが崩れるから、出荷停止だといってきている」

この最後の話は、この上なく面白い。農協が生き延びる道として、産直運動などを通じて、付加価値を高めた農産物を出荷することは、全国に広がっている。それは同時に、単位農協が、県本部などの統制から相対的に自由になり、消費者運動や生協などの影響力を受け入れるという力学とつながっている。保守的な農村と革新的な都会という対立の図式が、ここでは新たな利害のつながりによって崩れつつある。

「根っからの労働組合幹部である社会党の山内候補に、私たちがはじめから満足していたわけではない。しかし、私たちは、候補が変身し、ニュー山内になってもらうことにした。われわれの手

で、日本を変える。野党を変える。それが私たちの気持ちだ」

こう語る青年部の福島寛選対事務局長は、最後にいった。

「山内が負けたら、俺は村に帰れない。命をかけているんだ」

今、組合運動をやっている青年のなかで、こういう科白(せりふ)をいえる若者は、どれだけいるだろう。

山内陣営では、選対の小田桐健県議がいう。

「二区での社会党の基礎票は三万五〇〇〇。それに亡くなった共産党の津川武一さん(NHK連続ドラマ「いのち」のモデル)が、お医者さんとして集めていた個人票の内から二万票、農政連から二万票で、当選ラインに到達するという目標です。これは労農提携による社会党の新しい基盤作りの試金石だと思っている」

これに対し、生き残りをはかる自民党三候補の内、津島前知事の女婿、田沢吉郎候補の事務所では、神四平後援会長が語る。

「田沢が、『核燃』反対の同意書を書いたということはありません。あくまで、県自民党の統一見解の枠内で、ただ、危険なものには反対、安全が確認された段階で建設すべきだと同意しただけです」

「弘前農協が実際に動かせる票は、五、六千票でしょう。しかし、最後の段階でそれは大きい。私たちは、運動の最終段階で、関係企業を総動員して、弘前の票を攻撃する予定です」

新潟三区――保守系候補者は田中角栄の後継者を名乗り、越山会一七万票めぐる争奪

越山会の票の行方で大揺れにゆれる新潟三区の中心都市、雪国の長岡にも雪はなかった。長岡越

山会を束ねる星野伊佐夫県議は、

「もう長岡は四年間、こんな調子だよ。地球の温暖化は、確実に進んでいるね。この時期の解散に、これも計算の内に入っていたのではないの」

と笑う。暖かく雪がないとなると、農閑期で観光シーズンでもない二月は、選挙に最適の時期になるのかもしれない。農民が公共工事にいちばん出ているときで、土建の支配下にあるときでもある。このときに忙しいのは、受験生とスキー客だけで、いずれも自民党の票とは関係ない。しかし、東京への出稼ぎが多いとそれだけ、保守の票が減る。それが青森二区の保守陣営の心配でもあった。しかし、この新潟三区では、出稼ぎ流出の波は止まったという。田中元首相が東京からの大動脈をつくったおかげで、湯沢をはじめとするリゾート建設が進み、今や、南魚沼では労働者不足さえ問題になっている。

それは、それだけ土建を通じての投票強制が利かなくなりつつあるということでもある。仕事はいくらでもある。それが越山会でがんじがらめになっていた新潟三区の選挙をどのように変えつつあるのだろうか。

田中真紀子さんに後継を断られて、新潟越山会は完全に市町村単位ごとの越山会の自主投票に分解した。一八万票を擁する組織の相続が、どうしてまとまらなかったのか。一説に、越山会は、その維持にとてつもなく金がかかるものになっており、誰もがそれを背負いきれなかったからだともいわれている。実際、新潟三区では、当選に必要な票数は、六万票前後であり、その三倍もの組織を必要とするのは、田中角栄以外にはありえないということだ。

しかし、自主投票を決め、あるいは解散まで決めた越山会が多かったなかで、ここ長岡越山会は、

星野県議の下にまとまって、村山達雄を重点候補に推すことに決めた。

「それは、今回、一回かぎりということ。村山さんは、長岡を地盤に他であんまりとれない人だけに、保守党の中では一番弱いし、また、消費税で矢面の前職の大蔵大臣を、自民党として落とすわけにもゆかんでしょう」

と、星野県議はいう。

もっとも、この長岡越山会の決定に、いろいろな含みを感じる人が多いのも事実だ。一方では、これまで田中に弓引いて独立し、越山会と激しく対立してきた桜井新（安倍派）、「病人の枕を蹴る」ように、田中のお膝元から立候補を表明し、しかも竹下派に入った星野行男、ロッキード事件のときはげしく田中を攻撃した渡辺秀央（中曾根派）には、越山会員それぞれふくむところのある人も多く、とても組織ごと単一支持を決めることができる状況ではない。他方、高齢の村山は引退含みであり、恩を売っておけば、次に野心のある人には悪くない取引だ。

しかし、他の越山会の多くは、自民党候補のすべてを共通支持するという形で、事実上分解した。土建業者は、次の実力者を探して、桜井と渡辺の陣営に二またをかけ、小千谷周辺は星野行男前小千谷市長に、南魚沼郡は桜井に地元票という形で流れるだろうと観測されている。他方、いぜんとして田中角栄と書く信者票も、一、二万は出るのではないかとも噂されている。とにかく、今では、すべての保守系候補者が、田中角栄の後継者を名乗り、選挙演説は田中角栄賛歌から始まるというのが、新潟三区の状況である。後継者をつくらなかったことで敵をつくらず、生きながら郷土の神話的な英雄に昇格したという結果が、どれだけ田中家側の計算に入っていたかは、興味深い。

この自称後継者オンパレードの中での台風の目は、新人の星野行男である。貧困の中で苦学しな

がら通信教育で司法試験に合格し、弁護士になって帰るが、郷土発展につくすために政治家を志すという、マンガで綴る星野行男自叙伝「白い大地の輝き」は、昨年来の事前運動の中で、強力な武器になった。演説会の後では、必ず「かあさんがよなべをして手袋編んでくれた」といううたごえ時代の「かあさんの歌」をうたい、サービスするときは畠山みどりの「出世街道」を追加する。人々はそこに、演説会で浪花節をうなった田中角栄の影を読み込むのではないだろうか。

そういえば、同じ小千谷出身の大淵絹子さんが、参院補欠選挙に出たときも、小千谷をはじめとする三区の人たちは、党派をこえた熱い支持を送った。彼女も、集団就職で上京し、全国青年演説コンクールで入賞したという逸話の持ち主である。本州一大学進学率の低かった新潟三区の人たちは、学校にも進学できないでがんばった人の話に弱いのである。

三区四人の自民党公認候補の中で、いちばん確実視されているのは、かつての角栄の「天領」南魚沼の新しいドンになった桜井新である。旧越山会系の土建業者や町会議員たちが、保身のために次から次へと桜井の陣営、一新会になびき、六日町越山会長富所四郎の息子で青年部員だった健太郎が「桜井の軍門に下るのは、無念のきわみだが、しかし時流の赴くところ」と涙を流して演説したなど、講談調の話がいくつも流れている中で、中島隆秘書は語る。

「新聞は有利と書いてくれるが、今度の選挙のように、雲をつかむような頼りない選挙はない。桜井は一度七万票をとったことがあるだけで、あとは四万から六万の間の選挙。今度は八万票ないと当選圏内に入れないという。みんな同じですが、この二万票のつみ重ねというのが経験がない」

「三区は、長岡以外にどこか根拠地をもち、それから大票田の長岡に攻め込むというのが、当選する人の常道。ところが田中さんは、ここと柏崎・刈羽地区の二箇所を根拠地にしていた。しかし、

今、柏崎地域は空き家になり、そこを制するものが三区を制することになろうが、桜井にとっては、途中の小千谷に星野がでてきたことが、不安材料になっている」

さて、三区の自民党候補者の中で一番弱いとみなされている村山陣営は、また消費税実施の責任者ということで、革新陣営の標的にされて防戦に大童だ。しかし、長岡越山会の会合にでかけても、いつもの通り、世界情勢や日本経済の話しかしないので、集まった人たちに呆れられているという。銀行筋や長岡の財界の厚い支持に支えられているのだが、角栄式の土建選挙や地元への利益誘導の手柄話になじまない人なのである。とにかく、現職の大蔵大臣で、落選の一番手にあげられる人も珍しい。

村山選挙をとりしきっている桑原茂秘書は、これまで五万票台の選挙しかしたことのない村山陣営の弱さを認めながらこういった。

「村山は、良くも悪しくも、有権者にコビをうるということができない人です。それで落選するのだったら、本望ではないでしょうか」

自民党最後の候補者、中曾根内閣の官房副長官渡辺秀央は、またリクルート事件関係者の一人でもある。その影響でか、世論調査で長岡の支持率が若干落ちていることを、選対幹部の大坪豊氏も認める。

「しかし田中の引退で、そんな問題はみんな吹っとんでしまったよ。どの候補にとっても、リクルートや消費税などで、票が若干へるといった問題よりも、土俵がとつぜん倍以上にひろがって宙に浮いた一八万票をどう取り込むかの戦争が、絶対的な意味をもつようになったからね」

田中なきあと、地元の三条、栃尾はもとより、長岡の大手企業も圧倒的に渡辺の下に集まってき

ており、不安材料はないということだ。

三区には、もう一人諸里正典という元十日町市長の保守候補が立っている。県知事選で三五万票を集めたこともある実力者で、一時ダークホース視されたが、自由連帯グループに加わったことで、圏外に去った。諸里事務所の常任顧問の角谷典善氏はいう。

「参院選に表れたように、自民党にはもう投票したくないが、社会党に政権をまかせる気はしないという人がたくさんいる。その人たちに訴えたかったのだが、無所属保守で通せというのが、私の意見だった。批判はいいが、一人よがりの反逆児とレッテルをはられると、ここでは通らない」

さて、その参院選で社会党は、この三区（比例区）で、自民党を上回る一六万票を獲得した。優に二人を送り出せる票である。かつて五人区のなかで三人を当選させた実績をもつ土地柄だが、越山会支配の中で落ち込んで、ついに前回の衆院選では、坂上弘ひとりしか立てることができなかった。しかし、好機を迎えて、旧日農系の県議、目黒吉之助を並立させることになり、坂上との競合を避けるため、綿密な地域割りが行われた。しかし、保守四候補の壁は厚く、今では生き残りをめぐって両陣営の内ゲバさえ取り沙汰されている。そこには坂上—右派、目黒—左派という伝統的な社会党内の対立も投影しているという人もいる。

坂上事務所の入口には、新聞・放送の世論調査によって、当初優勢を伝えられた坂上陣営の支持が、日を追って低下している数字を記した、危機を訴える檄がはり出されている。

陣営の長岡・古志選対委員長、中川良一県議はいう。

「もう参院選の時の追い風などを勘定に入れることはできません。三区の社会党票は、よくて一二万票でしょう。ですから、このままでは二人当選は、難しい。できるだけきれいに二分すると同

時に、自民党候補の弱い部分を標的にして、向こうの票が片寄ってくれるよう戦略を練る以外にない」

「坂上の割り当て地域は、小千谷、栃尾、三条の三市と古志、北魚の二郡で、長岡は目黒との競争という協定ですが、割り当て地域内の有権者は、目黒のよりずっと少ない。現職だから散票がゆくはずだということですが、三市はそれぞれ地元の保守候補を抱えているので、思うように運動さえできない。きびしい戦いです」

目黒陣営の笠原一夫選対事務局次長は、効果分析する。

「社会党票は、多くて一二万五〇〇〇とふんでいますが、素直に二人当選できる票ではない。何しろここは、定数是正の槍玉にあがっている選挙区の一つで、有権者に比べて代議士が多い上に、田中さんが越山会で六割近くの票を独占していたため、後援会の組織の密度が濃い。衆議院選挙での浮動票なんてないといってよい。だからどうしても、保守・革新ともに、同じ人間をアタックする内にせめぎあう選挙になってしまう」

「現職は、どうしても有利だと思います。目黒に残された戦術は、長岡で消費税の責任者、村山を徹底的に攻撃し、いくらかでも村山を上回るようにすることです」

ここでは、参院選のときに顕著だった農民の反乱は、津軽のようにはっきりと残っていない。コシヒカリさえ作っていれば大丈夫という気持ちが、底辺に流れているからだ。南魚沼のコシヒカリは、新潟のなかでも最高という定評がある。しかし、新潟ではなく、南魚沼ブランドで消費地に直売しようという動きは、他の地域のコシヒカリが売れなくなることを恐れた県農協に抑えこまれた。それだけ、農協の縦支配がまだ強いということである。

群馬三区——「福田信者」に「中曾根ファン」。中曾根元首相と連合候補。上州戦争・赤城山は動かず、か

今度の総選挙のジャーナリスティックな焦点だった群馬三区。いうまでもなくリクルート事件の「元凶」中曾根康弘元首相の選挙区である。同時に、ここは福田元首相の地元であり、その世襲候補康夫氏の初陣選挙の場でもある。もう一人の自民党現職は、平成改元で名を売った小渕恵三元官房長官、二人の大物への敬意を取り払って、もう一段飛躍のためへのトップ当選をめざしている。

対するは、土井社会党の書記長、山口鶴男。日教組から議員に転じて二十五年、福田、中曾根、小渕の三議員とともに、指定席を暖めてきた。群馬三区の有権者のほとんどは、同じ名前以外に書いたことなく、これまでの選挙を過ごしてきたわけだ。

それが急展開したのは、リクルート事件と昨年の参院選の社会党勝利によってである。中曾根を落とせという革新世論の高まりと複数候補擁立という土井・山口執行部が自ら引いたルールによって、社会党は、ここでどうしても複数候補を立てざるをえない羽目になった。しかし、群馬社会党は、結局、候補難という理由でこれを見送る決定をした。そのとき、中曾根派の元県議だった佐藤国雄氏が、突然、立候補の表明をした。次いで、社会党の見送り決定に怒った連合の山岸会長が、高崎出身の全電通群馬支部書記長だった白石健一中執を口説き、連合を母体に、四党推薦の候補として、出馬させたのである。急造された中曾根元首相包囲網のなかで、その当落はがぜん群馬三区の選挙の全国的な焦点になった。

元来、中曾根は選挙にあまり強くない。現職首相時代でも、福田元首相に勝てなかった。それは、

基本的に、上州財界が大蔵官僚出身で保守本流である福田の側についていること、また、中曾根が地盤としている高崎から西の上信電鉄、信越線周辺地域は、福田が地盤としている国道一七号線、上越線エリアより有権者が少ないことによる。

高崎の古久松材木店の次男に生まれた中曾根は、東大、海軍経理学校、内務省という経歴の後、敗戦後、地元出身の桜井伊平貴族院議員の後援をえて、「民族の再興」をスローガンに、政界に乗りだした。その後の後援会の質を、福田に比べて地元の記者は、「福田信者」に「中曾根ファン」という。生活利益につながる福田の後援者は長続きするが、かっこいいスターであるだけの中曾根のまわりには、浮動的に人が離合集散する。「頭が高い」という悪評もつきまとう。もっともファンは、海軍エリート出身者に多い、いつも背筋を伸ばして胸を張って歩く姿勢からの誤解だと弁明する。

こういう中曾根の選挙を裏で支えてきた一つに、材木店をついだ兄の嫁である信子さんがつくったあやめ会という婦人組織がある。会員三万、中心になる役員だけでも二〇〇〇人という組織は、中曾根にとって貴重な集票組織だ。

さて、危機意識に燃えた中曾根が昨年の夏以来、これまでにないドブ板選挙を展開したことは、良く知られている。「三人寄れば中曾根が」といわれるほど、彼は、地元のあらゆる集会に顔を出し、こまめに後援会の集まりを歩いた。マスコミの集中砲火のなかで、このまま引退したのでは自分の政治的なキャリアが恥辱にまみれたままに終るという思いがそうさせたのだろう。ともあれ七一歳の元首相のする選挙とは思えないが、しかし、「笑わば笑え」と言い放って運動するその執念とエネルギーには、誰も脱帽するという。票にならないジャーナリズムの取材はお断りだという中

曾根事務所に私は、早朝、まだ事務所が始動する前に、つてを頼って入った。そこで、選対の小林克巳氏はいう。

「マスコミの攻撃は、やはり票にひびきます。とりわけ、リクルート問題について、中曾根は関係ないという昨夏以来の説明が浸透し、もう地元では誰も問題にしなくなった時に、元日の朝日の報道はひどかった。ああいうのは支持者は口にしなくも、ボディーブローのようにひびきます。だから、私たちは直ちに事実無根と告訴しました」

「マスコミの批判がうるさいときは、私たちが集会を開いても、集まっている人たちとの間に見えない壁がある。みんな一歩下がっている。でも、その壁はようやく消えはじめたという感じです」

「自民党県連は、これまでと変わりなく推薦し、応援していますが、離党ということで、中央の党からの応援はない。佐藤誠三郎、竹村健一などの文化人や野末陳平くらいですね。まだ、六万票くらいしか読めないので、結局、連合の白石との四位争いでしょうが、向こうはたくさん女性代議士など連れてきて、街頭で派手なパフォーマンスをやっている。しかし、パフォーマンスならこちらは中曾根ひとりで十分です。衆院選は、日頃から培った信頼関係がなければ、票はとれない。みなさんが終盤戦でやる総決起集会などやりません」

慎重な話の内容とはうらはらに、もう勝負はついたという自信がうかがわれる。

これに対し、中曾根落としの切り込みをかけた白石陣営は、どう動いているのか。自治労県本部から出向して連合群馬の事務局長を務めている岩丸久氏は語る。

「白石が立候補を決めたのは、公示三日前ですから、常識的に不可能な選挙です。しかし、不可

能を可能にするために、われわれは全力を挙げている。連合の組織票は白石七—山口三の割合でわりましたが、連合に入っていない解放同盟や日農など山口支持の組織もあるので、いわれているほど山口さんが不利ということはない」

「連合の組織票は、約四万、それにどれだけ上乗せできるかということだが、問題は、これまで保守候補に流れていた公明の三万票（比例区）です。しかし、今回は、公明党をふくめた四党推薦ということなので、少なくともその四分の三くらいはくると信じている。来年の統一地方選のときに、公明党が連合の票をあてにしなくてはならないというケースも全国的にあるはずだ。そうなれば、中曾根批判の浮動票をふくめて、六万五〇〇〇という当選ラインにとどく」

「しかし、なんといっても、日数がたりない。高崎市内はともかく、知名度のない白石が、どこまで郡部にとどくかが問題だ。イベント選挙といわれようと、とにかく話題にしてもらわなくては」

白石擁立で、一時、危機を伝えられた山口陣営では、選対委員長の西田県議が、こう話す。

「組織票の割り当てが少なかったことで、かえって陣営がひきしまった。山口の選挙は、これまで指定席でのんびりとしており、個人後援会の組織もない選挙だったが、今度は、すでに退職した昔の先生仲間や元の組合幹部などが、自発的に集まってきて、組織以外の個人票を掘り起こしている。とにかく、社会党が伸びても書記長が落ちたのでは影響が大きいからね」

「消費税の追い風は収まっていないし、中曾根批判票を吸収できる強みもある。天安門、ベルリンの壁そして群馬三区が崩れる、と私たちはいっている」

「白石陣営とは運動母体をはっきり分けているので、内ゲバ騒ぎはない。それに民社、公明系の

組織はまったく競合しない。その意味では、社会党の二人擁立とは違う。農政問題は、ここでは票にひびきようがない。農協青年部も動いていない。こんにゃく、酪農農家は危機感をもっているのだけど、保守の地盤でなかなか入ってゆけないしね」

さて、白石が立候補して以来、影が薄くなってしまったが、中曾根陣営内側からの造反として注目された佐藤陣営の話を聞かなくては公平でないだろう。佐藤前県議は、家は代々の政治家一家。以前に、中曾根派の支援で、高崎市長選にも出馬した。実兄の最上進氏は、前回の参議院選挙に中曾根派の候補として出馬、また、母は最上英子元参議院議員である、青年部部長の大島正俊氏は語る。

「中曾根派のなかからは、大変な非難の嵐です。中曾根の息のかかった佐藤の後援会長、事務局長は、一方的に後援会を解散し、佐藤の出馬を、言語道断、背信忘恩の行為と非難する文書を、広く選挙区内にまきました。しかし、辻説法で中曾根を批判しつづけている」

「中曾根に造反するのは、もともと中曾根の人間性に問題があるからだ。兄の最上は、参院選で中曾根批判をもろに受けて惨敗したが、そのとき応援に入った中曾根は、最上支援を一言もいわず、自分の選挙運動しかしなかった。佐藤の市長選のときも、裏で佐藤を応援するなと手をまわした」

「彼は、政治を自分の金儲けと名誉欲のためにしか使っていない。選挙区でも、世界の中曾根の自慢話しかしない。昨年末、もう安泰と思ったら、キッシンジャーとの対談などに熱中して、選挙運動を休んでいた。危なくなったと思うと、また火がついたように地元に帰ってくる。佐藤の当落は、問題外です。ただ地元にも中曾根のような政治家を批判するまともな人間がいることを知って貰いたい」

鹿児島三区――消費税に農政批判、土井人気の突風。苦戦を伝えられた二階堂。「当確」に難儀した山中陣営

投票日の直前、私は、本州南端の鹿児島にいた。鹿児島はもう春の半ばの陽気。小学生は半ズボンである。桜島の噴煙も、向きを変えて、大隅半島から鹿児島市の方にたなびいている。

その大隅半島と屋久島、種子島を選挙区とする鹿児島三区は、九州でも名だたる過疎地。取り残された老人の人口比は日本一高い。また、ここは、五五年体制始まって以来の保守独占区。山中貞則、二階堂進ほかの保守議員が、ほとんど常に議席を占めてきた。

その厚い保守の壁を破ったのは、上西和郎である。一九七三年以来、ここで社会党候補として立った上西は、従来の労組主体の運動に加えて、老人や主婦向けの年金・社会保障の相談、世話役活動に精を出し、八三年、ついに五万票の壁をこえて初当選をはたしたのである。上西議員の努力は、社会党再生の突破口として注目され、上西は石橋体制の下で重用されて、一年生議員ながら局長並みの国民生活センター所長になって活躍する。

しかし、三年後の同日選挙で、無情にも、鹿児島三区は二人区に減員され、上西は、前回と同じ五万票を獲得したにもかかわらず、一六万の保守票を分け合った山中と二階堂の壁を破ることはできなかった。二人区になった鹿児島三区での自分の政治的将来に見切りをつけた上西は、籍のあった九電関係の職場に復帰して政界から引退した。後に残ったのは、積もった選挙の借金だけだったという。

しかし、その鹿児島三区に、消費税、農政批判そして土井人気という突風が吹いて、保守の壁が

がたがたになっているという。しかも、山中は消費税の立案者である。中曾根元首相に並ぶ標的として不足はない。社会党は、ここを最重点選挙区に指定し、土井委員長は、公示後の第一声をわざわざここまで飛んできてあげた。三区の中心地、人口七万の鹿屋(かのや)市での集会には、一万をこえる人が土井さんの顔見たさに集まり、選挙関係者の度胆をぬいた。

上西に代わって社会党の候補になったのは、有川清次県議。全逓時代から、向坂直系の協会派活動家として知られ、鹿屋での事務所の所在地にちなんで寿町社会党の異名をもつグループのリーダーである。当然、福祉世話役活動を重視する上西とは反(そ)りがあわず、日本社会党に典型的な両グループの軋轢については、当時からさまざまな話が、現地で流布していた。

今回の土井委員長集会では、上西も参加して有川候補と握手する場面が演出されたが、かつての上西選対の幹部の中には、上西の選挙に協力しなかった有川が、ブームで上西の票をこえて当選するなんて許せないという悲憤慷慨の声もあるという。もっとも、こういう感情のもつれは別として、鹿児島社会党の総力を結集した現在の選対が、従来のいきさつをこえて有川当選のために戦っていることは、まちがいないようだ。

その有川選対の最高責任者、鹿児島自治労の委員長である田淵義人氏はいう。

「有川の票は、夏の参院選の比例区票が再現されたとしても、最高で六万票。このままでは、一六万票を分け合う保守党に勝てません。労組には、一人二〇票獲得のノルマを課して、主婦層に焦点をあてて運動し、手応えはあるのですが、有川は鹿屋の県議なので郡部に知名度がないのが問題です」

「ですから、作戦としては、保守党候補のどちらかに票が片寄ることに望みをつなぐ以外にない。

その標的は、当然、二階堂です。山中には、地盤の畜産農家に牛肉の自由化への失望と批判があるし、また消費税責任者としての主婦の反発もある。しかし、なんといっても、世論調査にある通り、曾於郡を中心としたその地盤は堅いし、今回は、三人区時代の鹿屋からの候補者、橋口を自分の陣営に取り込んで、鹿屋にも攻め込んでいる」

「これに対し、二階堂は、これまで鹿屋の票に大きく頼っており、有川と競合する。もう中央での地位もなくなり、八〇歳という老齢で支持者たちも離れつつある」

「二階堂派が、最後の立候補という同情戦術に訴え、また大変な金権選挙をしていることは、いろいろ証拠をにぎっているが、しかし、相対的にみれば弱いのは二階堂さんの方でしょう」

その二階堂選対では、選対幹部の青木氏がいう。

「社会党の標的にされているのは、知っています。しかし、われわれは、二階堂先生が、歳(とし)よりは行動力や決断力でずっと若いということを有権者に見てもらうことで、納得してもらっている」

「先生には、大隅縦貫道の建設、バイオ研究所の誘致、大規模畑地灌漑事業など大隅で残っている仕事がたくさんある。国立鹿屋体育大学や少年自然の家誘致での先生の功績は誰でも知っている」

「二階堂先生が、こんなに選挙に走り回ったことはなかった。一部のマスコミに苦戦だと伝えられているだけに、気掛かりですが、それで陣営は引き締まっている」

二階堂は、ビラによると現代の西郷隆盛ともちあげられている。陣営は老化しているが、熱心な信者が多いのも特色である。

これに対し、山中陣営では、後援会の中原利夫医師、中原平一郎・三和物産社長が語る。

「マスコミ予想で当確といわれて難儀しています。二階堂陣営の追い込みが激しくて不安です。鹿児島は、老齢で、なおかつがんばっているということが、同情票になってでる土地柄です」

「消費税がひびかないとはいわない。やはり主婦の票がどうでるか。畜産農家が離反するとは思わない。自由化しても和牛は高く売れるという自信があるし、今でも、大隅で生産する子牛は、各地で引っ張りだこで、高値で引き取られている。自由化問題は、中山先生がいたから、三年間の段階的という条件がつけられたのだと、畜産農家は納得している」

私が事務所にいる間にも、鹿屋の墓地に、二階堂のビラに包んだ線香が、手当たり次第に置いてあるという現物の「証拠」が持ち込まれていた。

相手方の陣営のこういう買収や物品配りの情報は、現地で数限りなく聞いた。そのどこまでが、本当かは確かめようがない。そこには謀略もある。しかし、そういう話が飛び交うほど、今回の選挙が過熱していることだけは確かだろう。

山中陣営のビラも、山中は現代の西郷だと自称している。NHKドラマ「翔ぶがごとく」も始まったことだし、とにかく鹿児島の人は西郷が好きだ。しかし、この山中「西郷」が、消費税について、「俺が日本中の耳目を三区に集めさせた」と豪語するばかりで、一片の反省、見直しの弁もなく、地元の主婦たちのひんしゅくを買っているという風評については、山中陣営の人たちに、ついに問い質す機会をもたなかった。

大団円――自民党の保守バネを利かせた総力戦。七三・三％の高い投票率。そして、何が残ったか――

一八日の投票日、暖かい晴れ上がった天気の中で、投票率は前回の同日選挙をはるかに超える七三・三％を記録。その中で、自民党は安定多数を確保すると同時に、野党陣営のなかでは社会党だけが、一人勝ちした。

私が歩いた選挙区では、青森一区、二区は、評判通り社会党が議席を回復したが、新潟三区では、劣勢を伝えられた目黒候補に票が集中してトップ当選し、坂上候補が落選した。社会党がバランスを崩したおかげで、六万四〇〇〇票しか取れなかった村山蔵相は、すんでのところで滑りこんだ。トップ当選を噂された桜井新候補が、村山に次いで下から二番目だったのも、意外だった。無効票は少なく、「田中角栄」と書いた票は、一〇〇〇票ほどだったという。群馬三区では、中曾根元首相は、八万五〇〇〇票を獲得、意外にも小渕候補をぬいて、三位で当選した。連合の白石候補は、予定の六万票にも達しなかった。

一番、ドラマティックだったのは、鹿児島三区である。ここで、社会党の有川候補は、たった二八票差で当選したのだが、破れたのは二階堂元副総裁ではなく、山中元通産相の方だった。しかし、社会党票は、やはり六万票あまりしかなく、自民党候補のバランスの破綻が、新潟三区の場合とは逆に、社会党のブロック勝ちをもたらしたのである。

全体を振り返ってみれば、今回の総選挙は、やはり自民党の保守バネを利かせた総力戦だったということができるだろう。選挙区の大きい、そして直接政権のゆくえに関係のない参議院選挙では、その時の争点や、政党支持という国民の意見は、比較的に素直に表現されるが、衆議院選挙は、いわば、組織や職業的な利害そして日常的な人間関係が複雑にからんでくる。そこで表現されるのは、いわば、各政党が日頃蓄えた力、影響力の大きさなのである。この意味で、自民党が財界から調達した大量

の選挙資金を元に展開した活発な選挙活動が、大きくものをいったというべきだろう。

体制選択というスローガンは、その危機選挙の合い言葉として、保守党の支持者たちにとっては、現在の保守体制につながって営まれている生活の基盤の全面的な崩壊を暗示することばとしてひびいたのである。これに対し、野党はついに、国民に期待をもたせる連合政権のイメージを提示できなかった。そこに野党の全体としての敗因がある。社会党の一部の選挙区における複数候補擁立と土井人気は、社会党票を増加しただけでなく、投票率を高める要因だった。そして、その高波の中で、世界的に衰退しつつある共産党と並んで、中道政党も陥没したのである。そこでは、組織票を超えて浮動票を引き付けられない伝統的な体質が問われたというべきだろう。

リクルート事件と消費税そして農政問題と大揺れにゆれた日本の政治は、自民党の総力あげた防戦によって、台風一過、何事もなく収まったようにみえる。しかし、はたしてそうだろうか。選挙の過程と結果をつぶさに見れば、そこには自民党の必死の防戦にもかかわらず、新しい芽は残っている。たとえばリクルート事件関係議員が、等しなみに大幅に票を落としているのは、その一つの表れである。当面の政治の焦点は、選挙で枠がつくられた議会という狭い社会の中での合従連衡に移るだろうが、しかし、こういう芽をどのように育てて、次の機会に大きく花を咲かせるかということを、忘れてはならないだろう。

（『潮』一九九〇年四月号）

自民と社会の勝利と、新保守連合のはじまり—'90年衆院選—

昨年夏の参議院選挙での与野党逆転の後をうけて行われた注目の衆議院選挙は、自民党が二〇近くの議席を減らしたものの二八六議席を獲得する勝利のうちに終った。この数は、政権を維持するのに必要な過半数の二五七議席をこえるのみならず、衆議院でのすべての常任委員会を制するのに必要な安定多数の二七一議席をもこえる大勝利である。この十五年間に、自民党がこれだけの勝利をえたのは、参議院との同日選挙で投票率をつりあげた一九八〇年、八六年の二回しかない。

野党陣営の中では社会党が独り勝ちして、前回の議席を六〇％以上も増加させる一四一議席（推薦無所属候補をふくむ）を獲得した。これに対し、公明、民社の中道政党および共産党は大敗し、なかでも議席を半分近くに減らした民社、共産の二党は、院内交渉団体の資格さえ失った。社会党がこのレベルまで議席を回復したのは二十三年ぶりのことだが、それが自民党ばかりでなく、連合政権協議を呼びかけていた公明、民社両党の議席をも奪う形で行われたことに、複雑な波紋が拡がっている。

今回の自民党の勝利の意味を探るためには、多角的な検討が必要だろう。それは、昨年夏の参議院選挙における自民党の惨敗の後だけに、なおさらそういえる。

自民党の勝利を、基本的に、有権者の自民党に対する支持の回復という視点から見ることは、決

して見当はずれではない。選挙前の各報道機関の世論調査は、一致して、海部内閣の支持率の高さと自民党への支持が戻りつつあったことを伝えていた。党内の支持基盤は弱いが、国民受けの良い若手の海部に、一時、政権をあずけて、リクルート事件の痛手を時間が癒すのを待つという派閥指導者たちの計算は、その限りでは、正しかったといえる。

また、参議院選挙での反自民票の起爆剤になった消費税の問題も、やはり時間の経過による慣れとともに、昨年夏ほどの衝撃力を失っていた。すでに、自民党が昨年暮れに「見直し」案をまとめた時点で、世論調査での「見直し」派は「廃止派」を上回るようになっていた。

同様に、自民党のこれまでの基盤だった農村地帯で自民党に打撃をあたえた農民の自民党農政に対する反乱も、ビーフ、オレンジ問題での自民党の裏切りに対する「懲らしめ」がすんだ後は、最後に残された生命線である米の自由化問題へと向かわざるをえない。そしてすべての政党が同じように「米を一粒たりとも輸入させない」と公約するなかで、なじみの深い政権政党である自民党にもう一度期待を託す方向へと大勢が回帰していったのは、自然だったというべきだろう。参議院選挙の時にあれほど活発だった農協青年部の反自民党の運動は、今回の衆議院選挙では、ほとんど影を潜めていたのである。

しかし、選挙の結果を、すべてこのように有権者の政党支持意識から説明しきることは、あまりにも単純すぎる。それは、日本の選挙を、その現場でくわしく観察してきた人たちを納得させることは、到底できないだろう。

第一に、そこには選挙の制度の問題がある。日本の参議院選挙は、全国単位の比例区と四七の都道府県単位の選挙区で行われ、後者の約三分の一は小選挙区である。昨年夏、自民党は、そのうち

の八割一三の選挙区で、野党連合や社会党の候補者に負けた。比例区での自民党の得票率は二七・三%、選挙区でのそれは平均三六・三%であった。

衆議院選挙は、一三〇の選挙区のそれぞれから、原則として三人から五人の代議士が得票順に一度に選出される中選挙区制で行われている。この世界でも珍しい選挙制度の効果は、多数の政党の分立を促進すると同時に、通常、複数の候補を擁立する与党候補者同士の選挙戦を、選挙区への利益誘導や買収、供応を武器とする、きわめて地方的かつ個人的なものにさせることである。中央官庁が、地方の道路や学校の建設の実権をにぎる補助金制度と地方の財政的な自立のなさ、また企業の政治献金を認め、与党が大金を投じて選挙運動を展開することを実質的に取り締まれない法規の不備が、これを助長している。

六〇年代の高度経済成長時代の急激な都市化と工業化の中で、そのひずみが堆積した大都市を中心に革新地方政治が広がるなかで、自民党が農村を基盤に日本の支配権を失わなかった核に、この選挙の仕組みがあった。そのなかで高級官僚層と自民党が癒着し、高級官僚出身者が与党の主流を占めるようになってゆく。たとえば田中角栄元首相自身は、官僚出身ではなかったが、官僚出身の議員を多く傘下に収め、利益誘導を全日本の規模で組織化した「列島改造論」をイデオロギーとして、与党のドンに成り上がっていった。

このようにして、参議院選挙と衆議院選挙は、それぞれ異なるレベルで有権者を代表する傾向をもっている。選挙区の範囲が広く、候補者と有権者の個人的な接触が少ない参議院選挙では、マス・メディアの報道を通じてえられたそのときの問題や争点に対する有権者のストレートな反応が、票に表れやすい。これに対し衆議院選挙では、有権者と候補者の日常的な接触、職業や地域での生

者のもつ影響力、保守党が全体としてもつ力の表現であるというよりも、候補者の方も、選挙区でトップにならなくても、有権者の一二%から一八%、五万から一〇万程度の票をえれば、通常、当選できるので、地元の後援会などを通じてえたこういう票を確保することに重点をおいて、密度の濃い運動を繰り返す。その意味で、衆議院選挙に表現されたものは、極端にいえば、有権者の態度や反応というよりも、候補者のもつ影響力、保守党が全体としてもつ力の表現であるということができる。

今回の選挙は、昨年夏の参議院選挙の結果に危機意識を抱いた自民党による、総力をあげた防衛戦として戦われたことに、特徴がある。『朝日』『毎日』新聞の報道によれば、自民党は、今回の選挙にあたって、財界に二五〇億円から三〇〇億円の特別政治献金を要求し、ニューヨークタイムズや英国エコノミスト誌の推定によれば、自民党候補者が全体としてこの選挙でつかった金は、一〇億ドルから一五億ドルに達するという。この豊富な資金を基礎にした派手なキャンペーンや大量の運動員による戸別訪問そして飲食の供応や物品の配付に加えて、自民党は、従業員の票を確保するために、企業に圧力をかける努力をいたる所で展開した。また、リクルート事件に関係して世論の批判を浴びた候補者は、早くから運動を展開して、旧来の支持者たちを固めるのに必死であった。このようにして、中選挙区の特性を生かした伝統的な手法による、保守的な支持層の掘り起こしの努力の成果として、今回の保守党の勝利は捉えられるべきだろう。

それは端的に、今回の選挙における投票率の異常な上昇ぶりに表れている。七〇年代の後半、高度消費社会の定着とともに「支持なし」層が増大して以来、国政選挙での投票率は低下し、それとともに、自民党への投票も減退し、七九年、八三年の選挙では、自民党は、過半数すれすれにまで追い込まれた。自民党内では、投票率を上げるために、衆参同日選挙を志向する議論が生まれ、八

六年の選挙では、そのようにして仕組まれ、釣り上げられた投票率とともに、自民党は地滑り的な勝利を博したのである。

しかし、今回の選挙では、単独選挙にもかかわらず、投票率は、前回の同日選挙を二%近くも上回った。前年夏の参議院選挙に比べると八・三%の上昇である。ここでの保守票三三五〇万票(保守系無所属をふくむ)は、参議院選挙選挙区での保守票を、六〇%以上も上回った。これに対し、野党の総計三一三〇万票は、参議院選挙での得票のほぼ九一%にあたる。いかに自民党票の増大と投票率の増大が連動しているかがわかる。なお、この保守票は、率にして約五一%(公認候補だけだと四六%)であり、衆議院でえた五六%の議席よりは、はるかに低い。安定多数確保という自民党の圧倒的な勝利の外見は、多数の野党が分立抗争することで、比較多数の政党が有利になる中選挙区の制度から生まれているのである。

このように選挙の制度と財界をバックにした強力な運動に支えられていたとはいえ、しかし、今回の選挙で、また、参議院選挙で野党に投票した多くの有権者が、自民党への投票に回帰したことも、事実である。自民党が、今回の選挙で打ち出した「体制選択」という争点の提示は、そのためのテコの役割をはたしたといえるだろう。

天安門事件や東欧諸国の共産主義離脱という国際情勢に合わせて打ち上げた「資本主義か社会主義か」「自由主義か全体主義か」というスローガンは、後に竹下元首相や海部首相が釈明したように、あまりにも単純化した事態の捉え方であることは、明白である。しかし、自民党にこれまで投票してきた地方の有権者にとって、自民党体制の危機という訴えは、自民党の下でのこれまでの経済繁栄を享受してきた人たちの、生活保守主義的な心情を、心の深い所で刺激した。参議院選挙で

自民党を「懲らしめ」るくらいはいいが、現在の経済秩序や社会体制自体が崩壊したら大変だ、と多くの人たちが感じたに違いない。自民党の体制が崩れたら、「株が下がる」「日米関係が悪化する」「経済がゆきづまる」という種類の話が飛び交い、それは自民党へと回帰する票の流れを支えた。

それはまた、明らかに総選挙に臨む野党側の基本的な戦略の失敗を物語るものである。

第一に、野党とりわけ社会党と中道政党は、五五年以来はじめてめぐってきた自民党との政権交代のチャンスを訴えながら、結局、選挙前の連合政権樹立の合意をつくりだすことができず、有権者の前に、自民党に代わる政権の構想を提示することができなかった。参議院選挙における野党の勝利が、社会党の勝利に傾いていたことからくる選挙後の各政党の党略むきだしの角突き合いは、せっかく腐敗した自民党に代わる野党政権への期待にふくらんだひとびとの心をしぼませるに十分だった。

第二に、野党のリーダーとしての社会党の転換が、不十分だったことが挙げられるだろう。社会党は、一方では、自民党体制に代わる革新的な体制をつくるという点で、若者や女性活動家たちを動員しながら、他方では、現在の経済体制や日米関係をこわしたくないという社会の中堅層の保守的な心情をも安心させなくてはならなかった。理想主義と現実主義の二つの間のバランスをとることは、いつの時代でも簡単なことではない。しかしそれは、これまで野党として少数の支持者を相手にきれいごとを語ることに終始してきた政党にとっては、とりわけ難しいことであるに違いない。社会党が、中道政党と大胆な妥協を行えず、反自民の連合政権協議を凍結させるにいたった過程のなかでは、社会党の革新的な主体性を保つということと裏腹の安楽な野党の位置に止まりたいとい

う退嬰的な心理が、つねにないまぜになっていたように思われる。

この問題は、社会党が衆議院選挙の候補者を決定する過程で、具体的な矛盾となって表れた。野党の場合、候補者に落選した後での職業を見つけることは難しい。したがって、候補者は、通常、そういう問題のおそれのない組合幹部や地方議員、あるいは弁護士などの自由業者に限られることになる。社会党が、生活の保証のある「マドンナ」候補の擁立に精を出す理由の一つもここにある。

今回の選挙において、社会党が、中道政党と合わせて衆議院の過半数を制するために、一八〇人以上の候補の擁立の方針を決定しながら、実際には、推薦候補を入れて一六〇人を僅かに上回る候補しか立てることのできなかった基本的な理由もここにある。この決定に際して、社会党はすでに、自民党二、社会党一の議席の配分が決まっている農村地帯の三人区での新しい候補の擁立を放棄した。また、四人区、五人区でも、これまで一議席を確保して安易な戦いをしてきた古手の社会党議員たちは、追加候補の決定をできるだけ妨害した。このようにして、ようやく擁立された候補者たちが、社会党と中道政党による自民党に代わる政権をつくるに必要な数を国会内で作り出すためには、ほとんど全員当選でもしないかぎり、はじめから不可能だったのである。

しかし、この一八〇人候補者を立てるという方針の決定そのものが、党内において、また石橋前委員長をはじめとする連合政権構想の推進者たちによって、強硬な反対にあったのである。当選しやすい地域を中心に、新たな候補者を立てるという方針は、社会党と、自民党との対決よりも、社会党と中道政党との衝突を招くというのが、慎重論者たちの危惧だった。そして現実の選挙結果は、その危惧がまさに現実のものだったことを明らかにする。

社会党は、三年前の同日選挙に比べて推薦候補をふくめて、五五議席を増加させたが、その内の

約半分は、中道政党と共産党の議席を奪う形で増加したものだった。投票率が高まった時の選挙が、組織票以外に浮動票を引きつけることがほとんどできないこれら組織政党にきびしいことは、これまでの経験に照らして明らかである。しかも今回の選挙において、これらの三政党は、前回よりも投票率が上がったにもかかわらず、絶対的にその票を減らした。その歩留まりは、公明―九二・二%、共産―九六・三%、候補者を大幅にへらした民社にいたっては、七九・八%に過ぎない。それが、より増大した投票者のなかで争うのだから、敗北も当然といえよう。

これらの政党の敗北の原因に関して、公明党については、矢野前党首の株取引疑惑と池田大作創価学会名誉会長側近の金銭問題、民社党については、連合結成によって旧同盟系組合の求心力が欠けたことと自民党の企業選挙によって組織票が取られたこと、共産党については、世界的な共産党の後退と解体の影響が、取り沙汰されている。しかし、それと並んで、組織政党に共通な組織の固定化と硬化が挙げられるべきだろう。年功序列的に幹部を押し出してくるシステムとそれにつきものの指導者の老化は、若い海部首相を立てまた多くの二世議員を立候補させた自民党、はじめての女性党首の下で躍進をつづける社会党との対比の上で、いやがうえにも目立つようになったのである。

その意味で、社会党がただ独り、昨夏の参議院選挙の上げ潮を持続して、党勢の拡大をつづけたのは、当然だったといえる。社会党は、前回の同日選挙の票を五五%近く拡大、昨夏の参議院選挙での比例区の票に比べても、その八六%を確保した。もっとも、それは、参議院選挙での社会党投票から自民党に回帰した人がたった一四%しかいないということを意味するものではない。一般に農村部では回帰した人の割合はもっと大きかったと思われる。複数候補や魅力のある女性候補を立

てて戦った都市部では、社会党も新たな票を掘り起こしているからである。社会党が、労働組合の党であることを止めて、市民や女性の党になったというイメージの効果は着実に持続しており、それは、今回の選挙でも、スター並みの聴衆動員力を示した土井党首の遊説にも、はっきりと表れていた。社会党の得票率は、参議院選挙比例区での三五・一%には及ばなかったが、前回を九%近く上回る二六・六%（推薦候補をふくむ）という最近にない高さに到達している。

このようにさまざまな内部のドラマを抱えた選挙ではあったが、しかし、それがまた著しく内向きの選挙であったという印象はいなめない。自民党は、日米経済摩擦や米の自由化という選挙後に直ちに直面しなければならない問題を回避しつづけ、農民を始めとする有権者に楽観的な見通しを提示しつづけた。また、東西融和の直接的な結果として生まれた米軍の削減問題についても、すでに通告を受けていたにもかかわらず、それを隠し続けた。このような保守性と後向き性は、選挙のアピールが生活保守感覚に訴える「体制選択」だったことに、端的に象徴されている。これに対し、野党が、すでに起爆力を失っていた過去の争点にこだわりつづけ、政策の広い分野にわたって、保守党と全面的に対決しようとしなかったことも、先にふれた通りである。

衆議院で安定多数を確保したとはいえ、自民党政府の法案が、野党が多数をしめる参議院で否決される運命にあるという状況は、最低あと二年はつづくことは間違いない。その場合、自民党政府が立ち往生を免れる唯一の道は、野党あるいはその一部と何らかの妥協か連合を成立させることである。

すでに選挙の最中からにぎやかに議論されてきたこの連合問題の本命は、自民党と公明・民社など中道政党との連合の形成だと見られている。すでに、地方自治体レベルでは、この連合には多く

の先例があり、また、公明党が選挙前に社会党との距離を暗示する「三極体制」論を提唱したことは、その準備段階と見られている。選挙で、社会党が中道政党を食う形で躍進したことは、この潮流をいっそう強めることになるだろう。

しかし、公明・民社の二党には、これまで消費税問題をめぐって自民党と対決してきたいきさつがある。選挙に勝った自民党にとっても、消費税は、いまさら廃止することはできない。選挙明けの国会は、この問題をめぐるさまざまな駆け引きから展開するだろう。そこに、自民党の有力者たちが、選挙目当ての看板だとしてしか考えていなかった海部首相を、いつ辞任に追い込むかというもう一つの駆け引きがからまることになるだろう。

だが、そこにはまた、まったくべつな展開も考えられる。自民党と中道政党との連合が成立してしまえば、ほぼ半永久的に政権から閉め出されることが確実の社会党が、一挙に自民党との大連立に賭けるというシナリオである。その際は、連立に反対する社会党の左派と自民党の右派が離党し、それらをのぞいた安定勢力が、再編成されるという。自民党の金丸元副総理が提唱しているこの政界再編成論は、金丸と親しい社会党の右派指導者、田辺元書記長が、社会党の中枢に復帰するという観測が実現すれば、急速に動きだすかも知れない。

選挙後の日本の政治は、内外ともに現在、展望のまったく開けない膠着状況にある。それを急速に流動化させるのは、経済摩擦の激化や日ソ関係の急展開などという外圧だろう。今は、それぞれの政党内部では、そういうチャンスにどのような方向にむかっての膠着状況を切り開くべきかについて、水面下の暗闘が展開されている時期なのである。

（『ジャパン・クォータリー』一九九〇年四―六月）

Ⅵ　湾岸戦争――ＰＫＯ問題の登場――

〝自衛隊海外派遣〟国会

典型的な政治的ドラマ

国連平和協力法案を最大の課題とした国会は、問題の法案を廃案にし、会期を事実上一日あまして閉会した。「不退転の決意」で法案の通過をはかるとしていた内閣や党の意気込みからすれば、あっけない幕切れだった。

しかし、国連平和協力隊問題は、九〇年代初めの日本の政治のあり方を印象づける、典型的な政治的なドラマだったということができる。そこには、現在の日本の政治構造のさまざまな断面が浮かび上がっている。

このドラマは、二幕からなる。イラクのクウェート侵攻以来、自衛隊の海外派遣をふくむ法案が急速にまとめられるまでが第一幕、それが国会に提出されて以後、世論と野党の批判を浴びてもみくちゃになり、廃案になるまでが第二幕である。ドラマの展開に従って、そこにどのように、日本の政治の現在の姿が浮かび上がっているかをみよう。

この第一幕には、二つの場面がある。すなわち、小沢幹事長を中心に法案の骨格がまとめられるまでと、それが党内を強行突破し国会に上程されるまでである。

前者については、まず小沢幹事長、西岡総務会長など、自民党の次期指導層をうかがう戦後派世代の中堅実力者たちがこの法案の推進力になったことが、あらためて注目される。その意図するところは明らかに、国連決議という錦の御旗の下に、自衛隊の海外派兵の突破口を開くところにあった。

彼らが、海部首相が当初考えていた青年海外協力隊の拡大版という構想をつぶし、さらに、自衛官の退職や休職あるいは出向によるという海部首相の撤退線をも突破し、併任という形で自衛隊が部隊のまま出動し、防衛庁長官が部隊の実質的な指揮をとるということに固執したのは、そのためである。護身用の小火器の携行も次第にエスカレートし、艦艇などは、平常の装備のまま出動するものとした。

最終的には、この法案には盛られなかったものの、小沢幹事長らの言論ははげしく、将来、自衛隊がそのまま国連軍や多国籍軍への参加も合憲とする解釈を主張し、その意を受けた外務省条約局長が、集団的自衛権についても積極的に再検討するという態度をみせたことが、注目される。

新ナショナリズム

こういう主張の背後に、自衛隊を国際的に軍隊として正式に認知させたいという防衛庁関係者の年来の悲願があることは、いうまでもない。しかし、より基本的には、経済大国となった日本が、一人前の政治大国として振る舞うためには、軍事的な側面においても、欧米先進諸国並みになるべきだというナショナリズムの感情が、これら戦後派中堅幹部たちの間にかなり広く共有されており、それが表面化したのが、今回の「騒動」の原因だったと見るべきだろう。

彼らの論理は、中曾根元首相と基本的に同一である。いわく、経済大国日本は、国際的な責任を果たすべき時代になった。日本は、戦後の過渡期を終え、新しい段階に踏み出さなければならない。

小沢幹事長らの発言をきいていると、中曾根元首相が呼号した「戦後の総決算」は、古い国家主義の亡霊ではなく、新しいナショナリズムの先駆けだったことが、了解される。彼らの共通の目標は、憲法を改正して自衛隊を、正式な軍隊として「すっきり」とさせることだが、それが政治的に難しい現在、これまでの憲法解釈を大きく転換して、国連の旗の下に自衛隊の海外派兵（派遣）を実現したいということに、焦点がしぼられたということだ。

この新ナショナリズムの担い手たちに共通しているのは、戦前、戦時中の日本の軍事行動がアジアをはじめとする世界の国々にあたえた惨禍について、あるいはさらに日本の民衆の中に根を下ろした非戦の感情の深さについて、まったく現実的理解の感覚を欠いていることである。愛知和男議員が、自衛隊の海外派遣の構想に反発した中国をはじめとするアジア諸国に対して、危惧を抱くのは自国の民主化が進まないからであるというような見当違いの批判を行ったのも、その別な表れだろう。この点、戦争体験をもつ後藤田元官房長官のような戦前派の世代が、強硬に自衛隊の海外出動に反対しつづけたのと対照的だ。

今後の日本の政治を展望する場合、小沢幹事長らのような戦争体験をもたない戦後派世代の国民の中に、歴史の教訓を無視し、アジア諸国との連帯を考えない大国主義的なナショナリズムが増大してゆく可能性を否定することはできない。しかも、小沢幹事長らが同時に、小選挙区制の導入を柱とする政治改革法案を強力に推進していることを考えると、今後、保守党が、機会があれば憲法改正という大技をかけてくるということがありうるということを、つねに、念頭におかなければな

らないだろう。

　しかし、この新しいナショナリズムは、たとえば、石原慎太郎議員のようなド・ゴール的なナショナリズムや右翼的な国家主義と同じかというと、そうではない。それは、あくまでアメリカとの協調、アメリカの要請に応えて、という枠内であることが特徴的である。アメリカに「ノー」というのでなく追随するナショナリズムというのは定義矛盾だが、しかし、それが可能であるという歴史的な文脈が生まれているということが、今日の国際情勢なのである。

深まる日米の相互依存

　超大国の座から滑り落ちはじめたアメリカは、その軍事的な世界戦略において、日本にもっと積極的な役割を演じてほしいと要請せざるをえなくなっている。それが、一部保守主義者たちの大国ナショナリズム意識をくすぐるのである。

　加えて、ソ連圏が崩壊し、ソ連がアメリカの経済的支援を期待せざるをえなくなった昨年来の国際情勢がある。アメリカ優位の下での東西協調が成立し、国連の安保理事会は、重要問題について拒否権の行使にあうことなく、決議を成立させる見通しが生まれた。このようにして、つい最近まで分担金の支払いも渋っていた国連の決議という大義名分をまとって、アメリカが自国の利害を主張し、実力を行使するという状況が生まれた。日本政府や自民党が、突然、国連づいて、国連決議が憲法に上位するような解釈をふりかざすようになったのも、それと並行しているのである。

　今回の国連平和協力法案が、アメリカ政府の直接の要請にもとづくものであることは、ジャーナリズムの精力的な取材によって、明らかになっている。海部首相が自衛隊の派遣に踏み切る前に、

ブッシュ大統領からの精力的な〝ブッシュホン〟があり、また、小沢幹事長には、アマコスト大使から繰り返しのアタックがあった。そして、具体的な姿を現した法案は、現在、サウジアラビアをはじめとする湾岸地域に派遣されている米軍の後方支援をも任務とすることを明らかにした。

この大量の米軍が、国連決議にいうイラクの経済制裁にあたる多国籍軍とは違うという議論が、一般的であるにもかかわらずである。このアメリカからの強い要請が、国連協力法案が急きょ作成されるにいたるもう一つの背景である。

対米追随は、五五年体制を通じての保守党の基本姿勢だった。しかし、アメリカの超大国としての国際的な地位がゆらぎ、日本との経済摩擦が深刻化するようになった八〇年代以降、これに新しい局面がつけ加わった。日本政府は、アメリカの議会や反日世論を抑えるために、アメリカ大統領にますます頼るようになり、アメリカ政府は、財政赤字の圧縮や選挙でのポイント稼ぎに、日本政府の協力を要請するというように、両政府間の相互依存関係が深まったのである。〝ロン・ヤス〟と呼びあったという中曾根・レーガン関係は、その典型にほかならない。

そして、この両政府間の協調を保つことは、輸出黒字を積み重ねながら民主党主導の議会の反日政策を恐れる財界にとって、日本の保守党指導者たることの絶対条件でもあった。党内基盤が強いと思われていた鈴木内閣があっけなく失脚し、本来はド・ゴール主義者だと思われていた中曾根首相が対米協調に精を出したのは、そのためである。党内基盤が弱い海部内閣が、今や、現住所は河本派でなくブッシュ派だといわれるほど、ブッシュ政権との連携に熱心なのは、周知の通りである。迫しかも、海部内閣には、年末に迫ったガット・ウルグアイ・ラウンドというアキレス腱がある。迫られているコメ市場の開放について、弱体の海部内閣では、到底、実行できない。したがってブッ

シュ政権の好意をますます期待せざるをえない立場にある。

他方、ブッシュ政権も、中間選挙を控えて、何らかの点数稼ぎをしなくてはならなかった。湾岸危機に際して、日本政府が、大統領の要請に応えて、西欧諸国をはるかに上回る四〇億ドルの経済支援を約束したのみならず、憲法解釈を転換させて自衛隊の海外出動に踏み切ったというのは、大きな得点であるのみならず、アメリカ軍は日本の傭兵かという世論の批判を抑えるためにも有利だと見て、直接の要請を行ったに違いない。

ここで留意すべきは、アメリカ政府は、決して、自衛隊が直接、前線に立つことを要請していなかったということだ。自衛隊の設立以来、アメリカが一貫して要求しつづけてきたのは、それがアメリカ軍の後方部隊、補助部隊の役割をはたすことであり、その面での自衛隊の充実と強化だった。アメリカの政府と議会の中には、日本の自衛隊が、ド・ゴールの軍隊のように自立し、自前の核武装にいたることを警戒する声が、強くある。安保条約は、今や、日本の核武装を抑え、日本の自衛隊の自立を抑える枷（かせ）としても、アメリカでは意識されているのである。

八〇年代に入って、一段と統合化の程度を増した両国の統合軍事演習は、そのようにアメリカの戦略の中に有機的に組み入れられた日本の自衛隊の訓練としての側面をもっており、また、次第にエスカレートしてきた米軍基地の費用負担要求は、やはり米軍の後方支援業務を日本に背負わせるという一貫した政策の表れとして見ることができる。今回のアラブ湾岸への自衛隊の出動要請は、その延長上で生まれたものというべきだろう。

権力の二重構造

さて、このようにして急ピッチで作成された国連平和協力法案が、自衛隊の海外派遣という基本方針の転換や憲法解釈上の問題をふくみながらも、自民党総務会に、一回、かけられただけで承認をうけ、政府から国会に提出された。この間、党内の宮沢派や河本派を中心とするハト派議員の反対の空気が取り沙汰され、また、後藤田元官房長官の強硬な反対意見がジャーナリズムをにぎわした。『毎日』新聞のアンケート調査でも、自民党議員の反対や慎重意見は、合計して約二〇％に達することが明らかとなっていた。しかし、それにもかかわらず、法案は総務会でさしたる紛糾を生むことなく認められたのである。これは、小沢幹事長の〝剛腕〟の証明だということもできるだろう。しかし、それにもまして、今日の自民党の構造が、容易に反乱を許さないものに変わっていることに注目すべきだろう。

八〇年代自民党の組織化は、一方では、当選回数による役職配分の序列化、他方では、党内派閥の総主流化をもたらした。その中で若手議員は、平社員が上司に逆らうことができないのと同様に、党執行部に服従する以外になくなり、また、派閥は、団結して反主流派にまわるという選択をなしえなくなったのである。自民党は、今や、会社の組織にも似た上意下達の機構に転化しているといってよい。

後藤田元官房長官のように、引退を前にした長老議員だけが、あえて党幹部を公然と批判できるのである。実際、今回の問題で、党執行部への反逆が、こういう一匹狼的な議員や来春の地方選挙をかかえた一部の地方の県連組織からだけ生まれたというのは、象徴的な事実である。

もう一つ注目すべきことは、このように組織化され、その限りで強化された政府・与党の政策決

定機構が、党の優位の下に一元化したことである。加えて、七〇年代後半以降の支持なし層の増大に示されているように、自民党への投票は次第に浮動票化し、マス・メディアとりわけテレビの影響を受けやすくなった。それは、都会から地方へ、農村へと拡大しつつある。首相の不人気や内閣支持率の低下は、今や、選挙に直接ひびくとみなされるようになっている。

このような状況の下で、首相が選挙目当ての看板として作り出され、実権は党幹部が握るという権力の二重構造が生まれるのは、当然である。党幹部が、世論調査での人気と関係ない派閥の掌握能力で決まる以上、総理と総裁の分離は、必然的なのである。その場合、首相はできるだけ弱小派閥から選ぶ方が、背面からの操作に便利なのはいうまでもない。

「青天の霹靂」の三木首相起用から始まったこの力学は、「首相下ろし」や「大統領型首相」などさまざまなドラマを経ながら、ロボットたることに甘んじる海部首相の出現で極限にたどり着いた。その時、生まれたのが、世論調査で人気のある首相に年来の懸案という火中の栗を拾わせ、失敗した時は首相を消耗品として使い捨てるという戦略だったと見ることができる。国連平和協力法案は、いわばそのテストケースだった。人気のある首相は、だいたいが、ハト派の派閥出身である。従って、この戦略は、今後、自民党がタカ派的な転換をしようというときに、繰り返される常道になるに違いない。

あっけない幕切れ

第二幕があっけなかった理由は、ある程度、以上の文脈からも読み取ることができる。すなわち、ここで戦略の失敗と撤収は、はじめから計算の内だった。国連平和協力法案を内側から推進した小

沢幹事長ら党実力者の責任問題に発展しない限りにおいて、撤収はいつでも行われえたし、また、表面上の責任者である海部首相も、自分の進退問題に及ばない限り、本来、自身の政策でない法案をおしゃかにすることに何の痛痒も感じていなかったのである。そして安倍元幹事長はいぜん病気静養中、宮沢元副総理はリクルートの古傷が癒えず海部内閣に代わる内閣の展望がないという気安さの中で、法案は廃案になった。

そのタイミングは、アメリカの中間選挙がほぼ終り、中曾根元首相が、イラクに人質解放の交渉に飛ぶという時期と重なっていた。人質交渉の成功は、国連平和協力法案を廃案にするという見通しを、イラクに伝えることによってだったと、同行した佐藤文生元運輸相は、語っている。日本の国会で小沢幹事長が、野党に法案の委員会採決を申し入れている最中に、すでに廃案は既定路線として固まっていたのである。

廃案を決定的にしたのは、一〇月末、愛知参院補選投票前の金丸元副総理の、平和協力隊を自衛隊抜きにすべきだという発言だった。それによって、当初は、法案成立の天王山と目されていた参院補選は、逆に、幕引きの場になってしまった。実際、愛知の参議院補選に辛勝したことで小沢幹事長の責任追及がないと決まったとき、法案を廃案にすることが、決定的になったのである。

金丸元副総理の発言は、氏および〝金丸派〟がバックになっている海部――小沢ラインの陥った窮地を救う転換点をつくるためだったとすることができる。だが、なぜ、彼らが窮地に陥ったのか、また、その脱出口をどこに求めたのかを見れば、そこに今日の政治の別な断面が透けて見えてくる。

参議院で与野党の勢力比が逆転している現在、法案の成否は、はじめから一部野党とりわけ公民両党の取り込みにあることは、明白だった。そこには、二月の衆院選後の両党の社会党との亀裂と

自公民路線への復帰という全体の流れがあった。そして、金丸元副総理が、保守党の長期展望において、自公民路線を目指していることは、周知の事実である。そこでは、田辺ラインに連なる社会党の一部との大連合さえ模索されているのである。

国連平和協力法案について、民社党ははじめから自衛隊の参加に積極的であり、また、公明党も、自衛隊員の休職と時限立法という妥協ののろしをあげていた。そこに、党執行部が、法案成立への展望を読み取って強気に出た理由もあった。

しかし、この目算を崩したのは、マスコミを中心にした世論のいっせいの反発だった。『読売』『産経』という自民党寄りの新聞は別として、他のマス・メディアはいっせいに憲法解釈の拡大による戦後日本の路線転換を批判し、『サンデー毎日』のように、反対のキャンペーンを張る週刊誌さえ生まれた。そのためもあってか、各種の調査に表れた自衛隊の海外派兵（派遣）への拒否反応は、圧倒的だったのである。

二つの側面

自民党にとって、このような世論の反発はある程度、計算ずみのことだったといえるだろう。選挙は、三年後のことだし、それまでに不人気になった首相を取り換えればすむことである。しかし、公民両党は、自民党よりも世論に弱い政党だった。公明党には、強固な学会票があるが、大衆組織としての学会は、平和運動を大きな軸としている。他方、同盟の組織票が、連合への改組によってなくなってしまった民社党は、今日では、都市の浮動票に大きく頼らざるをえない政党になっている。この両党が、世論の急反発を前にして、自衛隊の併任参加という平和協力隊について、妥協せ

ずに反対すると態度を転回したのである。だとすれば、衆議院で強行通過をはかっても、法案成立の見込みはない。天皇の即位の礼を前にして、衆議院で悪あがきしても始まらない。あっけない撤収への結末は、このようにして決まった。それと同時に、社共両党を抜きにした三党による新しい国連協力法案作成への合意が成立した。結末から見れば、今回の平和協力法案騒動は、ブッシュ大統領の要請に顔を立てて、海部・小沢を走り回らせながら、念願の自公民連合体制へともってゆく、金丸一流の作戦だったということもできるかもしれない。

このように、今日の政府・自民党は、党の統制化と二重権力の構造の下に、戦後政治の転換をかけて大技をかけてくる側面と、公民との連携を求めるために世論の批判に意外に弱いという側面をあわせもっている。この矛盾の解決を、どのような形で見いだそうとするか。この意味で、自民党の今後のマスコミ戦略や選挙制度改革の行方を注視したい。

(『エコノミスト』一九九〇年一一月二七日号)

湾岸戦争──日本の視座から──

ペルシャ湾への大量の原油流出がはじまって、湾岸戦争は、泥沼化する色合いを濃くしてきた。しかし、追いつめられれば、イラクがこういう非常手段に訴えてでも抵抗するだろうことは、当初から予想されていたことである。今後も化学兵器や無差別テロなどが登場してくることは必至だと、

専門家たちは予測している。クウェート侵攻に対しアメリカが実力反撃にでることについて、フセイン大統領の誤算があったとすれば、戦争が三週間で片づくとしていたブッシュ大統領やアメリカ軍部の読みが甘かったことも明白である。

ゲリラ戦で長期化

ベトナム戦争の教訓があったにもかかわらず、アメリカを始めとする西欧諸国は、二〇世紀半ばから拡がり始めた新しい戦争の質について、未だ自覚に欠けているようだ。二〇世紀の二つの大戦は先進工業諸国同士の戦争であり、戦場における兵器の質と量が最終的にものをいう戦いだった。大戦後も、この半世紀近くの間、超大国は、核兵器やハイテク兵器の発達に血道を上げ、新たな大戦に備えてきた。

しかし、先進工業国と第三世界諸国との戦争は、まったく違う種類の戦争である。近代兵器では対抗できないこの戦いで、第三世界の側は、ゲリラ戦を始めとするあらゆる手段を使って抵抗する。そこでの戦略は、毛沢東の「持久戦論」にいうように、泥沼の長期戦に持ち込んで相手を消耗させることであり、そのためには多くの人命の犠牲も厭（いと）わない。

日本は、第二次大戦中、英米諸国と近代戦を行う一方、中国とはゲリラ戦を戦うことを余儀なくされて消耗し敗れた。アメリカも同様にしてベトナムで敗れた。今、多国籍軍が直面しているのも、まさに同じ種類の戦いである。しかも、イラクの抵抗手段の強化については、これまでソ連や西側諸国がイランを牽制（けんせい）するために大いに協力してきた。地上戦が始まれば、ベトナム戦以上の陰惨な戦闘が展開されるおそれがある。

東西冷戦が終結し、近代工業諸国の間の戦争の可能性が遠のいた現在、世界が直面しているのは、まさにこの種の戦争が頻発する危険である。それを防ぐためには、これまでの平和構築の戦略とは、違った処方箋(せん)が、当然、また必要である。

本質は石油の争奪

今回の湾岸戦争が、イラクのクウェート侵攻に始まったことは確かだし、その意味で、最初に手を出した側のイラクが責められるのは、当然である。しかし、それに武力で対応しているアメリカを始めとする多国籍軍の論理が国連決議を大義名分としていることについては、明らかに偽善の匂(にお)いがつきまとう。なぜならイラクが持ち出しているように、イスラエルの周辺地域への侵攻と占領については、同じように撤退要求の国連決議があるにもかかわらず、アメリカの抵抗で、その実現に向けての制裁は見送られたままであるからだ。クウェートさらにはサウジアラビアの石油がフセインのイラクの手に握られかねないということへの危機意識があって、初めてアメリカや西欧諸国が武力行動に出たということは、誰が見ても明らかである。アメリカは日本が中東の石油に頼っていることを理由に戦費の負担を要求し、政府はそれを石油への増税で賄おうと提案している。これは端的にいって、石油資源の争奪をめぐっての戦争なのである。

イラクの側に立って見れば、問題は単純である。クウェートは、本来、イラク領土の一部がイギリスの後押しによって独立した傀儡(かいらい)国家であり、アメリカに支援されているサウジアラビアと同様の前近代的な王族支配国家である。それはいわば、かつての中国における満州国のようなものなのだ。そのクウェートは、サウジアラビアとともに、アラブの連帯を破って、八〇年代、石油の安売

り増産をして王家の富を蓄えた。クウェートを実力で解放するのは、アラブの大義にのっとる聖戦に他ならないというわけだ。このイラクの主張が多くのアラブの民衆に説得力をもっているのは、そこに単にイスラエル問題がからんでいるからばかりでない。先進工業国との圧倒的な経済格差、そしてアラブ世界の中での貧富の格差の現実が、そこにあるからである。

他方、アメリカの側の戦争の理論も、もし、先端兵器の大量使用でこの戦争が短期に片づくものとすれば、明快である。アメリカは西側世界にとって危険なフセイン体制を倒して石油資源を確保し、指導的国家としての地位を確保するばかりでなく、大統領教書にいうように戦費の九割近くを、日本、ドイツ、クウェート、サウジアラビアなどに負担させることで、経済回復の糸口をつかもうと目論む。一日五億ドルにおよぶという戦費のかなりの部分は、すでに生産され廃棄される運命にあった余剰兵器であり、それに対し外国が支払ってくれるということは、アメリカ商品に対し、突然、巨大な海外市場が開けたに等しいというわけだ。

戦費否定する奇弁

この戦争に対して、日本はどのように対処するべきか。アメリカに追随し、憲法の「制約」を潜(くぐ)って多国籍軍にどのように「貢献」するかしか念頭にない政府は、標準家庭で五万円におよぶ巨大な戦費支払いのつけをどのように国民に転嫁するかに懸命だ。これを戦費でないとする政府の強弁は、歴史に残る政治的詭弁の一つだろう。だが国民は、憲法の定めた「理念」の下に、日本政府は、なぜ紛争の平和解決のために貢献することができなかったのかを問うているのである。

同時にこの問いは、やがて私たち国民自体にもはねかえってこざるをえない。今、私たちが享受

している経済の繁栄と豊かな生活は、アメリカが力で確保しつづけようとしている中東からの安い石油の下で営まれてきた。日本は、資源提供国としての第三世界に対しどういう公正な関係をとり結び、第三世界の向上と発展に協力できるか。この問いに答えることの中に、今、求められている新しい平和構築の戦略の出発点があるにちがいない。

(『朝日新聞』一九九一年二月七日)

・

湾岸戦争と日本

湾岸戦争が終結したとき、エジプトの新聞は、イラクと並んで日本もこの戦争の敗者だったと論評したという。外国の新聞には、鉄砲を振り回すアメリカ兵の後を、卑屈に腰をかがめながら金を支払って歩く日本人という種類の漫画があちこちで掲載された。世界が日本に対してこれまで持っていたイメージは、この湾岸戦争でまた増幅されたことは疑いない。

日本は、戦争開始以前から、武力解決という方針を支持することをアメリカに伝え、戦争開始後は、九〇億ドルという戦費の追加要求に即座に応じ、「地上戦回避のための仲介努力を」というゴルバチョフ・ソ連大統領直接のアピールを、すげなく無視した。湾岸危機が始まって以来、人質救出問題を除けば、経済大国日本は完全にアメリカの陰にあり、国際政治的にゼロだったと歴史に記録されても仕方がない。

とかく対応が遅いとかケチだとか、アメリカに批判され続けてきたことを気にして、今回は思い

切って素早く行動したつもりの政府だろうが、しかし、そのアメリカからも日本は評価されていない。

湾岸戦争の最中もそうだったが、その戦後処理についても日本は疎外された状態に置かれ、ブッシュ大統領の訪日予定も見合わされている。最近のアメリカの世論調査は、アメリカの民衆の中での日本のイメージも下落したと伝えている。湾岸石油への依存率の高い日本は、もっと貢献すべきだというアメリカの新聞論調のせいだろう。

政府は、こういう国際批判をかわすために、金を出すだけではなく汗も流すことが必要だと、いま自公民三党合意による新しい国連平和協力の構想をとりまとめるのに大わらわだ。しかし、日本がわずかな人数を紛争の現場へ、後方支援や停戦監視のために派遣することで、いま世界が日本を見ている冷ややかなまなざしが変わると、本当に信じているのだろうか。

いわれ続けて来たことだが、世界が日本に求めているのは、国際政治における明確な哲学であり方針なのである。もし、日本が平和憲法を持つために紛争の武力解決に積極的に協力できないとするなら、その代わりに、日本は紛争の平和的な解決のためにどういう努力をするかが問われているのである。

単に、武力的な解決の戦費を負担し、その後始末に人を出すというのでは、そこに何ら独自の哲学がないことは明らかだ。もし、同じ九〇億ドルを出すのでも、たとえば経済制裁を続けるための費用や周辺諸国の損失を負担するといち早く提唱したなら、世界の日本を見る目は違っただろう。

問題は、どうして日本の政府が、そういう形で主体的に提唱することができないかということだ。そこには、憲法を「理念」としてではなく「制約」としてしか見ない現在の指導者の政治姿勢の問

題が、根本的に横たわっている。それはまた、選挙用の軽量執行部で過ごしてきたことのとがめでもある。

いまアメリカは、湾岸戦争の勝利に酔っている。その民衆の表情を伝えるテレビの映像を見ながら、私は、戦後のアメリカ映画で見た第二次世界大戦勝利のシーンを重ね合わせていた。当時も、アメリカを始めとする連合国の民衆は、邪悪なナチスや日本軍部を正義の力で打倒した歓喜に酔いしれていた。

その中に、ヒロシマ・ナガサキや東京大空襲の下で苦しみ死んだ無数の日本の民衆の物語があったことを世界が気付くようになるのは、そのはるか後のことである。いや、それはいまだに十分に気付かれているとはいいにくい。だが、戦後の日本の出発点は、まさにあらゆる戦争が必然的にもつ残酷さを世界に訴え続けることにあったのではないだろうか。(『朝日新聞』一九九一年三月一二日)

PKO法案はなぜ流産したか

自民・公明が組んで、衆参両院で多数を確保していたはずのPKO法案が成立しなかった理由の根本には、この法案自体がもっていた不自然さがあったのではないだろうか。

そもそも政府・自民党は、これまでPKO活動への参加にそれほど熱心ではなかった。国民の多くも、PKOという聞き慣れないことばが、突然、日本の政治の中心問題に登場してきて面食らっ

たにちがいない。
しかしそれは、昨年の湾岸危機に際して提案され、世論の反対をあびて廃案になった国連平和協力法案のいわば身代わりとして登場した。そこに基本的に一貫していたのは、経済摩擦で険悪化していっているアメリカの対日世論が、湾岸危機で実際に「血を流し」、金しか出さない日本に対していっそう硬化していることをなだめるという政治的な配慮であった。そこにはもちろん、大統領選挙が近づいたアメリカ政府の直接の要請、国連常任理事国になりたい日本政府の野心そして海外出動という実績を積み重ねて自衛隊を正式な軍隊に格上げしたい自民党国防族の思惑が重なっていたことはいうまでもない。

「国際的な貢献」という美名に隠された意図がこのようなものであったとすれば、今回の法案が、日本がどのようにＰＫＯ活動に協力すべきかという本来の議論を超えて、はじめからＰＫＦ（平和協力維持軍）への自衛隊の参加という問題として提案され、その論議に終始したことは当然だった。政府は、武力による国際紛争の解決を否定した憲法第九条や自衛隊の海外派兵を禁じた参議院決議などから、これまでＰＫＦへの自衛隊の参加は無理だとしていた政府解釈をひるがえして正当化を試みたが、国会での論戦で明らかになったように、自衛隊は部隊として武器使用を命令しないとか、戦闘状態になったら独自に戦線離脱するだとか、国際常識に反する弁明を行わせる結果となった。

法案を流産させる原動力になったのは、結局、このような不自然さに対して、世論が納得しなかったからだという他ない。公明党の大会では、衆議院での強行採決に同調した執行部への批判が渦巻いたし、撤退にあたって政府は「世論への浸透」度が欠けていたと認めざるをえなかった。

これでＰＫＯ法案は、二つの国会を通じて審議未了ということになった。政府・自民党は、次の

通常国会での成立を期すとしているが、崩れてしまった自公民体制や予算審議の日程から見て、かなり難しいというのが常識的な見方だろう。日本が、ＰＫＯ活動に国際的に協力するということ自体については、世論も反対していないのだから、この際、自衛隊の海外派遣という問題を棚上げして、与野党が合意できる非軍事的、民生的そして経済的な側面に限ったＰＫＯへの協力に法案を組み直して再提出するのが、まっとうなすじ道ではないだろうか。

（『北海道新聞』一九九一年七月一九日）

Ⅶ

土井委員長の退陣——'91年統一地方選挙——

争点隠す〝挙県一致〟体制

今回の統一地方選は、明確な争点がないといわれる。しかし、政党や候補者側が争点を発掘する努力を怠っているとみた方が、むしろ正確ではないだろうか。地方選は、国政選挙とは違った争点があるはずだ。

なぜ政党、とりわけ野党が争点を発掘しなくなったか、それは地方政治での与野党の対立関係が様変わりしたからだ。野党連合が与党にきっ抗していた時は、地方選が国政選挙の代替選挙ともなり、争点もはっきりしていた。それが東京、大阪、京都といった革新自治体が退潮する七〇年代後半から崩れてきた。

「地方の時代」「村起こし」という掛け声の中で、福祉か産業振興かといった従来の争点が変質し、今では候補者の行政能力、地方経営能力ばかりが問われている。行政能力に長(た)けた人を、との選択の行き着く先が自治官僚や県庁幹部出身の知事で、それに野党が相乗りする。このことに疑問を感じるのは私一人ではないだろう。

この背景に、オイル・ショック以降の地方財政の危機がある。「挙県一致」「挙村一致」の下で、与野党が対立しなくなった。加えて、日本の草の根保守主義という土壌も大きい。しかも地方財政は「三割自治」といわれるように、国から自立していない。さらに政治的には七〇年代半ばから地

方政治での自公民体制の成立が指摘できる。それが定着すると、野党も対立したままでは選挙で勝てる見込みがなくなり、相乗りに移っていく。前回選挙で売上税反対の順風に乗り、社会党は地方議会の議席数を増やしたが、八〇年代全体の傾向をみれば一時的な現象で、流れとしては不戦敗の選挙区が増加している。

このような中で、野党側にいま一番求められているのは、従来の革新地方政治の中心だった福祉政策をさらに進め、「地方の時代」にふさわしい政策体系を仕上げていく努力だろう。

革新勢力は政策形成能力の欠如が、中央レベルと同様に、いやそれ以上に地方レベルでも指摘される。かつて美濃部都政や飛鳥田横浜市政など地方の革新自治体の全盛時代でも、中央の政党内部から地方自治の政策が出てきたわけではない。それは市民グループや党外の知識人らとの共同作業の中から生まれてきたといった方が適切だろう。野党の地方組織は、単独では県庁の膨大なマシンに対抗できるだけの政策立案能力は本来ない。選挙でも勝てそうにないとなると、労組などはプレッシャーグループとなって体制の内側に入っていく方が得と考える。社会党に最近顕著にみられる傾向だ。

こうした地方自治の現状を極言すれば、地方政治は極言すれば戦前の旧内務省時代と同じ官僚行政に陥ってしまったといえる。そこでは市民の批判が眠ってしまい、問題の所在さえ知らされなくなってしまう。

戦後半世紀近くがたったいま、地方自治とは一体何なのかという原点に立ち返らないと、地方自治は死んだと言われかねないところまで追い込まれているのではないだろうか。

今回の統一地方選で問われるべき問題は何かといえば、そのひとつとして世界的なテーマとなっ

ている環境問題が挙げられるだろう。かつての公害問題にはひとつの区切りがついたが、代わって自然保護とリゾート開発との関係などが、より大きな問題として浮上している。また地域における女性の政治参加という波が八〇年代以降高まっている。国の補助金に頼らない自立した住み良い、人間的なコミュニティとは一体何か——という新しい争点を、市民や生活者の声を集めて掘り起こすことが、今回の統一地方選に求められている最大のテーマだろう。

（『毎日新聞』一九九一年二月二一日）

保守分裂知事選の背景——地方選挙——

東京の都知事選が、前代未聞の保守分裂選挙となって始まろうとしている。対する野党の方でも、野党第一党の社会党の候補者がいつまでも決まらなかった。

社会党の決定が遅れたのは、候補と目された人たちが勝ち目がないと軒並みしり込みしたためだが、自民党の分裂選挙の方は、自公民三党の中央と自民・民社の都支部が対立してそれぞれ別な候補者を立てるという異常さである。しかも、似たような状況がつい先ごろの山梨県知事選でも生まれ、自社公民四党の中央が連合して立てた候補が、地元の保守候補に敗れるという波乱が生まれたばかりだ。いったい、何が起こっているのだろうか。

派閥や路線の対立

振り返って考えれば、選挙で、地元と中央が別な候補を立てて争うことは、自民・社会両党の歴史で、必ずしも珍しいことではない。

たとえば一九七四年の参議院選挙の徳島地方区で、中央が公認した後藤田候補と非公認となった地元の現職久次米候補とが激しい同士打ちを演じ、それが元で三木武夫と田中角栄の怨念(おんねん)的な対立がうわさされるようになったことは、今日でも語りぐさになっている。同じ年の京都府知事選では、地元の社会党の推薦で立候補した大橋参院議員に対し、中央は蜷川知事を推して大橋議員を除名し、革新の分裂選挙が行われた。

この二つのケースを分析してみると、いずれも党内の派閥や路線の対立が原因となっていることが分かる。徳島では、新しく主流派になった田中派が三木派の牙城(がじょう)に強引に切り込もうとして争いになったし、京都では、社公民路線に踏み切った社会党の支部と社共路線に固執した党中央の対立が背景にあった。

こういうことが、公明・共産両党について起こりにくいのは、両党では地方支部に対する中央の権威と統制が確立しているからで、これに対し、自民・社会そして民社の三党では、選挙活動は大きく地元の支部や組合・後援会などに頼っており、それだけ地元の発言権が大きいのである。

飛び交う「うわさ」

今回の東京都や山梨県の問題も、ある程度この延長線上で理解できる。東京の場合、新たに主流派として台頭した金丸・小沢派と鈴木知事のバックとなった宮沢派や旧中曾根派の一部との対立が

下敷きになっているし、さらに国会対策上、自公民路線に固執する自民党中央と、自公民連合によらずとも勝てるという地元議員との路線の対立があった。山梨でも、山梨保守政界内での金丸系とアンチ金丸系の怨念的な対立があった。

しかし、ここで見逃せないのは、これまでのケースといくらか違う側面が、そこに付け加わっていることだ。一つは、この保守勢力内部の争いに巨大な利権争いの影がつきまとっていることであり、他方は、中央政界の都合に発する地方選挙への強引な介入に対して、地元議員や選挙民の反発の度が強まっているように見えることだ。東京では臨海副都心開発をめぐる利権のうわさが飛び交っているし、山梨では金丸系企業による公共工事発注の独占が選挙戦の争点になった。

長期政権のゆるみ

この二つの問題は、しかし、ともに共通の根から発しているように、私には思われる。そこには、七〇年代後半から地方の首長選挙で広まった自公民路線、最近では社会党までもが加わった政党連合の下での地方政権の安定という問題が横たわっている。

与野党間の対立という緊張を失った地方選挙は形骸(けいがい)化し、低い投票率の下で長期化する首長の下で汚職や利権争いが頻発するようになった。小権力と化した首長と地方議員との間の癒着が、この傾向に輪をかけている。その中で起きた今回の東京や山梨の分裂選挙が、単純にこういう長期独占政権のゆるみが生んだ局地的な内紛にすぎないか、それとも自公民連合を核とする中央での政界再編成の動きに伴う新たな対立の始まりの予兆かを見定めるためには、もう少し時間が必要だろう。

(共同通信配信『信濃毎日新聞』一九九一年三月一二日)

地方選の争点とは何か

地方政治と中央政治

八〇年代に入って統一地方選は低調を指摘されつづけてきたが、それに輪をかけるように、九〇年代最初の今年の統一地方選も、低調をきわめている。それは端的に、保守陣営が二人も候補を立てて乱戦が予想される東京都知事選に、野党の本命である社会党が、告示直前になっても、候補者を決められないという状況に象徴されている。社会党がこれから候補者を決めても、それはオリンピック・ゲームと同じく「参加精神」で立てるだけだと新聞に書かれる状況の中で、統一地方選の頂点である東京都知事選の最大の争点が、与党の権力者、小沢幹事長からクビにされた鈴木知事への「同情」とＮＨＫの顔磯村氏の「人気」とどちらが勝るかにある、とされるような状況では、今回の統一地方選に、全体として熱気がこもらないのも無理はない。

統一地方選から熱気が失われてきた一つの理由は、単純なことだが、その「統一」ということの意味が、毎年、失われてきていることにある。戦後四十五年、首長の任期途中での交代や市町村合併などが累積されてきて、この四月、知事選が行われるのは、全体の三分の一足らずの一三都道府県だけ、市町村で首長選が行われるのは二五％に止まっている。世間が統一地方選挙と騒いでも、

もはや三分の二の自治体では首長選挙は、この時期に行われていないのである。このまま進めば、やがて統一地方選挙ということ自体がなくなってしまうのは明らかだ。

さまざまな地方選挙を統一して行うことに、効率という観点以外にどれだけの意味があるかどうかについては、さまざまな議論があるにちがいない。地方政治の独立という観点からすれば、選挙は各自治体が独自に行ってかまわないという論も、当然、成り立つ。しかし、この間、地域の論理だけでバラバラに行われてきた地方の選挙を振り返れば、そこにまた別な問題があることが見えてくる。それは、地方分権化をどう進めるかとか福祉の切り捨てにどう対処するかなど全国に共通している地方自治の枠組みに関する問題、地方自治に密接に関係する国政上の問題が、まったく争点とならなくなることだ。もちろん、地方自治体での選挙が、国政選挙の代理選挙としてたたかわれること自体は、異常である。しかし、地方選挙が、まったく国政選挙と関係ないとしてたたかわれることも、中央と地方の政治が連動している現代日本の政治の構造からして、おかしいといわざるをえない。

話を、こういう側面からはじめたのも、こういう中央政治と地方政治の区分の論が、今日の地方選挙における一つのイデオロギーとして、一般化しているからである。どこで一般化しているかといえば、それはとりわけ野党第一党である社会党の地方組織においてである。地方政治には、中央で保守と革新を分かつ安保や自衛隊などの問題がない。また福祉がある程度ゆきわたり、環境問題が落ち着いた今日、地方はそれぞれ独自の争点をもつようになり、そこでは保守と革新という区分はなくなった。こういう理屈を立てて、与野党の相乗りで同一首長候補をおす。それが地方選挙を低調にさせている基本原因であることは、間違いないことだからだ。

今回の一三都道府県選挙で、社会党が自民党が推す保守候補と対決するのは、今の時点ではっきりしているのが、岩手と福岡の二つだけ、これに社会党、自民党の候補者選びがそれぞれ難航している東京・北海道をくわえても四つにすぎない。革新系候補に自民党が相乗りする神奈川（あるいは形式的にいえば大阪）を除いて、残りは、保守系候補に社会党も相乗りするか、あるいは戦いを放棄して傍観を決め込むかである。プレ統一地方選としてすでに行われた今年の四つの選挙でも、山梨、愛知が同様のパターンであり、対立の形を取ったとはいえ、石川でも本来、保守系候補同士の争いに社会党がのったにすぎない。こういう地方では、選挙は勝敗をはじめから度外視している共産党推薦の候補と戦うという形式的なものに終り、投票率も低い。たとえ、二月の山梨知事選のように、接戦になった場合でも、自社公民共同の候補と保守候補との対決だから、政策的な争点もへったくれもあったものではない。地方選挙が、低調になるのも、当然だといえよう。

繰り返していうが、これは、何も新しい事態ではない。二月末の時点で、四七都道府県知事に対する各党の推薦・支持状況を調査して見ると、自公民あるいは自民と民社が連合している保守・中道知事が二八府県、全体の六割を占め、これに保守系単独の知事が一三となっている。この保守・中道系知事に社会党が与党として加わっているのがそのうち一八府県もある。同じような状況は、全国六五六市（東京特別区をふくむ）の首長についてもあてはまる。現在では、そのうちの約四四%が、自民・中道連合によって支持されており、そのうちのほぼ二分の一、全体の約二二%が自社公民の相乗り体制である。状況はとりわけ近畿地方（滋賀、京都、大阪、奈良、兵庫）で著しく、全八〇市の半分強、四一市が自社公民の共闘体制になっている。

こういう状況の起点になったのは、七〇年代後半の革新地方自治の運動の崩壊であり、そのまた

核になったのは、七三年に始まる公明党の社共連合への参加の拒否だった。それ以後、地方の首長選挙において自公民連合が拡がり、やがて主流となっていった。その意味では、現在の中央政治であらわになってきた自公民連合への潮流は、この時代に地方の底辺から始まっていたのであり、それは今日まで一直線につながっている。その中途において、国政の場で唱えられた社公民連合へのさまざまな試みは、いわば自民党をゆさぶり、その単独過半数の議席を削いで保守政権に参加するための戦略でしかなかったというのが、私の一貫した見方だ、地方政治の現場から見れば、すでに中道政党が社会党と手をたずさえて自民党と対決する基盤は、崩壊しつつあったというのが事実である。

社会党が、この自公民体制に相乗りするようになったのは、端的にいえば、自公民体制を向こうにまわし、共産党とも対決しながら選挙で勝つ見込みを失ったからである。それは、社会党の地方組織の弱さとも相乗的な関係にある。勝利の展望のない選挙をいつも戦うことができるほど、社会党の組織は、人的にも財政的にも強くない。他方、社会党の基盤組織である官公労の組合や支持団体の間には、野党として冷飯をくわされつづけるよりは、与党の一つとしていくらかでも日の当たる場所に出たいという欲望がはたらく。また、地方議会の中では、社会党の勢力は首長選挙におけるよりももっと弱い。居住地域に組織をもっていないからである。従って議会で、強力な野党として機能して首長の顔を向けさせるという望みもない。このようにして、自公民主流の体制の伴食に甘んじながらも、あえて与党になる道を選択する。あるいは対立候補を立てないで中立を守るという選択をするようになる。それが七〇年代後半以降、次第に拡がっていったのである。

中央への新たな依存

ここで注目すべきは、こういう自公民あるいは自社公民の相乗り体制の中で選択される首長に、官僚出身が多いという事実である。たとえば、先にあげた二八知事のうち一七知事が中央官僚の出身であり、その内の一〇人がさらに自治省出身である。それに県庁の幹部から転身した七人を加えると、ほとんどが官僚出身だということができるだろう。これらのうち、中央官庁の幹部から直ちに知事になったり議員になったりした八人を除く二〇人は、例外なく副知事を経由してのち知事候補に推されている。いいかえれば知事の座は、選挙で選ばれる公職というよりも、いまやこういう中央からの出向をふくめた地方官僚の制度的な昇進コースの頂点となっており、その知事を自公民あるいは自社公民が与党としてとりまくのが一般化しているのである。

これが、七〇年代後半以降、喧伝された「地方の時代」の到来とセットになって生まれてきたことの意味が、今、あらためて問われなければならない。それは、中央での政争と連動した政争を止めて、各自治体が独自にその建設を推進するという路線として受け取られた。オイル・ショック以降の中央政府の財政難と補助金支出の削減に伴う経営マインドの導入が唱えられ、企業誘致や公共事業に頼らない村起こしや町づくりの運動、そして地方文化の推進から、「ふるさと創生」へとそれはつながっていった。

地方革新や住民自治の時代から、「地方の時代」への切り換えは、低成長の時代の到来にあわせて、それなりに合理的なもののように見えた。しかし、それは同時に、地方経営の「専門家」として、各自治体が争って官僚を首長に迎え入れ、自民党から社会党までがその与党としてとりまくという時代の始まりでもあったのである。

戦後から六〇年代末までの保守系首長の金看板だった中央直結による利益誘導の地方政治は、ここでは、表面的に終始符を打たれたかに見えた。実際、新たに首長に迎えられた官僚、とりわけ自治官僚のなかには、中央省庁の行政指導に楯ついてびわ湖の水質保全のために、有燐洗剤の使用を禁止した滋賀県の武村知事のような例もあったし、地方への大幅な分権を唱道する広島県の宮沢知事のような人もいた。

だがそれは、地方への工場誘致が終り、リゾート建設が求められるようになるという種類の時代の転換と対応する限りにおいてであった。八〇年代に入って、中央からの補助金の総額は、行財政改革のかけ声のなかで、福祉予算を筆頭に削減されていった。しかし、その中で地方の自立が高まったというよりも、中央への新たな依存がはじまったというのが正確である。補助金は、重点的になるよりも、総花的に薄撒(うすま)きされるようになり、その補助金の獲得に向けて、地方首長や議員は、いっそう忙しくなったのである。

それは同時に、国際化の時代のなかで、東京への再集中がはじまったこととも重なっていた。農村は、農産物の市場開放のなかで追い詰められていた。ふたたび窮乏化の過程に入った地方は、しかし、今度は「自立」というスローガンのなかで、自民党政府に直結する首長でなく、中央に顔がきくとともに地方経営に積極的な「中立的な」官僚を求め、そこに野党も安心して乗るという構造ができあがったのである。これは、クッションを通した新たな中央依存のはじまりということができるだろう。

今日の時点からふりかえって見れば、これは「イデオロギーの終焉」の時代、新保守主義の支配の時代の新たな政治構造の形成のはじまりだったということができる。自治体が企業にたとえられ、

民活になぞらえられて「村起こし」が推奨されるなかで、野党は企業における組合と同じように無力化せざるをえない。実際、日本の地方政治において、県庁や役場のもつ力は、その情報収集、政策形成能力において他の組織と隔絶しており、中央の政界と違って、いくらかでもそれに対抗する能力をもつ政党組織などありえない。地方が経営的な能力を求められている時代においては、さらにそうである。

多選、汚職の弊害

この視点からして、野党とりわけ社会党の地方政権参加は、新しい国際的な潮流に沿っていると見る人たちもいる。ヨーロッパでは、このようにして形成される協調国家は、新保守主義の時代において切り捨てられ勝ちな労働組合など弱者の権利を保障するための必要悪であり、しかも長期的に見て底固い経済成長を持続させる手段であると説く論者もいる。

しかし、協調主義の体制は、政党政治がもっている本質的な機能を、他面ではマヒさせるものである。それは、現在の地方政治のなかで露頭しているさまざまな問題の中に、端的にあらわれている。

第一に、首長の多選についての批判が影を潜めた。かつては三選、十二年が限度というのが、与野党を問わず一つの正論として通っていたが、今日は、能力があるなら何選でも構わないという議論が大手をふっている。与野党相乗りの無風の長期政権がつづくなかで、十二年で交代という声が内側からあがらなくなってしまうのである。石川県知事は八選をはたしたし、市町村レベルでは、一二選というのさえある。東京都の鈴木知事を下ろそうとした自民党本部が、多選ではなく年齢を

あげつらったのは、他にあまりに抵触するケースが多いからだ。無投票当選も多くなる一方、選挙は形式的になり投票率も低下する一方だ。

このように多選が続き、与野党の馴れ合いが進めば、直ちに起こるのは、利権との癒着や汚職の問題である。八〇年代に入ってから地方の首長が、利権や汚職がらみで逮捕されたり政争になったりすることが、ひときわ目立つようになった。今、手元にそれを端的に示す数字はないが、この問題は最近の統一地方選の度ごとに報道されている。最近では新潟県の西山町や兵庫県の川西市などが典型的な例だ。今年になっても、山梨の知事選での最大の争点が、金丸人脈による利権の独占への派手な攻撃であったことは、記憶に新しい。東京の知事選においても、自公民体制の堅持というスローガンの影に隠れた争点は、臨海副都心の建設にともなう巨大な利権の自民党内部の争いにあると、『毎日新聞』はキャンペーンしている。

問題は、馴れ合い体制の下では、こういう問題が、地方議会内での論戦や選挙での対立候補の批判という形で、有権者に対して公にされにくいことである。有権者は、ある日、突然、検察の手入れという形で、自分の選んだ首長が汚職の主人公であることを知らされる。それは政党対立による公開の批判論争という政党政治の基本的な生命が、多くの地域で死んでしまったことを示している。

革新政党のテーマ

今日の地方政治に、与党と野党、保守と革新が本気で対立するような争点が、ほんとうになくなってしまったのだろうか。

なるほど、基地や自衛隊問題をめぐってあるいは住民福祉や公害問題をめぐって、アメリカ追随、

企業優先の立場に立つ保守の論理と革新勢力がそれぞれの地域で対決するという形での政治的な緊張は、確かに和らいだ。だがそれは革新ということの定義を過去のものに限って見た場合である。視野を未来へと延長すれば、新たな大きな問題が地域で生まれているのを、多くの市民は感じとっている。たとえば環境保護は、地球規模での人類の将来に関わる問題であり、目先の開発のもたらす利益よりももっと大きな価値をふくんでいる。同時に、またそれはこれ以上の賃上げよりも、ゆとりのある人間的な生活を志向している現代の生活意識の新しい流れにも沿うものである。リゾート法の下での新たな「列島改造」が進行しているとき、これは本来的に大きな争点となるべきものだ。

また、八〇年代に深化した女性の社会進出をどのように定着し、制度化、組織化してゆくかも、革新の側に立った争点になるべきものだ。それは単に女性副知事を登用するという種類のポーズの問題ではない。地域での女性の職業や社会的活動の場を保障し、そのための助成や優遇措置をとる。また、地方議会にこれまで以上に多くの女性議員、主婦議員を送り出すというのは、依然として残されている課題である。「マドンナ」議員とかオバタリアンだとかマスコミに揶揄されながらも、地方議会での女性議員の数は、未だに五%にも満たないのである。しかし、たとえば新潟の農村地帯で、社会党がいわば捨て玉として県会議員選挙に立てた無名の大淵絹子さんは、それまでのどの社会党候補よりも善戦し、次の補欠選挙で、一挙に参議院議員の座を射止めた。おなじような可能性は、全国各地に秘められているに違いない。女性の地方議員の大量進出は、革新の地域的な足場を築くと同時に、地方議会に生活者としての女性の視点を導入し、これまでの補助金志向の旦那政治、土建政治を変えてゆくことになるに違いない。

同じことは、高年齢層や障害者などの社会的な弱者の問題についてもいえる。これは、七〇年代から繰り返し指摘されてきた問題であり、新保守主義の下での福祉問題のしわよせが、これらの人々に大きくかかっている今日、なおさら重要な問題である。にもかかわらず、社会党をはじめとする革新陣営の取組み方が弱いために、地域で老人が革新の候補者に投票するという大波は、未だに現れていない。

衆議院選挙での話だが、かつて保守党の金城湯池といわれた鹿児島三区で、そこが日本一の高齢者地帯であることに着目した社会党の候補者は、自分の事務所を年金受給や福祉問題の相談所にすることで老人票を集めて、ついに社会党に議席をもたらした。全国的な高齢化の進行にともない、同じような可能性は、すべての革新の活動家に開かれているはずである。

その他、革新陣営内でも容易に意見がまとまらない原発問題は棚に上げても、地域における産直運動、虚飾化が進行する一方の冠婚葬祭の改革運動その他、地域に潜在的な問題を掘り起こしてゆけば、今日の地方政治において争点はいくらでもあることに容易に気がつく。問題は、それらを住民に分かり易い形でまとめあげ、九〇年代革新の総合的な政策としてまとめあげてゆく哲学とリーダーシップに、革新の側が欠けていることである。従って、地方選挙でのフロンティアは、たとえば環境問題を基礎に住民が革新政党ぬきでたたかった逗子市や、東京三多摩地域で産直運動を基盤に女性地方議員をふやしつつある生活クラブの運動のような市民や住民の運動によって担われ、革新政党の側は、自らの非力をかこちつつ、「基礎票」や地方議会での勢力の数合せの下で、保守既成勢力との連合や取引きに余念ないという状況が続いてきているのである。

自公民連合を核とする新しい保守体制へと向かわせているのは、自民党がすでに単独では過半数

の支持をうることができなくなったという時代の流れである。そこには、農産物市場の自由化とともに農村のこれまでの地盤が解体し、自民党は輸出産業労働者や宗教団体の票によりかからなくてはならなくなったという社会構造の変化と同時に、豊かな社会化のなかで生活保守化した都会の中間層の上に、体制を安定させ直したいという保守党中枢や官界、財界の志向があらわれている。

これに対し、革新の側がよるべき基盤は、まさに生活の革新のアピールを軸にした意識の革新を、同じ層、同じ国民に訴えつづけることによって、少数が多数へ転化する道を切り開く以外にない。その視点に立てば、革新とりわけ社会党が、すべての首長選挙で保守党に対立候補を立てて争うことのなかにこそ、将来への展望がはじめて拓けるとされるべきである。底辺の人々の意識が変われば、また、中道政党の行動様式、連合志向も変わる。それは昨年の国連平和協力法案問題でも、如実に示されたことだ。

今回の統一地方選挙がまったく不毛というわけではない。地方議会の選挙では、ゆっくりした歩みながら、女性議員の進出はつづくだろう。しかし、革新勢力にとって、今回の湾岸戦争協力問題は、前回の売上税と同様の「神風」となるだろうか。前回の選挙では、社公民の反売上税の共同歩調は、自社公民連合の上に立つ保守候補を追い込み、彼らの多くに売上税反対を言明させた。今回は逆に社会党が、各地で沈黙を守るのを余儀なくされるのではないだろうか。湾岸戦争問題や保守候補の内ゲバという野党にとって折角の好機を迎えながら、逆に不毛な選挙だったと、後に総括されるとしたら、地方自治はさらに閉塞状況へと追い込まれてゆくことだろう。

(『世界』一九九一年四月号)

なぜ無党派が地方選で圧勝したか

北方領土問題の解決について、あれほど期待が高かったゴルバチョフ大統領の訪日が、四島の名を明記して継続交渉を行うというリップサービス以外に、実質的に何の成果も生まないまま大統領が離日した後、政界は虚脱したような静けさに包まれている。実際、ペレストロイカの下で無視できなくなったソ連の民族主義的な正論、ゴルバチョフがますます頼らざるをえなくなっている軍部の強硬な反対、そして北方領土を管轄しているエリツィンのロシア共和国との対立という状況を考えれば、今、ゴルバチョフ大統領が北方領土問題で「英断」を下すなどということは、始めからありえない話だった。

しかも日本の側も、日米関係の枠の中でしか日ソ関係を進めないという対米公約や返還された北方領土の非軍事化を認めるなというアメリカ軍部の要求によって手を縛られている。そしてこれまでの自民党の党是からして、北方領土に対する日本の潜在主権の確認を棚上げした国連管理や日ソ共同管理などという案にのる余地はない。

このようにして、戦後、半世紀ぶりにめぐってきたと宣伝された北方領土問題解決のチャンス(?)は、あえなくつぶれた。今後、交渉が継続されるといっても、突然、事態が開けるという見込みはほとんどないというべきだろう。

実際、現代史において、戦争で獲得し、しかも自国の住民しか住んでいない領土を、他国に平和裡に返還した例は皆無であることからも、北方領土問題の難しさは見当がつく。その点で、それは沖縄とは同列に論じられない。しかも、今回のゴルバチョフ大統領訪日にからんでの日本側マスコミの取材ではじめてわれわれにも実態が明らかになってきたソ連側住民の問題がある。すでに住みついて半世紀近く、北方領土を故郷とするようになった数千のソ連側住民の扱いは、年月を経ればへるほど難しいものになることは明らかだ。

北方領土問題は、ソ連側の政治情勢の急回転でもないかぎり、今後も、膠着状態がいつまでも続くことだろう。問題は、それが、その間、日本の政治家によって、国内政治のからみで、いわば政治的に利用されつづけかねないということである。政治家たちは、北方領土問題打開という旗印をかかげて、次から次へと訪ソし、ソ連の政治家たちの片言隻句を土産に、成果を誇って帰国する。しかし、事態が本質的に何の前進も見ていなかったことは、今回のゴルバチョフ大統領の訪日の決算でも明らかだろう。

鳴物入りで宣伝された東京での日ソ首脳交渉が、実質的に何の成果がなく終っても、政界に政府や海部首相の政治責任を問う空気一つ生まれないのは、北方領土問題と日ソ関係の打開をめぐって、基本的に与野党の間に対立がほとんどないからである。しかし、それは、他面では、「大国」日本が国際的に政治的なリーダーシップを取ろうとしないことの別な表れだとみることもできる。実際、世界の中でいつまでも残っている極東での冷戦状態打開の責任を、北方領土の日本主権を認めないソ連にかぶせるだけでなく、たとえば、日本の野党のなかから、事態を動かすための積極的な提案や議論がなぜ生まれないのか。後世の歴史家はいぶかるにちがいない。

しかし、それも統一地方選挙をめぐる野党側の状況を見れば、納得がゆく。二一日の投票で終った後半戦の結果でさらに明らかになったのは、社会党をはじめとする野党が後退し、保守勢力が独り勝ちしたことだった。もっとも、保守勢力といっても、自民党が必ずしも勝ったのではないことは、東京都知事選挙をはじめとする各地の分裂選挙の結果でも明らかである。この意味で、いつもの地方選挙より目立った今回の無所属候補の勝利の多さには、単なる相乗りや保守系候補の便宜という以上の問題をふくむものとして、解釈されなくてはならないだろう。

しかし、一口に五五年体制以来、一世代以上たった日本の政党の制度疲労といわれるものについても、自民党と他の政党とは、区別して考える必要がある。振り返ってみるまでもなく、中央の公認した候補と地元が押し出す候補との対立は、自民党のいわばお家芸だった。党組織を超えて、地元の個人組織や利益団体、自治体などの利害を背負って自主的に立候補してくる保守系の議員志願者の多さが、時に統制のとれない自民党組織の弱さをさらけだしながらも、自民党の活力と新しい状況や世代への済し崩し的な適応を生んできたのだった。今回の強引な自民党指導部によって引き起こされた各地の分裂選挙は、現在の党中央の力こそ、一時、弱めたかも知れないが、全体として見れば保守票を掘り起こし、野党全体に打撃を与える結果になったことは明らかだ。

この点で、中央組織があって地方支部が成り立つ野党は、基本的に異なっている。そこでは、政党の政策や主義にたいする一般的な支持の減退は、そのまま党勢の衰退となって表れる。しかし、今回の地方選挙の結果を見れば、公明党や共産党は、非勢を認識して候補者を減らし、それなりの当選者を維持した。それは、衰えたりとはいえ、一枚岩の組織の成果だろう。これに対し、悲惨だったのは、社会党である。本来、足腰の弱い社会党は、総評の解散、連合の成立によって、いっそ

う地域の献身的な活動家の数を少なくしていた。そしてそれに代わるはずの女性組織や市民活動は、この四年の間、社会党に幻滅を強め、前回のような土井人気もマドンナ旋風も今回は起こらなかった。東京の近郊で急速に拡大した生活者ネットワークのような無党派の女性や市民活動が社会党から自立し、今回の選挙での進出によって、結果として社会党候補を追い落とすことになったのは、その典型的な表れである。

社会党では、今回の敗退を土井委員長退陣という人事問題にすり替えず、党の態勢の本格的な検討へと発展させたいとしているのは、正論だろう。しかし、そこでも、連合の山岸委員長や社会党の田辺副委員長のように、消費税問題や湾岸戦争への対応さらに掃海艇派遣などに対する党の政策の硬直が支持減退の原因だとして、社会党路線の現実主義的な転換を求める圧力と、逆に党の護憲平和路線の徹底を求める勢力との間の抗争が、蒸し返される気配である。もちろん、前者は、共産党や社会党左派を切り捨てて自社公民大連合をつくり、やがて政界再編成を目指す構想と連動している。

今回の地方選挙の結果をつぶさに点検してみれば、地域によっては、社会党の地方議員が増え、倍増しているところもあることに気付く。それは社会党の抱えている問題の真因が、やはり組織にあることを暗示している。社会党が、どのように、今、広がりつつある女性や市民の活動家と有機的に結びつく道を見出せるか。それにそって路線や組織そして人事の再検討を進めるというのが社会党再生の出発点だと思われる。

(『エコノミスト』一九九一年五月一四日号)

(現実には、この小論の直後、土井委員長は退陣、田辺副委員長がその後をついだ。)

内外の不信買う二元的政治体制

政局の焦点は、今、臨時国会の開催時期をめぐる海部首相と自民党の綱引きにある。五月二六日、首相は党四役から「早期開催」という合意を取り付けるのに一応成功したものの、その時期はいまだ定まっていない。海部首相としては、臨時国会を早期に開催し、選挙制度改革法案の衆院通過をかちとることで「政治改革の海部」というイメージアップをし、一〇月に迫った総裁選挙レースへのはずみをつけたい。これに対し、党内の大勢は、もう海部リリーフ投手の役割は終った、この辺でエースに首相の座を戻したいという空気だ。そのためには、国会の開催時期をできるだけ遅くし、海部内閣に選挙制度改革をやらせないという対抗策が生まれる。

もっとも、そこには、選挙制度改革の自民党内とりまとめが難航しているという現実がある。選挙区の変更によって自分の議席が危うくなると予測する議員たちの抵抗が激しいからだ。選挙制度改革が総裁選挙の思惑と政治的にからみはじめたことで、抵抗には拍車がかかっている。地方選挙の勝利で、リクルート事件後の自民党への逆風は完全に消えたと観測されればなおさらだ。そうなると、改革をこの際実現したいという推進派の中から、改革の実現自体への危惧が生まれ、国会の早期開催時期をはっきりさせることで、改革案のとりまとめへプレッシャーをかけたいという動きも生まれる。だから、綱引きは混沌としている。

この混沌をさらに不透明にしているのは、国連平和協力隊の構想が再燃していることだ。これも臨時国会に当然上程されなくてはならない問題だが、昨年の法案の流産の際にまとめられた「自衛隊とは別個の組織とする」という三党合意の線で新しい国連平和維持活動（ＰＫＯ）協力組織の構想をつくることが難航している中で、役職を離れた小沢元幹事長を中心に、やはりなんらかの形で自衛隊を参加させたいという動きが活発化してきた。湾岸戦争の戦火が消え、海上自衛隊の掃海艇がペルシャ湾で活動を始める中で、世論の自衛隊海外出動へのアレルギーも弱まったという計算の下である。

公明党が、先週、この問題での従来の態度を白紙に戻して再検討することを決めたのも、こういう自民党内の動きからの働きかけがあってのことだろう。自民党内の一部の実力者にとっては、党内を分裂させかねない選挙制度の改革よりも、この新しい機運に乗じて国連平和協力隊構想を実質的に復活させることの方が、もっと大事である。臨時国会の開催は、公明党内のこのような動きとからめることが、一番、重要になる。あるいは、そこでは、公明党が今のところ拒絶反応を示している選挙制度改革と何らかの取引きが行われることも、十分、予想されよう。

こういう錯綜した動きをさらに複雑にさせているのは、「海部おろし」をはかる党側の次期総裁候補の姿が見えていないことだ。そこには、最大派閥である経世会内部での竹下、小沢の実権争いの綱引きがからんでいる。一時は、安倍元幹事長が病床から安竹連合を指示するだろうからという理由で、竹下元首相の復活が有力視された。しかし、安倍氏の死去で、情勢は一挙に流動化した。金丸氏が竹下潰しをねらって橋本蔵相を立てるという観測も一部にあるが、経世会がそれで容易にまとまるとは思えない。もし、経世会が自派候補でまとまらなければ、不本意ながらも海部首相の

続投に終わるという可能性もないわけではない。その時、続投という夢をちらつかされた海部首相が、〈国連平和協力隊〉問題や選挙改革問題でどういう役割を担うか、今後の動きが注目されよう。

政局の動きがこのように不透明になるのは、そもそも、政権担当者の首相と基盤組織である与党の実力者が、同じでないからである。議院内閣制の下では、本来、予定されていないこういう事態が、戦後日本政治の上で始まったのは、金権政治批判の世論をかわすために、弱小派閥の三木首相を立てた七四年のことだった。それ以降、中曾根、宇野、海部と、同じことが繰り返されてきている。それとともに、日本の政治におけるリーダーシップの不在が、問題にされるようになった。そしてまた、後継総裁選びに際しては、派閥間抗争に加えて、党の多数派による「首相おろし」という力学が加わることになった。

振り返ってみれば、邪馬台国の昔から戦前の天皇制国家の時代にいたるまで、日本の政治では、大衆向けの顔としての指導者と背後の実力者とが分立する二元的な政治体制だった。ヨーロッパでも、中世の終りまではそうだった。しかし、そういう構造を一元化し、責任の所在を明らかにし、また国家指導者のリーダーシップを発揮させるために、議院内閣制のシステムが案出されたのである。首相がどういう見識や抱負の下に指名され、どういう責任を負い、なぜ更迭されるのかがまったく分からない現在の日本の政治のシステムは、近代以前に逆戻りしているといってよい。少なくとも、自民党内の都合で首相が変わった時点で、新首相は抱負を明らかにして直ちに選挙を行い、国民の信を問うという慣習を作り出さないかぎり、今日のような政権交代劇は、国民にそっぽを向かれるばかりでなく、国際的な不信を買うみなもとにもなりかねないだろう。

社会党にも二元構造

さて、野党は、これまでのところいつも、自民党の政権交代の不透明さを批判することで、得点をあげてきた。しかし、それは今の社会党には到底あてはまらない。社会党自体が、土井という大衆的な看板と田辺・山岸連合という実力者集団の二元構造におちいっているのではないかと、国民は疑っている。そして、選挙に敗北するたびに蒸し返される社会党内の構造改革論議も、汚職事件のたびに自民党内で繰り返される政治改革論議と同じ種類のものではないかという印象を否むことができない。いずれもそこでは、現在の議員や実力者たち自身の身を切るような改革を、どうしたらできるかという展望がみえてこないからである。社会党改革の力点を、公明党の後を追って「現実化」するという路線問題におくのか、それとも社会党に投票した有権者たちの参加と発言権を重視するという組織問題におくのか。その選択のなかから、構造改革論議の筋書きもいっそうはっきりと浮かび上がってくることだろう。

（『エコノミスト』一九九一年六月一一日号）

社会党改革—理念欠いた妥協—

社会党の今回の党改革は、統一地方選挙での敗北を理由としている。しかし、その目で、先日、党改革委員会がまとめた文書を読むと、外部のものには素直にはわかりにくい。

社会党は、地方選敗北の理由として、社会党の党機構が円滑にはたらかなくなっており、また、

党の存在感を国民にアピールすることができなかったとしている。そのために、党の機構改革を行い、党務と政務を分離するとともに、新しい政務の担い手として、国会議員団による「シャドウ・キャビネット」を創設するという。

たしかに、消費税や湾岸戦争あるいは東京都知事選への対応において、社会党はいったい何をしているのかと不安を抱かせることが多かった。また、ここ十年ばかりの間、社会党をはじめとする野党の国会での論戦に迫力がなく、野党議員の勉強不足がしばしば指摘された。その意味で、社会党が党機構を改革し、国会議員が政策問題について専門家や官僚たちをまじえた研究の場をつくるというのは、結構なことに違いない。

しかし、それだけのことだったら、何も鳴り物入りの党改革などとうたうこともなく、さっさと実行すればすむことだとだれでも思うだろう。もっとも、いくらか社会党問題に首を突っ込んだ人だったら、それが容易に実現しなかったのが、現在の社会党の体質だと分析するに違いない。

実際、国会議員になることを引退後の特権と考えている労働組合出身の幹部たち、また、派閥にがんじがらめにされている中央執行委員や政策審議会の書記たちの問題は、政務よりも、党務、いや閥務や組合務が優先する今日の社会党の問題のありかを、端的に示している。

だが、今回の党改革委の報告書は、この問題にメスを入れることなく、あっさりと政務と党務の分離をうたうことで逃げている。

問題を、統一地方選にもどしてみるならば、今回の社会党の敗北が、何よりも末端での党活動の衰退によるものであることは明白だ。それは生活問題に直接かかわる地方選挙の特質であり、そこではドブ板を踏むような日常活動の積み重ねが直ちに選挙に反映するのである。

たとえば、東京周辺では、〝生活者ネットワーク〟の女性候補が躍進し、彼女たちによって追い落とされた社会党の組合議員たちが多かった。そこには、党の機構だとか、ましてや自衛隊や日米安保などという次元の問題はないのである。

そして社会党自身、多くの知事選挙で、このような国政上の対立がないことを理由に、自公民と連合を組んだ。東京都でも、労働組合「連合」は自公民連合候補を支持し、社会党東京都連は選挙が終ると、さっさと鈴木知事の与党に変身した。もちろん、地方選挙で保守系候補に対決する基本的な争点を見いだせないとするなら、社会党が地方議会選挙で後退するのも当然だろう。

このような状況を背景においてみてはじめて、今回の党改革の動きが、党機構の改革だけではなく、なぜ日米安保や自衛隊の「容認」という路線転換問題に発展していったかが理解できる。それは本来、地方選挙とは直接関係ない年来の党内路線対立の問題であり、それが地方選での後退を契機に、一挙にふきあげたものとみるのが正しい。

この路線問題は、マスコミが表現するような右派と左派というイデオロギー対立というよりも、もっと端的に「現実主義」をとる組合幹部たちと「理想」の改革を志向する女性や消費者などの市民運動グループとの対立という方がふさわしい。

組合が、旧総評系グループまでもふくめて、日米安保や自衛隊問題についてひとしなみに容認路線を主張しているのは、その表れである。そしてその背後には、統一された労働組合「連合」の圧力があるのは、周知の事実である。

こういう組合の路線転換の背後には、公民両党がすでに「現実主義」路線に切り替わっている現在、「連合」が後押しする社公民路線を復活するための絶対条件としてこの問題があるという認識

がある。それは同時に、社会党がもはや単独で政権をとる可能性はなく、公民両党ひいては自民党の一部とも和解して政権に近づくしか道はないという判断の表れだといえる。

その先に、自公民と社会党「右派」との大連合を仕掛けている金丸路線があるかどうかは、見る人によって違うかもしれない。しかし、地方での首長選挙では、それはすでに大勢になっている現実だ。

野党第一党としての社会党が、具体的な政策問題について、現実的にかつ柔軟に対応するのは当然である。しかし、それは理念や基本路線の問題を変えるというのとは違う。そこには政党としてのアイデンティティーの問題がかかっているからだ。

この意味で、今回、社会党がこの三十五年間、錦の御旗として掲げていた憲法解釈や平和政策の基本路線まで「現実主義」的に変えようとしたことは、いかに公民両党や「連合」に踏み絵を迫られていたとはいえいただけない。しかも、出来上がった改革案の文言では、日米安保や自衛隊の存在を「直視」するというあいまいな表現で妥協をはかった。

結果として、市民運動グループを幻滅させ、公民両党には相手にされず、公党としての威信を失墜しただけに終らなければ幸いというべきだろう。

この改革案の取りまとめと同時に、土井委員長は辞意を表明した。それは、女性運動や市民運動グループと連帯して、日本の社会党の脱皮をはかろうとした土井路線の終りをも意味する。

しかし、西欧の社会民主主義政党の流れに即して見るならば、それは一時の問題だろう。現代の社会民主主義政党にとって労働運動と市民運動は、車の両輪のごとく支えあうものである。日本の社会党は、まだそこに到達していない。

（『毎日新聞』一九九一年六月二五日）

VIII　選挙制度改革の失敗――自民党内政権交代――

選挙制度改革を問う

焦点としての政治改革法案

八月五日、招集される臨時国会の最大の焦点は、政治改革法案にある。二年前のリクルート事件によって政界にもたらされた激震の結果、参議院での与野党の議席は逆転し、自民党は、海部内閣を立てて政治改革を推進することを公約した。臨時国会での政治改革法案の審議は、その総仕上げの意味をもっている。

政治改革法案は、具体的には選挙制度の改革、政治資金の新たな規制そして政党への公的資金助成の三法案から成り立っているが、その中心は選挙制度の改革にある。自民党は、一九二五年の男子普通選挙の実現と同時に導入された衆議院での中選挙区制を廃止し、比例代表制と小選挙区の並立制に代えようと提案しているのだが、これに対して野党はこぞって反対している。それだけではない。この選挙制度の改革によって直接影響をこうむる与党議員の反対も根強い。自民党は、つい先頃、激論の末、総務会で強行採決を行い、それをいったん取り消し再度審議した後ようやく党議決定にこぎつけたのだが、その過程で反対派の議員たちは、議場で反対する権利を留保したとしている。従って、臨時国会を開いてはみたものの、野党が多数を占める参議院のみならず、衆議院で

の成立自体の見通しも未だ不確実というのが、現在の状況である。政治改革の実現は、世論が一致して期待するものだが、それにもかかわらず、自民党案に対してこれほど反対が強いのは、どうしてなのだろうか。

リクルート事件など政治腐敗の原因の一つが、同一選挙区内で同じ党派が相争う現在の中選挙区制度にあるという点で、世論の認識はほぼ一致している。そこでは政策ではなく地域の「世話」をどれだけするかが主な争点になり、それが金のかかる選挙を生み、議員を利権漁りに走らせているからである。また、人口の都会集中に伴う選挙区間の定数不均衡は、裁判所からたびたび違憲に近いと指摘されながらも、中選挙区制の下では是正の限界に近づいていると自民党はしている。

その意味で、中選挙区制に代わるものとして政府の選挙制度審議会の中で第一に論議の的になったのは、西ドイツのように比例代表制の下で当選者の決定を小選挙区で行うという併用制だった。それには現在、公明党が提唱し、社会党も賛成に傾きつつある。しかし、自民党は、比例代表で当選者の枠を決めるのは自党に不利だとしてこれを拒否、小選挙区選出議員と比例代表選出議員をそれぞれ独立に決めるという並立制を主張しつづけた。しかも、選挙制度審議会が決めた並立制の原案を手直しし、小選挙区選出議員の比率を全体の六四％にまで増やした。これに前回の総選挙の結果をあてはめると、衆議院での自民党の議席は、現在の五八％から七五％近くにまでふえると予測されている。それは参議院での議決をすべて覆すことができる数でもある。野党がこぞって自民党案に反対する原因は、ここにある。

しかし、このように極端に自党に有利な選挙制度改革を提案することの大義名分が、自民党にまったくないわけではない。五五年体制下での日本で、政権交代が見られなくなったのは、中選挙区

制の下で少数野党が分立し、しかも野党議員が議席をもつことだけに甘んじてしまっているからだ、と自民党は主張する。従って、自民党がいったん肥大した後二つに割れ、中道政党や社会党の右派も加わって二大政党に政界を再編成することに政治改革の究極の目的があり、自民党案はそのための梃子になるというのである。

小選挙区比例代表並立制への賛否は別としても、政界再編こそが、現在のゆきづまった日本の政党政治を打開する方策だと期待する声は、各所に強い。社会党の新しい田辺路線を生んだ原動力もそこにある。自民党は、このような声がいつか選挙制度改革の自民党案を推進させるバネとなることを期待しているのである。

だが、自民党が選挙制度改革の推進に固執するのは、別の差し迫った理由があるからだという推測もある。それは米市場部分開放の問題である。

政府・自民党は、現在、ＥＣ諸国と協調してこの問題の先延ばしに努力しているが、大統領選挙が迫ったアメリカは、二国間協議にもちこんで決着をつけようと日本に圧力をかけてきている。もし、政府がこの問題で譲歩をせざるをえなくなれば、その影響は、参議院での与野党逆転をもたらしたオレンジ・牛肉の市場開放の比ではないだろう。それを最小に止めるために、自民党は選挙制度改革の早期実現に固執しているというのである。なぜなら、自民党案では定数不均衡も同時に是正するため、農村選出議員の数が大幅に減ることになっているからだ。従って、自民党が考える政界再編成は、たんに保守・穏健の二大政党をつくることにあるのではなく、財界や労組をバックに中間層を主たる支持層とする新しい都市型保守党を基盤にして長期安定政権を再形成することに、真の狙いがあると見る向きも少なくない。

選挙区割りの答申

さて、与党議員にとって、この選挙制度改革への現実的な関心は、自分の選挙区がどうなるかということにあった。海部首相をはじめとする政府・自民党首脳は、この与党議員の不安を鎮め与党内で改革への同意を取りつけなくては、鼎の軽重が問われ、延いては海部首相の命運にもかかわることになる。その意味で党内におけるこの改革案の最大の山が、小選挙区の区割りの仕方にあったことは間違いない。

自民党は、小選挙区比例代表並立制の骨子を五月末に決定するや、選挙区の具体的な区割り作成の下駄を政府の選挙制度審議会にあずけた。政府は早速、期限を切って審議会の答申を求め、審議会はそれを専門委員からなる小委員会にまわし、その答申は、六月二五日、審議会から発表された。それを見ると、政府・与党の幹部が、いかに自党の現職議員をなだめるのに意を払ったかが明瞭に読み取れる。

第一に、それは、農村選挙区への配慮の仕方に表れている。いかに定数不均衡を是正するとしたところで、現実に自民党議員の多くが農村選挙区の選出である以上、止むをえないという次第だ。すでに自民党は、各府県の定数に対する人口格差一対二以内という枠の中で、人口に比例して定められた審議会の議席配分案を、農村県に有利なように修正した。この区割り案では、さらに不均衡が二倍以上になる特例選挙区を、農村地域に六つ作ったが、それによって最小選挙区の二倍以上の人口をもつ都会選挙区は二七も生まれた。審議会は、自分が当初定めた原則を大幅に破ったことになる。

それでも、農村地域選出の現職で選挙区からはみ出ざるをえない議員の数は、かなりに上る。自民党はそれを考慮に入れて、永年勤続の長老議員に有利なように比例区選出候補リストへの登載順序を定めた。長老議員は、当然、農村選挙区に多い。自民党に相対的に不利な比例区でも、自民党は最低三〇％、五〇の議席は確保できると予想されているから、かなりの農村選出議員が救済されることになる。

比例区にまわると見られる長老議員を差し引いて、その残りの現職議員の選挙区での得票分布と今回の小選挙区の区割りを対照してみると、それは実に明快だ。多くの府県において明らかに、現職議員が満足に収まるように、線引きがなされているのである。

自民現職の利権最優先

たとえば、私がよく選挙調査に出かけた新潟県についてみると、新潟市から切り離された佐渡が、地理的、生活的に近い新津市とではなく、遠い柏崎や刈羽郡と一緒になって新しい選挙区をつくっている。新潟は現在、衆議院議員の総定数は一三、うち前回の選挙での自民党の当選者は九人だが、自民党案では定数是正により六人に減員されることになっている。当選者の中から三人はみ出す勘定である。その中でも、一つの区から四人もの議員が当選している現在の三区の取り扱いが焦点とされていた。そのうち長老の村山達雄議員は比例区にまわるとしても、残りの三人の地盤はどうなるのか、三区の総人口は約七七万、一小選挙区の人口基準約四一万人の倍にもならず、本来なら二つに分割するのがようやくのところである。

しかし、この案では、三区は三つに分割され、人口の少ない柏崎、刈羽地区に燕市と佐渡が、三

条、加茂、見附、栃尾地区に二区の新津市、白根市などがつけられた。佐渡を地盤にしている小沢辰男議員も比例区にまわるとみられているし、二区で新津や白根を地盤にしていた佐藤隆元農相は、当選後死亡している。従って、これで自民党現職の八人は、すべてめでたく収まる勘定になる。もっとも、現在の四区、区割り案での新六区にはもう一人、白川勝彦議員がいたのだが、現在、落選中とあってか、配慮されていない。

茨城県でも、同じようなことが見られる。ここでは、現職の自民党議員八人に対し、新選挙区は七つ。しかし、葉梨信行元自治相が比例区にまわるとみられているので、議席の勘定は丁度あう。しかし、ここには社会党が強い水戸市（人口約二三万）があり、そこでは自民党全体の票は社会党に勝っているものの、誰の地盤でもないまぐさ場になっている。

今度の区割り案では、この水戸市から、これまで同一の選挙区をつくってきた竜ヶ崎市や取手市を切り離し、別の選挙区（三区）から下館市、下妻市、真壁郡などを付け加えた。三区からは、現在、中村喜四郎、丹羽雄哉、赤城徳彦の三自民党議員が当選しているが、これによって下館、真壁郡を地盤にしている赤城徳彦議員が、水戸市の散票と合わせて当選の見込みが立った。残る二人は、三区の残った地域を分割した新六区と新七区に分かれて立候補するものと見られる。

他方、現在の二区には、梶山静六、塚原俊平の二自民党議員がいるが、人口総数は約六六万。答申案は、それをほぼ二つに割った。このようにして、梶山議員が地盤とする新五区は人口の下限に近いほぼ三〇万、それに対し水戸市をふくむ新一区は、その一・六倍の約四九万にふくれ上がり、しかも、L字形に曲がった不自然な形をしている。この不自然さを説明するのは、ひたすら自民党現職の利益しかない。

もう一つの例を挙げるならば、福島県の場合だ。ここでは自民党現職七人に対して、選挙区は五つ、ただし、伊東正義、斎藤邦吉両長老が比例区にまわれば、勘定は合う。ただし、問題はここでも自民党現職議員の地盤の競合だ。とりわけ、伊東議員を除いても渡部恒三、穂積良行の二議員が残っている現在の二区の扱いが問題になる。

答申案ではこれを渡部、穂積両議員の地盤に沿って二つに割った。また、同様に二人の自民党議員が出ている現在の一区も、金子議員が強い福島市、増子議員が地盤としている郡山市、二本松市に分割し、自民党が劣勢の福島市に、斎藤邦吉議員が地盤としている原町市、相馬市、相馬郡をつけた。この結果、渡部議員が地盤とする会津地方の新四区は人口三三万にとどまったのに対し、福島市を中心とする新一区は約五四万にふくれ上がっている。他方、落選した天野光晴(その後死去)や田中直紀元代議士の地盤について、何の顧慮も払われていないのは、新潟の場合と同様である。

小選挙区の九割は自民に

これまで、新聞や雑誌などで新聞記者や選挙の評論家たちが予測していた区割り案から答申案があまりにかけ離れているケースを分析してゆくと、必ずこのような自民党現職の利害の問題が浮かび上がってくる。極言すれば、答申された区割り案は、比例区にまわれない現職の地盤をまず独立させ、それに区割りの原則とされた二七万から五五万の人口の枠に入るよう、周辺の郡や市を組み合わせたものといってよい。それは、もちろんこの選挙制度の改正を足元の自民党にのませるための苦心であったのだろうが、それによってこの答申案は、ゲリマンダーならぬ、平成の「カイマンダー」の汚名を被りかねないものになっている。

もちろん、いくら努力しても現職議員を救いようがない場合もある。たとえば、北海道五区では、前回、激戦の中で自民党が四人当選するという離れ業を演じたが、北海道全体が人口減少地域とあって、これを三つに割るということしかできなかった。このままでは、帯広地域を共通の地盤とする鈴木宗男、中川昭一両議員のどちらかが議員をあきらめなくてはならないかっこうだ。大阪のように自民党の人気の低く、ようやく一人が下位当選してきた所では、どのように割られても、自民党候補は強力な野党候補に立ち向かわなくてはならない。自民党内で、今回の選挙制度改正反対の旗を振っている小泉純一郎議員も、地盤の横須賀、三浦市をふくむ新一一区では、同じようにそこを地盤としている進歩党の田川誠一議員と一騎打ちを演じなくてはならない。

こういう例もあるものの、今回の区割り案が、自民党現職の利益を最大限にはかった、きわめて政治的なものであることは、否定すべくもない。これによって、自民党は大幅に現職議員を救済するのみならず、昨年の総選挙の投票をあてはめるなら、低めに見つもっても、三〇〇の小選挙区の九〇％以上を押さえることになるだろう。

選挙制度審議会の責任

こういう結果になる素地は、審議会が申し合わせた「選挙区割りの基準」の中にはじめからあったということができる。

基準は、それぞれの選挙区が基準人口（約四一万）を中心に格差二倍に収まるように目標を定めているだけで、それ以上きびしい要求をしていない。区割りは「地勢、交通、歴史的沿革その他の自然的、社会的条件を総合的に考慮するものとする」としているが、これもあいまいな表現である。

格差二倍以内に収めるということと基準人口にできるだけ比例させるということの間には大きなすき間が残っており、そこに政治的な操作が働く余地がある。すでにそれは、審議会の答申を受けて自民党が原案をつくる過程のなかで表れた。自民党は、審議会が人口に比例させてつくった小選挙区三〇〇議席の府県別割り当てを、格差二倍以内という範囲内で、自民党の票田である農村地方に有利なように勝手な理屈をつけて動かし、その前提の下で各府県の選挙区をきめるよう審議会に戻したのである。

しかも審議会は、今回の区割りにおいて、これまで金科玉条としていたこの二倍以内という限定さえ「原則」だとし、それを超える例外を大都市地域を中心に二七区も作った。他方、人口基準の三分の二以下の例外選挙区がこれまた六区つくられたが、それらはすべて農村選挙区である。審議会は、あいまいな基準を掲げて自民党の党利党略にそって選挙区の区割りをすることに手を貸したばかりでなく、区割りにあたって自らが公にした原則をさえ、いとも簡単に破ったのである。

問題は、このような区割りの個々にあるだけではない。いったい、こういう区割りや選挙区あたりの人口の不均衡について、将来どのような原則で修正にあたるべきかについて、審議会がなにも明らかにしなかったことは、いっそうの問題を含んでいる。なぜなら、すでに二倍を超えている不均衡は、将来にわたって、ますます拡大することが当然予想されるが、その是正は、中選挙区の場合のように、単純に定数の増減ですますことができないのは明らかである。

格差二倍を超えないという原則を立てながら、実際にはそれを無視した区割りを行ってしまった後で、現実に格差がどこまで開いたときに許容限界を超えたとするのか。また、格差の是正は、当然、線引きの仕直しを意味するが、そのとき玉突き的にどこまで線引きの仕直しが及ぶのか、市町

村など行政区域はなるべく分割しないという原則はそのときどこまで保持されるのか、さまざまな難問がこの後に控えていることは明白だ。

実現すれば自民の独裁へ

私は、この種の区割りは、これらの問題に対応する原則を明らかにした後、その第一回目として今回の線引きにあたるべきだったと思う。そしてその原則は、すでに小選挙区を採用している他国での経験にあるように、二倍以内という基準をいったん定めたなら、それを超えたときには自動的に線引きを仕直す、その場合、市町村などの行政区域の尊重は人口比例よりも下位の原則で、やむをえない時は分割も辞さないというものだったと考える。さらにいえば、線引きに政治的な配慮が入らないよう、統計学者や地理学者、経済学者などの学会に委員の選出を依頼し、そこに全面的にまかせるべきだったと思う。

しかし審議会は、こうした問題の討議に十分な時間をさくこともなしに、政府の要請に応じて、日限の切られた短時間の区割り案の作成に乗り出した。そこには、この答申の作成にあたった審議会のそもそもの政治性が反映している。区割り答申案の前書きにもあるように、審議会の内部には、自民党が審議会の府県別議席配分や比例区部分の比重を、自民党に有利なように恣意的に変えたことに対する反発があった。政府の審議会は、自民党の下請け機関ではないという体面の問題もあったのだろう。しかし、事態はそういうつぶやきを押しつぶして進んだのである。

そもそも、この線引きの元となっている小選挙区と比例区の並立制という原案自体、すでに繰り返し報道されているように、審議会の発足以前から、当時の自民党の小沢幹事長の下で、自治省官

僚を交えて練られていたものにほかならない。それが、審議会の中でも支持者があった小選挙区と比例区の併用制を抑えて、強引に採択されたのである。もちろん、後者は、政党への投票で全体の議席を配分するというもので、自民党がもっとも避けたい案だった。その結果は、参議院比例区で明らかだからだ。

私には、小選挙区制の導入によって、選挙が一挙に浄化され政策本位の選挙になるというのは、地方での選挙の現場に立ち会っていない人たちの空論としか思えない。よく二年前の参議院選挙一人区での野党連合での地滑り的勝利を例にして、野党連合が生まれさえすれば、日本にも本格的な政党政治が生まれるはずだと説く人がいるが、それは選挙区のサイズと選挙の質を弁えない議論だと思う。参議院選挙地方区の単位である府県が平均七分の一に分割された小選挙区、しかも権力の要である衆院選挙では、これまで以上に密度の濃い後援会活動が、利益誘導や買収供応が横行する中で行われるのは必定だ、そこにあるのは政策の競争ではなく、資金と権力に連なる政党とそうでない政党との競争でしかないのである。

この意味で、小選挙区制の導入を生かす絶対必要条件は、政治資金についての徹底した規制と選挙違反に対する徹底的な取り締まりであり、また、官庁ぐるみで行われる利益誘導へのきびしい制裁措置である。それがほとんど尻抜けなまま強行される小選挙区制の導入は、現実には自民党の永続支配、いや独裁を生むだけのものだと思う。

改革案の使われ方

野党がこぞって反対している現在、審議会が作り上げた選挙制度改革と新しい区割り案が、参議

院で成立する可能性はほとんどない。しかし、政府自民党は、野党の反対を政治制度改革への野党のサボタージュとして宣伝し、来年夏の参議院選挙での与野党議席再逆転の道具として使うことだろう。同時に海部首相が、秋の総裁選挙での延命の道具として、この改革案を利用することも明らかだ。その意味で、はじめから終りまで政治まみれ、党利党略まみれであることが、今回の選挙制度改革案の宿命であるようだ。

（『エコノミスト』一九九一年七月九日号）

（『ジャパン・タイムス』一九九一年七月一七・一八日）

派閥支配また空文に

総裁選挙が正式に告示されてもいないのに、ここで宮沢自民党総裁についていうのは、気が早いことは確かだが、現在の自民党内の派閥力学によれば、竹下派、河本派が相次いで支持を決めた宮沢氏が自民党の次期総裁、すなわち日本の首相になるのは、ほぼ決定的だといえよう。

今回の政変劇を通じて第一に指摘されることは、竹下派の裏面支配排除や永田町の論理を乗り越えるということが、総裁選に名乗りを上げた三氏によって共通にいわれたにもかかわらず、結末は、選挙の始まる前に大派閥の意向で総裁・首相が決まるという、これまでと変わらぬ事態に終ったことだ。これで自民党は、河本・中曾根両氏がトップを争った一九八二年の予備選以来、約十年間、選挙らしい選挙を経ずして、総裁を決めることになる。

八〇年代に入って日本の政治で顕著になったことは、こういう自民党内の派閥力学で選ばれた指導者に、世論調査での国民的な支持がともなわず、逆に国民的支持目当てに立てた首相に、党内をまとめるリーダーシップがないという現象だった。しかも選挙での首相のイメージの影響は、テレビ時代においてますます強まっている。

竹下派が、宮沢氏支持に傾いた理由の一つは、これまでのところ世論調査での人気が今一つぱっとしないと予想される「宮沢政権」が、どうせ短命に終るはずだという読みがあったに違いない。それが本格政権をめざす宮沢氏にとっても最大のネックであるはずだ。

しかし、客観的にみれば、国際的に激しくなるばかりの通商摩擦、下降し始めた国内経済という難問を抱えた今日の時点で、宮沢氏が、自民党の抱える最強の人材の一人であることは間違いない。池田政治の演出者の一人でもあった氏は、軽軍備下での社会資本整備の主張で知られ、小選挙区制の導入や自衛隊の海外出動にどちらかといえば慎重な姿勢を示してきたと理解されている。

その宮沢氏が、小選挙区制の導入と自衛隊の国連平和軍参加に積極的な小沢氏など竹下派幹部の支援とコントロールの下に、どれだけの独自性を発揮するか。また日本叩きに走りやすいアメリカの世論を、知米派の首相が、どのようになだめることができるか。それが、これからの日本の政治の見所になるに違いない。

(『毎日新聞』一九九一年一〇月一二日)

政界再編論の陰にコメ

政治改革関連法案は、それに最後まで固執して、「重大な決意」を口走った海部首相への党内の反発による再選断念というおまけまでついて、ついに廃案になった。政党間の協議機関は残されたが、これによってリクルート事件以来ふくれ上がった政治改革の機運は、一頓挫(とんざ)したと見るのが常識だろう。

始めから手法に疑問

せっかくの政治改革の機会が遠のいたのは残念だが、しかし、今回、自民党が計画した政治改革のやり方は、始めからおかしかったというのが素直な見方ではないだろうか。小選挙区比例代表並立制という選挙制度の改革は、自民党に一方的に有利だと野党が猛反発するのは分かりきっていた。野党がまとまりさえすれば自民党に対抗できるはずだという言説がまことしやかに流されたが、野党が現在まとまる状況にないことは明白であり、またたとえ社公民連合が成立したとしても、それが社公民票を合わせた票を必ずしも獲得できないことは、これまでの選挙協力の実績に照らしてみて明白なのである。

だからこそ四一も衆議院の総議席数を減らしたにもかかわらず、自民党は現在の二九〇近い議員

のすべてが立候補し当選できると党内説得に努めたのであり、また、国会から追い出される立場の野党議員は必死に反対したのである。今回の政治改革騒ぎは、選挙の基本ルールを変えようとするなら、すべての政党が望みを託しうる形でなくてはできないという当たり前のことを、あらためて確認するものだったといえよう。

しかし、今回の選挙制度の改革には、ほとんど正面から論議されることのなかったもう一つの側面があった。すなわち、保守政権がその基礎を農村から都市に移動させようという都市戦略の側面である。それは、経済大国となった日本の国際化の時代に即応した新しい保守党をつくろうというもので、選挙制度改革はそのテコとなるはずだった。

ＰＫＯより重要課題

先日、公表された農水省統計からも明らかなように、日本の農業従事者人口は、予測を上回るスピードで減少しつつある。かつての石田博英予言にあるように、最高裁が認める一対三の過剰代表を維持したとしても、農村を主要基盤とする限り自民党政権は二一世紀に向かってますます不安定なものとならざるをえないことは明らかなのである。

しかも、自民党は現在、米市場の開放をアメリカから迫られている。今の保守政権にとって最大の課題は、実はＰＫＯ法案でも政治改革でもなくこの問題であり、ＰＫＯ法案はそれを遅らせていることへの言い訳、選挙制度改革はそれを実施せざるをえなくなった時への対策の役割を担っていたというのが、私の見方だ。日米貿易摩擦の深刻化をおそれる財界は年々米市場開放への圧力を強めており、また、安い米が入ってくることに対し都市住民の多くは賛成するはずだとふんでいる。

この際、選挙制度改革によって、農村部の議員のウェイトを一挙に減らし、強硬に米市場開放に反対する農村議員を自民党から切り離しても、保守党政権が維持できればその方が望ましいと財界が計算し自民党の中枢が考えたとして、何の不思議もない。

定数格差を一対二以内に是正し、三分の一以上を比例代表議員とした今回の自民党案で、農村議員のウェイトはどのように変わるか。人口集中地区（市街地）人口が半数以上を占める選挙区を都市選挙区、それ以下を農村選挙区と大別した私の試算によると、農村選挙区選出議員の割合は、現在の五六％から三二％へと減少する。自民党議員についていては、さまざまな当選予測を勘案していえば、九〇年総選挙での六三％から四〇％前後へと減じると推定される。もし比例代表議員の数がふえれば、農村選出議員の割合はさらに減ることになる。

金丸構想にも現実味

もちろん、自民党がいかに大勝したとしても、議員の四〇％が反乱しては、政権の維持もおぼつかない。だが、そこで金丸元副総理などが構想していると伝えられる政界再編成論が、妙な現実味を帯びてくる。公明、民社から「連合」を基盤とする社会党の一部までをふくんだ保守新党というのは、まさに米市場開放を前提とした都市型保守党ではないか。公明党はいち早く米市場の部分開放賛成の態度を明らかにしたが、金丸元副総理が同じ賛成論を打ち出したのは今年の春のことだった。

今回の選挙制度改革の推進者である羽田代議士も、私的な場で米市場の開放に賛成であることを隠さないと、かつて雑誌『ＡＥＲＡ』は伝えている。ちなみに金丸、羽田両氏とも新選挙制度の下

では、現在の農村選挙区を離れて比例区や都市選挙区にまわるものと観測されている。

政治改革関連法案の廃案が確実になったと報道する九月末の新聞は、同じ紙面でガットでの米市場開放問題が急を告げ、前農林次官があわただしくジュネーブに向かったと報じていた。もし選挙制度改革に都市型保守党に転換するという自民党の長期戦略が重なっているとすれば、それは今回の廃案で終りになるはずがない。米市場開放と政界再編、そのいずれから口火が切られるか分からないが、両者と連動しつつ今後も繰り返し登場するに違いない。


(『朝日新聞』夕刊一九九一年一〇月一七日)

宮沢喜一首相誕生とそのゆくえ

一応、公選の形を取ったものの、宮沢自民党総裁そして首相の誕生は、自民党竹下(金丸)派が推薦を決めたときに、事実上、決定していた。海部首相の再選断念から宮沢総裁の誕生にいたる経緯は、海外からみて分かりづらいと批評されるが、日本の一般の市民の目からしても、同様である。それは、日本の政治に関する内外の報道が、偶発的な事件や人間的な葛藤に目を奪われ過ぎて、この問題を理解するのに必要な構造的な背景を、十分に報道・解説していないからである。

第一に、自民党は、今回、新たに適用された総裁選挙規定を作成するにあたって、一般党員・党友の投票と党国会議員の投票を同時に行うとしたが、前者のウェイトを極端に小さくし、一般投票

の重みを全体のほぼ五分の一とした。昨年、小沢氏が采配をふるってこの規定を決めたとき、国会議員をたくさん擁する大派閥が総裁選挙で決定的な力をもつということが確定していたのである。

第二に、竹下派はいかに最大といっても、党国会議員の四分の一よりやや多い数を抱えているにすぎない。それがどうして、政界をとりしきる黒幕集団の力を発揮しつづけることができるのか。かつて、この派の創始者である田中元首相は、国会議員の八分の一強の数を占める派閥をつくることによって、日本を支配することができるとした。すなわち、与党内の主流派の過半数を占めることができるからである。今、竹下派（一〇五人）は、この八分の一（九六人）をちょうど若干上回る数を占めている。

しかしこの理論は、その派が、総裁候補を出しつづけないことによってのみ成り立つ。もし、竹下派がつねに総裁候補を立てれば、直ちに、二、三位連合による包囲網が成立し逆に党内野党に回らざるをえない可能性が生まれる。候補者を出さなければ、他派閥と連合してつねに主流派となり、党・政府の主要なポストを占めるだけでなく、風向きが悪くなったとみれば首相に見切りをつけて下ろし、連合を組み直してまた支配権をにぎることができる。今回の海部下ろしと宮沢かつぎは、まさにこの力学から生まれたものに他ならない。

従来、田中（竹下）派が、八七年から一年半つづいた竹下首相を除き、今回もふくめて十五年にわたり総裁候補を出していないのは、指導者の汚職事件や病気などの特殊事情によるものだとされていた。しかし、総裁候補を出さないで党を支配しつづけることの旨みを味わいつづけた結果、今や竹下派には、それが一つの密かな基本戦略として定着していると見ることもできる。それはとりわけ、政治的な難局に際し、火中の栗を他派に拾わせるのに有効である。竹下派の指導者たちに、

その計算がなかったはずがない。

第三に、今回の宮沢総裁の選出であらためて明らかになったことは、総裁の座を派閥順送り的にたらい回しにすることが、党内では慣習的な力をもっているということだった。現在の派閥構成が固まった七二年から数えて見ると、田中、三木、福田、大平―鈴木、中曾根と一巡した政権が、緊急避難だった宇野内閣を別にすれば、今、二回り目の真ん中にあることがわかる。今回は、本来は安倍元外相で決まりだったのだが急逝し、三塚氏は後継指導者になったばかりなので順番が飛んで宮沢氏になったと解釈されるべきだろう。宮沢嫌いで知られる金丸元副総理をして最後に宮沢指名に落ち着かせた「常識」とは、宮沢個人の政治家としての力量についてというよりこういう順送りや候補者序列を自然と見る「党内常識」だったのではないか。

宮沢総裁を生み出したこういう党内の構造を考えて見ると、そこに、七〇年代後半以降の激動の時代をのりこえて、「生活保守」化の時代の下で統治政党として安定し、制度化が進行した自民党の姿が浮かび上がってくる。新自由クラブの旗上げに表れた若手の反乱、予備選を導入した大衆参加の圧力そして金権問題で噴出した派閥解消運動という動揺を収めて、大臣や役職の年功序列制と同様に総裁の椅子も順送りという党内常識が生み出された。それが、派閥の再組織化と長老支配そして党内総主流派体制を、また生んだのである。今回、最大派閥の長老である金丸会長に一任という形で宮沢総裁が事実上誕生したことは、何よりもこの時代の変化を象徴している。

この意味で、自民党は八〇年代に入って、著しく、かつてのソ連共産党の体制に似てきた。癒着した党と官僚制の中で、党高官低とか総主流派体制とかいわれるように、組織化された党の実力と統制力は増大する一方、出世と階梯は固定化し、長老たちの発言権は増大した。その中で、間欠的

に汚職や腐敗事件が噴き上げたのである。

リクルート事件による長老政治家たちの逼塞と若手政治家の台頭、そして政治改革の機運は、こういう構造を切開するものとして期待されたが、時間の経過によって危機感が遠のくとともに、深層構造はなにも変わらなかったということが明白になった。「本格政権」づくりを呼号する三人の総裁候補に、海部内閣は「つなぎの政権」であったと明らさまに表現されたことに表れているように、自民党は、危機に際すると、支持率目当てにイメージの良い首相を看板にする「つなぎの内閣」を作って緊急避難し、裏から実力者たちがそれを操作するという政治手法を、新たに発達させたのである。

さて、このような構造の中で自民党総裁そして日本の首相に選ばれた宮沢氏は、どのように日本を指導してゆこうとするのか。

現在の保守党の中で宮沢氏は、みずから自負するように、もっとも経験豊かな国際的な人脈の広い政治家であることは、間違いない。若き大蔵官僚の時代に、得意な英語力を駆使して蔵相や首相の対外交渉の補佐官をつとめて国際的に知られるようになり、六〇年代、自民党を「逆コース」と野党対決の路線から高度経済成長重視と話し合い路線へと転換させた池田内閣では、故大平首相らとともにそのブレーンとして活躍した。政界に入ってからは、池田・大平・鈴木と継承された派閥に属しながら、歴代の首相に重用され、ほぼ二十年間にわたって大蔵大臣を中心に内閣の枢要なポストを占め続けてきた。

この間、宮沢氏は、どちらかといえば、主義主張のある輪郭のはっきりした政治家としてのイメージを保ちつづけてきた。財政・経済政策では、同じ大蔵官僚出身の福田元首相とは対照的に、社

会基盤の建設、内需振興を重視する積極経済論者であり、池田内閣の月給倍増論を発展して資産倍増を主張してきたことで知られる。他方では、党人派に多かった「逆コース」的な改憲論に反対して戦後憲法を擁護し、軽武装の下での経済発展を重視する自民党内ハト派議員のリーダーとも見られてきた。鈴木内閣の官房長官時代におきた教科書問題では、文部省の頭越しにアジア諸国との友好関係維持を教科書検定の基準に追加し、また、九〇年の湾岸戦争に際しては、宮沢派の領袖として九〇億ドル追加支援に批判的な態度を示した。この意味で宮沢氏は、吉田内閣の系譜を継ぎ、軍備を抑えて経済発展を重視してきた六〇年代保守本流直系の開明的な官僚政治家である。

この意味で、宮沢氏に敵が多かったのも事実である。戦後憲法を屈辱の占領憲法だとして改正を主張してきた中曾根元首相などの党内右派は、もとから宮沢氏と対立していた。加えるに、宮沢氏にはパースナリティにまつわる批判がある。師範付属小学校から東大法学部そして大蔵官僚と日本の典型的なエリートコースを歩み英語に堪能な宮沢氏は、学歴が低く粗野で無学な同僚政治家たちを内心では軽侮しているとされている。田中元首相や金丸元副総裁などが宮沢氏への個人的な嫌悪感を隠さないのはそのためだとされており、それにまつわる小咄も流布している。総裁選で宮沢氏の得票が予想された数より低かったのは、竹下派の中に、宮沢氏に反発する部分があったためとされている。また、宮沢氏は、派閥領袖たるに不可欠な金集めと派内への散布や日本的な気配りをしたがらず、派内での人望も薄いといわれている。宮沢氏が早くから頭角をあらわしながら、これまで政権を取ることができなかったのは、このパースナリティのためだとする人は多い。

しかし、僥倖によるものかたらい回しの順番がきたのかいずれにせよ、最後のチャンスと派をあげて情熱を燃やしていた宮沢政権はできあがった。だが、それが多難な門出であることについては、

誰もが認めるところだろう。

新政権は、人事をどのように整えるかからして、難問にぶつからざるをえない。「本格政権」ということの別な意味は、派閥の指導者や幹部でありながら、リクルート事件などにかかわって閣外に追いやられていた政治家たちすべてを入閣させよということである。首相自身がリクルート事件の関係者であり、その意味でこの派閥的要求を無視することは難しいが、それは直ちにマス・メディアの批判を招き、ただでさえ低い首相の国民的な人気をさらに低める結果を招くだろう。宮沢政権は、九二年七月に参院選の試練を受けねばならず、そこでの敗北や後退はただちに首相の進退につながる可能性もある。

新政権が直面しなくてはならない政策的な難問は、数多い。たとえば、宮沢氏の得意な領域だとされる経済は下降期に入って倒産が続出し、大幅な財政欠損が見込まれると同時に、輸出ドライブのために貿易不均衡は急激に再拡大しはじめている。バブル経済の破綻やアメリカの不況も重なって、たとえどのような手段を講じても、短期に景気が回復するのは望めない状況だ。それに加えて、前政権が積み残した三つの大きな課題が、宮沢政権の前に立ちはだかっている。

竹下派の会長代行である小沢元幹事長は、今回の総裁選での竹下派の態度決定の前に、三人の候補者を呼びつけて、竹下派が考える重要課題への候補者の態度を問いただした。その中心は、竹下派の支援の下で海部内閣が最大重要課題として掲げながらまとめることができなかったPKO問題と政治改革問題だったが、とりわけ宮沢氏への質問はきびしかったという。それは宮沢氏が、この問題について三候補者の中でもっとも冷淡であったと見られていたからだ。

日本が、国連の平和維持活動にどのように貢献するかという問題は、湾岸戦争の後、急速に日本

の大きな政治課題となった。その背景には、何よりも自衛隊を本格的な軍隊に昇格させる既成事実をつみあげ、やがては憲法を改正して正式な軍隊としたいという自民党内右派の年来の主張が、日本の経済大国化に伴うナショナリズム感情の高揚にともなって活発化していることがある。この陣営には、中曾根元首相のような戦前派の国家主義者たちだけでなく、今や実力者になった小沢元幹事長や西岡前政調会長、石原慎太郎元運輸相などのような戦後世代の政治家たちが加わり厚みを増している。

しかし、この問題が急速に日本の政治問題化したのは、他方でのアメリカの執拗な要請があったからだというのが正しいだろう。貿易摩擦で悪化する一方のアメリカ世論や議会を鎮静させるために、日本は「血を流さない」「ただ乗りしている」という非難を打ち消す意味でアメリカに協力する自衛隊を海外に派遣せよというのは、レーガン大統領の時からの対日要求だった。イラン・イラク戦争に際して、アメリカがタンカー護衛の海軍をペルシャ湾に派遣したとき、中曾根首相は自衛艦の出動を計画し、閣内の反対にあって取り止めた。また、イラクのクウェート侵攻時には、ブッシュ大統領の要請で、アメリカを中心とする多国籍軍に協力するため、政府は「国連平和協力法案」を提出、自衛隊を後方業務に限定して派遣することを企てたが、世論の圧倒的な反対にあって法案は廃案になった。そこには、「武力による威嚇または武力の行使」によって国際紛争を解決することの放棄を宣言した憲法第九条によって、武力行使を目的とする自衛隊の海外出動は禁じられているとする政府法制局の伝統的憲法解釈と、それを支持する圧倒的な世論の背景があった。

だが「国連協力法案」が廃案になった後も、政府・自民党は自衛隊の海外派遣を断念しなかった。九一年初めの湾岸戦争後、国民感情が国連決議に伴う武力行使に寛容になったのを見計らってペル

シャ湾の機雷除去のために掃海艇を派遣、次いで国連平和活動への協力の名目で、自衛隊の国連平和維持軍（ＰＫＦ）への参加を主要な目的とする通称ＰＫＯ法案を、九一年夏の臨時国会に提出、次の国会での継続審議にまでこぎつけたのである。

これまで政府は、国連の平和維持活動にそれほど積極的であったわけでは必ずしもない。そして平和維持活動の中でも非軍事的な停戦監視や医療・輸送・通信・選挙などの分野における協力拡大については、野党も異論がない。国連平和軍への参加についても、自衛隊と別組織の戦闘に参加しない特別部隊を編成するという前提の下なら、共産党をのぞく野党はまとまるという観測も強い。しかし、政府・自民党は徹底して、自衛隊が部隊として参加することにこだわった。そして、中道政党がこだわった国会承認という条件も拒否した。そこに政府・自民党のこの問題についての真意があるとするのが妥当だろう。

政治改革問題は、先の臨時国会に政治資金の規正強化、政党への公的資金助成、衆議院選挙制度の改正の三法案がセットで提案された。はじめの二つについては、野党の間に不満はあるものの強い反対はなかったのだが、政府・自民党は野党がこぞって反対する選挙制度改正との一括審議に固執し、時間切れで廃案に追い込まれた。この経過からも明らかなように、政府・自民党がいう政治改革の狙いは、発端となった政治資金問題よりも選挙制度の改正にあったのは確かだ。

この改正案では、選挙区は三〇〇の小選挙区と定数一七一の比例区に分けられ、有権者はそれぞれに一票ずつ投ずることになっている。一つの選挙区から三人ないし五人の議員が選ばれる現行の中選挙区制は、比例代表制に似た効果をもっているので、現在は五つの野党が分立しているが、このままの体制で新しい選挙区の選挙に臨めば、小選挙区のほとんどで自民党が勝利し、比例区の議

員を合わせて衆議院の三分の二以上の議席を占めるのは確実である。それは現在の参議院での与野党逆転状況を、衆議院での再議決で覆すことができる数でもある。野党が結束して反対するのは当然といえよう。

自民党は、この改正で保守系議員同士が同じ選挙区で金を使って争うことがなくなると主張しているが、選挙の現場ではあまり信じられていない。また、野党合同への圧力になるともしているが、中道政党や社会党右派が保守党に吸収され、政界は保守二党に再編成されると見る人が多い。実際、この改革案の強力な推進者である金丸、小沢氏らは、その展望を隠していない。

政界を二つの保守党に再編成することにどのような意味があるのか。私は、そこに自民党が八〇年代から意図している支持基盤の転換、都市中間層を主要な支持層とする新しい統治政党の建設の野心が秘められていると考える。五五年体制の下で自民党が主要な支持基盤としていた農村は人口流出で枯渇しまた高齢化する一方で、最高裁が認める三倍の過剰代表をもってしても、将来にわたって頼れる基盤ではない。さらに欧米諸国との貿易摩擦が激化して、農産物の保護政策はこれ以上維持しがたくなっている。今回の選挙制度改正で、定数格差を一挙に是正しまた比例区部分をつくれば、農村選挙区選出の保守党議員の数は激減する。たとえ農民党的な保守党を敵に回しても、中道政党や社会党右派を抱き込めば、財界・組合・都市中間層そしてアメリカに支持される新しい支配政党としての保守党を建設することは可能である――こういう計算が、選挙制度改正を推進する竹下派や自民党幹部の中にあったとしても、不思議ではない。そして彼らの多くはまた、米市場開放について積極的なことで知られた人たちでもある。

この意味で、金丸・小沢氏らが廃案になった選挙制度改革案の復活に固執し、総裁候補者に早期

に政党間の協議をまとめるよう要請したことが、あらためて注目される。それは宮沢新政権が、最初に決断しなくてはならない米市場開放問題、ガットのウルグアイ・ラウンドの焦点になっている米関税化案に対する日本の態度決定と連動しているからである。現在、日本政府は、関税化案を全面受諾する用意はないが、これまで密かに打診していた米市場の限定的開放をこえた妥協案を提示しなくてはならないと苦慮していることは確かだ。しかし、それは当然、農民の激しい反発を招かざるをえない。その効果は、オレンジ・ビーフ市場の開放に対して農民が自民党批判の運動を展開した八九年夏の参議院選挙での敗北を上回るものになるだろう。そして自民党は、九四年二月以前に、衆議院選挙を行わなくてはならないのである。

ＰＫＯ、政治改革そして米市場開放。宮沢政権の前に立ちはだかったこれらの難問に、宮沢首相はどのように対応しようとしているのだろうか。

これらの問題についての宮沢氏の本来の政治的な立場は、いずれも竹下派とは違うものだった。ＰＫＯ問題について宮沢氏は、自衛隊の海外出動に慎重な姿勢をとりつづけ、それ以前に経済的な支援など日本ができることはたくさんあるとしていた。選挙制度改革についても、現行制度の下で定数是正を図るのが現実的だと発言し、釈明に追い込まれたことがある。米問題については、早急に開放できない事情をアメリカによく説明して納得してもらうとしていた。しかし、総裁選で竹下派の推す海部首相と戦うのではなく、その支援を取りつける必要が明確になった辺りから、急速に、これらの問題について竹下派寄りの発言を行うようになっている。

それが選挙戦術としてのリップサービスなのか、それとも現実の路線修正なのかについては、観測が分かれている。しかし、私は、これまでの自民党政権の軌跡から見て、首相がその本来の政治

姿勢をこえて竹下派寄りに路線修正せざるをえない可能性は高いと考える。それは、首相のリーダーシップや個性の問題というよりも、政権を維持しなくてはならないという客観的な必要からくるものだ。それまで批判の急先鋒に立っていた首相や大臣に矛を収めさせるために起用するという戦略を、自民党はしばしばとってきた。このようにして、三木首相は靖国神社参拝にふみきり、大平首相は防衛費増額の口火を切った。海部首相に自衛隊海外派遣の「国連平和協力法案」提案に踏み切らせたのも同じ力学である。政界の黒幕としての習練を積んできた竹下派の実力者、小沢元幹事長の手腕をあなどることはできない。

この意味で、宮沢首相の最初の踏絵となるのは米問題であり、また、PKO問題だろう。米問題では、関税化への重圧をどのように処理するか、宮沢氏の対米交渉能力と国内的なリーダーシップの見せ場である。またPKO問題は、日本が平和国家という理念を掲げた「特殊」な大国としてあることが国際的な責任をはたす所以だというこれまでの宮沢路線が、「一般の」国家と同様に大国なりの軍事的責任を取るのが国際的な貢献だという中曾根・小沢路線と激突する場である。そこで宮沢氏がどれだけ主体性を発揮するか、注目せざるをえない。

(『ジャパン・クォータリー』(日本語原稿)一九九二年一月号)

真の政治改革とは何か

その幕開け

「政治改革」が保守党政権の看板課題になったのは、竹下内閣の時からである。一九八七年、中曾根内閣の後を継いで登場した竹下新首相は、行財政改革で名を上げて五年間の長期政権を作った中曾根内閣にあやかって新内閣の課題は、税制改革と政治改革の二つだと打ち上げた。税制改革とはいうまでもなく十年越しの課題である消費税の導入であり、政治改革とは、このときから選挙制度の改革すなわち小選挙区制の導入にしぼられていた。彼がリクルート事件の発展で泥まみれになって途中退陣しなくてはならなかったのは歴史の皮肉だが、彼が企画した選挙制度の改革は、次の宇野内閣の最初に第八次選挙制度審議会の組織化となって具体化し、現在にまでいたる「政治改革」問題をめぐる政争の幕開けとなった。

今日、「政治改革」の動きは、あたかもリクルート事件への反省から始まったような印象が、一般にある。しかし、その推進者である小沢一郎官房副長官（当時）は、そのはるか以前から小選挙区制の導入を核とした政治改革を主張していた。それは保守党を肥大させて二大政党に分割する政界再編のテコとして主張されていたのである。リクルート事件後、保守党やその提灯もちをした学者・評論家が野党や世間に説いたのは、政権交代が行われないので政治腐敗が起こる、小選挙区によってはじめて政権交代も可能になるという論理だった。八九年の参議院選挙地方区一人区における「連合」の勝利は、かっこうの説得材料として、選挙制度審議会などでしばしば援用された。だが、その真の標的は、別なところにあったと見るべきである。

五五年の政党合同以後十年経った六〇年代半ばには、すでに現在の政治システムの下で、政権交

代が難しいことは明らかだった。野党の多党化が進行し、そのなかで共産党から中道政党までが連合して、反自民の共同戦線を組む展望は、まったくなくなっていたのである。五五年体制の中での最初の大規模な腐敗事件である「黒い霧」事件が明るみにでたのもこの頃である。しかしこの時点で、自民党は「政治改革」などということをいい出していない。当時は、激化する派閥抗争と総裁争いへの世論の批判がきびしく、それを気にした党改革のための自民党「近代化」案が、もっぱら論議の対象とされていた時代だった。

しかし、政権政党が、自ら政権を失う可能性をもつところの「政治改革」を、本気で提唱すると考えること自体が常識に反している。少なくとも日本の政党政治の常識に反しているといわなくてはならない。この意味で、自民党が八〇年代半ばから、「政治改革」を主要な政策目標に掲げるにいたった理由は、端的に保守党の支配体制の危機にあったとされるべきだろう。すなわち、日本の経済大国化と成熟社会化にともなう国際・国内の構造変化が、保守党支配体制の転換を必要としていたのである。その意味で、それは、公営企業の廃止と官公労の廃止に焦点を定めた行政改革、累進所得税の改正と大型間接税の導入を意図した税制改革と同じ平面上のものとして理解することができる。

自民党にとっての五五年体制の危機は、どのように表面化してきたか。それは七〇年代中頃、三木内閣の出現とその末期の任期満了選挙において、自民党がはじめて衆議院で単独過半数すれすれまで落ち込んだことに象徴的に表れた。自民党は、五五年体制の下で資金を財界、票を農村に仰ぐという支配構造を基本的につくり上げた。そして高度経済成長の下で農業が衰退しまた農村人口が都会に流出する対策として、膨大な補助金による利益誘導のシステムと自民党政府任命の判事から

なる最高裁による格差三倍まで合憲とする農村過剰代表のシステムを維持してきた。また、この限度を超えた定数是正を行う際にも、衆議院の議席を本則で定めた数を超えて増員する方法で糊塗してきた。しかし、七〇年代の中頃には、その対策も限度に達して、自民党の支配体制に最初の赤信号がともったのである。

危機は、まず大都市地域での「支持なし」層の増大という形で現れた。今や、第二党の地位を占めるまでふくれあがったこの「支持なし」層の中核は、ようやく日本にはじまった「豊かな社会」化を享受している中間層だったが、本来、どちらかといえば保守的な政治意識を示すこれら「支持なし」層が、金権腐敗事件や大衆課税としての消費税の導入などに鋭敏に反応して、選挙に棄権したり、「こらしめ」のために野党に投票したりして、自民党は、選挙の度に大揺れにゆれるようになったのである。

このような自民党票の流動化は、情報社会化にともなって、八〇年代には農村地帯にも次第に及ぶようになった。補助金や利益誘導の神通力も、道路や公民館などの建設が一巡し、また、オイル・ショック以後の財政危機の中で頭打ちになる中で、次第に弱まらざるをえなかった。

しかし、農村票崩壊の危機は、日本が経済大国に上昇し、欧米諸国との経済摩擦が激化する中から、本格的にやってきた。輸出産業が中心の財界は、当然、農産物の価格を低落させ、アメリカの日本への風当たりを弱める農産物市場自由化の積極的推進派である。他方、農村は、最終的に米市場の開放へと向かう自由化に、強硬に反対する。いいかえれば、自民党は、五五年体制の二つの基盤が両立しなくなるどころか、対立しあう時点にさしかかってしまったのである。農協青年部を中心に結束した農民は、農産物市場の開放へと動く自民党への批判票を投じるようになり、自民党は

一九八七年の岩手の参議院補選をはじめとして、従来の保守党の金城湯池とされた農村地域で、手痛い敗北を喫するようになった。八九年の参議院選挙と与野党の逆転は、その流れの中で生まれたものに他ならない。そして、自民党はこの先に、農民の最後の牙城である米市場の開放を控えているのである。

こういう自民党支配体制の危機は、それを受け止める自民党内の構造の変化によってさらに加速化する。長期支配がつづく自民党では、党内の世襲化と年功序列化が進むと同時に総主流派体制が生まれて派閥間抗争は内側に封じこめられたが、それは結局、自民党をもう一つの巨大な官庁にするのと同じことになった。自民党は、政策機関として官僚に対抗する実力をもつようになった反面、国民的支持のとりつけや国際的なリーダーシップという、本来、政党としてもつべき政治的対応能力を欠いた、硬い組織に転化したのである。派閥をとりしきる長老政治家が党の実力者として権勢をふるう一方、国民向けの看板としてマスコミでのパフォーマンスができる総理をつくるという、いわゆる実質的な「総理総裁分離」の政権構造、派閥の持ち枠の中で年功序列的に任命され短期で交代する閣僚というシステムの中では、「経済一流、政治三流」と国際的にさげすまれるような状態が生まれるのも当然だろう。こういう状況に対する財界をはじめとする保守体制内部での苛立ちが、今回の政治改革の動きの底流にあることは、周知の通りである。

このようにして累積してきた保守党内部の危機意識を、政治改革すなわち選挙制度改革として切迫させたのは、国会(衆議院)の座席が構造的に満杯になって、もはや定数増という小手先細工による応急処理がきかなくなったという技術的だが決定的な問題である。いかに自民党に甘いとはいえ、格差三倍以内という最高裁の決定を無視して違憲というそしりを受けたまま選挙をすることは

できない。八六年の総選挙の前、自民党ははじめて一部の選挙区の議員定数を減らす定数再配分を行ったが、それに対する党内の抵抗は、すさまじいものがあった。それは、これから選挙の度に繰り返されるこの問題を、選挙制度改革という中で、一挙に片づけてしまいたいという党幹部の決意を引き出すに十分なほどだったとされている。今またその騒動が繰り返されているのは、周知の通りである。

自民党が、一九九〇年末に策定した政治改革基本要綱は、上記のような文脈に沿って、はじめて十分に理解できる。そこでは、小選挙区比例代表並立制の導入と同時に政治家個人への寄付の規制、政党への公的助成がセットでうたわれていた。これが九一年夏には、政治改革関連三法案としてまとめられ、国会に提出されたものの成立せず、海部内閣は退陣し、宮沢内閣はあらためてこの秋（一九九二年）までに手直しした政治改革案をふたたび打ち上げることになっている。

政界再編論の背景には

小選挙区の導入によって、得票率が過半数から相対多数へと縮小しつつある自民党が、息を吹き返す計算であることは、自明だ。小選挙区は、平均してサイズが中選挙区の半分以下、自民党が得意の後援会システムによる票固めの力が今以上に発揮できる場所である。それは、同じ小選挙区（一人区）でも、府県単位で後援会もなく利益誘導の力も弱い参議院選挙の選挙区とは、質が違う。報道機関は一様に、小選挙区の八〇％は、自民党が固く抑えることができると推定している。これに比例区の四〇％前後の議席を加えれば、自民党はふたたび衆院で安定多数を確保する黄金時代を迎えることができる。全部を小選挙区にしなかったのは、それ以上の議席は不要であり、それを比

例区が得意の公明党などに配分することによって、政治改革法案の国会成立を容易にする作戦だったことは、想像に難くない。

政治家個人への寄付を制限し、公的助成を行うことは、党の資金を党中央に集中することによって、派閥の力を弱め、党組織のリーダーシップを確立すると同時に政治家個人の政治資金がらみのスキャンダルをできるだけ抑えるのが目的だったと理解される。もちろん、企業や業界団体からの党組織への献金については、ほとんど実質的制限がないというのが、この改革案の味噌であることは、いうまでもない。

同時に、ここで注目されなくてはならないのは、自民党が、この改革案で一挙に格差二倍以内の定数是正をするとしていることである。それは、衆議院で安定多数を確保した自民党議員のなかみが、大幅に入れ替わるということを意味している。すなわち、今、過剰代表されている農村地帯選出の自民党議員が大幅に減るということだ。党中央のコントロールに弱い比例区議員が割り込むとも、同じ効果をもっている。私が、毎日新聞政治部の当選予測（毎日新聞政治部編『小選挙区300でウチの先生はどうなる』毎日新聞社）にもとづいて試算したものによれば、農村地区（人口集中地区が人口の半数以下の選挙区）選出の議員は、九〇年選挙では自民党の六三％を占めていたが、九一年の選挙制度改革案によれば、四一％に低落してしまう。

この選挙制度改革が、ガット・ウルグアイ・ラウンドの圧力で米市場の関税化により開放をのまざるをえないと想定されていた九二年までに成立することを目標にし、その後の最初の総選挙に適用されることを意図していたことからみても、この改革案のもつ意味は、明白である。自民党は、五五年体制の根幹をなしていた地方の農村票に見切りをつけて、都市部の中間層を主要な得票基盤

とする新たな都市型保守政党の建設に、政治改革の最終目標の照準を合わせていると理解されなくてはならない。

このことは、中曾根内閣が、意図的に行った同日選挙で地滑り的な大勝利を収めたことから、自民党にとって現実的な目標になった。中曾根首相（当時）は、「自民党は左にウィングを伸ばした」として、五五年体制にかわる八六年体制の出発を自賛し、それまでのどちらかといえば旧式の国家主義の衣を脱ぎ捨てて、近代化と経済成長の成功に誇りをもつモダーンなナショナリズムの鼓吹に努めたが、その目標は、金丸副総裁などの政界再編論へと引き継がれているとみることができる。実際、金丸氏が、当面の自公民連合という政治的な十分条件を超えて、社会党や労働組合「連合」に執拗な働きかけを行っているのは、彼が推進している米市場開放が現実化した後で、農民票の本格的な反乱が起こったらという自民党内の懸念を念頭において、はじめて了解できるものである。

たとえ、定数是正と小選挙区比例代表並立制によって、農村地域の議員が少数に転落していても、彼らが農民党や地方党などの第二保守党を形成して自民党に対抗したら、自民党は、労働組合「連合」を基盤にした社会党右派と結ぶ以外にない。アメリカ民主党的な都市型保守党への政界再編成を説く金丸氏周辺は、このようにして、行政改革の結果としての総評解体と「連合」の形成にはじまった労働組合や農協などの再編成が、政治改革による選挙制度改正を経由して、欧米諸国と協調しながら経済大国をになう新たな保守党の建設によって完了する構図を描いているに違いない。

ＰＫＯ法案は、そのために自民党の側から突きつけられた踏み絵である。十年前に問題にされた安保、自衛隊、韓国、原発の四問題は、すでに中道政党と「連合」レベルでは、自民党と同調する用意ができあがった。今や、対日世論の硬化に悩むアメリカ政府が日本に要求する米市場の開放と

自衛隊の海外派兵が、新保守党に参加する新たな条件として提示されている。中道政党が、この問題について急角度に変節して自民党の側に歩み寄り、「連合」や社会党内部でさまざまな妥協の試みがなされたのも、すべてはこの「政治改革」とそれにつづく政界再編成の思惑にからんでの話だとみることができるだろう。

官僚制、中央集権へメスを

このような自民党や保守体制内部の発想にもとづく「政治改革」から離れて、日本がどのような政治改革を必要としているのかを、正面から考え直してみよう。その視点を、どのようにしたら議会制民主主義が本来の機能を取り戻しうるかに置き、七〇年代以後の世界で新たな展開を見せだした大衆参加の民主主義に即してその未来像を考えるなら、改革の展望は、まったく異なる方向を辿らざるをえない。

今日の日本の議会制民主主義のさまざまな問題が、五五年体制出発時から数えて四十年近くも政権交代がなく、またその展望もないことから発していることは、論をまたない。周期的に露呈する金権腐敗はもとより、一党による任命が定着した最高裁の機能不全にいたるまでのすべてが、ここから発している。それは、日本を経済大国に成長発展させた自民党の政策がよかったからだと、自民党の支持者たちはいうことだろう。しかし、「豊かな社会」化の中で有権者の選択が逆に流動化し、金権腐敗問題などを契機に政権交代が起こることは、世界的な傾向なのである。

日本で、なぜ一党が永続支配をつづけることができたのか。また、支配政党が政権を失いかねない危機にあっても、なぜ野党が連合して政権を奪い取ろうとせず、そこに補完的に滑り込むことし

か考えないのか。この問いに対する基本的な解答が選挙制度の問題にないことは、実際は、誰もが良く知っていることである。それは日本の保守党が、野党と同じレベルの政党でなく、官僚制と複合し、また学歴社会の頂点にある特権的な政党、いや政治勢力であるからだ。

市民改革を経由した西欧の政党政治は、基本的に官僚制をどのようにコントロールするかを課題に発展してきた。今日、欧米諸国では、フランスをほとんど唯一の例外として、官僚は最高のエリート的職業ではない。官僚は終身雇用の専門職であり、またそのことによってはじめて官僚の中立性が保たれ、政権交代もスムーズに行われうるというのが、常識になっている。

しかし、日本では、明治以来今日にいたるまで、中央の高級官僚になることが出世の頂点とみなされてきた。世界的に名高い日本の受験戦争の頂点に東大や京大の法学部があるのは、それが中央の高級官僚に直結するコースだからである。なぜ、高級官僚が出世の頂点なのか。それはそこから保守党議員や大企業の役員への道が直結しているからである。高級官僚は、五十代の半ばに官僚としての頂点にのぼりつめ、議員や経営者に転職してゆく。今日では、政治家になるためには、四十代の途中で転身するのが一般的である。そして、その際、彼らが在職中から選挙の事前運動を行い、また官庁もパーティー券を出入り業者に斡旋するなど、官庁あげて支援するのが常識になっている。それは、つい先頃のリクルート事件に連座しながら選挙に立候補した元文部次官のケースについてつぶさに報道されたばかりだ。

この仕組みは、六〇年代の高度経済成長のさなかに固まり、保守党の中では、官僚派が保守本流を自称するまでになったのは周知の通りである。このように学歴社会と高級官僚が直結し、それが人脈的中心になって政党と財界が連合するというのは第三世界諸国に一般的なパターンだが、その

意味で日本の政治は、基本的に欧米諸国型というよりは第三世界型だというべきだろう。

八〇年代に入って、自民党の官僚的な組織化の進行とともに官僚制の権威の低下がいわれはじめた。「党高官低」はその象徴的な表現である。また、日本の国際化への転換をめぐって、自由化推進省庁と国内産業保護省庁とのきしみがいわれるようにもなった。しかしこれらの現象は、基本的に官僚制が全体として、日本の政策決定やその遂行にあたって中心的な役割を演じつづけているという事実を覆すものではない。中曾根内閣時代の行政改革が、いかに官僚制自体の改編や権限縮小に手をつけることなく終ったか。また、与野党の逆転した参議院で、野党が消費税改正案を提出する際に、官僚制の非協力のためにいかに戸惑わされたかなどの最近の実例は、この間の実情を余すところなく示している。

こういう官僚制と自民党との癒着の接着剤になっているのが、「三割自治」といわれる財政の中央集中と補助金による利益誘導である。保守党議員は、中央官庁に顔がきく実力者であることを選挙での最大資産とし、地元への利益誘導という世話活動を運動の基本にすえている。この視点からすれば、地方の自治体、その長や議員にとって、政党とは二種類しかない。官庁に発言権をもち圧力をかけられる政党と、そうでない政党とである。私が、先に自民党が特権的な政党であるといったのは、まさにその意味においてなのだ。この状況の下では、たとえ小選挙区が導入されたとしても、政党が政策で争うなどというのは、夢物語にすぎない。少なくとも、地方の市町村長や地方議会議員そして集落の有力者とつながる地方の支配組織の中では、官庁につながる政党とそうでない政党という対立しかありえないのである。

この問題は、国政のレベルから地方政治のレベルへと視点を移したときにもっと明白になる。地

方自治体の首長はすべて小選挙区で選ばれているが、そこでの選挙において、この十五年間にほとんど本格的な政党対立が見られなくなっている。中央政府と直結した自民党主導の官僚候補に、中道政党や社会党が相乗りの形で参加し、利益分配のおこぼれに与ることに甘んじるようになっているからだ。九一年の統一地方自治選の時点での集計によると、四七都道府県の内、中央や地方の元高級官僚が知事におさまっているのが二四、社会党までが相乗りで支持しているのは一八府県に達している。市長については四四%が保守中道連合であり、社会党がそれに加わっているのがその約半分だ。それらの知事の多選も多くなり、かつて盛んだった多選批判ものかは、四期や五期も珍しくなく、六期目というのもある。

二十年間にわたり革新県政の旗を掲げていた畑埼玉県知事が、金丸自民党副総裁の与野党両候補下ろしの工作の中で、突然、引退を表明した最近の事件は、その意外性で世間を驚かせたが、畑知事が中央の高級官僚を与野党相乗りの後継候補として策していたという実情が判明すれば、それはこの十五年の潮流に合わせた動きにすぎなかったことがわかる。地方自治は「民主主義の原点」といわれながら、このように現在の日本では「民主主義の戯画」にすぎなくなりつつあるのが現実なのである。

かつて、地方政治が革新地方自治の波で洗われた頃、中央政府、官僚による地方支配に抵抗する市民の立ち上がりが、日本の大都市地域を包んだ。その熱気は、日本にはじめて広範な市民の地方政治への日常的な参加を前提とするさまざまな制度改革を導いた。現在、それらのすべてが形骸化したというわけではない。情報公開ひとつ取ってみても、いったん作られた制度の効果は大きい。しかし、今や、かつての革新首長が、地方自治にイデオロギーは要らないといい、県民党と称して、

与野党の連合を策する。そこには、中央政府に対して地方自治体が、一体となって陳情の組織として動かなければならないという構造の圧力があることを疑うことはできない。

しかし、このような与野党の連合が、また、一般市民を締め出した巨大組織間の頂点同士のなれ合いによる利益の分け取りとも結びついていることは、理解に難くない。市民の立ち上がりによって生まれた革新自治体が、持続を図るなかで保守党の組織となれ合い、次第に市民に背を向けてゆく力学は、一般的なものである。地方政治におけるこのような与野党間のなれ合い、その基盤となっている利益組織の相互のもたれあいの現実を前にして、私たちは、どのように中央政治における与野党間の緊張ある対決にもとづく政権交代の可能性を展望することができるのだろうか。

今、日本の政治改革が、メスをいれるべきなのは、まさにこのような体質をもたらした政治や行政の構造そのものでなくてはならない。その第一歩は、高級官僚の中立性を確保するための官僚の議員への転身の禁止と財政の大幅な地方分権たるべきだろう。このようにして、保守党議員が中央からの利益誘導のパイプとして機能する根源を断ち、各政党が同じ地平に立って競争できる政治構造をつくること、そしてまたそれによって地方政治の独立をうながし、そこにおける自治と市民参加を蘇らすこと。それこそが、今の日本において論じるに値する政治改革なのである。選挙制度の改革などは、それにいくらかでも意味があるとしても、これに比較すればたんなる対症療法にすぎないというべきである。

（『世界』一九九二年七月号）

Ⅸ　山は戻った——'92年夏参院選——

この参院選の意味

想定くつがえす結果

参議院は、憲法による設計の意図では、衆議院とは異なる基盤の上で選ばれ、それゆえ第二院として衆議院の議決のチェックにあたるのに意味があるとされていた。広い声望のある個人を選ぶ全国区と都道府県代表からなる地方区が設定されたのは、そのためだった。

しかし、組織化の進行と都道府県への分権の不徹底が、この設計の意図を無効にさせた。一九六〇年代中頃から、参議院での勢力分野は衆議院の政党別分野とほとんど変わらなくなってしまったのである。それに伴い、参議院を国会の「盲腸」視する議論が生まれるようになった。参議院は、衆議院を通過した法案の成立をいくらか引き延ばす以上の機能を、まったくもたなくなってしまったからである。一九八三年、全国区に代えて比例区を導入したことで、この事態はさらに決定的になったと思われた。有権者が政党に直接投票するようになれば、参議院はまったく衆議院のミニ版になってしまうと想定されたのである。

このような想定をくつがえしたのは、三年前の参議院選挙である。消費税、リクルート事件、農政不信のいわゆる三点セットを争点にしてたたかわれたこの選挙で、自民党は地滑り的な敗北を喫

し、参議院における与野党逆転の事態が生まれるようになったのである。首相指名、条約批准そして予算案を除いたあらゆる法案は、参議院で否決されたとき、衆議院で三分の二以上の多数をもっていない限り再可決できない。自民党は以後、参議院で野党が強硬に反対した湾岸戦争時の国連平和協力法案を断念し、その他の法案でも、野党の一部の修正要求に屈する形でしか、国会運営が行えなくなってしまったのである。

有権者に使い分け

しかし、その半年後に行われた衆議院選挙で、自民党がふたたび安定多数をえたという結果から見れば、国民の政党支持のパターンに基本的な変化が起こったとはいいにくい。参院選と衆院選の結果が食い違ったのは、それぞれの有権者が、自分の政治意識の異なるレベルをそれぞれの選挙で表そうとしたからに違いない。すなわち、衆院選では、政権のゆくえや選挙区の利害につながる判断を表現したのに対し、参院選では、個別の争点に対する判断や汚職事件に対する「こらしめ」の気持ちが表現されたのである。

有権者のこのような使い分けが行われるようになったのは、政権の移動に直接関係ないという参院選の憲法上の位置と、それに関連してそこでは利益誘導が決定的な武器にならないという条件がある。参議院選挙では、比例区はもとより都道府県単位の選挙区でも、衆院選で威力を発揮する個人後援会はほとんど働かず、その組織さえないことも多い。加えて、七〇年代後半以降、進む情報社会化の中で著しく増大した「支持なし」層の選挙参加があげられるだろう。八九年参院選のように、この層が大量に選挙に参加したとき、個別の争点票や「こらしめ」票は、いっそう大きく選挙

結果に反映したのである。

参議院が衆議院をチェックする第二院としての機能を復活させたのは、このように選挙基盤の多様化によってではなく投票行動の多様化によってだった。この意味で、今、参議院選挙は衆議院選挙に比べて、その時の争点に対する有権者の判断をより忠実に反映するとしてよい。

しかし、それは同時にまた参院選では、政党党首へのカリスマ的人気票やイメージ票さらには新党へのブーム的期待票などが働く余地が大きいということでもある。前回選挙での土井社会党票や連合ブームには、そういう側面もあったことは否定できない。他方、有権者にとっての切実な争点もなくカリスマ的人気党首もいなければ、有権者が参議院選挙に参加する動機も弱くなる。事実、同日選挙や前回のように「燃えた」選挙を除けば、参議院選挙の投票率は、しばしば五〇%台まで転落しているのである。

このようにして、今日、支配政党にとって、参議院で勝利するということは、争点の立て方や党首のイメージあるいは有権者の駆り出しなど、衆議院選挙とは一味違う努力を要する独立した問題になったというべきだろう。

ＰＫＯ問題の反応は

今回の参院選で社会・共産などの野党はＰＫＯ協力法を争点としてたたかっている。これに対し、自民党は、経済の景気対策や経済大国日本の国際的責任を訴えている。また公明・民社などの中道政党にとっては、ＰＫＯ協力法案を契機に再建された自公民路線が問われる選挙である。さらに前回に引き続いて大量の候補を立てた「連合」は、ＰＫＯ問題に対する社会・民社の対立を棚上げに

した選挙連合への有権者の反応が気になるところだろう。

だが、これらの争点がどのように選挙結果に反映したかの判定も、有権者が選挙に積極的に参加していなければ、割り引いて行われざるをえない。前回のように生活に直結する争点も有権者にアピールする人気党首もいない今回の選挙で、今、有権者はどのくらい「燃えて」いるか。大いに気にかかるところだ。

(共同通信配信『信濃毎日新聞』一九九二年七月九日他)

自民党勝利の裏に社会党の怠慢

コップの中の嵐にすぎない

自民党が、六年前に得た改選議席をほぼ確保して勝利宣言を行った今回の参議院選挙も、くわしくその内容を点検してみると、さまざまな疑問にぶつかる。六年前の選挙は、中曾根内閣が仕組んだ衆参同日選挙であり、投票率も七一・三%と高かった。今回は、戦後最低の五〇・七%であったにもかかわらず、自民党が同じような勝利を得たのはなぜだろうか。

また、三年前の参議院選挙において、リクルート事件、消費税、農政批判などいわゆる三点セットにからんだ自民党批判の票は、社会党と連合に集中した。ところが、両党がその票のほとんどを失って六年前の状態に回帰した今、この低投票率の中で、これらの自民党批判票はどこにいったの

だろうか。そしてまた、戦後史の転回点ともなったＰＫＯ法案をめぐる大攻防の後で戦われたこの選挙で、投票率がかくも低かったのはなぜか。

一つの選挙を十分に分析するためには、まず制度的につくられている選挙の構造、各党の組織的基盤、選挙の争点や候補者などの戦術を含む運動、そして有権者の意識と四つの側面にわたって考察を加えることが必要である。以下、限られた紙数の中で、それぞれの側面に言及しながら、今回の選挙の特質を考えてみたい。まず、選挙の構造については、**表1**と**表2**を見ていただきたい。ここには、参議院選挙が、今日のように比例区と選挙区で行われるようになってから四回の選挙結果の概要がまとめられている。ここで直ちに気がつくのは、**表2**に見られるように、選挙結果の驚くべき固定性である。この四回の選挙で、際立って例外的だった三年前の八九年選挙を除けば、自民党の獲得議席数は六九プラス三、マイナス一、社会党は二一プラスマイナス一という範囲内に収まっている。他の諸党（ミニ政党や無所属はすべてまとめて〝その他〟としている）についても、すべて誤差は一ないし二でしかない。

この理由は明白だ。選挙区では二六ある一人区のほとんどを自民党が占め、一五の二人区の八割は自・社が分け合い、六つある三人・四人区で自・社以外の政党がようやく出てくるという構造になっており、比例区でも政党の勢力がほぼ固定化している状態の中では、選挙のそのつどの変動は微細なものにならざるを得ないのである。**表1**は絶対得票率の変化を表しているが、そこでも、八九年を除けば、自民党以外の政党の変動の幅が極めて小さいことが示されている。

こうした状況の中で、投票率が上がれば自民党に有利、下がれば組織政党である公・共・民に有利になることは自明である。実際、同日選挙の八六年、自民党が比例区で上限の二二議席をとり、

表1　参議院選挙、各党の絶対得票率の推移（%）

年	投票率	自民	社会	公明	共産	民社	その他	無効
83	57.0	19.7	9.1	8.7	5.0	4.7	8.5	1.4
86	71.3	25.6	11.4	8.6	6.3	4.6	9.9	5.0
89	65.0	17.1	21.9	6.8	4.4	3.0	9.3	2.5
92	50.7	16.0	8.5	6.8	3.8	2.4	10.5	2.8
平均	59.5	20.0	9.6	8.0	5.0	3.8	9.7	3.1
誤差	11.9	5.3	1.8	1.2	1.3	1.4	1.1	1.9

（注）平均と誤差の計算では1989年を除く.

表2　参議院選挙当選者数の推移（人）

（比例区）

年	自民	社会	公明	共産	民社	その他
83	19	9	8	5	4	5
86	22	9	7	5	3	4
89	15	20	6	4	2	4
92	19	10	8	4	3	6
平均	20	9	8	5	3	5
誤差	2	1	1	1	1	1
（選挙区）						
83	49	13	6	2	2	4
86	50	11	3	4	2	6
89	21	26	4	1	1	23
92	49	12	6	2	1	7
平均	49	12	5	3	2	6
誤差	1	1	2	1	1	1
（総計）						
83	68	22	14	7	6	9
86	72	20	10	9	5	10
89	36	46	10	5	3	27
92	68	22	14	6	4	13
平均	69	21	12	7	5	11
誤差	2	1	2	2	1	2

（注）平均と誤差の計算では1989年を除く.

投票率が低かった八三年と今回、公明党が上限の八議席をとったのは、そのためにほかならない。しかし、こうした変動も、選挙区での状況が固定しているため、いわばコップの中の嵐にしかならないのである。

農協が「自民支持」で回帰

さて、このように結果が固定し、分かりきっている選挙に対して、有権者が関心を失うのは当然のことだろう。しかも、参議院は政権の行方や選挙区への利益誘導に関係が薄い第二院であり、また選挙区選挙といえども府県単位の広域であって、候補者へのなじみが薄く後援会などの組織も活発ではない。参議院選挙が単独で行われた時の投票率低下の傾向は、もともと七〇年代からの問題だった。また、投票が有権者の個別の争点に応えるミニ政党や人気投票的なタレント候補へと分散する度合いも、衆議院選挙と比べて大きかった。しかし、全国区が比例区へと変わり、政党へと投票するようになれば、人気投票もまた少なくなる。

国民生活に直接ひびく争点もなく、また〝細川新党〟(日本新党)を除けばいずれも人気の上ではぱっとしない党首をいただいた政党間の争いになった今回の選挙は、低投票率の中で、参議院選挙の本来の構造がそのまま表れた選挙だったということができるだろう。

もっとも、参議院選挙の制度がこのような固定した選挙結果となって表れるのは、そこに各党の勢力分布がほぼ固定していて、極めてゆるやかにしか変動しないからである。たとえば、**図1**と**図2**を見ていただきたい。ここには八九年と今回の二つの選挙の自民党と社会党の府県別の絶対得票率の分布が描かれている。自民党について驚くのは、大敗した八九年選挙と大勝した今回の選挙と、

図1　自民党の絶対得票率分布

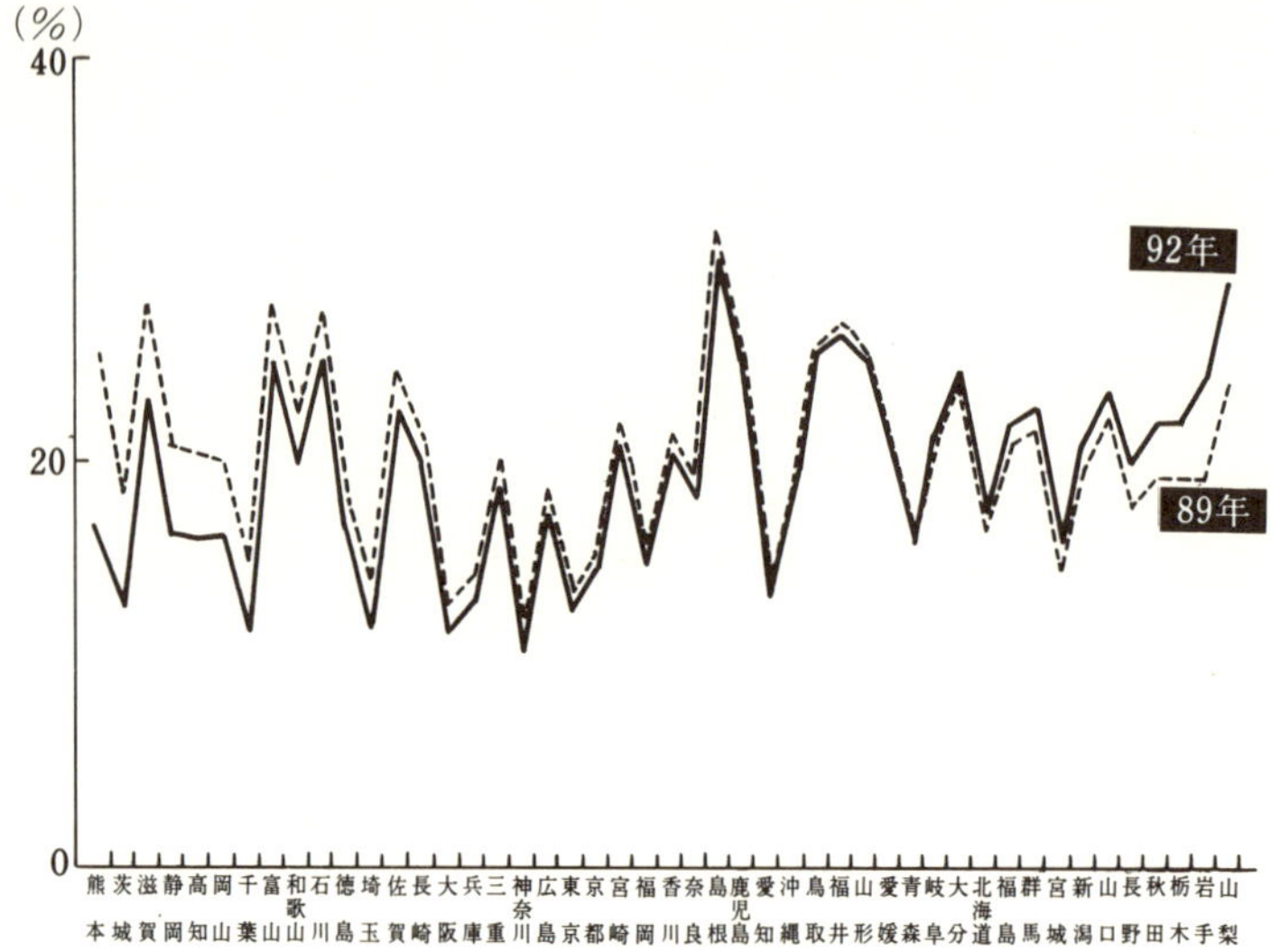

（注）　都道府県は，89年—92年の差の順に並べ替えられている．

絶対得票率の分布ではほとんど変わりがないことだ（絶対得票率の全国平均では、前回を約一％下回ってさえいる）。いわば、反自民党の逆風が吹き荒れた前回と、棄権という大風が吹いた今回と、ともに残った、いわば自民党の地力がここに示されているといえるだろう。もっとも、その政治的意味はまったく異なる。投票率が上がり、野党が結集した前回、自民党は比例区では一五しかとれず、選挙区では惨敗したが、今回は、比例区では一九、選挙区では圧倒した。この図をみれば、誰しも、自民党が安定した支持基盤を持っていることを了解するだろう。

　しかし、それは必ずしも、自民党の支持基盤が固定化していることを意味しない。**図1**では、選挙区は通常の順序ではなく、八九年と九二年の得票率の差の順序に並べ替えられている。すなわち、図

の左から順に自民党は絶対支持率を落としているが、右側では逆に、得票率を伸ばしていることが読み取れる。得票率を落とした府県は、日本新党が圧倒的な地元票を獲得した熊本をはじめとして、無風の指定区で投票率が激減した府県が並んでいる。

これに対して、今回、自民党が得票率を伸ばした選挙区は、金丸自民党副総裁もからみ泥仕合の激戦を演じた山梨を筆頭に、東北、北陸の米どころが並んでいることが注目される。前回、自民党離れした農協組織が、自民党の支持組織として帰ってきたことが、このような形で、数字的に裏付けられているのである。

比例区で手を抜いた社会党

さて、同じように図示された社会党の絶対得票率の全国分布を見てみると、これはまた、同じようなパターンを示しながら平均的に低落していることが一目瞭然であろう。その低落の幅は平均で一三・四%、最大で一九・二%におよぶ。その低落は、熊本、長崎、佐賀という日本新党ブームの県で目立ち、これに秋田、岩手という米どころがこれらの県を上回る形で並んでいるのは、直ちに了解できよう。

問題は、この低落の大きさと、社会党が選挙区で自党候補を立てず、連合候補を立てたことが、どのように関係しているかということである。

PKOを最大の争点としたはずの社会党が、民社党と共同で連合候補をかついだことによって、比例区での独自の戦いがおろそかになったのではないかという疑いがもたれているからだ。

この点を数量的に実証するのはむずかしい。たとえば、負けはしたが滋賀や京都のように、連合

図2　社会党の絶対得票率分布

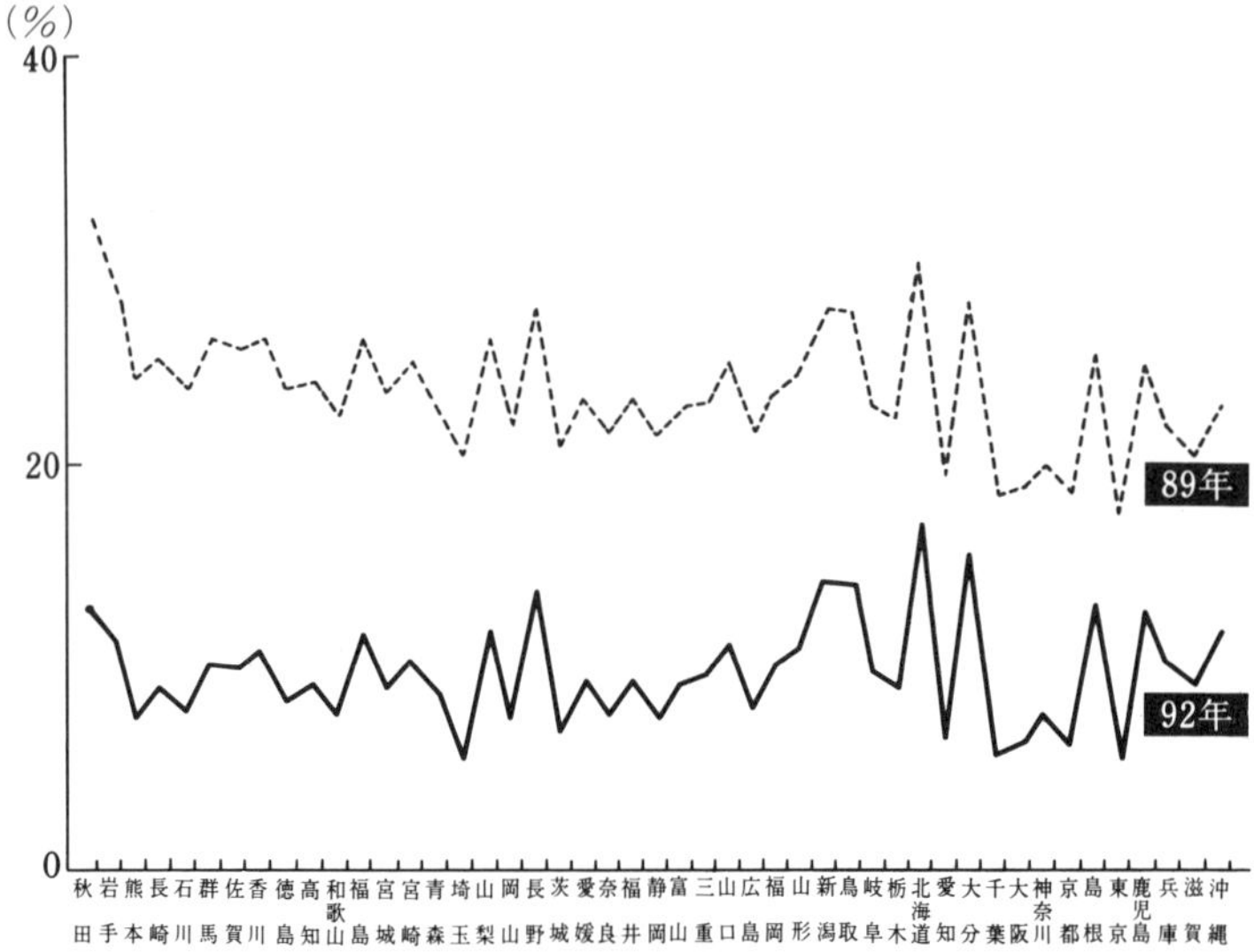

（注）　都道府県は，89年—92年の差の順に並べ替えられている．

候補を立てながら社会党の票の減り方が比較的に少なかった府県も、いくつかあるからだ。しかし、秋田を筆頭とする低落率上位一〇県のうち、香川を除くすべてが、連合候補あるいは社会党推薦の無所属候補だったことから見ても、この疑いは依然として残るといわなくてはならない。

さて、図では煩わしいので書き入れなかったが、この九二年の社会党の絶対得票率分布は、投票率が同じように低かった八三年選挙での分布、そして投票率は高かったが、その票のほとんどが自民党にいって社会党が大敗した八六年同日選挙の分布と、相互にほとんど重なっている。そのことは、これが社会党の組織選挙としてのほぼ底の力の表現であることを示している。それが、八九年を除いた三回の選挙での社会党の議席が、二一プ

表3　社会党の絶対得票率の低落順序（89・92年比：%）

1	秋田	19.20	13	宮城	14.67	25	富山	13.67	37	大分	12.63
2	岩手	17.42	14	宮崎	14.66	26	三重	13.61	38	千葉	12.53
3	熊本	16.69	15	青森	14.52	27	山口	13.58	39	大阪	12.53
4	長崎	16.25	16	埼玉	14.51	28	広島	13.55	40	神奈川	12.45
5	石川	16.00	17	山梨	14.40	29	福岡	13.55	41	京都	12.28
6	群馬	15.97	18	岡山	14.24	30	山形	13.39	42	島根	12.11
7	佐賀	15.64	19	長野	14.16	31	新潟	13.32	43	東京	11.86
8	香川	15.50	20	茨城	14.10	32	鳥取	13.23	44	鹿児島	11.79
9	徳島	15.43	21	愛媛	13.95	33	岐阜	13.07	45	兵庫	11.48
10	高知	14.81	22	奈良	13.80	34	栃木	12.98	46	滋賀	11.17
11	和歌山	14.75	23	福井	13.78	35	北海道	12.85	47	沖縄	10.80
12	福島	14.71	24	静岡	13.78	36	愛知	12.64			

ラスマイナス一に固定している基本的な理由である。それが何らかの原因で八九年選挙のラインまで、平均して一五%近く上昇しないかぎり、参議院選挙は、永久に自民党の独り勝ちで終ることは自明なのである。

紙数がないので、これ以上、他の各党については触れないが、しかし、この十年間の選挙を見るかぎり、公明、民社、共産の三党についてもまったく同じように固定した得票率分布のパターンが見られることに変わりはない。しかもこの三党とも、その水準は次第に低落してきている。それは**表1**の各党の絶対得票率をチェックするだけでも明らかだといえよう。

日本新党が突き当たった壁

さて、これに対して今回、絶対得票率で唯一伸びを示したミニ政党グループは、どのような分布曲線を持っているだろうか。それは**図3**に示されている。九二年の曲線で日本新党も書き加えられているが、これは内数である。

この分布曲線で気がつくのは、第一に、これは五大政党と違って、さまざまな個性あるミニ政党の票の合算であるので、

図3　ミニ政党の絶対得票率分布

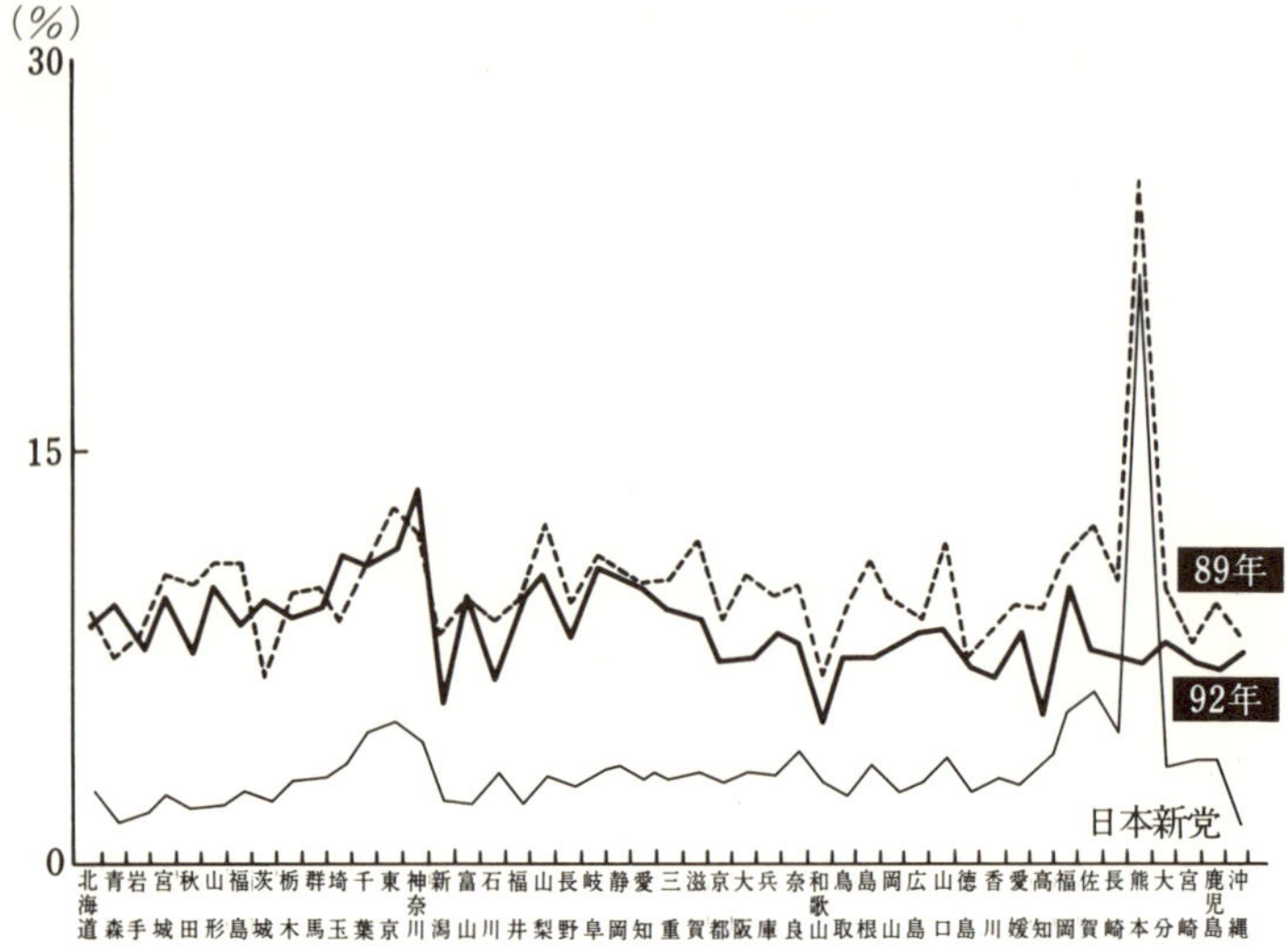

毎回、同じようなパターンであるとは限らないということだ。たとえば、今回の日本新党が熊本県を中心に、北九州の県に特異な支持を集めているように、地元支持的な票の偏りは、規模こそ違え、多くのミニ政党に見られる現象なのである。その意味で、ミニ政党の支持は、必ずしも大都市地域に集中しているわけではない。また、投票率の上下に必ずしも左右されていない。一般にミニ政党への投票は、タレント的な浮動票というよりも、当選の可能性が少なくても一票を投じる〝信念票〟の側面をもっているというべきだろう。その意味では日本新党は、例外的な現象なのである。

第二に、このミニ政党への支持は、しかし、これまでのところ全体として、有権者一〇人に一人のレベルを超えることはなく、しかもそれが三〇近くの政党に分散してきていた。現在の選挙制度の下でこの限界を超えるには、

五大政党のように全国的な組織基盤をつくらなくてはならない。それは、かつての新自由クラブが直面した課題でもあり限界でもあった。この壁をどのように突き破ることができるか、そこに日本新党の今後がかかっていることは自明である。

さて、以上のような分布曲線から推論をさらに進めて、八九年選挙での各党の票、とりわけ社会党の票が、今回の選挙でどのように分散したかを数量的に推計する方法として、数理計画法の応用による推計がある。この推計が可能な根拠は、変化が、多くの府県で一様に起きているということである。その意味で、分布曲線が示すように、熊本県など一部の地域を除けば合理的な推計が得られる。計算の結果によれば、八九年の社会党票の約二〇％が自民党に回帰し、ほぼ同数が棄権にまわり、ほか公明、共産、民社などに数パーセントずつ分散した。それは、八九年の社会党票が、これらの政党の八六年票から吸収することによって合成されたと数理計画法が推計していることからしても、旧に復したということができる。社会党に残ったのは、四〇％弱にすぎない。

しかし、自民党票の一部、一五％近くが日本新党を中心にしたミニ政党にまわり、また二〇％近くが棄権にまわった。先に見た自民党票の総体的な安定の内側には、このような票の〝出入り〟があったのである。

日本新党については、熊本など一部地域に次いで関東の大都市地域に集中した特異な分布を見せているので推計しにくいが、自民党を筆頭に、八九年の各党票から、満遍なく吸収したものと推定される。計算では、共産党票からもかなりの異動があったことが示されているが、これは、ＮＨＫ世論調査での共産党支持者の日本新党支持率（一六％）とも一致している。

再び「安全無害」な第二院に

以上のような数量的分布から、何が導き出されるだろうか。

八九年選挙は、三点セットの問題を中心に、社会党や連合に神風が吹いた選挙であり、それがやめば、それ以前の水準に戻るのは当然だという見方は、実際に、今回の結果を〝善戦〟だと自己弁護している今の社会党執行部の見解でもある。しかし、それはまた、現在の固定化した参議院選挙の構造を受け入れ、それなりに居心地のよい野党第一党の地位に永久に甘んじようという思想の表れでもあるといえよう。自民党と野党との間には、隔絶した地力の相違がある。野党の側に立ってこれを打ち破る方法を考えようとすれば、そこには二つの道が浮かんでくる。

一つは、非力な野党の力を寄せ集める方法である。「連合」はそのような発想から生まれた。消費税やリクルート事件が争点の時はそれが有効なように見えた。しかし、今回の選挙におけるPKO問題のように、それに関して組織内部が基本的に対立している問題を争点として立てることは無理があった。「連合」という既成の社民勢力の結集を図る方法に無理があるということは、七〇年代に始まった社公民連合路線が今日に至るまでまとまらなかった歴史を振り返れば歴然としている。

もう一つの道は、五〇%という低投票率を超え、眠り込んだ棄権層を呼び起こして、政権政党の固い地盤を包囲するという道である。それこそが、社会党が、八三年選挙の苦い反省の上に立って、社会党改革と市民路線への転換で選び取ろうとした道でもあった。八九年選挙で社会党を中心とした野党を勝利に導いたのは、単に自民党が失点を重ねたというだけでなく、そこに全国的に広がった市民や女性の政治参加の波の高まりがあったからである。社会党支持率の分布曲線の九二年と八九年の間を埋めていたのは、単なる砂のごとき浮動票ではない。それは、さまざまな自発的な選挙

組織の網の目でしっかりと抱えこまれていたのである。

しかし、田辺執行部以後の社会党路線は、この市民的選挙組織に背を向け、労働組合「連合」によりかかって、既成政治勢力の社民的結集の枠を出ようとしなかった。今回の参議院選挙はまさにその帰結でしかなかったのである。参議院は、かつて衆議院のカーボンコピーといわれ、国会の盲腸ともいわれた。その常識を突き破ったのは、「山が動いた」と土井委員長をしていわしめた八九年選挙の結果、参議院で与野党逆転が起こってからである。衆議院選挙とは違う力学で動く参議院選挙は、また参議院に新しい生命を与える可能性を秘めていることを示したのである。しかし、それから三年間の各政党の動き、そして今回の参議院選挙の運動の展開は、いわば既成政党が寄ってたかって参議院の新しい可能性を封じ込め、それを衆議院にとって安全無害な第二院に閉じ込めようとするものだったといってよい。有権者の二人に一人が背を向けたということは、それに対する無言の回答だと、全ての政党は理解すべきだろう。

（『エコノミスト』一九九二年八月一一日号）

しらけ参院選の意味

七月末に行われた参議院選挙の結果、自民党は改選議席一二七の過半数を上回る六八議席を獲得して勝利を宣言し、選挙前のＰＫＯ法案をめぐる政治的対決や取り沙汰された選挙後の政界再編成論議に終止符をうった。三年前の選挙で自民党を抑えて圧勝した社会党は、今回は、六年前の敗北

でえた改選議席二二をようやく維持したにすぎず、共産党も東欧・ソ連解体後の凋落に歯止めをかけられずに三議席を失い六議席にとどまった。また、民社党も一議席を失って四議席を維持するに止まった。三年前の夢をもう一度と、府県単位の地方区で二二候補を樹立した「連合」は全敗した。これに対し、公明党は、これまでの最高と同じ一四議席を獲得、また、細川護熙前熊本県知事を中心に結成されたばかりの日本新党が三議席を獲得して注目された。

たとえ、自民党が今回勝利したとしても、三年前の大敗北の影響で、自民党が過半数をもたないという参議院内の勢力分布は選挙前と変わりようはないが、ＰＫＯ法案の審議過程で公明・民社両党が準与党化したため、かつてのような与野党逆転による国会運営の困難さは、もはや予測されていない。宮沢政権は、指導力の欠如が非難された数カ月前と打って変わり、安定政権としての落着きを取り戻し、党内では早くも長期政権の観測さえ生まれている。

しかし、選挙の内容をつぶさに吟味してみると、それはこのような議席配分から生まれる政治的な意味とは、必ずしも同じではないことが読み取れる。第一に、今回の選挙の投票率は、前回を一五％も下回る五〇・七％という史上最低であり、有権者の二人に一人は、投票場での意思表示をせずにそっぽを向いたのである。第二に、この投票率の低下とも連動していたのは、選挙前にＰＫＯ法案批判を最大の争点だと主張していた社会党が、ＰＫＯ法案を推進した民社党と選挙で共闘して「連合」候補を推したことだった。このため、広島・東京では、社会党は分裂選挙となり、その他の各地でも「連合」選挙での社会党・民社党の共闘はうまく働かず、有権者を引きつけることはできなかった。実際、ＰＫＯ法案に批判的な有権者は、選挙前の世論調査では有権者の半数近くいたにもかかわらず、選挙でＰＫＯ法案問題を投票の基準にするとした人は、三分の一にもみたなかっ

たのである。

　選挙で投票した人々にとって、最大の関心事は、実は深刻化する不況と経済問題だった。農村地帯ではさらに、延々と続いているガット・ウルグアイ・ラウンドでの米市場開放問題が大きな影を投げかけていた。そして日本では、不況が深刻化すると、投票は政権党に回帰するのである。地方で自民党がもっとも頼りにしている集票組織は、建設業界と農協だが、建設業界は不況になると公共投資の発注欲しさに自民党の集票に懸命になる。また農協は、三年前には、ビーフとオレンジの自由化に憤って反自民の「懲らしめ」票を野党に投じる運動を展開したが、ウルグアイ・ラウンドがもたついている現在、自民党に梃入れするのが得策と、今回は、反自民の旗を下ろした。いずれも、日本では、自民党に代わる政権の展望がないために生じる現象に他ならない。

　このようにして、今回の参議院選挙では、野党にはじめから勢いがなくムードは自民党有利だったが、しかし、それよりも有権者の半分が棄権する「しらけ」選挙だったということに、より特徴がある。その結果、有権者全体に対する絶対投票率では、自民党は、大敗した前回の八九年選挙を比例区で約一パーセント下回ることにさえなった。その内容を各府県別に調べると、ほとんどの府県で、前回と同じ水準に止まり、農協が回帰した農村地域では若干得票を増したものの大都市地域や九州では大きく票を減らしている。この減票の理由は、棄権と日本新党であることが明白だ。いいかえれば、自民党は議席の上では三年前と打って変わって勝利したにもかかわらず、有権者の積極的な支持という上では、ほとんど回復していないということができる。

　有権者の支持が前回止まりであったにもかかわらず、自民党が勝った理由は、野党とりわけ社会党への支持が大きく減ったからである。実際、社会党は比例区で、前回の票の六〇％あまりを失っ

た。二次計画法（Quadratic Programing）を使ったコンピューターの計算では、社会党から去った票は、自民党、その他の政党と日本新党、棄権とほぼ三等分されたと推定される。その結果、社会党に残った票の絶対投票率の府県別の分布を、六年前、九年前と比べて見ると、ほとんど同一であることが判明する。すなわち、社会党は、かつて組合政党として停滞の淵にあえいでいたと同じ状態にもどったということができる。

これに対し、創価学会と本山の抗争に悩む公明党は、全力をあげて組織固めに乗り出していた。公明党が今回獲得した票は、絶対得票率では前回と同じだが、低得票率の下では大きな意味をもつ。公明党が一四議席も獲得できたのは、基本的には、低い投票率のために相対的に浮かび上がったために他ならない。

こういう低い投票率の下で、日本新党が共産・民社をも上回る得票率で、比例区のみで四議席を獲得したのは、有権者の一つの意思表示だということができるだろう。日本新党は、基本的に保守党寄りの姿勢をみせながら、政治改革、地方分権などをかかげて、金権腐敗にまみれ官僚的中央集権行政を行っている自民党にあきたらない層を吸収しようとした。世論調査によればその支持層は、自民党から共産党にまでわたっている。しかも、日本新党は、その具体的な政策も組織も、また、どのように国会内で政治活動をしてゆくのかの展望も明らかにしていない。参議院選挙が、いわば既成政党が支持基盤を動員して勢力のデモンストレーションをする以上の意味をほとんどもたなくなっていることに対して失望感を抱く「組織されざる」人々が、棄権にまわるかはかない望みを日本新党に託すかしたのが、今回の参議院選挙のもう一つの姿だったということができるだろう。

振り返ってみれば、こういう人々が社会党や「連合」候補に一票を投じて、与野党逆転をもたら

した三年前の選挙は、野党が、今の日本のいつまでもつづく一党支配にどのようにして風穴を開けるかを示す典型的なケースだった。社会党は、現在では、与党の「三点セット」（消費税、リクルート事件、農政批判）といわれるエラーによって野党に神風が吹いた異常な選挙だったと総括しているが、しかし、他方ではそこには、土井委員長というカリスマ的な人気党首がおり、また、彼女が組織した女性運動、市民運動の全国的なネットワークがあった。その力によって、組合政党としての社会党の通常の票の倍以上の票が社会党へと流れ込んだのである。それは、社会党を労働組合「連合」の上にべったりとよりかかった組合政党、旧組合幹部たちが議員となって支配する政党として保っておきたい田辺委員長をはじめとする現在の社会党幹部に取っては、思い出したくない側面であるに違いない。

参議院選挙は、今日の日本では、この意味で衆議院選挙よりも流動性に富む選挙である。府県単位という選挙区の広さ、比例区における政党への投票そして第二院という軽さが重なり、そこでは利益誘導や後援会による駆り出しの利かない、有権者のその時の独自の判断が大きく左右する選挙である。その意味で、参議院選挙では、ミニ政党への投票をはじめとする浮動票が占める割合も大きい。問題は、政党がそれをどのように生かそうとするかである。今回の参議院選挙の史上最低の投票率の記録は、いわば既成政党のすべてが、その参議院選挙の特質を殺す形で選挙運動を行った結果だといえるだろう。それはすなわち、与野党のすべてが、今日では、企業や官僚制と同じような年功序列型の組織政党へと転化しており、政党幹部たちにとっては、選挙に勝つことよりも、この組織を守ることの方がより重要視されていることの表れでもある。

ともあれ、議席の上で自民党が勝利したことを新たな軸として、夏以降の政局は動かざるをえな

い。自民党においては、宮沢首相の地位は、当分の間、安定化した。当初、噂されていたような秋の衆議院解散もないという観測が一般的である。そこには、後継候補の筆頭とされていた渡辺外相・副総理の病気という好運もからんでいる。小沢一郎、竹下派会長代行はまだ若すぎるとすれば、年功序列の制度が固まった党内には、現在、宮沢首相に代わる首相候補はいないのである。

しかし、そこにはいくつかの不安定要因もからんでいる。その一つは、日本の経済がいっこうに好転のきざしを見せず、株式市場も低迷の一途を辿っていることである。このままでは、財界の宮沢首相に対する不信感は増大する一方であると同時に、国際公約である日本の内需拡大、三・五％の経済成長も達成できそうもない。宮沢首相は、夏の終りに大型の補正予算を組むことによって、突破口を見出したいという心境のようだが、それについては、財源難を理由とする大蔵官僚などの強いブレーキがかかっている。経済に強いはずだった宮沢首相の手腕に財界や党が不信感を抱いているのは、官僚出身の宮沢首相が官僚のいいなりになっていることに由来しており、今日の不況も官僚や日本銀行が、財界の警告を無視して楽観的な経済運営をつづけたことで悪化したという一般的なムードが強い。もし、日本の経済がさらに悪化して深刻な金融恐慌などに見舞われれば、宮沢首相の好運もいつまでも続かないという観測も根強い。

さらに、日本の不況の下で一方的に増大する貿易黒字を抱えたアメリカとの関係も深刻である。選挙で苦しんでいるブッシュ政権は、当然、盟友である日本からの何らかの援助を期待するだろう。ＰＫＯ法案の強行採決はその贈り物の一つだが、それ以上にアメリカの有権者にとって目に見える成果といえば、米市場の開放であるに違いない。たとえ部分開放にせよ、今、日本の政府は受け入れる用意はないが、しかし、一一月の大統領選挙で民主党政権が生まれ、強い保護主義的圧力を日

本にかけるようになれば、事態はいっそう深刻である。アメリカでの政権変動は、これまでもしばしば日本での保守党内の政権変動に影響を及ぼしている。その意味で、これも不安定要因であることは間違いない。

第三に問題なのは、公民両党との関係である。自民党が、当面、参議院の運営において公明・民社両党の協力を必要としているのは明らかだ。そして、公民両党は、ＰＫＯ法案の審議過程で、はじめて自民党内閣の信任決議案に同調するという行動に出た。また、今回の選挙で、注目されたことの一つは、公明党が高知県ではじめて自民党と共闘して共同の候補を立てたことだった。北海道など、本来、公明党が弱い選挙区で公明党候補が当選した影に、公明と自民とりわけ竹下派との選挙協力があったという観測もある。このように自民党と公民両党とりわけ公明党との緊密な関係は、顕著である。

しかし、今回の選挙で自民党が改選議席の過半数を制したことから見て、この関係は三年間に止まると観測されている。三年後の選挙の後には、自民党が単独過半数を回復する可能性が高いからである。この意味で、公民両党にとっても、自民党との協力関係には、警戒感がつきまとわざるをえない。当初、取り沙汰された選挙後の連立内閣の声が、急速に消えたのはそのためである。公民両党にとって、ＰＫＯなどの外交政策問題で社会党との違いを明らかにして、財界やアメリカの信頼をかちとることに意味はあるが、内政問題についていえば、自民党との違いはまだ残っている。とりわけ、自民党が推進している小選挙区制導入を柱とする政治改革については、自党の死活問題になりかねないだけに、たやすく自民党に同調できない。しかも、宮沢首相は、総裁就任の際に、竹下派の協力をうるために、この秋までに選挙制度改革をふくめた政治改革案をまとめるという公

約をしている。当面、自民党が公民両党に協力を求める大きな外交問題案件はなく、今後、内政問題が政治の焦点になると見られているだけに、自民党と公民両党との協力関係の行方は、不透明なベールに包まれている。

また、参議院選挙前に細部が公になるのを防いだと見られる佐川急便の不正な大量政治献金事件も、公判が進むにつれて秋以降、その具体的な形を現してくるだろう。これに比べれば、戦争責任問題を抱えた天皇の訪中、北方領土問題を抱えたエリツィン・ロシア首相の訪日問題は、それなりの波紋を広げるだろうが、まだ政治的影響は小さいということができるかも知れない。

だが、自民党以上に混迷しているのは、社会党をめぐる状況だ。社会党は、昨年、労働組合「連合」の山岸会長と田辺副委員長（当時）の画策で、反自衛隊の護憲路線をつらぬき公民両党と対立した土井委員長を引き下ろし、田辺委員長の下で「連合」をバックにして公民両党と協調する「現実主義」路線へと邁進してきた。田辺委員長と自民党の金丸副総裁との親密な関係はよく知られているが、金丸副総裁が、社会党右派を自民党都市派（米市場開放派）にひき入れる〝アメリカ民主党〟型の政界再編成を提唱しているのに対し、田辺委員長は、社公民連合に自民党ハト派を呼びよせる〝ヨーロッパ社民党〟型の政界再編成を主張してきた。両者の違いは、自民党都市派と社会党右派とのどちらがリーダーシップを握るかにあって、両者の新党構想がまったくかけ離れたものと考える人は少ない。

選挙前のＰＫＯ法案をめぐる自社両党の対決のさなかでも、田辺・山岸両氏の本音は、カンボジア派遣に限る時限立法としてＰＫＯ法案を認めることで公民両党を巻き込み、局面打開のリーダー

シップを握ることにあったとされている。また、公民両党および「連合」が反対する衆参両議院の同時選挙は、まったく念頭になかった。しかし、党内護憲派、市民団体などの突き上げにあって強硬反対路線を取らざるをえなくなり、衆議院の解散を要求して議員総辞職を強行するにいたって、社会党と公民両党との溝は決定的になった。しかも、参議院選挙で、「連合」路線に執着した田辺社会党に、市民団体や女性団体が完全に背を向け、「連合」候補は完敗し、社会党は六年前の組合政党の水準に逆戻りしてしまった。山岸「連合」会長自身が社公民の修復は当分不可能と宣言し、「連合」型選挙の将来に疑問を呈している現状の下で、孤立した社会党は、完全に政権構想を失ってしまったといえるだろう。

問題をさらに深刻にさせているのは、社会党内部から、このような事態を招いた田辺委員長を始めとする幹部の責任追及の声がまったく上がっていないことである。昨年の委員長公選のときでも、田辺委員長は六〇％の支持しかない不人気候補だったが、党内主要派閥幹部のすべての支持をえた〝総主流派〟体制候補だった。海部前首相と土井前委員長が大衆人気があって党内実権をもたないという点で好一対だったのと同様に、宮沢首相と田辺委員長は、総主流派体制の下で年功序列的に指導者の位置を獲得した老練な実力者でありながら、大衆的な人気がまったくないという点で良く似ている。両者とも、後継者がいないという意味で、失点を重ねながらも交代を迫られることがないということでも共通している。

しかし、このような状況が、日本の有権者全体にとって不幸な状況であることは、変わりはない。実際、自公民の準連合体制ができあがり、社会・共産がそれぞれ孤立して選挙を戦っている状況の下では、参議院選挙の結果は、おのずから明白だった。有権者の半分が選挙に背を向けたのは、単

にそれが勝負になっていないという単純な理由にもよっている。そしてそれはすでに、自公民の協力体制ができあがっている多くの地方の首長選挙の状況でもある。参議院選挙は、今や、その後を追いつつあるのかも知れない。

いくら選挙を重ねても政権交代の展望が生まれず、さまざまな政治腐敗や疑惑にまみれながら自民党政権が永続するという状況は、どのように考えても健全な議会政治のありかたとはいえない。実際、野に下りることない政権政党が腐敗し、利権まみれになってゆくことは、必然的なのである。これに対して、今日の日本で論議されているさまざまな処方箋、政治改革案は、そのいずれもが、真の病因に届いているとはいい難い。小選挙区制の導入は、主要政党と県庁が連合して政権を独占している現在の地方の首長選挙の実態を見れば、必ず二大政党の対立へ向かうとはいい難いし、また、最大野党である社会党が「現実主義化」することによって自民党に代わる大政党に転化するというシナリオも、この参議院選挙で見られたように、有権者から支持されるとは限らない。

問題の根源は、第一に、日本の政治構造にあり、さらに政党の人的な構成にある。中央の官僚に権限が集中し、そしてそれが支配政党と癒着しているかぎり、選挙は、中央においても地方においても、権力をバックに利益誘導を行う政党とそれを行えない政党との対立となり、野党は最初から大きなハンデを負うことになる。政治改革の焦点は、第一にこの問題にしぼられなくてはならない。

そしてさらに野党が、それぞれの利益集団を基盤に分立抗争している限り、勝負の帰結は始めから明白だといわなくてはならない。しかし、八〇年代の「豊かな社会」化の中で、このような利益集団にしばられない、多様で浮動的な有権者の厚みが増大したこともまた確かだ。野党が、既成の政党の離合集散を通じて自民党に対抗する政党をつくる道は、今回の参議院選挙の結果をみるかぎ

り、完全に挫折したといわざるをえない。今や、どの野党が、この浮動的な有権者をつかむことのできる政党へと変身できるか。日本の政党政治に残された僅かな可能性は、そこにかかっている。

(『ジャパン・クォータリー』(日本語原稿) 一九九二年八月号)

生活革新文化の創出

ソ連・東欧における社会主義の崩壊以後、ふたたび尖鋭に浮かび上がってきたのは、ナショナリズムと生産力信仰の問題である。

二〇世紀前半のファシズムを想起させるおぞましい人種主義的なナショナリズムが、ソ連やユーゴのように、半世紀近く、あるいはそれ以上もの間、社会主義を標榜していた諸国から噴出してきた事実の中に、私はソ連・東欧社会主義の解体の基本的な理由を見いだす。それは、単に経済の崩壊によって解体したのではない。いや、こういう人種主義的ナショナリズムをのりこえる努力を怠り、社会主義の意味を経済発展に矮小化したそのことの中に、経済の崩壊を引き金として、社会主義体制のみならず、国家自体の解体を引き起こした基本的な原因があったというべきだろう。

第一次大戦の終結時にヨーロッパ世界において、第二次大戦の終りに際しては、第三世界の旧植民地諸国をふくめて、国際的な平和秩序をつくるための条件として正統化されたナショナリズムは、国際協調を生み出すためにいかに開かれたナショナリズムを維持するかという問題をつねに強調し

ながら、もう一つの問題、すなわち、民族国家の規模の違いをどのようにコントロールするかという問題に関しては、まったく無力だった。民族国家のサイズがバラバラであるということは、いわばナショナリズム自体につきものの当然の現象であって、それを問題にすることはできないとみなされていたのである。

しかし、今日の時点からふりかえって見ると、これこそがナショナリズムにつきまとう最大の問題だったといわざるをえない。この問題についての抑制原理を欠いたナショナリズムは、つねに民族国家樹立の名の下に、同一民族が住む他国を侵略し併合することができたし、また大国である民族国家は、小国を抑圧することができたのである。単純化をおそれずにいえば、ナショナリズムの運動がはじまってほぼ一世紀経過した今日の世界では、ナショナリズムは抑圧的な大国ナショナリズムとそれに抗する少数民族のエスニック・ナショナリズムに分解したとさえいえる。並立した中規模な民族国家の協調による世界平和という構想は、独立した小規模生産者の自由競争による市場秩序というイメージと同様に、古典的な神話の世界に遠のいてしまったのである。

第二次大戦後の社会主義世界について、大国としての力をふりかざして、東欧の周辺諸国を従属させようとする誘惑をのりこえることができなかったのが、ソ連社会主義の第一の問題だった。それは、ファシズム民族主義の大国ドイツに対して、「大民族戦争」を戦って勝利したソ連が陥った落とし穴だった。そして、こういうソ連の大国主義は、内部における大国ロシアの人種主義的差別主義と深く結びついていた。社会主義体制ということは、すなわちこういう差別的ナショナリズムを覆い隠し、モスクワへの集権を正当化するイデオロギーとしての側面をもっていたのである。東欧諸国のソ連からの自立が、ソ連内部の非ロシア諸民族のロシアからの自立と連動したゆえんであ

る。

東欧・ソ連の社会主義体制を崩壊し、ソ連の大国主義的支配体制を突き崩した諸民族のナショナリズムが、一転して今度は、セルビアをはじめとして各地でミニ大国主義的、人種主義的な抑圧を、さらにその中での少数民族に加えている。そのことほど、かつてのプロレタリア国際主義のスローガンが空疎であったことを自覚させるものはない。

今日の世界で、現実にこのような大国主義的、人種主義的ナショナリズムをこえる力として働いているものは、少数民族の立場から主張されているエスニックな民族主義である。文化・言語・宗教などの民族的アイデンティティーを保持しながらも、それぞれの民族が国家的な主権や自立をふりかざすのではなく、一つの国家のゆるやかな枠の中で多民族の共存を求めようとする動きは、二〇世紀の後半にはじめて生まれた。オーストラリアやカナダは、現在では多民族、多言語、多文化国家を公式に標榜する国であり、アメリカもこれにつづこうとしている。マーストリヒト条約で結ばれたECが、新しい統一的な大国をめざすのか、あるいは小国となったヨーロッパ諸国のエスニックな連帯へと向かうのかについては、エンツェンスベルガーが、『ヨーロッパ半島』の中で描いているように未だ判然としない部分も残っている。しかし、それがかつてのソ連のような連邦国家の名の下の内外に対する抑圧的な大国に陥らないための条件は、エスニックな多様性をもつゆるやかな連合としての自覚を、どの程度もちうるかにかかっているといって過言ではない。そして、このような多民族の共存の第一原理が、人種や民族の垣根を超えた共同人権の思想であることは、いうまでもない。革命を実現し擁護するという大義名分が先行したかつての社会主義の思想が、この点でも遅れていたことは、はっきりと自覚されなくてはならない。

ソ連社会主義が、少数民族に対してだけでなく、国民全体に対しても長期間にわたり独裁を維持し続けた理由の一つは、疑いもなくそれが経済発展に一番合理的だとソ連国民自体が信じていたためである。社会主義が、資本主義よりも効率のよい「生産」のシステムとして信奉される限り、社会主義の生産力理論的理解が生まれるのは当然だった。生産力理論は、権力の集中と官僚統制そして民衆の自由の抑圧を、効率的生産の名の下に合理化した。スターリニズムはその中から生まれたものである。

ソ連における生産力伸張のシステムとしての社会主義は、現実に西欧諸国との競争において敗れた。しかし、それは生産力理論自体が敗れたことを、必ずしも意味していない。実際、東欧・ソ連崩壊の理由をその経済崩壊に求め、また社会主義の破産をその生産力競争における敗北に帰着させる考え方は、基本的に、生産力主義を暗黙の前提にしている。

そして、今、中国においては、同じ思想が、政治的・思想的自由の抑圧の上で、世界一のGNP成長率とともに勝利を誇っている。社会主義と生産力理論と独裁の三位一体は、未だに根強く生き残っているといわなくてはならない。

しかし、このような経済成長至上主義が、取り残された第三世界諸国に対して何を意味するのか、地球環境と人類の未来に対して何を意味するのか、それが問われなくてはならない時に、私たちは差しかかっているといわなくてはならないだろう。

ソ連社会主義の問題を、大国ナショナリズムと生産力信仰という軸で考えたのは、それが外ならぬ私たち日本の今日の問題でもあることを自覚しているからである。

日本が経済成長のつづく中で経済大国化してから、日本の中に、大国の国民として特権を享受す

ることに喜びを感じ誇りを覚える意識が拡がりつつある。それは経済大国から政治大国へとさらに上昇して、欧米の強国と肩を並べて世界を仕切る特権的な安保常任理事国になろうという保守党や官僚層の野心を後押しするものであり、ＰＫＯ法案の強行成立がそのステップとして考えられていることは周知の事実だ。

大国意識は、他方では東南アジア諸国に対する露骨な経済侵略として現れているばかりではない。この間、また、日本の人種主義的な優越意識も助長された。保守党の指導者たちが、〝単一民族〟理論をふりまわし、日本がどれだけ「世界一」になったかを選挙演説でうたい上げていることは、良く知られている通りである。

マレーシアのマハティール首相の提唱した「東アジア経済協議体」の設立に対して、日本政府は静観を装っているが、「異種民族支配」から脱しようというこの呼びかけに日本は東南アジアの「経済指導者」として応えるべきだという民間の運動には、社会党の指導者も多数発起人として加わっている。ＰＫＯと自衛隊の海外派兵に現れた「国際貢献論」は、日本が「ふつうの国家」たれという論理から出ているというのは、小沢一郎流のレトリックにすぎない。現実には、日本は、Ｇ７で欧米諸国に肩を並べる経済大国であるから、それにふさわしい軍備や政治力が必要だという大国意識が、基盤になっているとされるべきだろう。そして、日本の若者たちは、経済大国日本の円高を利用して外国へ観光旅行にでかけ、日本は世界一「良い国」の自覚を深めて帰ってくる。私たちは、経済大国日本の大国ナショナリズムが、今や、深く浸透しつつあることを認めなくてはならない。

他方、生産力信仰は、今や、戦後日本の新しい「国体」とでもいうべきものに転化している。そ

れこそが、生産水準で西欧諸国に追いつき追い越せという高度経済成長時代の国を挙げての運動の中での、いわば唯一の国家目標として、戦後生きつづけていたのである。その中では、働くものの人権や企業内の民主主義などという問題は、つねに二の次、三の次の問題であった。

天安門事件の直後、日本のある有力な財界人が、「日本の企業が、企業内の民主主義や自由主義に耳を傾けていたら、今日の経済的成功はなかった」と中国の当局者を激励してきたと語るのを、直接、耳にしたことがある。それは、今日の中国の公定イデオロギーになった新権威主義の理論への、日本の経済人の共感を表しているといってよいだろう。自由世界の一員として、自由を謳歌している今日の日本で、政治的自由や人権が「企業の壁の外で立ち止まる」のは、誰もが知っている通りである。

この意味で、マルクスがヨーロッパの一九世紀資本主義について批判したことばは、今日の日本で未だあてはまる。サービス残業を押しつけられるサラリーマンや性差別に悩むＯＬには、「職場を辞める自由」しか残されていないのが日本の現実なのである。ただ、社会保障がある程度ゆきわたった今日、それが直ちに「飢える」ことに直通していないだけだ。職場での人権保障と民主化の問題は、日本では未だに現実的な課題でありつづけている。中間層に広まった大国主義意識に同調し、欧米の企業に勝つことを至上目的とする経営者に協調する日本の労働組合のあり方が、それを可能にしているのである。

今日、生産至上主義に代わるものとして、「生活」や「生活者」というシンボルが多発されている。実際、九〇年代の選挙では、「生活大国」を掲げる自民党から「生活者重視」をいう共産党にいたるまでが、生活ということばをスローガンに組み入れた。宮沢内閣もまた細川内閣も、「生活」

ということばで政府の姿勢を飾った。確かに、企業中心の「生産」から民衆の「生活」に、国や企業の「富」から消費者の生活レベルでの「豊かさ」にレトリックの標準が移動したこと自体は、一つの進歩である。問題はその中身である。

「戦後」が終った六〇年代、人々の視点が国家や革命からマイホームに向きはじめた時、「生活」ということが初めて政治の世界での正当化のシンボルとして登場した。しかし、それが台所的な暮らしや家計の意味でいわれたとき、それは結局、もっとサラリーが欲しいなら働いて企業や国を富ます以外にないという生産力主義に戻る迂回路としての意味にしかならなかったといえよう。

今、保守党が「生活大国」をめざすというとき、それは「豊かな暮らし」を保障するための生活関連公共投資をふやすという意味とほとんど同じである。そしてそれは、貿易摩擦を回避するための日米構造協議でアメリカに要請されたものに外ならない。

他方、今日の若者や都会の中流階層にとって、「生活」の充実とは、テニスやスキーなどの余暇生活を満喫したり、また、ブランド商品やグルメ趣味などの「豊かな」消費生活を楽しむことを意味するようになった。そして、八〇年代日本経済の「安定成長」は、こういう多資源浪費型の過剰消費によって支えられていたといえる。バブルがはじけて、人々が不急不要のぜいたく品を買わなくなると、高級デパートを先頭に、経済全体が急速に落ち込んでしまったことは、周知の通りである。

このように「生産」中心から「生活」中心へ社会の価値が移ったといっても、「生活」ということの意味がレジャーの拡大や消費の高度化という意味でしかなかったとしたら、それは「経済大国」日本によって支えられているものでしかないことは明らかだ。「生活」の量ではなく質を問う

といっても、それが高い生産レベルの保障によってのみ可能なものでしかなかったら、いったん日本経済が危機にさらされると、「豊か」で「高度な」生活を確保するために、「経済大国」の維持に懸命になるという点で、六〇年代と本質的な差があるとはいえないだろう。

今、私たちは、東欧・ソ連の崩壊を他山の石として見ている。しかし、それが「経済の失敗」や「生活の貧しさ」という比較の基準によってしかはかられないものだとしたら、「市場経済をもっと大胆に導入すべきだった」「もう少し、政治的自由化を進めるべきだった」という政治技術のレベルにしか論は進まないだろう。

実際、この意味でのソ連の経済は、重工業主導で発展してきた七〇年代までは、それなりにうまくいっていた。そしてその時のソ連民衆は、党指導部を先頭とするソ連の体制に、圧倒的な信頼を寄せていたのである。

現在、日本の民衆は、保守党による日本の政治体制に安心感を抱いている。腐敗した党に背を向けても、革新体制を代わりに選ぼうとしない。もう一つの保守党を探し求めるだけである。それは、九二年の参院選の結果を見ても明らかだ。戦後最低という投票率の低さは、既成政党全体への不信の表れであっても、慣れきった現在の社会の体制そのものへの根本的な批判の表れとは、とてもいえない。与党の失点に対する「こらしめ」票が、一時、社会党に投じられても、社会党政権につながるような持続的な支持はあたえられないのである。

私は、年功序列の長老支配が完成し、「党高官低」が定着するようになった八〇年代以降の自民党体制を、しばしば、七〇年代ソ連のブレジネフ政権と比較して考える。そこには、党幹部と利権との癒着腐敗をふくめて、永続する一党支配に共通な力学が存在している。こういう体制を変える

ためには、政権の腐敗が明るみに出て民衆の支持がなくなるか、それとも経済が根本的に崩壊しないかぎり困難だろう。

日本の民衆が、「豊かな生活」の夢をおいかけ、社会が「生産力信仰」にひたっているかぎり、今の政治状況を大きく動かすことは難しい。そして、野党が与党の失点に期待し、「神風」の吹くのを待ちうけている限り、それは無理だと思われる。

今、私たちに必要なのは、「生活」のあり方についてのこういう夢や信仰を突き崩す新しい「生活」意識が、野党によって高く掲げられ、それが民衆の間に広く浸透することである。いいかえれば、今日の民衆の間にひろがっている「生活保守」の気分に変わる「生活革新」の訴えが、多くの人々の心を捉えないかぎり、政治のあり方を大きく変えることは、不可能なのではないだろうか。

振り返ってみれば、一九世紀以降の社会主義運動が、広く人々の心を捉えたのは、そこに資本主義的に「堕落した」生活に代わる新しい生活、もう一つの生き方のイメージが生きいきと示されていたからだった。それは、人間関係のあり方から、芸術・文化・学問の領域にまでわたっていた。ヨーロッパ市民社会の成立のときにも、百科全書の運動に見られたような文化全般の革新の運動があったのは、良く知られている通りである。文化の革新、新たな価値の体系、あるべき本来の人間的生活のイメージに裏打ちされていない革新政党の運動は、政権参加のうまみにあずかりたいというたんなる圧力団体の運動であり、それに現在の利益政治の枠組みを大きく変えるよう期待することはできない。

この意味での革新の運動は、またつねに理想に燃える若者の運動だった。今、日本で革新の運動に力がないのは、若者にアピールする力がないからである。大学のキャンパスからタテ看やビラが

消えて、もう二十年近くになる。若者の支持政党が、第一に「支持なし」次いで保守党になってから久しいのである。

今、日本に新しい生活、新しい文化を求める運動や声が、まったくないというわけではない。いや、日本が八〇年代以降ふみだした大国ナショナリズムの道を警戒する意識、いぜんとして続く生産力信仰が地球的な規模での環境破壊を招くことをおそれる声、そして過剰消費とレジャーに明け暮れる日本社会の現状を嘆く意見は、それなりに日本の諸処にあふれている。また、「生活」の充実ということを、私的な消費やレジャーの側面からではなく、生涯教育やボランティア活動、地域でのコミュニティづくりや消費者運動などへの参加による「生きがい」のある生活側面から追求しようという人たちも、確実に増えている。

問題は、このように今日の生活、今日の文化に飽き足らない人たちの意識や運動が、焦点をもたないまま拡散していることである。ソ連社会主義が解体した今日、そこには、かつての社会主義のような共通のシンボルも存在していない。それが生活者とか生活主義とかいうあいまいなことばによって、生産力信仰を核にした体制側の思想にからめとられるゆえんである。

ルネッサンスと宗教改革、市民革命と近代技術の発展、それはすべて当時の歴史的、社会的条件の中で、人間的な生活を求める運動の歴史的な結節点であった。一九世紀以来、その潮流は、社会主義というシンボル、イメージを核としてきた。今、世界は、社会主義を核とした旧い流れが拡散し、それに代わる新しい人間解放、人間的な生活のあり方を求める潮流を作りだしてゆく前夜にある。現在の世界のあり方を、その生産の技術、社会の体制から文化のシステムにいたるまでどのように再編してゆくかについて、そのイメージは未だくっきりとした焦点を結んでいないが、夜明け

が近いことを告げる薄明かりは、四方に立ち込めている。その中からどのように朝日のような光の流れを作りだしてゆくか。そこに私たちの課題がある。

（『国民文化』三九四号　一九九二年）

X

自民党分裂の引き金
——金丸問題と政治改革——

金丸問題を考える

佐川急便の政界へのやみ献金事件は、検察庁が金丸前自民党副総裁の事情聴取を断念して、上申書の提出で妥協することによって、新たな次元へと発展した。これは明らかに、検察庁上層部が政界の実力者の抵抗に屈して、二〇万円以下の罰金という形式的な処理で、どす黒い疑惑の渦巻く事件にふたをしようとしたということであり、戦後日本の一党永続支配が、検察上層部まで巻き込むようになった表れとしてしか、見ることはできない。

検察庁の立てた釈明論理からすれば、事件は罰金二〇万円以下という微罪であり、本人が罪を認めるなら、高齢の実力者の出頭を強要するには当たらないということだろう。一部の報道によれば、事件を「立ち小便」に類するものだとして、東京地検特捜部の独走をけん制しようとした検察庁幹部もいたという。しかし、このような形式論理で今回の問題を片付けようとする者こそ、「法匪（ほうひ）」と呼ばれるべきだ。

それなら、約十六年前、元総理を、外国為替管理法違反という形式犯で逮捕したことは行き過ぎだったということになるのか。その先に外国企業からの収賄というもっと重い事件が見えていたからこそ、元総理は逮捕され強制的な取り調べを受けたのではなかったのか。

今回の佐川急便事件も、既にマスコミにあふれでた報道では、重い事件へと発展する可能性があ

る疑惑が渦巻いていた。そのための糸口として、東京地検特捜部は、金丸前副総裁の出頭による取り調べを求めていたはずである。まさか「一五〇万円以上の個人献金」という形式的な単独事件のためだったとは、だれも思っていなかっただろう。

佐川急便から金丸氏に献金されたのは、既に自認されただけでも一五〇万円という法定限度額の三〇〇倍以上である。このような巨額なやみ献金が、全くの善意でなされたとは、常識では考えられない。そこにどのような利権の取引が絡んでいたか。国会議員という公職と絡む収賄の容疑は全くないのか。

金丸氏は、その金を派閥内の他の議員に配ったとしているが、そこには、政治資金規正法違反や贈収賄の仲立ちという問題はないのか。また、東京佐川急便の渡辺元社長の最初の供述によれば、五億円は、金丸氏の申し立てとは違って、一九八九年の初夏に献金されたと報道されている。そのころ行われた新潟県知事選挙に絡む別な政治献金があったのではないか。だれもが考える疑惑である。

それだけではない。東京佐川急便事件の発端となった渡辺元社長の背任事件には、竹下内閣の成立時、金丸氏が渡辺元社長を通じて暴力団の最高幹部に協力を依頼したことが引き金になっていると、マスコミは繰り返し報道している。一体、その見返りに、金丸・竹下氏は暴力団に何を提供したのか。

暴力団新法で民暴追放に躍起となっている警察・検察の顔を逆なでするこのような日本政界の暗くただれた関係を、当事者である金丸氏の供述で明らかにすることこそ、国民の多くが検察に期待していたものだった。

日本の政界の中核が、利権を求める企業がばらまく金で動かされているばかりでなく、最大の暴力団とも癒着していたという、今や国民周知の疑惑にメスを入れ、腐敗した部分をえぐり出して、崩壊にひんしている議会制民主主義と政党政治を救うという任務を、検察庁は自ら放棄したというべきだ。

それればかりではない。「法の前の平等」という原則を破り、政界の実力者が出頭要請も拒否すれば、中立書の提出で妥協するという悪例をもつくった。「結局は、力関係の問題で、検察も強いものの前には屈するのですね」というちまたの庶民の感想には、深い喪失感が込められている。検察が失ったこの国民の素朴な信頼を取り戻すのは、今後、容易なことではないだろう。

（共同通信配信『熊本日日新聞』一九九二年九月二九日他）

モラルなき政治家

急告げる課題に無策

クリントン新大統領の対日政策については、すでにさまざまに語られている。新大統領個人が、民主党議員に多い「日本叩き」の追随者、単純な保護政策論者でないことは確かだ。これまでの演説を点検してみると、彼がアメリカ企業の競争力の衰退に、より関心をもち、政府主導の開発投資

くわかる。

を怠って、アメリカ経済の停滞を招いた共和党経済政策の転換を、第一の目標としていることがよくわかる。

とはいえ、クリントン大統領の主要な支持基盤である労働組合は、日本製品のアメリカ進出に強い敵意を燃やしている。日本の不況下において、ふたたび急拡大している対日貿易赤字の下で、共和党政権とちがって日本の政府・与党と密接なつながりをもたないクリントン政権が、思い切った日本製品抑制策、日本の市場開放要求に出る可能性は、決して少なくない。その突破口と目されているのが、大詰めにさしかかっているガットのウルグアイ・ラウンドである。

今、ブッシュ政権はEC諸国からの農産物に制裁関税を宣言したりして、交渉は決裂寸前の様相を呈しているが、つい先ごろまでは、EC諸国との交渉は妥協に向かいつつあるというのが一般的な見方だった。南部農場地帯と関係の深い新政権が本腰を入れたECとの交渉が妥結に向かえば、次の矛先がコメの「例外なき関税化」に抵抗している日本であることは間違いない。クリントン大統領は、選挙戦中、日本のプルトニウム海上輸送計画への批判も明らかにしていた。彼のポケットには、さまざまな対日カードが入っているというべきだろう。

この事態に対応すべき日本の政府は、佐川急便事件とそれにからむ竹下派の内紛で、ところを知らぬ混乱ぶりである。経済不況を乗り切るための財政的な対応策を含む大型補正予算も、国会での金丸・竹下喚問問題の質に取られて、成立のめども立たない。

かねてからそのリーダーシップについて、疑念を抱かれていた宮沢政権は、自身の政権基盤にからむ問題であることだけに何も積極策を講ぜず、内閣支持率が一〇%台に降下する中で、他人まかせに漂流しているとしかいえない状況である。大臣たちは、国政を放り出して派閥の主導権争いに

熱中している。日本の政治が根本的な構造改革を必要としていることは、だれの目にも明らかだ。問題は、その方向がまったく見えていないことである。自民党の一部が主張している小選挙区制の導入は、党内での合意も難しいし、ましてや野党の賛成をかちうることは到底できそうもない。とりあえずは、対症療法でしかないが、今、与野党が合意している政治資金に関する規正や違反者に対する刑罰の強化に努めるほかないだろう。

しかし、このような対症療法や制度の改革以上に、もっと必要な根本的な改革がある。それは政治家のモラルの問題である。

抜け道作らぬ環境を

日本では、政治家やその秘書たちが公に嘘(うそ)をつくのをきびしくとがめる文化が成立していない。政治家が収賄まがいの行為や、政治資金について違反していても、時効が成立していたとなれば、新聞もそれ以上追及しようとしない。選挙で再選されれば、「国民の審判」をえたとして、すべてが水に流される。そして指導的な政治家たちは、国会喚問を免れるための工作に努力し、そのために国政が停頓(ていとん)することを省みようとしない。

戦後の政治史上でのこのような事例は枚挙にいとまがないし、今回もまた、いやというほど繰り返された。政界があのようなモラルなき政治家で充満していれば、どのような制度改革や法改正を行っても、彼らは容易にその抜け道を作りだすに違いない。

その意味で、今回の事態の救いは、政治家に対するきびしい世論の盛り上がりということである。全国の地方議会が、保守系議員をふくめて、政治家の出所進退を問い、倫理の確立を要求した。そ

れがさらにきたるべき選挙にまで反映するようになれば、政治家たちも首をすくめて自粛せざるをえないだろう。その行方に期待したい。

(『日本農業新聞』一九九二年一一月九日)

混迷の気分深める日本の政治

一九九三年を迎える日本の気分を一語で表現すれば「混迷」だと世論調査は伝えている。たしかに経済の回復の見通しもはっきりしないし、冷戦終結後の世界のゆくえも定かでない。年の終りに一年を振り返って、「さあ来年もやるぞ」というその展望が立たないのだ。

しかし、「混迷」といえばその最たるものは日本の政治だろう。「佐川急便」国会も疑惑の解明は何の進展もなく終ったし、ふれこみだけはにぎやかな「政治改革」も、流産に終った二年前にもまして実現は見込み薄だとマスコミは報道している。お隣の米国では「変革の時」というスローガンを掲げた若い大統領が出現し、経済政策の転換をはじめとしたさまざまな新政策が熱っぽく論議されているのに対し、日本の政治の現状はあまりに対照的である。

日本社会のかじ取り役である政治が、はっきりと社会の進むべき目標を掲げて国民の同意をかちえる努力をせず、派閥のバランスの上でその日暮らしをしている以上、国民が混迷の気分におちいるのも当然だろう。

コメ市場開放問題に典型的に見られるように、周囲の状況が切羽詰まったときにようやく重い腰

をあげて方向転換をする。転換についての積極的な検討が、内側でまったくなかったわけではない。しかし、それをおくびにも出さず、最後の瀬戸際まで農民にいい顔を見せ、責任を状況にかぶせてしまう。それが典型的な日本的「リーダーシップ」なのである。国民の政治不信は、結果として倍加するだけだ。

問題は、政府・与党と理念的に対立しているはずの野党までもがこういう「政治ショー」に加担しているのではないかと、今日、ひろく疑われていることである。国対政治に始まり、政党幹部同士のなれ合いや「談合」をめぐる報道はちまたにあふれている。もちろん、野党はたんなる中傷だと否定しよう。

しかし、そういう疑惑を招くだけの「不徳」はあるとしなければならない。社会党がＰＫＯ批判を旗印にしながらＰＫＯ賛成の民社党と共闘した夏の参院選、中央で東京佐川急便事件の自民党を糾弾しながら、その問題で辞職した知事の後継選挙で自民党と三野党が共闘した新潟県知事選などはその例だ。

与野党が基本的な問題で国民的な論議を呼び起こそうとしないで、選挙目当てに「政治ショー」を繰り返す。国民がそれに目を奪われている間に、政治の基本方向が裏舞台で書かれた筋書きに沿って徐々に流れてゆく。小出しに既成事実を積み重ねる一方、「世界の大勢」の報道を繰り返させてムードづくりをする。野党はあわてて変化した国民世論の後追いをして看板のかけかえをする。高度経済成長期以降の日本の政治は一口にいえばこの繰り返しだった。それはまた、満州事変前後から日米開戦に至るまでの日本の政治の基本的な力学だったといえる。

国会での佐川急便論議がすべて選挙目当ての「政治ショー」だったというつもりはない。しかし、

たとえば野党が、国連安保理の常任理事国入りをめざすという政府の基本方針について、今、国会で積極的に論議を提起しようとしないのはなぜだろう。経済大国となった日本が米国並みの政治大国として、世界を力でとりしきろうとする。国際的貢献とかＰＫＯへの自衛隊派遣がすべてこの目標に沿った既成事実づくりとしてある以上、この問題を避けてどうして力ある対決の論議が生まれるだろうか。

国対政治のベテランで、与野党なれ合い政治の象徴だった自民・社会両党の最高実力者金丸・田辺両氏が今年、ついに退かざるを得なかったのは、大きく見れば与野党の正面切った対決、わかりやすい政治を求める国民の声の高まりのためだ。それが来年の政治にはっきりと反映されることを期待したい。

（『朝日新聞』九二年一二月三〇日）

真の政治改革は地方議会から始まる

聞き飽きた改革公約

佐川事件の証人たちの国会喚問も一段落し、近づく総選挙を射程内においた宮沢政権は、後藤田法相や河野官房長官を入閣させ、「政治改革」を一枚看板とする内閣改造を行った。これに対し、国会喚問で見るべき得点を挙げることができなかった野党の「政治改革」に対するボルテージも一

段と上がっている。他方、「政治改革男」である羽田氏をかついで竹下派を割った小沢グループは、政治改革に対する宮沢体制の不徹底さをついて、少数派閥に回った不利を挽回しようと努めている。日本新党などの新党も、総選挙での最大の争点は政治改革にあると見て余念がない。大前研一率いる「平成維新の会」も、応援団として外野から声をあげている。野党の中からは、江田五月を中心とした「シリウス」が、野党内部の政治改革の旗を揚げた。まさに九三年の政治は、総選挙を前にした各党各派の政治改革競演の観を呈することになるだろう。

だが、この新旧の役者たちの熱演にもかかわらず、観客の視線は冷たい。さまざまな世論調査は、「結局、政治は何も変わらない」という、国民の醒めたというより絶望に近い感情が支配的であることを伝えている。宮沢首相が、内閣改造の記者会見で「改革と実行」をうたい、自ら自民党政治改革本部長に就任するなど、「政治改革」に対する熱意を披瀝するのに対して、「ポーズだけなのでは」とテレビで感想をいう街頭の人々の白けた反応が、状況を端的に表現している。

こういう人々の感情は、ロッキード事件以来のこの十七年間、リクルート事件、佐川急便事件と繰り返された大規模な政治腐敗事件が、結局、見るべき政治改革を何も生まなかった今日の日本の政治に対する正直な実感以外のなにものでもないだろう。実際、日本の民衆は、繰り返される政治改革の公約を聞き飽きているのである。

疑惑の主人公である田中元首相、中曾根元首相、竹下元首相らの実力者たちがその後も議員として居座って黒幕的な政治力を発揮しつづけた政権政党、彼らを証人喚問で追い詰めることもできなかった野党が、自らを省みずして政治改革を国民に説くその厚顔無恥に、顔を背けて聞く耳をもたないというのが偽らざる気持ちではないだろうか。

総選挙目当ての〝芝居〟

政治改革の直接の目的は、政治腐敗の根を絶ち、金権政治家が続出する土壌を変えるということである。そのためには、企業献金、個人献金をきびしく規制すると同時に、その違反に対してはスピード裁判によるきびしい罰則を科すというのが、自明の公式である。このためのモデルとしてイギリスの政治腐敗防止法など、いくたび検討され論議されてきたことか。

しかし、自民党はその具体化ということになると、国情にあわないとか非現実的とか言を左右にして拒んできた。大量の資金を必要とする中選挙区制の改革が同時に行われないかぎり、無意味だというのである。九一年の政治改革関連三法案で、生ぬるいが現行制度よりははるかにましな政治資金規正法改革と、小選挙区比例代表並立の選挙制度改革をあくまで抱き合わせにし、結局、すべてを廃案にしてしまったのは、その表れである。

宮沢内閣が、今、新たな意気込みで取り組もうとしているのは、政治改革の中核としての小選挙区制の導入である。それがはたして、真に政治改革の名に値するかどうかは別として、その実現性については誰もが疑わざるをえない。すべての野党が強硬に反対しているこの法案が、野党が多数を占める参議院を通過する可能性は皆無だからだ。

一部野党に「配慮」して、議席の三六%を比例区にした二年前の案でさえあえなくつぶれ、海部首相は政権を投げ出さざるをえなかった。五〇〇議席の全部を小選挙区にし、自民党の議席が三五〇にも四〇〇にも膨れ上がりかねないこの案は、自民党内で合意を得るのはたやすいが、それだけ野党が賛成に回る可能性は絶無に近くなる。それを「野党が反対だとおっしゃっていることは聞い

ていますが、実際に提案してみないと結果はわかりません」と記者会見でとぼける宮沢首相の態度が、今回も、政治改革は総選挙目当てのショーでしかないという国民の直感に基礎を与えているのである。

いったい、いつから政治改革が政治腐敗に対する言い訳のお芝居になってしまったのか。そして国民は、いつまでこの繰り返しに耐えなくてはならないのか。

それは同時に、政権交代の可能性がなぜいつまでも生まれないのかという、より根本的な問いと重なっている。なぜなら、政治腐敗を断ち切る根本的な方策は政権交代にあり、議会制民主主義は、まさにそれを目的の一つとして設計されたものであるからだ。もし、野党への政権交代の可能性がはっきり見えていれば、人々の「政治はいつまでも変わらない」という絶望感は、これほどに深まることはなかっただろう。「次の総選挙がある」という期待がそこでは働くからだ。

野党同士の反目で自民延命

しかし、たとえば竹下元首相の議員辞職を求める国民の声が、あらゆる世論調査が示しているように七〇%を超えていたとしても、彼を次の総選挙で落選させることもできないし、彼をかばいつづける与党を政権の座から追い落とすこともできない。その展望が人々の絶望を深める。実際、今日、議会制民主主義を採用している先進工業国で、このような事態が生まれている国は、ほかに存在していないのである。こういう事態はどのようにして生まれてきたのだろうか。

自民党が永続的に政権を独占するようになった今日の状況にいたるまで、大きくいって三つの段階があった。

第一は、五五年体制の下で野党が分裂して多党化し、二大政党の対立のシステムが壊れたことである。にもかかわらず、野党が連合して自民党に当たろうとしている限りは、まだ全野党連合政権による政権交代のビジョンと、それを追う政治のダイナミズムは残っていた。六〇年代末から七〇年代前半にかけて、大都市地域の地方自治体で革新首長が広がった時が、その一つのピークである。人々は、地方革新の波がやがて中央におよんで、日本の政治が一新されるという壮大な夢を抱くことができたのである。

沖縄返還、日中国交回復、そして列島改造による地方への公共投資散布で、この危機を乗り越えるかに見えた自民党を直撃したのは、田中内閣の金権政治の露呈とロッキード事件だった。都市住民を中心とする自民党批判の高まりにおびえた自民党の中から、若手議員の造反が生まれ、新自由クラブが誕生する。その時が、自民党の危機だったというべきだろう。

この危機を救ったのは、「クリーン三木」を立てた自民党の緊急避難の成功、オイル・ショック後の経済危機の中での国民心理の保守化にもよるが、決定的な役割を果たしたのが、革新地方自治時代を築いた野党同士、とりわけ公明党と共産党が反目し、公明党が地方における自公民連合政権へと踏み切るようになったことである。

この結果、革新地方自治体は、七〇年代の後半、ドミノのように崩壊していった。この第二段階の時期、中央において、社公民連合政権への模索が繰り返し行われたが、共産党とのつながりを重視した社会党協会派、地方における自民党との連合という既成事実をつくってきた公明党下部の相互反目で、連合は容易にできなかった。

それが、辛うじてできあがったかに見えた最初の選挙、八〇年の同日選挙での自民党の大勝で、

公民両党は社会党との連合政権構想を最終的に放棄し、以後、自民党との連合を中央でも追求するようになる。今日では社会党までもが、この自民党との連合路線を模索するようになっているのは、周知の通りである。

このように、自民党政権に代わる受け皿がなくなったことが、自民党政権を結果として延命させる最大の役割を果たしてきたということができる。

万年与野党のなれ合い

第三の段階は、このようにして自民党政権が再び安定した八〇年代前半から今日にいたるまでである。この間、自民党内では、永続政権党としての党の組織化、制度化が進行した。派閥は再建され、年功序列による役職就任が制度化された。二世議員は新入社員よろしく専門委員会に配属され、族議員が組織化された。このような変化は、自民党の官僚制に対する実力や地位を高めるものだったが、他面では、自民党自体が派閥幹部の支配する官僚的な組織になり、政府が自民党大派閥の長老によって背後から操作されるという二重構造を生む根源にもなったのである。

総主流派体制の下での政権のたらい回しには、かつての派閥間の抗争がもっていた疑似政権交代の緊張もなく、政治がいくらかでも変わるというアピールさえもが失われていった。国民的な支持の高かった海部政権が、突然、辞職を余儀なくされた事件は、このような段階の自民党政権の構造を典型的に示すものだったといえよう。

リクルート事件から佐川急便事件にいたる政治腐敗が、現行の刑法や政治資金規正法の想定を超えた自民党の陰の実力者たちへの献金ばらまきとして起こり、それゆえに国民に手が届かないとい

でもある。

う絶望感をいっそうかきたてるものだった。金丸問題についての検察批判は、そのいらだちの表れ

この段階のもう一つの特徴は、野党自体も基本的に同じような構造を持つにいたったことである。それは典型的に、すべての派閥によって支持された最長老議員田辺誠氏が委員長に推されている社会党にみることができる。そして自民党組織の制度化が、永続的な政権維持の展望から生まれているとすれば、社会党における制度化は、野党としての現状に甘んじ、それから抜け出る意欲を失ったことから生まれているとみるほかないだろう。

こういう状況の中から必然的に生まれているのが、与野党なれ合いによる国対政治であり、幹部同士の談合政治である。幹部に権力が集中し、しかも野党が、自民党政権を倒すことよりもその中に割って入って連合政権をつくることを最終目標としているのだから、さまざまな裏での談合が生まれない方がおかしい。

佐川急便事件についての野党の追及の仕方も結局は筋書きのある芝居なのではないか、という多くの人々の疑念は、たんに週刊誌やスポーツ紙が書き立てているような与野党なれ合いの噂だけではなく、この最中の新潟県知事選において、社会党が突然、自民党と組んで共同候補を立てたというような事実によって裏付けられているのである。

実際、その後の地方選挙でも、共産党を除く野党は、自民党と相乗りの候補を立て続け、そこでは自民党の金権腐敗への批判は慎まれるのである。五〇％から六〇％を超える有権者が棄権するというのは、こういう談合相乗りに対する不信の表明でもある。

日本の政治が、このような形に固まってしまったことへの基本的な原因をどのように見るか。そ

れによって、政治改革への処方箋も、また今後への展望も異なってこざるをえない。

「民主主義の学校」の崩壊

自民党羽田派(小沢グループ)が中心になって推進し、宮沢内閣がそれに押される形で乗ろうとしているのは、諸悪の根源はすべて中選挙区制にあるという理論である。中選挙区での保守党の同士打ちから金権選挙が生まれ、また野党の多党化が生まれるという。

しかしこの理論は、第一に、現代の「豊かな」社会において、小選挙区制をとるイギリスやアメリカにおいても第三党が分化し、それを強制的に排除する小選挙区制に有権者の不満が高まっていること、第二に、日本の現状で小選挙区制を導入すれば、自民党の国会一党独占に近い状況が生まれることに、故意に目をつぶっている。いや、肥大した自民党が二つに割れることから二大政党制が始まると、小沢元幹事長は、かつてインタビューで答えていた(『小沢一郎探検』朝日新聞社)が、そこに自民党のホンネがあるというべきなのかもしれない。

野党は、小選挙区でも金権選挙がなくならない典型として奄美大島をよく例にあげるが、私は野党が言いたがらない地方自治体の首長選挙の現実に、より注目したい。それはもちろん小選挙区なのだが、自社公民連合が主流になった今日では、もはや選挙らしい選挙は行われなくなってしまっている。こういうことは、小選挙区の下での政党政治の典型とされるアメリカ、イギリスでは考えられないことである。

その原因は明らかに、日本の地方自治が財政的に自立していないことにある。中央の官僚制が実質的に地方財政を支配している現状の下では、地方の首長の最大の任務は中央から資金を引き出す

ことにあり、そこでは政党対立はほとんど意味を持たないからである。

同じことが、国政選挙についても言われうる。小選挙区制が実施されたとしても、日本の地方の選挙区での基本的な対立は、国政レベルにおける政党の政策的対立として起こるのではなく、中央の官僚層とつながる政党と、そうでない無力な政党との対立としてしか起きない。そこからは、エリート官僚と一体になった自民党の永続支配の展望しか生まれてこないのである。

日本の民衆が、これだけ自民党政権の金権腐敗に怒りを感じているのにもかかわらず、現実に反乱が起きないのは、結局、この構造が存在しているからである。有権者は、選挙になれば、論理的な怒りは怒りとして、地元の利益や職場での利害の視点から票を入れざるをえない。景気が悪くなったりすればするほどそうである。

地元後援会や企業ぐるみのこの集票機構の強さは、九〇年二月の総選挙において如実に示された。そこではたった半年前の参議院選挙で示されたリクルート事件や消費税問題についての自民党への批判が嘘のようにかき消えて、自民党は大勝を果たしたのである。

本来、議会制民主主義とは、実際の執行権を握っている行政府すなわち官僚制を、市民が組織する政党によってコントロールする仕組みとして作られた。それが日本では、与党と官僚制が癒着し一体となって、支配機構を形づくっている。その下で、「民主主義の学校」としての地方自治は崩壊し、中央では与党―官僚の永続支配体制が生まれている。もし、本当に政治改革を行うなら、ここにこそ焦点が合わせられなくてはならない。これは私が、機会あるごとに指摘し続けてきたことだ。

金丸式再編成の意味

問題は、それが政治改革の終点ではあっても、出発点ではないということである。政治改革の問題は、現在では要するに、どこから、どのようにしてそれは始まるのかという手がかり、出発点の問題に帰着せざるをえない。なぜなら、権限をにぎる与党、それを表面上では批判している野党に、現状を根本的に変えようとする気があるかどうかが疑われざるをえないからである。

その一つの手がかりが、自民党の金丸元副総裁や、それを受け継いだ羽田派の一部幹部たちが打ち上げてきた政界再編成にあることは確かだ。

社会党の右派を吸収してアメリカ民主党のような都市型の保守新党をつくるというこの構想は、社会党の田辺委員長や山岸連合会長らが対抗して提示している、社公民連合に自民党の一部を吸収して西欧社民型の政党をつくるというプランに比較して、はるかに現実性に富んでいる。また、間近に迫ったコメ市場開放によって、それは保守陣営が選挙で生き延びるために真剣に取り組まざるをえない課題になりつつあるともいえよう。

そして先にふれた新潟県知事選挙では、自民党が日本青年会議所をかくれみのにし、都市中間層に受ける若手財界人を社会党と共同で候補にした結果、旧来の社会党支持層は真っ二つに割れた。社会党幹部は、金権問題で揺れる自民党陣営に食い込んだつもりだったかもしれないが、現実化したのは金丸構想だったのである。

自民党が都市型の保守党へと重心を移せば、その分だけ倫理問題などについての世論の風当たりを気にしなくてはいけなくなる。その意味で、ガットを通しての経済の国際的な組織化の圧力が、日本の政治の近代化を促進するというメカニズムが働く可能性があるとすることもできよう。

しかし、他面、それが自公民と社の一部およびそれと癒着した官僚制による新たな永続支配政権の樹立に向かう限りでは、日本の政治の基本構想は何も変わらないとせざるをえないだろう。私たちは、やはりこれまでと同じような政治腐敗が定期的に露呈し、それに対してさらに手の込んだ政治改革ショーが上演されるのを見続けさせられることになるかもしれない。

市民自らの政治組織を

日本の政治を、その基本的体質から変えてゆくことができる可能性は、今、既成の政党のなれ合い選挙に背を向けている民衆が、下から自分たちの政治組織をつくって、談合政治、官僚支配の政治に対決してゆくことの中にだけ潜んでいるというべきだろう。

それは、八九年の土井社会党の下での参議院選挙で、初めて姿を現した。そのときの社会党は、七〇年代以来、住民運動、女性運動、消費者運動、文化運動など、日本の底辺に地を這うように広がってきたさまざまな市民運動の実質的には連合戦線であり、政党へと組織されない反自民党票の受け皿だった。そこに流入した票は、組合を中心とした旧来の社会党票をはるかに超えるものだった。田辺社会党は、それを排除して組合幹部たちの主導権を取り戻すために生まれたと言っても差し支えない。そしてその田辺社会党が、九二年の参議院選挙でPKO反対を声高に叫びながら、現実にはPKO推進の民社党との連合に余念がなかったことは記憶に新しい。

既成の政党やその背後にある組合などの巨大組織が、自分たちの組織利益を守ることしか念頭にない現状において、そういうものに組織されていない民衆、そして政治腐敗や幹部たちの談合取引に本当に怒りを発している市民の声が、選挙を通じて政治を動かす道筋は、今、ほとんど閉ざされ

ているというほかない。それは、ますます増大する「支持なし」層、低下する一方の投票率に端的に表れている。しかし、そういう層を目当てにする日本新党のような新党も、実質的に自民党からはみ出たプロ政治家たちによって組織されている限り、かつての新自由クラブの限界を超えることはできないだろう。

私は、政治に怒りを覚える市民とりわけ女性たちは、その表現の場をまず地方議会に見いだすべきだと思う。地方議員は、とりわけ主婦たちに適した職業である。

もし、日本の地方議会が、たとえばスカンディナビア諸国のように、女性が地方議会の三分の一そして二分の一を占めるようになれば、それは中央からの利益誘導こそが選挙区の課題、という視点を変える始まりになるはずだ。

それは、利権にまみれた日本の政治の体質を変え、国政選挙のあり方を変えてゆくことになるだろう。その時初めて、日本の本格的な政治改革もまた緒につくに違いない。それが、迂遠なように見えて、しかし案外近い政治を変える道ではないだろうか。

(『エコノミスト』一九九二年一二月二九日・一九九三年一月五日合併号)

証人喚問の痛ましい結論――生煮え・居直り……かくて政治から常識は、追放された――

今回の二証人の国会証言も、また生煮えのまま終った。現在のような、時間や調査権の制約の中

で国会喚問を続けても、何も決定的な事実はでてこない。むしろ与野党の免罪符獲得、国民への言い訳づくりの場として機能する側面だけが目立つようになっている。国政調査のあり方は、明らかに転機を迎えている。

　これと並んで、今回の一連の事件で印象に残ったのは、政治家の責任という問題だった。竹下内閣の成立にからんで暴力団との裏交渉があったのではないか、また旧平和相銀が四〇億円も出して金屏風（びょうぶ）を買った事件で当時の竹下大蔵大臣にリベートが流れたのではないか、という疑惑が今回の証人喚問の焦点だったのだが、決め手のないこの疑惑について、野党は指導者の政治責任という観点から政治家としての引退を求めたのに対し、竹下氏は逆に、政治家として活動し続けながら疑惑をはらすことで責任を果たしたいとした。

　このすれ違いは、なにも新しい問題ではない。政治家に疑惑が起こるたびに、たんに辞めるのは無責任だ、という居直りの議論が展開されるのはいつものことである。しかし、それが引退を求める声が世論調査で七〇％を超える中で新たに展開されたことは印象的である。

　近代社会における指導者の責任が、つねに道義的な次元を含む結果責任として制度化されてきていることは、企業におけると大学におけるとを問わない。腹心の秘書の行動や自身の「軽率な」振る舞いによって疑惑を招き、結果として日本国の信用を失墜させたことに対して、一般社会の常識では、上に立つ者は責任ありとしてきている。しかし政界においては居直りの論理が通用する。

　それは、選挙では地元が支持してくれるという自信に支えられてのことだ。利益誘導と実力者支配でゆがめられてきた選挙は、かくて日本の政治から常識を追放する。それが痛ましい結論である。

（『朝日新聞』一九九三年二月一八日）

国民不在の政治劇

財界や連合が〝呼応〟

政界再編成へのうねりは、次第に高さをましつつある。そこには心理的な要素が多分にふくまれているので、それがある限度をこえるようになれば、一挙に走りだすということは十分に考えられることだ。

政界再編とは、本来、野党が弱すぎて政権交代の可能性のないなかで生まれる現象である。そうした状況では、野党とりわけ弱小野党は、浮かび上がるために常に政界再編を画策する。

その中で、政権を独占している与党が動きだすのは、政治腐敗や汚職によって与党が自壊しはじめたときである。泥船とともに沈むよりは、新党のイメージで再生したいという心理が与党の政治家たちのなかに浸透し、それが政権政党に加わりたいという万年野党の一部と呼応するとき、政界再編は、一挙に現実化する。

この意味での政界再編への最初の動きは、金権政治やロッキード事件で与党がゆれた七〇年代の中ごろにまず生まれた。新自由クラブと社会市民連合（現在の社民連）が誕生して、新党の旗をふった。それはやがて、社公民三党を軸とする野党の連合運動へと広がったが、八〇年同日選挙の大

敗でいったん挫折したのち、八〇年代の中ごろから新たに展開しだしたのが、リクルート事件、佐川急便事件でテンポを早めた現代の政界再編成の動きだといえるだろう。

現在、その動きが現実味をましているというのは、一つにはもちろん、昨日まで政権政党の中枢にいた羽田、小沢氏らが竹下派の瓦解(がかい)とともにはじき出されて、分裂も辞せずの構えをみせていることによるが、他方では、財界と労働組合がそれに呼応して、新党への支援体制を組みはじめたことにもよっている。

財界は、すでに細川氏などの日本新党が、政治改革とともに地方分権、官僚規制の排除を提唱していることに好感していたが、羽田派の「改革フォーラム21」もまた同じような主張をかかげたことにエールを送っている。

経済の国際化が旗印

他方、連合の山岸会長、田辺前社会党委員長に直結する全電通、全逓などの組合は、自衛隊、安保、そして原発を認めない社会党議員を次の選挙で支援しないという選別体制を敷いた。それは明らかに社公民、そして自民党の一部をふくむ新党結成の準備体制である。

こういう新党運動の共通の旗印になっているのは、政治改革と並んで、日本の経済大国化、経済の国際化にともなう国内体制の整備ということであり、東西冷戦の終結によるイデオロギー対立の終えんが、それに拍車をかけている。

この中で、国連安保常任理事国入り、国連平和維持活動への全面参加、そのための準備としての改憲というプログラムが急速に浮かび上がってきた。宮沢内閣は、当面、その火消しに大童(おおわらわ)である。

しかし、この新党運動の隠れた一面が、コメ市場開放によって日米経済摩擦を解消したいという願望にあることは、私がすでに繰り返し指摘してきた通りである。それは羽田派の中心メンバーのこれまでの言動や、社会党赤松新書記長のコメ市場開放容認の失言（？）でも明らかだ。財界が新党に期待する基本的な理由もまたそこにある。

基本的視点を見失う

現在、新党の旗をふっている人たちは、それが都市社会化し、都市中間層が多数になった現在の日本の社会構造に、適応するものだとしている。しかし、そこには大きな見落としがある。二一世紀を見通した視点からすれば、市民の関心問題はすでに単なる「安いコメ」にあるのではない。またコメ市場開放が、膨大な貿易黒字の解消につながらないことも熟知している。

それよりも、地球規模で深刻化しつつある環境問題、世界的に不足しつつある食糧問題、そして市民の日常関心である健康食品問題の方が重要なのだ。

この基本的視点を見失った新党運動は、結局、政権亡者の政治屋たちだけが踊る政界再編成に終らざるをえないだろう。

（『日本農業新聞』一九九三年三月二日）

金丸逮捕で考える

市民告発の結果

果たしてと言うか、やはりと言うか、金丸前自民党副総裁の周辺には、汚れたカネがひしめいていた。

検察当局が摘発した金丸氏八億円、生原元秘書四億円、計一二億円とも言われる素性の知れないカネが、単なる私的な蓄財から生まれたものでないことは、政治事務所と公的秘書を使った匿名の資金の運用ぶりからも、容易に推定できる。

佐川急便からの五億円の場合もそうだったが、政治的実力者の影響力の発揮を期待する、政治献金とも事実上の収賄とも区別し難い公表できないカネが大量に金丸氏の周辺に流れ込み、それがまた政治運動だけにでなく私的な消費にまで見境なく使われていたということが、断片的な報道の中から浮かび上がってくる。

処分の落差に疑問

この摘発と両氏の逮捕によって、検察はそれなりに威信を回復したという見方もあるようだが、果たしてそうだろうか。これが、検察がいったん幕引きしようとした佐川急便からの献金事件を、市民の告発によって継続捜査した結果から生まれたものである、という事実は消し去ることができない。

また、市民たちは本来、政治団体の帳簿にも記載されず配分先も明確にされなかった佐川急便からの五億円は、金丸氏の個人所得と見なされるから、脱税として起訴すべきであると告発していた。

今回のいわゆる八億円についての処分の落差は、容易に一般の理解を得ることは難しい。

この上は、この黒いカネの出入りをはっきりさせ、さらに時効に近付いた過去の年度だけでなく、金丸氏が副総裁として権勢を振るっていた最近に至るまでのこの種のカネの実態を、検察は徹底的に国民の前に明らかにしてほしい。

それにしても、この事件についての政府与党の反応の鈍さは、記録に値する。政府与党はこれを、金丸氏個人の私的な「違法行為」とし、「残念だ」というコメントの中に閉じ込めようとしているが、これが例えば江夏元投手の覚せい剤事件のような球界全体とはかかわりのない特異な個人的事件でないことは、テレビでの地元支援者の「実力者はだれでもやっていることなのに、どうしてうちの先生ばかりが……」という発言に、端的に象徴されていよう。

政治家はもうかる

政治家とはカネをもらって業界や企業のために動く者、実力者とはそれを最も盛大に行い、子分を養うことができるようになった者、そして今日の政治家の多くが豪邸を構え別荘を持ち、高級ゴルフ場で遊んでいる事実から推しても、政治家とはもうかる商売に違いないといういわば「国民的常識」の一端が、金丸氏周辺の継続捜査によって図らずも明るみに出た、と多くの人々は理解する。

そしてそれは同時に、国民の根深い政治不信を生み出している根源でもあることは、言うまでもない。

この事件を契機に、国会での政治改革論議は、ひと際盛んになることだろう。しかしこれは、選挙制度の改革だとか政治にカネがかかるとかの論議以前の、もっと政治家の基本的な素質の問題、

法を守り公私のけじめをつけるという原則にかかわる問題である。

それができなかった人物が、いやまさにそれ故にと言うべきか、政権政党の最大派閥を率い、最高実力者として昨日まで政界に君臨していた事実に対して、政府与党あるいは旧竹下派の政治家たちは、どう「けじめ」をつけるのか。

また、彼と長年にわたり「親交」を結んでいた野党の政治家はどうするのか。国民が今、見守っているのは、そこである。

（共同通信配信『北國新聞』一九九三年三月八日他）

金丸脱税事件が示した改革論の嘘

金丸前自民党副総裁の巨額脱税事件は、そういう事実が存在したということよりも、それが脱税事件という形で白日の下にさらされたという点で、より衝撃的である。

今の政治家、とりわけ万年与党をつづける自民党族議員のボスや派閥の領袖・幹部クラスの政治家たちに、このような黒い噂は、昔から根強くつきまとっていた。こういう政治家たちに献金しなくては、うまくことが運ばないという話は、建設業者の受注だけでなく、さまざまな世界でひろくゆきわたっている。九〇年総選挙を前にして、ときの小沢一郎幹事長が財界に露骨な見返りと制裁をちらつかせながら二五〇億円という巨額の政治献金をせまった状況の、見てきたような話を『毎日新聞』が連載して物議をかもしたことは、まだ記憶に新しい。派閥の領袖や実力者たちは、こう

いう党への政治献金をかき集めるだけでなく、〝政治力〟を発揮しての業界や企業から個別に集金する能力に長けていることも、いわば常識だった。そうでなければ、いわゆる実力者としてのし上がれないのである。

こうした党や実力者たちへの政治献金がすべて公開されているわけでないこと、その使途があいまいで不明であることも、また常識にすぎない。そこには、赤坂の事務所の設営から政治家同士のゴルフ・麻雀つきあい、はては野党幹部への外遊餞別や時節のつけ届けまでもがふくまれる。そして、そういう闇の資金が秘書、親族名義の株や債券で運用されていることも、またリクルート事件以来、知れ渡っている事実にすぎない。

アングラマネーへ　司直のメス

問題は、佐川急便の五億円献金事件で明らかにされたように、そういう政治家の手元に集まる闇資金が、たとえ政治資金として正式の帳簿にのっていなくても、政治献金として使ったあるいは使うつもりであると主張されれば、形式的な違反事件にしかならないということである。もちろん、政治家がいかに実力者であっても、公的な権限をもつ官職になければ収賄罪にもならない。したがって、これらアングラマネーに本格的な司直のメスが入ることは、ほとんどありえないと思われてきた。藤波元官房長官のように、私邸の建築費に流用したという証拠でもない限り、追及は秘書レベルの形式違反に止まるのがつねだったのである。

金丸前副総裁を脱税容疑で強制捜査したことは、この意味でまったく予想外の事件だった。一時は、同じような形ですべての実力者が追及されれば、政界全体が崩壊するという衝撃が、自民党の

中に走ったといわれている。しかし、落ちついて考えれば、これは、金丸前副総裁がすでに政界を引退し、明るみに出た闇資金を今後の政治活動に充(あ)てると言い逃れることが難しくなったという前提から生まれた例外的な状況であることが判る。〝不用意〟にも当局に抑えられた無記名債券や金塊、あるいは現金という形の資産が、金丸個人の資産であり、しかもここ五年以内に個人資産として手元に入ったとみなせる状況のなかではじめて、検察当局は金丸氏を脱税という容疑で告発できたのである。金丸氏はもちろん、この検察当局の〝みなし〟を覆(くつがえ)すべく法廷闘争を行うことだろう。他方、すねに傷もつ政治家たちは、金丸氏が告発されるにいたった条件をふまえて、今後さらに対策に精を出すに違いない。

これらのアングラマネーの出所については、今、捜査の過程にあるが、これまでわかった限りでは、想像されていたように建設族のドンとしてのにらみをきかせて公共工事を取り仕切り、大手の建設会社から山梨県の土建業界にいたるまで、闇献金させていた手口が浮かび上がっている。金丸氏が竹下氏をかつぎ、経世会の実力者、のちには会長としてのし上がってゆく過程の中で、金丸氏への献金はさらに拡がっていった。佐川急便は、そのひとつに過ぎなかった。

こういう資金のかき集め方は、ヤクザがシマを取り仕切る仕方とよく似ている。ショバ代を払わない業者にはいやがらせをし、仕事がゆかないようにする。脱税は、アメリカ司法当局がアル・カポネをはじめとするマフィア幹部を抑(おさ)えるために適用した罪名だが、金丸氏は、その集金の手口においても抑(おさ)えられ方においても、暴力団並みだったということだ。竹下内閣の組閣において、政治家が暴力団と気脈を通じていたということが、問題になったが、両者がやっていることが同じだということになれば、それも当然だろう。もっとも暴力団は自己資金で私的な暴力組織をつくってお

より悪質だともいえる。

どしをかけるが、政治家は、国民の税金でつくった国家権力を〝横領〟して動かすという点で、よ
り悪質だともいえる。

選挙制度改正に意味はない

金丸脱税事件で、国民の目に明白になったことがいくつかある。その一つは、政治家が政治献金を求めるのは、選挙に金がかかるからだといわれていたが、問題はそれだけではなかったということだ。金丸氏が、自分の選挙にかけたと推定されるものの数倍もの金が、ここ十年足らずの間にかき集められ、私的な蓄財にまわっていた。もし、この間の金丸氏をめぐる金の出入りがすべて調べられ、それが私的な蓄財のみならず、総裁選挙から野党工作にいたるまでのいわゆる政界工作にも同様にあてられていたことが明らかになるならば、選挙制度の改正を政界浄化の決め手とする議論は、さらに大きな痛手を被るに違いない。

今、政界ではこの意味で、政治資金規正法の改正を優先させようという動きが起こっている。しかし、金丸脱税事件を冷静に振り返るならば、政治資金をいかにガラス張りとし、その違反の規制をきびしくしても、この種の事件を防げないことは明白だ。献金する側も受け取る側も、この種の金のやりとりを、表面に出るはずのない裏金としてはじめから処理しており、いいかえれば、これは事実上の収賄事件に他ならないからである。同じように笑い物になったのは、閣僚の資産公開だった。副総理時代の金丸氏が公開した資産に、今回、明るみに出た巨額の無記名債券類は、まったくふくまれていなかったのである。

金丸氏のような権力を基盤に蓄財する行為、そしてそういう蓄財を基盤に政治的な権力に近づく

ことの悪循環を断ち切ることは難しい。汚職と収賄にゆれる現在のイタリア、社会主義世界の崩壊の後に暴露されたソ連・東欧の権力者たちの腐敗ぶり一つ見ても、それは明らかだ。しかし、「権力は腐敗する」というアクトン卿のテーゼは永遠の真実だとしても、それを防止しようという人類の努力も、デモクラシーが生きている限り、またつねに積み重ねられていることも真実なのである。そしてその努力の目標は、それぞれの国での腐敗構造の特質に応じて焦点を合わされなくてはならないことも確かである。

腐敗の温床

わが国における政治腐敗の一つの原因が、一党による長期永続支配にあることは確かである。しかし、政権交代があってもなおかつ政治腐敗が生ずることは、イタリアの例を見ても明らかだ。問題の根源は、権力者や実力者が左右することのできる利権の存在そのものにかかっているからである。公共工事の計画や、発注から市場の自由化や補助金の獲得にいたるまでの膨大な領域が、そこにある。そこに個別的な利害を抱えて権力者に接近しようとするものは、後を絶たない。この問題にどのようにメスを入れるべきか。残念ながら、日本における政治的腐敗防止をめぐるこれまでの議論は、この構造全体を問題にする形で、これまで展開されてきたとは、到底いい難い。

現代政治に共通したこの問題について、わが国にはまた特有な対応の甘さがあり、それが政治腐敗を助長していることは明らかだ。

第一に、日本の中央官庁に異常に集中している許認可や補助金の権限である。それは、甘い汁を吸おうとする政治家にとって、宝の山だ。

第二に、その官僚制が、政治家となれ合ってしまっている。日本のように、政治家が官僚制内部の人事に介入し、官僚が与党の政治家に直ちに転身できる国は、今日の先進諸国では例外的だ。こういう構造の中から、金丸氏が政治献金を携えてきた陳情者の前で、官僚の担当者に電話をかけて指図し、官僚制内部の情報が直ちに与党の実力者に御注進されるという状況が生まれるのである。しばしば指摘される族議員の問題も、この延長上に生まれる。金丸氏がその典型だった族議員と官庁が、いわば馴れあい共生する構造は、今回の事件の温床である。

第三に、さらにこの官庁がまた関係企業と馴れあい談合する構図も、中央から地方にいたるまで、一般的だ。それは、公共工事の発注における指名入札から業界の主要企業と官庁との懇談組織の形成にまでゆきわたっている。高級官僚が関係業界に、毎年、法をかいくぐって天下りしている習慣が、この背景にあることはいうまでもない。

第四に、政治家に対する個人的な献金の規制が、まったく尻抜けであることだ。金丸氏の事件でも明らかなように、たとえ公的な権限を有していなくても実質的には賄賂と同じこの種の献金について、せいぜい政治献金の量的規制違反と脱税に問うことしかできないのが、日本の法制度の現状である。アメリカで大統領補佐官が、日本の雑誌社から二〇万円のインタビュー謝礼を受け取って免職された事件があった。これに対し、日本の政治家が企業の講演に呼ばれて、一〇〇万円というような莫大な〝謝礼〟を受けた事実が、リクルート事件で明るみにでたことは、未だわれわれの記憶に新しい。政治資金規正法の手直しでなく、企業からの政治家、官僚へのたとえば五万円以上の献金・謝礼のたぐいは、すべて収賄とみなすぐらいの刑法の改正を行わないかぎり、権力を金にかえようとする誘惑を断ち切ることは難しいだろう。

政界再編派とは

にもかかわらず、宮沢内閣は、この金丸脱税事件によって、小選挙区制度の導入と政治資金規正法改正をセットにした政治改革の推進を、いわば政界浄化の切り札として推進する姿勢を見せている。小沢氏が中心となっている羽田派や田辺・山岸氏を核とする連合・社会党内「改革」派は、金丸氏とのこれまでの近さのゆえに、事件の衝撃でいくぶん気勢を削がれた恰好だが、宮沢政権に対抗して、公明党や日本新党などと複雑な合従連衡の態勢を立て直そうとしている。近づく総選挙を前に、金丸脱税事件に対する有権者の反発をどのように取り込むかという計算の上に立って、自民党、政界再編派、そのどちらも、政治改革を旗印に事件を逆に有利な材料にすべく余念がない。

しかし、現在の自社連合を核とする政界再編論の自民党内における立役者が金丸前自民党副総裁であったことも、また隠れもない事実である。金丸氏が佐川急便事件を契機に政界を引退するとき、これを政治改革の捨て石にしてほしいといったことは、今ではブラック・ユーモアのように思い出されるが、しかし、そこには政治改革を旗印に進行してきた政界再編論の動きの反面の真実がのぞかれるといえないこともない。

政治改革というスローガンは、その歴史的由来から明らかなように、初めから政界再編問題と結びついていた。政治改革はリクルート事件の衝撃から発したように一般に思われている。しかし竹下内閣がかかげた政治改革とはすなわち小選挙区制の導入ということであった。そしてこの改革の発案者であり推進者であった小沢一郎元幹事長は、その狙いが保守党の大勝後残った社会党右派との合従連衡による保守二党制をめざす政界再編にあると明確に語っている（『小沢一郎探検』朝日新

聞社)。こういう政界再編が必要な理由は、金丸氏がアメリカ型民主党構想で示していたように、経済大国になった日本が、アメリカとの経済摩擦を緩和するためにコメ市場を開放した後、農村票に頼らない新しい保守永続政権の模索へ乗り出さざるをえないということにあった。その推進力は、行革の場合と同じように、明らかに財界にあった。

そしてそれに呼応したのが、総評の解体後、全電通、鉄鋼労連、電機労連、全逓などの右派系組合が主導権をにぎった労働組合「連合」である。自民党系、社会党系のどちらが主導権をにぎるかでお互いの思惑は異なるものの、自衛隊、安保、原発を容認し、コメ市場を開放し、国連PKOに協力し、安保理事会に常任理事国として位置を占めるという大枠の合意の下での公明・民社を交えた自民党と社会党の混成部隊としての新政党の樹立という点では一致している。この方向への胎動は八〇年代の末からはじまっていた。社会党の土井委員長降板とその後の社会党「改革」劇が、金丸氏と気脈を通じた田辺・山岸氏らによって早くから書かれていた筋書きによっていたことは、今では隠れもない事実である。そこでは今や、憲法第九条をめぐるこれまで公言されていた理念的対立、小選挙区制度の導入をめぐる年来の対立を乗り越える妥協の道が模索されるにいたっている。金丸脱税事件は、自民党内の反主流派少数派閥に落ちた羽田派や万年冷や飯をかこっていた野党議員にとって、絶好のチャンスとして受け止められているからだ。与党が崩壊し始めて政界の再編が動きだすとき、そこに権力亡者たちの「野合」の形での旗揚げが見られるのは、いつの時代どこの国においても変わらぬ真実である。

ここで明らかなのは、このような形で進行している政界再編劇が、七〇年代以降の市民参加の波、現代社会における新しいデモクラシーの模索の潮流にまったく背を向けてなされていることである。

それは与野党を問わず、今、「改革」派を自称している人々が、昨日まで権力の中枢にあり、あるいは金丸・小沢氏らと親交を結び、金丸脱税事件にもっとも当惑している人たちであるという事実に、端的に表れている。

最近の日本の政治での市民参加の高波は、土井社会党に全国の市民運動、女性運動が凝集してゆくことにあらわれた。八九年の参議院選挙で社会党に投じられた票は、労働組合を中心とするそれまでの社会党の固定的な得票の倍以上のレベルに達した。全逓出身の田辺氏を核とする社会党「改革」の運動は、これらの市民票、女性票を消費税反対のフロック（一時の「神風」）とみなして事実上切り捨て、社会党組織をそれ以前の段階に戻すことを前提に構想されたものだといえよう。それへの有権者の反応は直ちに、史上最低の投票率となった九二年参院選での社会党の敗北となって表れた。しかし、社会党「改革」派は、その敗北を逆に、党改革すなわち政党再編劇への参加の正当化の口実にしたのである。八三年、八六年そして昨年の三回の参議院選挙で社会党に投じられた票は、第Ⅸ章で私が分析したようにほとんど同一のパターンを示しているが、それが社会党の本来の票で八九年は例外だったという発言（田辺委員長―当時）は、一般市民に背を向け、組合票のみに頼って生き残りを策す現在の幹部たちによる、いわゆる党改革の原点を示している。

各社の世論調査に示されているように、今、日本新党にはブーム的な期待の高まりがある。政界再編にともなう新党への大同団結となれば、その期待はさらに高まる可能性がある。それだけに私たちは、現在、進められている政界再編劇の本質について、もう一度じっくりと考えをめぐらす必要があるだろう。

（『世界』一九九三年五月号）

資産公開内容の追跡調査を

今回の議員の資産公開には、問題が多く残っている。第一に、前回、閣僚のときに問題にされ、今では閣僚については公開されるようになった配偶者や子どもの資産がふくまれていないことだ。だから浜田卓二郎議員のように立派な邸宅に住んでいても、それが夫人の名義であれば、土地・建物資産はゼロとなる。

また、江崎真澄議員や加藤六月議員のように、居宅がファミリー産業の名義になっていれば、これもふくまれていない。細川護煕議員の評判の京都の豪邸も、まだ父親の名義だということで入っていない。

土地・建物資産をもたないと申告している議員は五六人いるが、その中にあの人がと首をかしげる議員もいるのは、単に名義上の問題のためだ。

また、土地・建物あるいは株券については、価格が実態とかけ離れている。土地は固定資産税の評価額であらわされているが、これは平均して実勢価格の約三分の一、八〇年代の値上がりが激しかった大都市地域では、その半分にも達していない。株券は額面で示されているから、五〇円株が一〇〇〇円で取引されていれば、二〇分の一しか示されていないことになる。

また、預貯金についても、普通預金は除かれているから、調査の前日にすべて定期預金を解約し

てしまえば、ゼロになる。

資産が一万円もないという信じられない議員が九人もいるのは、そのためだ。

このように、問題が多い内容だが、それにもかかわらず、集計された数字はそれなりに、現在の政治家の資産の一端を示すものになっている。

第一に、目を引くのは、政治家が一般的に金持ちなことだ。額面資産平均約九五〇〇万円、土地・建物、株券を実勢価格に合わせて試算すると三億円前後になる。庶民はため息をつくだけだ。

大政党の中では、金持ち議員は自民党に多い。額面平均で約一億四〇〇〇万円、実勢価格で五億円前後。党派別平均を見ても、また個人別の上位議員数をみても、自民党は、他党を断然、引き離している。

昔は、政治家になれば資産を失うというのが常識だった。今は、失ってもあまる資産家が政治家になっているのか、それとも政治家をしているうちに資産がふえるのか。それは、こういう資産公開が継続して行われることによって、はじめて明らかになることだ。

それにしてもこの資産公開には、先に挙げた名義や価格の問題のように、残された問題が多い。いわんや、金丸信自民党前副総裁のように、公開資産以外にばく大な隠し財産があれば、これは全くナンセンスだ。政治家の資産公開は、政治への信頼性を高める手段として取り入れられたものだが、それが信頼性のうすい戯画だということになれば、逆に政治不信はさらに高まることになる。

この意味で、資産公開の内容を追跡調査するとともに、うそをついた政治家への社会的制裁を強めたり、また資産公開の内容を一歩でも実態に近づけたりするために、今後、ジャーナリズムのはたすべき役割は大きい。

（『毎日新聞』一九九三年六月一四日）

XI 自民党政権の崩壊と政界再編

―'93年夏総選挙―

政界再編と政治改革

遅くとも九四年の二月、早ければ九三年の夏に行われると予想されている総選挙を前に今、日本の政治は、政界再編成の嵐に揺れている。世論調査では、日本新党が社会党を追い越す支持率をうるようになり、また、自民党内で孤立した羽田派の自民党からの分裂を予測する向きも多い。社会党内「改革」派議員を集めていた「シリウス」の中からも、社会党を分解して、日本新党、羽田派、公明党、民社党などと社会党「改革」派議員の大連合をつくろうという声が出てきた。実現すれば、現在の五五年体制ができあがってからほぼ四十年ぶりの政界大変動になるだろう。

このような動きの直接の引き金になったのは、いうまでもなく四年前のリクルート事件から佐川急便事件そして金丸脱税事件と引き続いている政治腐敗の問題だ。リクルート事件直後の参議院選挙で自民党は大敗を喫したが、もし次の総選挙で同じような敗北を被れば、政権維持さえ危うくなる。宮沢内閣は、景気対策と並んで政治改革を最大重要課題にかかげたが、日本新党、羽田派そして「シリウス」など政界の新勢力として上昇をめざす集団すべてが、政治改革を最大の旗印にしているのもそのためだ。

しかし、この政治改革が、たんに政治資金規正法の強化や政治腐敗防止法の制定ということにとどまらず、選挙制度の改革をいずれもその議論の中心にすえているのは、現行の衆議院選挙での中

選挙区制が金のかかる選挙制度だという以上の各党の政治的な思惑がからんでいる。そしてその思惑には、この四十年間に起こった、日本政治をとりまく国内的、国際的な環境の変化に対応し生き残り、あるいは飛躍をめざしたいというそれぞれの党の戦略的展望がふくまれている。そのために、政治改革は、掛け声だけ先行してなかなか進まないのである。

自民党の「改革」派についていえば、選挙制度改革ということは、実はリクルート事件が起こる前から、政治日程として組まれていた。一九八七年成立した竹下内閣は、中曾根内閣の行財政改革を受け継ぎ、それを発展させるものとして、一九八八年、消費税導入と並んで政治改革を二大目標として掲げた。しかしその眼目は、最初から小選挙区制導入を核とする選挙制度の改革におかれていたのである。

なぜ、自民党は選挙制度の改革を、行財政改革につづく政治課題として設定したのか。それは一口に国鉄、健保、コメの3K赤字の整理といわれた行財政改革の眼目である公営企業の民営化、農業保護の削減や社会保障のスリム化が、高年齢化し経済大国化した日本の生き残りをはかる新保守主義の戦略として、財界主導によって行われたことを思い起こせば容易に理解できる。

八〇年代に入って、財界にもっとも重くのしかかっている問題は、悪化の一途をたどる日本と欧米諸国との経済摩擦である。累積する貿易黒字の問題は、八〇年代中頃には日米構造摩擦へと発展した。日本特殊国家論（修正主義）の台頭などと相まって、アメリカがいつかは対日貿易で保護主義へ軌道を修正するという悪夢が、財界を脅かす。したがって財界は、今や日米間の象徴的な政治問題になった農産物の市場開放については、一刻も早く実行したいというのが偽らざる本音である。保守党とりわけ政権の中枢にあった幹部たちが、この意味で農産物市場開放、その最後の牙城であ

るコメ市場の開放をいずれは行わねばならないものと展望していたのは、当然だといえよう。

財界と農村、それは資金と票という点で五五年体制における保守党の永続政権を可能にさせていた二つの柱だった。ビーフ、オレンジ市場の開放にともなう農村の反乱は、消費税、リクルート問題と重なって八九年参議院選挙における自民党の敗北を招いたが、コメ市場の開放は、さらに重大な打撃を自民党に与えかねない。

しかし他面では、工業化が進むにつれて農村は過疎化し、最高裁判所が、大都市地域に比べて三倍までの過剰代表を認めたにもかかわらず、その票はすでに自民党が選挙での勝利を維持しつづけるために絶対的に頼れるものでなくなりつつあった。しかも三倍をこえた選挙区の定数不均衡を議席の数を増やすことによって調整してきた手法は、議事堂が物理的に満杯になったことで、八〇年代中頃にはもはやとれなくなり、総選挙を前に行う定数の再配分は、つねに保守党内の混乱を引き起こすようになったのである。

他方、「豊かな社会」がつづく中で生活保守化した都会の中間層の票は、保守党に還流しはじめる。八〇年の同日選挙での自民党の大勝利は、大平首相の急死への一時的な同情票とも解釈されたが、八六年同日選挙での再度の大勝利によって、自民党そして財界は、農村票を切り捨て都市中間層の支持を主体にする新しい保守党の建設を展望するようになったのである。それは、日米経済摩擦に対する切札にもなる。

選挙制度の改革は、この展望の下に、提起されたものである。現在の自民党案では、衆議院選挙で全国すべてを小選挙区にすることになっているが、この案はあて馬で、自民党の本命は、前回、海部内閣の時に国会に提出して廃案になった小選挙区と比例区を並立する案だと見る向きは多い。

この案では、主に農村部から選出されている長老議員を党本部の直属の比例区候補とし、同時に、定数不均衡を現在の三倍から一・六倍以内に一挙にあらためるとしている。この改革が実現すれば、自民党は衆議院での絶対多数を維持しつづけるが、農村選出議員のウエイトは激減すると推定されている。

しかし、この状態でも、農村選出議員が反乱を起こし、自民党から分離すれば、保守党政権は安泰ではない。そこに自民党の側から、社会党の右派議員を同時に取り込むという戦略が生まれる理由がある。自民党の金丸前副総裁が社会党の前田辺委員長との緊密な関係の下で画策したとされる〝民主党〟構想は、その典型的なものである。そこでは、アメリカ民主党のように、財界、組合両方に基盤をもち、都市中間層に支持される政党による新しい保守永続政権の夢が描かれている。

自民党が、小選挙区制の導入と並んで、現在、提案している政治資金をめぐる改革案も、この展望との関連の下ではじめて十分に理解できる。

都市中間層の支持に大きく重心を移そうという自民党にとって、間欠的に噴出してくる腐敗のスキャンダルは、政権持続への致命傷になりかねない。しかし、それが小選挙区制の導入や政治資金規正法の改正などという種類のもので防げるものかどうか。小選挙区制にもかかわらず、きびしい政治腐敗防止法の成立まで買収行為を根絶できなかったイギリス、通常の政治資金とはまったく関係ない闇献金を蓄積した金丸事件などを見ても、問題の根源がそのようなところにないことは明らかだ。

もし、政府・与党が金権選挙の根絶を図るというなら、なぜイギリスのように運動員の買収行為が候補者の失格に連動するという徹底した提案ができないのか。また、リクルート事件、佐川急便

事件と繰り返される政治家と企業や経営者との金銭や利権のからまった癒着や腐敗を本気で追放するというなら、政治家にたいする一定限度以上の利益供与や献金をすべて禁じるということを言いだせないのか。

繰り返される金権腐敗事件の根が、自民党の一党永続支配にあることは明らかである。そして自民党は、この原因が野党が分立する中選挙区制と野党とりわけ社会党の政策の〝非現実〟性にあるとしている。しかし、日本の選挙で小選挙区制は、実は地方自治体の首長選挙で永い間行われてきた。英米諸国においては、この地方自治体の選挙こそ、二大政党の争いの原点であり、政党が力をつける基盤であった。しかし、憲法問題も外交問題もない日本の地方選挙では、野党の政策はつねに〝現実的〟であるにもかかわらず、与野党の力ある対立は生まれず、七〇年代の中頃以降は、自治省官僚を立てる自民党に社公民の三党が連合する「乗合舟」政権が一般的になり、今や、首長選挙は実質的に死滅したも同然の形になっている。

この理由は、単純にして明白である。「三割自治」と称される財政の中央集権とそれにともなう中央官庁による地方政治への介入の結果、地方自治体の首長選挙では、実質的な争点が、中央に「顔が利く」実力者や元官僚を選ぶことになってしまったからである。

同じことは、国政選挙についてもいいうる。実際、選挙において買収や日常的な世話行為で金がかかるというのは補助的な意味でしかなく、中央から利益誘導できる〝力〟があるかどうかが、第一義的に重要なのである。そしてそれこそが、官僚制と癒着した自民党が、永続政権をつづけてきた最大の原因だった。中央政府への権限の集中と自民党と官僚との癒着を放置したままでの小選挙区制では、政策ではなく利益誘導能力が争点になる点で、状況は今日と基本的に変わらないといっ

て過言ではないだろう。

それにもかかわらず、この種の選挙制度改革が執拗に自民党から打ち出されるのは、実は野党も解体寸前だからであり、政界再編成によって政権内部に入れるという一部野党議員の思惑によって、思わぬ歩み寄りが生まれるかも知れないという展望がそこにあるからだ。

総評が解体し、民間大企業の労働組合が主体の「連合」が社会党の唯一最大の支持勢力となったことによって、社会党内の反自民野党連合路線の基盤は崩れた。しかも、「豊かな社会」化の中で、労働組合員はもはや必ずしも選挙で期待できる戦力ではない。加えて、冷戦の終結と社会主義諸国の解体は、護憲・平和のアピールと社会主義への期待によって広範な大衆票を獲得してきた社会党の存在基盤を、根底からゆさぶる。このままではジリ貧状態におちいるだけだと危惧する社会党の中に、自衛隊・安保・原発・韓国政策を変換して自民党や公明党・民社党などとの大連合を策すいわゆる「改革」派の路線が台頭し拡がるゆえんである。それは、連合の指導部の後押しの下に、出番がきたと張り切る社民連の江田委員長が組織した「シリウス」を先兵として、社会党を解体に近い状況に押しつめている。そこで語られているのは、〝民主党〟構想とはいちおう区別されたヨーロッパ〝社民党〟のような政党への編成替えだが、現実には、自民党都市派から中道政党、日本新党などの新党そして社会党右派までをふくむ大連合の中で、そのどれが主導権をにぎるかの展望の違いしかないとすることもできるだろう。

この新党や政界再編成をめざして旗揚げしている諸集団が、政治改革と並んで共通に掲げているスローガンが憲法問題と地方分権であることは、現在の状況についての背景をさらに正確に理解するのに役立つ。

日本とアメリカとの経済摩擦を悪化させているのは、たんに貿易収支の問題だけではない。アメリカの経済的な弱体化と日本の経済大国化にともない、日本が現在の世界経済秩序を守るための軍事的に応分な負担をしないという非難は、「日本はカネを出すだけでなく血も流せ」というわかりやすい決まり文句となって、アメリカの対日強硬世論を煽っている。日本の保守政権は、これに対し、国内世論の反発をおそれ、海外派兵を合理化できない憲法第九条の壁を言い訳の口実にしてきた。しかし冷戦の終結にともない、国連がアメリカの主導権の下に一つにまとまり始めたのを機会に、自衛隊の国連ＰＫＯ協力を突破口に、アメリカの非難に応えうる道を見いだしたのである。そこには、経済大国日本が安保常任理事国として、政治大国に上昇しうるというナショナリズム的期待も重なっている。自民党内右派は、この際、憲法を改正して国連への武力協力もはっきりさせようとうたっているが、社会党内「改革」派は、憲法に手をつけないで、平和基本法を制定し、自衛隊、日米安保を肯定、ＰＫＯ協力をはっきりさせるという方策を提起している。

地方分権の問題も、財界の後押しによるものである。日米構造協議にのぞまされて、財界の基本態度は、高度経済成長時代の中央官僚による集権的・産業保護的かつ統制的時代は終わった、アメリカ企業を迎え撃つ日本の大企業が、もっと自由に活動できるように規制解除（デレギュレーション）すべき時代に入っているというものであり、それが細川護熙現日本新党党首の提言による第三次行革審による地方分権論の提起の背景となっている。

国連協力や地方分権あるいは選挙区の定数是正、いずれも六〇年代から七〇年代にかけての革新や野党の側のスローガンだった。それが、今日、自民党の政界再編の主要なテコとして使われている。そこに、時代の転換の影が色濃く現れている。問題は、政界レベルにおけるこれらの動きは、

現代の市民の政治参加、参加民主主義の発展という世界の趨勢から無縁なところで展開されているということだ。

現在の政治改革論議でまったく論じられようとしていないのは、民主主義の原点とされる地方政治において、与野党の乗合船体制のために選挙がほとんど死滅しようとしている事実である。また、金丸脱税事件で片鱗を見せたように、与党と業界が官庁を巻き込んでいたるところで癒着の構造を形成しているという事態である。その核心にあるのは、今日の日本の政治が、官庁・大企業・支配政党の頂点のなれ合いによる談合政治体制を形成しているという問題であり、そこに組合や宗教組織が新たに参入しても、事態は本質的に変わるものではありえない。七〇年代以降の世界の政治を新たに塗り替えてきた原動力である市民の政治参加というすぐれて現代的な課題に、現在、政治改革を声高に唱えている政党や政治グループは、どのように応えようとしているのか。それは、現在、進行中の事態が、政界という業界の再編成にとどまらず、日本の政治構造全体の変革に向かうかどうかを判断する基本的なポイントにもなるだろう。

（『一橋情報』公民科、一九九三年五月、一部は『毎日新聞』一九九三年五月一一日）

四野党、究極目的は新党

不信任案上程から解散に至る道筋の核心にあったのは、権力争奪のドラマだった。もちろんあら

のドラマだというのは、後者の意味においてである。

一方の立役者はいうまでもなく、野党の不信任案に賛成して脱党した羽田派―新生党グループである。金丸直系であった彼らの基本動機が政権中枢に返り咲くことにあることは、不信任案に賛成しない条件が、会期の大幅延長と並んで仇敵梶山氏ら党三役の〝首〟であったと本紙が伝えたことは、この間の事情を表現している。

他方の主役が、万年野党の悲哀をかこっていた社公民連の四党であることは言うまでもない。二年前の選挙制度改革では、頑強な「守旧派」であった四党が今回、突如、足並みをそろえて妥協案をつくり、さらにバナナのたたき売りよろしく羽田派が示唆した自民党の修正案にすりよる姿勢を示したのは、自民党内で遊離しかけている羽田派を抱き込んで政界再編を引き起こし、政権に近づくチャンスが生まれたと感じたにほかならない。「数十年に一度の機会」と四党幹部の口をついて出てくる言葉は、その気負いを物語る。

そして羽田派が脱党して新生党をつくるや、四党は何らの政策合意なしに新生党との連立政権体制樹立へと突っ走った。常識的に考えれば、自民党とけんか別れをして行き場がなくなっている新生党が、数においてはるかに多い四党側に歩み寄って連立政権参加を申し入れるのが筋だろう。また政策的には、護憲を政策綱領に掲げている日本新党や新党さきがけの方が、立場的にもっと野党に近いはずだ。

しかし、逆に野党側は、昨日まで自民党の政権中枢にあり、政治改革という一点を除いては、自

民党と基本的に政策は変わらないとしている新生党にすり寄った。連立政権では自民党すなわち新生党の外交・防衛の基本政策を受け入れ、首班も譲ることまで示唆したのである。

この間の経緯は、単に政権欲しさの卑屈や野合という以上の動機が、四野党とりわけその指導層内にあることを示している。事は、政治改革あるいは選挙改革という問題にとどまらない。政界再編による新党結成が究極的な目的であり、しかもその新党において、新生党すなわち自民党と外交・防衛政策を基本的に同じくするというのが本音だ、とみるべきだろう。

四野党とりわけ社会党で、これまでの革新路線に忠実な護憲・中立政策を志向する議員は切り捨てる。いや選挙では彼らよりも新生党を支持する。連立政権の事実上のスポンサー「連合」はそう決め、山岸会長は「護憲派は自然消滅の運命にある」と表明した。赤松書記長も、〃ほくろ〃のような異分子だと放言した。意味するところは明白だ。

連立政権で何をするか

元来、私は日本の現状において野党が政権に近づくのは、短期・暫定の連立政権を通じてしかないという意見である。四年前、社会党を中心とする四野党が参議院で大勝しながら、衆議院選挙を前に連合政権への政策のすり合わせで暗礁に乗り上げていた時もそう主張した。外交・防衛政策でとりあえず前政権の大枠を継承しながらも、連立政権で自民党政権の積年の垢(あか)と汚れを落とす。金権腐敗を明るみに出し、政官財の癒着を断ち切ったうえで改めて各党本来の政策の違いを訴え、選挙に臨むべきだと主張した。

三年後、連立政権樹立で足並みをそろえた今日の四野党も、そう主張しているかのように見える。

しかし、その内実は決定的に異なっている。だいたい四野党が新生党と組んで連立政権をつくって何をするかが、全然、明らかでない。一つ覚えの選挙制度改革にしても、解散前の幻の妥協案は絶対多数党の自民党に同意させるという前提で生まれたものだった。選挙に勝って党利党略に基づく自民党の反対を無視できるようになった時の理想の改革案とはいったい何なのか。

さらに、政治改革が選挙制度改革に終らないことも自明である。さまざまな疑惑の過去をもつ旧竹下派幹部を抱え、自民党以外にも政治献金するという経団連の新方針を歓迎している新生党と一緒に、どのように自民党政権の垢を洗い落として政治改革をしようというのか。

社会党が惨敗したら……

これまでの社会党の票は、土井人気と消費税でふくれた前回を別とすれば労働組合「連合」票、農政不信からくる農民票、そして護憲の党としての社会党支持票の三つからできていた。その最後の部分が、社会党の転進に愛想をつかして棄権や日本新党、共産党に回り、都議選の惨敗を生んだ。農民票もまた、書記長がコメ市場開放を口走る社会党に続けて投じられる保証はない。総選挙で社会党が惨敗を喫した時、残るのは金丸氏が言った「民主党」的な保守新党へ吸収されていく道でしかない。

今、展望できる政界再編とはこれしかない。しかもその「民主党」に自民党「改革派」が大挙乗り込み、財界、官僚と結んだ新永続支配政党に転化する可能性は大きい。そこでは二大政党の対立という政界再編の唯一の正当化さえ失われるだろう。

すべては羽田・小沢グループと結んででも政権に近づきたい、という社会党の焦りが生んだ「ボ

タンのかけ違い」から始まっているように、私には思われる。（『毎日新聞』一九九三年七月四日）

五五年体制の解体

羽田派、武村グループが脱党したことによって、自民党は衆議院における過半数を大きく割り込んだ。世論調査における不人気ぶりから推して、総選挙で自民党が過半数を取り戻すことは、容易なことではない。もし、四野党と新生党を中心とする非自民党政権が出現すれば、五五年体制以後はじめて、自民党は政権の座を下りることになる。戦後日本の政治に大きな転機が訪れたことは、間違いない。

いったい、五五年体制とは何だったのか。それはどうして解体に追い込まれたのだろうか。

五五年体制をつくりだしたのは、戦後の民主改革をめぐる対抗の力学だった。占領体制終結にともなう追放政治家の復帰によって生じた「逆コース」の動きに対抗して、社会主義政党は革命路線を棚上げし、「護憲と平和」をスローガンに戦後改革を守る革新勢力へと衣替えし、大衆的支持の裾野をひろげてついに社会党へとまとまる。それに恐怖を感じた保守政党が合同して自民党をつくったのが、五五年体制のはじまりである。革新勢力は、その後も上昇をつづけ、六〇年安保はその頂点をなしている。

こういう革新勢力の成立と拡大を支えたものは、戦後意識、近代化・民主化の志向そして総評の組合組織の三つに要約できる。

戦争と敗戦という国民的な体験に根ざす平和志向は、戦時中を思い出させる自民党の旧政治家、安保・自衛隊政策への広い拒否反応を生んだ。冷戦はいまだ激化の一途をたどり、朝鮮戦争の記憶も生々しい中で、政府は、中国・ソ連を仮想敵国とし、米軍基地や自衛隊の強化をつづけていた。五五年はまた、杉並の主婦から生まれた原水禁の運動が、広島で最初の全国大会を開いた年でもあったのである。

そして、戦後の自由な社会の息吹の中で育った戦後派世代は圧倒的に革新を支持した。その列にまた女性の大群が加わった。イエとムラの束縛から解放され、男女平等な社会をはじめて体験した若者や女性にとって革新勢力とはすなわち「反封建主義」の近代化を進める勢力だったのである。

そして、強大な官公労を核とする労働運動は、その性格上、雇用者としての政府・自民党への対立勢力だった。労働運動は、まだ上げ潮にあり、五五年、総評は最初の春闘の組織化に成功している。

このような革新勢力の上昇気流を止めたのは、六〇年安保の嵐の後に成立した池田内閣による自民党の政策転換である。池田内閣は、戦後の社会体制を肯定して憲法改正という党是を棚上げし、その代わりに、すでに始まっていた経済の高度成長を、自民党の政策の中心にすえた。「月給倍増」というスローガンは、革新の側に向いていた若者や女性の心をとらえた。そして、その後、断続的ながら十七年間続いた経済成長は、「マイホームの建設」や家庭での「三種の神器」獲得の夢へ人々を駆り立てるようになった。この時以降、革新勢力の拡大は頭打ちになり、やがて職業、宗教

ことから意味を変え、実質的に自民党の一党支配と同義語になった。

この一党支配体制は、どのような政治構造をともなっていたのだろうか。

国際的には、米ソの平和共存がはじまっていた。ベトナム戦争は戦われていたが、それはもはや朝鮮戦争のときのように第三次世界大戦の引き金になるという恐怖をともなわない局地戦だった。そしていまだ経済中国であった日本は、一ドル三六〇円の固定為替相場の下でアメリカに軍事的、経済的に庇護されていた。

こういう国際環境の下で、日本の政治は、防衛支出を限定して、自国の経済的繁栄と成長にひたすら専念できた。輸出産業や建設業を典型とする財界は、政府の保護と援助を求めて、政権政党と癒着した。他方、高度経済成長の中で生まれた財政余剰を地方への補助金として政治的に散布しながら、高級官僚は政権政党へ天下った。このようにして生まれた政官財の複合体こそ、自民党の永続支配の核だったといえよう。そして、それが永続政権の形を整えるにつれて、また他の多くの利益団体も自民党政権の傘下にはせ参じ、その一翼をになうようになったのである。

これに対し、革新勢力は、その勢力を限定されながらも総評系組合の利益団体として、一定の地位を保ちつづけ、やがてその地位に安住して支配政党と馴れ合うようになってゆく。「コンセンサス・ポリティクス」と国対政治は、その象徴である。国会の外では、市民や若者たちによってベトナム反戦や大学闘争が闘われ、また過密化した大都市地域では、経済成長よりも福祉の充実を求める革新地方自治の運動がひろがったにもかかわらず、国会では比較的に平穏な日々がつづき、佐藤

内閣は、最長不倒記録を樹立するのである。

大都市地域の自民党離れにもかかわらず、自民党政権が安定していたのは、選挙での自民党政権の支持基盤が、農村におかれていたからである。経済の高度成長が進行するにつれて、日本でははじめての挙家離村がはじまり、農村人口は減りつづけた。減反政策がはじまり、農業も衰退の一途を辿ったが、自民党はこれに対し、公共資金の投下による利益誘導で農民票をつなぎとめる一方、定数不均衡を積極的に是正しようとせず、農村の過剰代表化をはかった。

選挙区では個人後援会の組織化が進み、巨大な政治資金をかけて票田を「培養」する方式が一般化した。その資金は、もちろん保守体制の維持を利益とする財界から供給された。このようにして、票を農村、資金を財界、人材を官僚に求めることによって、自民党の政権基盤は安定したのである。

この安定は、七〇年代において次第に失われてゆく。七〇年代、日本経済は二度のオイル・ショックに見舞われて大揺れにゆれるが、それは直ちに政治における五五年体制の崩壊へと結びついていない。日本の経済は、七〇年代後半からのハイテク経済成長によって、ふたたび自信を回復してゆくのである。

問題は、その結果、日本が経済大国へと上昇したことの中から生まれた。また「豊かな社会」が持続したこと、そして、自民党の政権が長続きしすぎたことが、それぞれ新たな問題を生みだした。政権の成功は、それに安住しすぎると、つねに自壊作用を生み出すものだが、五五年体制が、今、崩壊しようとしていることは、いわばその典型的例だといえよう。

七〇年代、アメリカは経済大国日本をライバルと見るようになる。一九七一年のニクソン・ショ

ックによる課徴金の制裁、為替レートの自由変動制への移行はその始まりだったが、それは八〇年代には深刻な貿易摩擦へと発展し、アメリカは日本に政治的な対応を迫るようになる。「国際化の時代」、「国際貢献の義務」をスローガンに登場した中曾根政権は、公営企業の民営化や防衛費の増大など、アメリカの要求に応える改革を実施したが、十分ではなかった。

その後を継いだ竹下内閣は、国際化の時代に対応する政治改革を打ち出した。その眼目は初めから選挙制度の改革にしぼられていた。それを通じて、都市や中間層を基盤とする新しい政権政党としての保守党を作りだし、その下で貿易摩擦の最大の焦点であるコメ市場の自由化を行うという戦略が、保守体制の中枢で練られたのである。

農村票の離散や農協の反乱を念頭に、官公労の解体によって労使協調を基調とするようになった労働組合「連合」とそれに頼る社会党右派や民社、公明などの中道政党を、この新しい保守党に巻き込む政界再編も同時に計画された。戦後意識が薄れ、冷戦が終結した世界の中では、護憲平和を看板にしていた革新の内部が空洞化しはじめていたことが、有力な材料にもなった。すなわち金丸前自民党副総裁が打ち出した、財界、労働組合そして都会の中間層を基盤とする新しい保守党「民主党」の構想である。

問題は、どのようにしてこの転換を行うかである。ここに、自民党の成功による逆説が表れる。自民党の体制は、持続したことによって年功序列のシステムへと硬化し、首相候補者は、派閥のたらい回しによって選出される派閥長老の実力者たちに限られるようになる。それは、こういう転換を断行できるリーダーシップを持つ人物であるとは限らない。

他方、長期間つづいた政権の常として、七〇年代の中頃から、自民党政権における大規模な腐敗

が、露呈するようになる。八〇年代にいたると、党の実力者すべてを巻き込む事件が、次から次へと明るみに出るようになる。

そして、「豊かな社会」の中で育った世代、企業や収入よりも余暇や生き甲斐を重視するようになった都会の中間層は、こういう腐敗事件にとりわけ敏感に反応する。腐敗した既成政党、テレビ映りの悪い長老指導者を頂く硬化した政党に対して、彼らはかんたんに背を向けるようになる。いかに不人気な指導者をもってしても、またマスコミの批判を浴びても、利益誘導で票を確保できた時代は、急速に消え去りつつあるのだ。

金丸前副総裁の直系である小沢元自民党幹事長が、選挙制度改革の強力な推進者として登場し、それがリーダーシップなき宮沢総裁によって挫折させられて羽田前蔵相らとともに脱党して、労働組合「連合」の後押しの下に、中道政党や社会党「改革派」とともに連立政権樹立を訴えるにいたる基本的な背景は、このように理解できる。しかも、その小沢氏自身が、自民党の腐敗につらなっていたものとして指弾され、政界再編は一直線に進みそうもない。それはまた、一つの体制が内側から崩れてゆくときのパターンなのだろうか。

（『信濃毎日新聞』一九九三年七月六日・七月八日）

民主主義の再興こそが政治改革である

政界再編は改革にあらず

政治改革という名の選挙制度改革はふたたび流産し、そのあおりで内閣不信任案が可決され、思わぬ真夏の選挙に入ることになった。自民党内の分裂があらわになった今、政界は、政治改革を錦の御旗にした「政界再編」ムードの選挙でわきたっている。

野党が拒絶反応を示した海部内閣の時の選挙制度改革騒動に比較すると、今回の政治改革騒ぎの特徴は、共産党を除く野党が民間政治臨調の小選挙区比例代表連用制の変形案で足並みを揃えて自民党に迫り、自民党が前回の並行制で迎え撃つ体制もまとまらずに党議の単純小選挙区制に固執し、野党と「造反派」そしてマス・メディアの総批判を被って解散に追い込まれたという点にある。

野党と自民党がこのように、攻守、所を変えたのは、自民党の解体そして「政界再編」ということが現実の射程内に浮かび上がってきたからである。昨年夏の金丸自民党副総裁辞任にともなう羽田派（小沢グループ）の分離と反主流派化をきっかけに、公明、民社、社民連そして社会党右派グループは、かれらと連携して政権に近づく機会が現実のものになったのを感じ取った。政治改革は、その共通の合言葉となり、選挙制度改革は、その手段となったのである。

これらの野党が、自分たちの本来の提案である小選挙区比例代表併用制をすてて、民間政治臨調の妥協案に飛びつき、自民党が並立制を提案すれば、バナナの叩き売りのようにさらにそれとのすり合わせを行うという姿勢を示したのは、ひたすら自民党が絶対多数を割って政界再編の引き金になるような選挙制度改革案を求めたからだった。そして、その野党や羽田派の姿勢を感じ取った自民党主流派が、あらゆる妥協を拒否するという姿勢に転じたのが、今回の解散劇に至る深層の理由

だったと思われる。
これまでのジャーナリズムの上での論議からすれば、政治改革ということは、リクルート事件や佐川急便事件そして金丸脱税事件などの金権腐敗に対処するために行われるものでなくてはならない。それが、どうして選挙制度改革へとしぼられるのか。また金丸直系の小沢グループや金丸氏の盟友の田辺前社会党委員長らが、なぜ「政治改革」派のチャンピォンなのか。多くの人たちが戸惑いを感じていることは、世論調査によっても明らかだ。小選挙区制の導入を核とする選挙制度の改革によって、選挙が浄化されるということについての保障もなければ、それによって二大政党のシステムが生まれるという確たる展望があるわけでもない。にもかかわらず、選挙制度の改革の大合唱が生まれるのは、なぜか。

そこには、企業献金などの政治資金の規制や単純収賄についての刑法の改正などについて、与野党間の合意が急速に見いだせそうもないという事情に加えて、選挙制度の改革が政界再編への導火線になるという期待が、「改革派」議員や新党期待の多くのマスコミの中にあったからだ。今や、新聞の論説にいう「政界再編こそが政治改革」へと、短絡されているのである。

論理がこのように短絡される文脈は、そもそも「政治改革」のスローガンが、リクルート事件をきっかけに竹下内閣によって初めて打ち出されたときからあった。竹下首相はそれを、中曾根内閣の行財政改革につづく、日本の経済大国化、国際化にともなう政治の構造的な改革として位置づけていたのである。そしてその焦点は、経済摩擦の激化に対処し、また旧来の票田である農村の過疎化に対応する都市型の保守党の建設におかれていた。この時から、政治改革は選挙制度改革と連動していた。しかし、その竹下内閣自体がリクルート事件で倒れ、その応急対策として登場した海部

内閣のときに政治改革関連三法案の採決が急がされたのは、ガットのウルグアイ・ラウンドによる米市場開放問題が大詰めに近づき、それを保守党政府が呑んだ後の総選挙において、農村票の自民党からの離反が必至だとみなされていたからである。

農村票の離反や農村議員の脱出などを前提とすると、定員不均衡の是正や並立制による比例区の創設による農村依存からの脱却だけでは、自民党の安定多数の維持は確かではない。ここから金丸前自民党副総裁らによる社会党の右派をまきこんだ民主党構想が生まれる。社会党の田辺前委員長を先頭とする「改革派」議員が、労働組合「連合」の山岸会長の強力なバックアップの下に、選挙制度改革の実現に熱心なのは、これによって彼らに政権参加への展望が開けたために他ならない。

しかし、竹下（金丸）派が分裂し、反主流派にまわった羽田派（小沢グループ）が自民党内「改革派」の先鋒になって以降、政界再編の準備としての選挙制度改革の動きは、いっそう加速された。現在では、自民党を離党した羽田派（新生党）と社会・公明・民社・社民連が非自民の連合政権をつくる準備が急速に進められている。

はたして、この思惑が成功するかどうかは、選挙の結果にかかっている。しかし、非自民・非共産グループが過半数を制するのに成功したとしても、スムーズに連合政権を樹立しうるかどうか、多くの疑問が残されている。

まず、彼らの金看板である政治改革の中身がさっぱり見えていないことだ。選挙制度改革について、合意に近づいていたという妥協案は、そもそも絶対多数を擁している自民党に合意させるという前提の下につくられたものだった。また政治改革が選挙制度改革に終らず、政治資金規正法の抜本改革や政治腐敗防止法の制定をふくまなくてはならないことは、これまでの政界内の議論でも一

致している。これについて、たとえば企業・団体献金の廃止をふくめて、どのような非自民グループの合意があるのか。

さらに、これまで自民党政権中枢にあった新生党は、選挙制度改革という一点を除いて、自民党と基本的に政策は変わらないことを明らかにしている。これに対し、社会党などの野党グループは、連立政権において、自民党の外交・防衛政策を継承するということで乗り切ろうとしている。しかし、連立政権が短期・臨時のものだという保障はない。それが長期の構えをとったとき、どういう政策を行おうとするのか。

この間、いくつか明らかになったことがある。その一つは、労働組合「連合」の後押しによって、社会党「改革派」の議員や一部の社民連の議員たちが、これまでの社会党の路線をかなぐりすて、現実主義の名の下に全面的に民社党さらには自民党の路線にまで歩み寄ろうとしていることだ。

もう一つは、政治改革ということばがもつ本来の意味が、まったく無視されていることである。小選挙区制の導入を核とする選挙制度の改革が、はたして政治資金の浄化につながるのかという本質的な論議は棚上げされる一方、かつては少なくとも選挙制度改革とセットであった政治資金の規制への動きは、今ではすっかり影をひそめている。それだけではない。金丸脱税事件で明らかになった政治家と業界の癒着や闇献金は、選挙となんらの関係もなく、また政治資金規正法をどのようにいじろうとも規制できない種類の問題であることが明白であるにもかかわらず、それに正面から立ち向かう議論は、この政治改革論議の中でまったく起こっていない。

それは、これまでの政治改革をめぐる政界、ジャーナリズムの論議の中で、その指導理念として使われてきたことばを一瞥することからもいえるだろう。「政界浄化」や「清潔な政治」、「強力な

リーダーシップの回復」や「国際的な要請に応える政治」、あるいは「政治不信の解消」や「旧体制の構造疲労」などという溢れ出た形容詞は、ひるがえって考えれば、かつてのファシズムや全体主義時代の政治が台頭するときにも使われたことばでもあった。戦前の政党政治に終止符を打った新体制運動と「近衛新党」結成の騒ぎの中でも、同じようなことばが乱発された。そして、マスコミが煽り立てたムードの中で「バスに乗り遅れるな」と真先に解党したのが、政権参加の幻想に目がくらんだ社会大衆党であったことは、想起されてよい。

これらの政治改革の理念をめぐる形容詞の中で、これまでまったく浮かび上がってきていないのは「民主主義」である。しかし、端的に言って、今日の先進工業諸国における政治改革の共通の最大の課題は、大衆社会化と組織社会化の中で進展する政治的無関心と権力のパワーエリートへの集中を、情報公開と市民参加の中でどのように組み直し、責任ある政治体制を構築してゆくかという問題ではないだろうか。

それは、今日の日本の政治においても、焦眉の急の問題であるはずだ。国政選挙での投票率は年々低下の一途をたどり、与野党相乗りの地方選挙はほとんど死滅しかけている。さまざまな調査に照らせば、市民の政治行動への参加のレベルもますます低くなり、企業や組合などでの組織内民主主義も貧しくなっている。

このような状況を背景に、政治の世界でも経済の分野でも、組織幹部やボス同士による馴れ合いや談合がいたるところで展開しているのが、今日の日本の社会の風景だ。国対政治、与野党相乗りの地方政治、建設業界の談合入札、ボス政治家と利権企業の談合、そして族議員と業界そして高級官僚との料亭での談合。そこから巨大な闇献金が発生し、国民世論を無視した政策の決定が行われ、

疑惑につつまれても居直る政治家が生まれる。

こういう今日の政治の病根をつく改革の目標はただ一つ、市民のより広範な参加にもとづく民主政治、国民に対して責任ある政党政治の再建である。それは、政治家という業界内の改編でしかない政界再編成とは次元の違う、根本的な政治改革の目標であるべきなのである。

談合の原点=官僚の中立化を―何をどう変えるか―

現在、推進されている小選挙区制度の導入を核とする選挙制度の改革がイコール政治改革であるというのは、それが二大政党の対立と政権交代を生み、また、選挙が政党本位で行われることになって浄化されるという合理化が行われているからである。

しかし、それは、今の日本で一番多く行われている小選挙区である地方自治体の首長選挙を見れば、そういう単純な話ではないことが、直ちに理解される。英米において、政党政治の出発点とされ、民主主義の学校ともされているこの地方選挙は、日本では与野党相乗りの中でほとんど死滅しているのである。

今日、与野党相乗りのその首長候補の最大の予備軍は、自治官僚だ。県知事レベルでは、すでに約三分の一が元自治官僚である。その意味では、県知事を派遣した戦前の内務省支配が復活しているということもできる。

高級官僚を軸に

戦後の地方政治において、首長選挙が空洞化した理由は明白である。三割自治と称される中央官

庁のもつ巨大な許認可権限と補助金政治の下では、首長選挙の最大の争点はつねに、誰がもっとも中央に顔が利くかということだったからである。それは国政選挙においても同様だ。現在の保守党の永続支配が永続支配をつづけている最大の理由は、保守党候補が中央からの利益誘導をうたっているからであり、そしてそれは保守党が高級官僚と人的・政治的に癒着していることを基盤にしているのは周知の事実である。

このような状況のまま小選挙区制度が導入されれば、そこに生まれるのは政策による対立ではなく、利益誘導ができる政党とそうでない政党との対立であり、やがて首長選挙と同じく官僚制と癒着した政党へすべてがなびく一党支配の構造が、より大規模に出現することになるだろう。

本来、西欧諸国の政党政治は、絶対主義国家の中で特権官僚制として発達してきた官僚を中立化し、その上に国権の最高機関として議会を位置づける市民革命を経由することによって発達してきた。市民国家が成立して以後の官僚制は、終身官僚であることを常態とする職能的なシビル・サービスの機関であり、その社会的な威信はそれほど高くない。

これに対し日本では、明治国家以降の特権官僚制が、占領下においても温存されたまま今日にいたっている。高級官僚は、退職後直ちに議院に「天上がり」するばかりでなく、在職中も公務を利用して半公然と選挙運動を行う。官庁も、国会対策上、組織を上げて出身候補を支援する。このようにして与党は官庁と癒着し、その延長機関の観さえ呈するようになる。八〇年代以降、与党の年功序列的な組織化に伴い、官僚からの転身組が直ちに大臣や次官になれなくなったため、官僚の頂点からの政界進出はまれになったが、それは他面では本省の課長クラスからの癒着と転身を進行させたにすぎなかった。

他方では、高級官僚は、退職後、関係した大企業に天下りする。ここでは人事院によるコントロールは完全に空洞化している。そしてここから生まれる財界と官僚制との癒着は、官庁の政策に対する財界や大企業の巨大な発言権の根源でもある。それは防衛産業や建設産業、あるいは金融・証券や基幹産業などの事例を想起するだけで十分だろう。

このように高級官僚が権力と財力に直結している以上、それが最高のエリート・コースとなり、学校制度がそれに向けてピラミット型につくりあげられるようになる。エリート大学は人脈的に官僚、政界、財界の癒着を保障している。現代の行政優位の政治構造の中で、先進国においてしばしば指摘される政官財複合の問題は、我が国では、歴史的な背景の中で、学歴社会とも重合した政官財学複合として、さらに深く根を張った存在として発達してきているのである。

さらに私たちは、今日では、新聞やテレビのマス・メディアが、新たにこの複合に加わるようになっていることを指摘しなくてはならない。わが国特有の記者クラブ制度などを通じての政治記者と官庁・与党との癒着ぶりは、これまでもしばしば指摘されてきたが、この政治改革論議を通じて、政府の審議会などに言論機関の代表が加わるようになった。言論機関は、いつしか権力を監視し批判するという職能的使命から大きく逸れて、次第に「国策」に沿う報道と言論を展開する戦時中のマス・メディアの姿に戻りつつあるといったら言い過ぎだろうか。「政治改革」論議を通じての「改革派」への支援ぶりは、目を覆うばかりのものがある。

官僚を中立に

このようにしてつくられた権力核組織のまわりに、権利の保護と選挙の際の集票を交換する利益

団体が集まっている。すなわち建設業界を筆頭とする各種業界、農協、宗教団体、スポーツ団体などである。日本の政治は、日常的にこういう権力核組織と利益団体の談合によって運営されているといって過言ではない。そこからは、巨大組織や利益団体に属さない一般市民の声はしめだされている。それは、マス・メディアの演出するイメージ選挙で吸収される対象でしかない。いや、これら組織・団体内の人々の声も、その集団利益に限定されて動員され吸い上げられているにすぎないのである。現在、進行中の政界再編成とは、こういう利益団体のなかから農産物自由化で財界と対立するようになった農協をはずし、労資協調主義で固まるようになった労働組合「連合」や創価学会を入れるという体制内利益団体の再編成だということができるだろう。

しかし、今日の民衆の生活上の利益は、もはや単に所属する企業や組合、利益団体の利益によってカバーされるものではありえない。生活とは、今日では職業生活だけでなく消費生活や地域生活あるいは余暇生活全体にわたる概念であり、また、環境問題や平和問題というグローバルかつアイデンティティーのかかった争点をふくむ多面的なものなのである。この視点に立てば、政治改革の基本目標は明らかである。それは、このような利益団体のパワー・エリートたちの癒着と談合支配で運営されている現在の政治構造を解体し、それを民衆の生活利益全体をよりよく反映するものに変えてゆくことなのである。

その第一歩は、談合支配の核にあって許認可の権限をにぎる官僚制を切り離し、それを中立的なサービス機関に戻してゆくことだ。そのためにはまず、高級官僚が政治家や関係企業の幹部に転身してゆく道をふさがなくてはならない。たとえば官僚は、中央、地方を問わず、課長以上の職にあったものは、離職後最低五年、立候補を禁じ、また、関係企業から相談をうけたり報酬をうけたり

することを禁じる。それが一つの方法だろう。他方では、こういう高級官僚の転職先として、シンクタンク、研究所、公立大学や専門学校そして公立の社会奉仕団体や国際組織など、非営利でステータスの高い職場をつくりだす、そういう工夫も必要だろう。

それは、同時に、現在、中央の官僚制に集中しているさまざまな権限を地方に分権化してゆくことと重ならなくてはならない。地方分権はデレギュレーション（規制緩和）を志向する財界の意向を受けて、今や、日本新党や羽田派（新生党）など新保守主義のスローガンにもなった。中央官庁から許認可の権限を基本的に剝奪すれば、あとは道州別の地方の事情に応じて規制緩和を進めればよい。財界はそう考えている。問題はこの分権が、同時に地域社会の自立や住民参加とどのように有機的に組み合わされているか、である。そのためには、分権が道州という単位に止まることなく底辺の自治体にまで、またその内容が許認可権にとどまることなく道路や学校建設などの財政権にまで、広がらなくてはならない。

この分権と地方の自立が徹底すれば、また、自治省を先頭とする中央官庁から地方自治体への天下りを受け入れる必要も薄れるにちがいない。それは、地方選挙を実質的に復活する道でもある。

正論による制裁を

しかし、これだけでは談合組織の解体を導くには不十分である。たとえ、官僚と政界、財界の現在のような人的癒着が解き放たれても、権力をもつ政治家、財力をもつ財界からの官僚への圧力とそれにまつわるスキャンダルは欧米の政治においても後を絶たない。そこでは、企業・団体献金の禁止を核とする政治資金規正法の改正、単純収賄罪の拡大や政治倫理法の制定などきびしい罰則の

樹立がなくてはならない。だがこういう法的な制裁措置にも限界がある。政治的にもっとも有効なのは、事実の公表にもとづく制裁であるはずだが、それははたして十分に機能しているだろうか。

今日の日本における国政調査の機能が、有効に働いていないことは誰でも知っている。そこでは、政党の合意と喚問の時間的制約が基本的な壁になっている。他方、検察庁の取り調べには時効の壁があり、また合法的な脱法行為を捜査することはできない。このような制約をのりこえるためには、たとえば市民の告発を受けてあらゆる政治的なスキャンダルを調査し公表する行政委員会の設置が有効である。この行政委員会には、証拠調査、証人喚問、証言拒否などについて司法機関に準じる権限を付与し、官庁並の予算措置を講じる。オーストラリアのクイーンズランド州では、数年前、この調査委員会が有効に機能して、ついに二十年間つづいた保守党政権の首相がらみの腐敗を白日の下にさらし、保守党は選挙で惨敗した。

公正取引委員会を真に機能させるにはどうしたらよいか、談合入札を防ぐ方法は何か、巨大な利権の塊になっているＯＤＡ（政府開発援助）をどのようにコントロールしたらよいかなど、このような制度的工夫や技術についても、論じなければならないことは数多い。しかし、このような制度技術的な問題をこえて最終的に重要なのは、エートスの問題であり政治文化の問題である。

エートスの問題の中心にあるのは、政治と緊張関係を保つべき職業集団の職能的な使命意識の強さの問題だ。今日のように多元的に高度に組織化された社会の中では、三権分立のような公的な権力組織内部の相互抑制と並んで、社会的な権力をもつ社会組織の自立と相互抑制が必要である。その鍵となるのは、それぞれの社会集団内部の職能的な使命意識でしかない。言論人、大学人、教育職、宗教団体、労働組合そして芸術文化団体すべての中に、政治権力からの自立、そして権力悪の

率直な批判が使命意識として浸透していない限り、政治権力への癒着と追従が進行することは避けがたい。そのことが、それぞれの組織のモラル・コードとして制度化されるべきであり、またこういう職業への就職、入門に際して、あらゆる技術的能力にもまして第一に要求されるべき資質であることがうたわれる必要がある。

同時に、あらゆる集団内部での組織内民主化の運動を燃え上がらせなくてはならない。「憲法は、企業の門前に立ちすくむ」という表現にもあるように、今の日本の企業の内部では、政治活動の自由はほとんど存在していない。欧米社会では日常的な選挙の際のワッペンやリボンの着用も企業内では禁止され、それはしかも最高裁判所によって支持されている。そのことに関心を持たなければならないはずの労働組合自体が、図体だけは大きくなっても内部は空洞化し、大衆討議を経ないままの幹部による政治的な引回しが一般化している。「豊かな社会」化の中で、組合が「時短」に熱を上げるのに反比例して、若者が職場や組合運動に情熱をもたなくなり幹部支配が進行するという悪循環が、今日の談合政治を生む一つの基本的な背景なのである。

しかし、より根本的な問題は、野党が与党と対立し、在野の集団が体制的な価値意識と対決するよりどころとなる基本的な理論や価値意識が、全面的に崩壊しかけていることにあるというべきだろう。すでに七〇年代の半ばから、地方政治における与野党の馴れ合いによる相乗り政治が始まっていたが、そこでつねに野党側の弁明としていわれたのは、安保や自衛隊という体制的な争点を抱えていない地方選挙において、与野党を分かつ根本的な違いはないということだった。冷戦が終結し、社会主義世界が崩壊した今、中央の政治においても、もはや基本的な対立はなくなったと、野党の「改革派」議員たちは主張している。そのことを宣言や基本法の形で明確化するのが、自民党

や一部の保守派と相乗りの政権に参加する前提条件だと。

はたしてそうか。今日の世界において、自国中心主義的な経済的繁栄のみを追求し、強者が弱者を蹴落とす競争と差別の社会を構築してきた六〇年代以降の支配政党の政治文化に対決する価値意識はないのか。欧米の諸国に伍して日本の軍事力を強化し、先進諸国中心の世界秩序維持の警察力に加わっていこうという保守党の姿勢に対決する理念はないのか。

増大する余暇中心志向を、消費や遊びではなく、コミュニティの建設やボランティア活動に吸収し、「生きがい」のある社会と「平和」な世界の構築をめざして、若者や女性の力を引き出してゆこうという目標はないのか。

もし、労働組合や野党の幹部がそれを担おうとしないなら、市民の側が運動を起こして野党を変えてゆかなくてはならない。それが、談合支配体制を解消する究極的な決め手だろう。

（『世界』一九九三年八月号）

〝新党現象〟で何が起きたのか

何が起きたか

すべての政党が「政治改革」をうたい文句とし、五野党の「非自民」連立内閣のアピール、新政

表1　選挙結果一覧（86，90，93年）

	自民	新生	さきがけ	日新	社会	公明	民社	共産	社連	その他	計
候補者	322 325 285	 69	 15	 55	138 148 142	61 58 54	56 44 28	129 131 129	5 6 4	127 241 174	838 953 955
当選者	300 275 223	 55	 13	 35	85 136 70	56 45 51	26 14 15	26 16 15	4 4 4	15 22 30	512 512 511
投票率	*(19.7)* *(25.6)* 34.6 *(17.1)* 33.6 *(16.0)* 24.3	 6.7	 1.8	 5.3	*(9.1)* *(11.4)* 12.0 *(21.9)* 17.7 *(8.5)* 10.3	*(8.7)* *(8.6)* 6.6 *(6.8)* 5.8 *(6.8)* 5.4	*(4.0)* *(4.6)* 4.5 *(3.0)* 3.5 *(2.4)* 2.3	*(5.0)* *(6.3)* 6.1 *(4.4)* 5.8 *(3.8)* 5.1	 0.6 0.6 0.5	*(3.4)* *(8.5)* 5.5 *(9.3)* 5.7 *(10.4)* 4.7	(投票率) 71.40 73.31 67.25

（注）　上段から順に86，90，93年の衆議院選挙結果を示す．得票率は絶対得票率．なお（　）内斜体数字は，上から順に83，86，92年の参院選比例区での得票率を示す．

党の「五五年体制の終焉」の掛け声が交錯した九三年梅雨の選挙は、総計で一〇〇議席に達する三新政党の躍進、議席を半減させた社会党の壊滅的敗北、現有議席をほぼ確保した自民党の粘り、そして戦後最低の投票率という結果を伴って終った。新生党の議席の増大をはるかに上回る社会党の議席の減少によって、五野党による「非自民」連立内閣の夢は画餅に終り、政局はキャスティングボートを握った新党「さきがけ」＝日本新党ブロックをめぐって、自民、非自民の綱引きが続いている。

　さて、このような状況を生んだ今回の選挙がどのような構造をもっていたかを考えるために、政党やマスコミによる我田引水的、早とちり的な概括を離れて、私たちは正確に起こった事態を、まず**表1**、**表2**によって押さえておく必要がある。

　自民党についていえば、確かに現有議席を確保したが、自民党が前回の選挙で獲得した議席から離党した議員数を差し引いた二三七議員に比べれば一〇議席以上を失っており、その分だけ、自民党が選挙で批判を浴びたというべきである。他面、離党した議員や彼らがつくった新

表2　政党別当選数（86，90，93年）

	自民	保守系	新生	さきがけ	日新	社会	公明	民社	共産	社連	その他	計
北海道	14					7	1	0	1	0	0	23
	12(9)		(2)	(1)		8	1	1	1	0	0	23
	10		1	1	1	8	1	1	0	0	0	23
東北	39					8	1	1	0	1	0	50
	32(27)	(1)	(5)			16	0	1(0)	0	1	0	50
	29	2	7	0	1	6	1	0	0	1	1	48
関東	51					15	12	5	3	0	1	87
	51(42)	(2)	(5)	(2)		25	8	2	0	0	1	87
	39	3	9	4	12	10	12	2	2	0	0	93
東京	29					6	10	0	7	1	0	44
	19(17)	(1)	(1)			12	8	1	3	1	0	44
	14	1	5	1	7	1	7	1	5	1	0	43
中部	35					10	0	1	0	0	0	46
	31(23)		(6)	(2)		14	0	0	1	0	0	46
	24	2	8	2	1	7	0	0	0	0	1	45
東海	34					7	6	5	2	0	0	54
	33(28)	(1)	(4)			13	5	3	0	0	0	54
	21	2	7	0	2	11	6	4	0	0	0	53
近畿	30					9	14	10	9	0	0	72
	32(24)		(6)	(2)		17	13	3	7	0	0	72
	19	1	8	2	6	10	14	3	6	0	3	72
中国	26					7	4	2	0	1	0	40
	25(20)	(3)	(2)			10	3	1	0	1	0	40
	23	1	3	1	1	5	4	1	0	1	1	41
四国	17					4	3	0	1	0	0	25
	14					8	2	0	1	0	0	25
	16	0	2	0	1	3	2	0	1	0	0	25
九州	45					14	6	4	1	1	0	71
	41(32)		(5)	(3)		18	6	2	3	1	0	71
	33	1	6	2	4	12	5	3	1	1	0	68
総計	311					87	57	28	24	4	1	512
	290(237)	(8)	(36)	(10)		141	46	14(13)	16	4	1	512
	228	13	56	13	36	73	52	15	15	4	6	511

（注）　上段から順に，86，90，93年を示す．90年の当選者で，以後，脱党して新党などに所属している者の数を（　）で示している．自民党の（　）は，それらの脱党者を除いた数である．また，無所属だが党籍のあるもの，後に政党に加入したり国会内で同一会派をつくった者，また単一政党の推薦を受けている者は，その党に含めている．

生党、さきがけグループを合わせれば保守党総計で三一〇議席となり、八六年の同日選挙とほぼ同じ結果だということもできる。問題は、八六年の時には一つにまとまっていたこの保守系勢力が、七年後には分裂を起こさなくてはならなくなった内外の状況の変化にある。

都議選の全国拡大

社会党を中心とする野党にとっても、今回の敗北の状況は、八六年選挙とかなり似ている。ただ、七年前に比べて、社会党だけでなく、すべての野党がさらに議席を失っており、その分だけ日本新党が吸収したということができる。前回の選挙で社会党が公明、民社、共産から奪った議席が、そのまま日本新党に横滑りしたかっこうである。

しかし、このような議席の移動をさらに地域別に分けて調べると、興味ある事実が浮かんでくる。このような変化がもっとも劇的に起きたのは、東京を中心とする関東の大都市圏でであるということだ。ここでは、社会党は、前回の三七議席から一二議席へと三分の一以下に激減しているのであり、八六年の敗北の時の二一議席に比べてもほぼ半減している。

これに対し、北海道や九州ではいまだ善戦しており、北海道ではこの壊滅の中で、前回よりも議席を増大させてさえいるのである。今回の地滑りが、何よりも大都市の中間層の投票志向の変化によって引き起こされたことを、示している。

それを他面で示しているのが、日本新党である。日本新党は、衆議院の議席数では日本全体の四分の一しかないこの地域で、全体の議席の約半分の一九議席を得ている。先の東京都議選で社会党を追い落としたのと同じ構図が、もっと大きな規模で全国的に起きたということができよう。

他方で、新生党とさきがけグループは、自民党の現議員が分裂しただけあって、全国的な規模で自民党の議席に打撃を与えていることは、**表2**からも、一目瞭然である。

進んだ社会党離れ

さて、社会党票は、どのように分解していったのか。衆議院選挙での票の分析は、政党間の立候補状況が多様であり、また、多くの政党が推薦する無所属候補や政党間の選挙協力などがあって、参議院比例区のように、すっきりした数量分析を行いにくい。同一政党からの立候補者の数の変化さえ、政党別の得票集計に変化を与えるのである。

こういう難問をかわすために、まず、新党の立候補や推薦がなく、また既成政党間の立候補状況が前回と比べて変化のない選挙区での社会党票を調べてみる。そういう選挙区は、今回、北海道二区をはじめとして全国に一三ある。そこでの前回と今回の選挙での自民、社会、共産の三政党の得票率（絶対）と投票率を示したのが、**図1**のグラフである。

ここで一目瞭然なのは、第一に自民、共産両党の得票率にほとんど変化がないということ。第二に、社会党の投票率が一様に下落していること、第三に、社会党の投票率の下落と得票率の低下がほとんど平行していることだ。新党ブームの嵐の外に置かれたこの一三選挙区での得票率の下落は平均で六・八%と、全国平均（六・一%）より若干高めだが、社会党の得票率も平均一九・六%から一三・三%へ六・三%下落しており、それは投票率低下の約九〇%にあたっている。ちなみに、無所属保守をふくめた自民党の得票率は、平均二・四%下落しており、それに対し、共産党や社民連がここでは若干、得票率を増大させている。

図1　自民・社会・共産得票率（13選挙区）

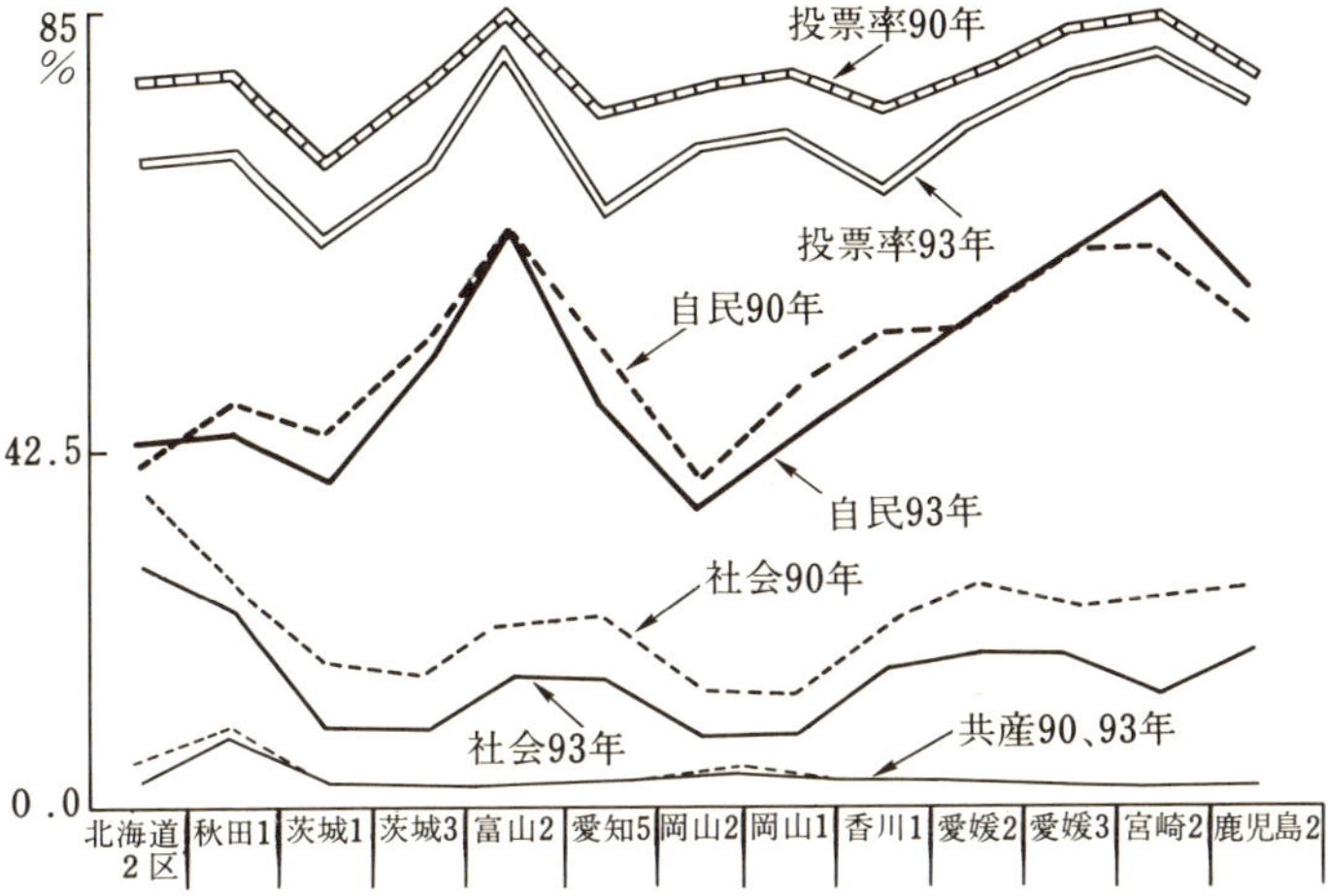

社会党は、全国平均で前回の得票の約四二％を失った。ここでは、平均三二％を失っている。それは、新党がなくても社会党が、この三年間に失った得票の全国平均に近いとみなすことができるだろう。そして、そのほとんどが棄権にまわり、また、一部が共産党や他の野党にまわったとみるのが自然ではないだろうか。今回、全国平均で戦後最低の投票率を記録したことの最大の原因も、この社会党離れの票が行き場を失って棄権にまわったと推定することが妥当ではないだろうか。

これら新党の影響のない選挙区が、ほとんど地方の選挙区であることは、また、自民党がなぜこれらの地域で強かったか、ということとも関係している。実際、私が見たかぎり、地方の選挙の現場では、今回も幅を利かせていたのは、あいも変わらぬ利益誘導型の選挙であり、派閥対抗型の選挙だった。

自民党候補者の演説では、政治改革も金丸脱税事件も、ほんの冒頭のご挨拶にふれるだけで、不

景気対策と地方の公共工事や地域開発にからむ実績の誇示や公約が、その主要な中身だった。そして、裏側では、危機意識をバネにした旧来にもまさる企業や官庁がらみのしめつけが行われていた。それが、自民党が、これほどの世論の批判と一ケタ台という内閣支持率の下で、全国的に現有議席を確保しえた基本的な理由だった。

棄権層が新党へ

しかし、三つの新党が、自民党批判を看板に乱立した大都市圏では、状況は同じではありえない。大都市圏では、第一に、利益誘導がまったく利かないのである。

図1と同じ問題を、東京と周辺の都市化県（東京、埼玉、千葉、神奈川）の二三選挙区について分析して図示したのが、**図2**である。ここでは逆に、新党と関係のない選挙区や、社会党や公明党が立候補を断念した地域は省かれている。

煩雑になることを防ぐために、この図では、二つの選挙における投票率、各党得票率の差（九三年マイナス九〇年）だけが示されている。ここでは、投票率は、平均で五・五％低下した。全国平均より少ないのは、前述の解釈に従えば、前回の社会党への投票者で社会党から離れた層が、棄権にまわるだけでなく新党へ向かったからであり、また、前回の棄権層の一部が、新党によって掘り起こされたからだと見るのが適切だろう。

この地域では、自民党は、平均一一・二％得票率を下落させ、一五の議席を失った。社会党も、一〇・一％得票を失い、二一の議席を失った。三新党は、合わせて一八・一％の得票と三五の議席を得ている。注目すべきは、共産党がほとんど得票率を変化させず、前回の落選者を中心に五議席

図2　自民・社会・共産得票率の変動（東京周辺23選挙区）

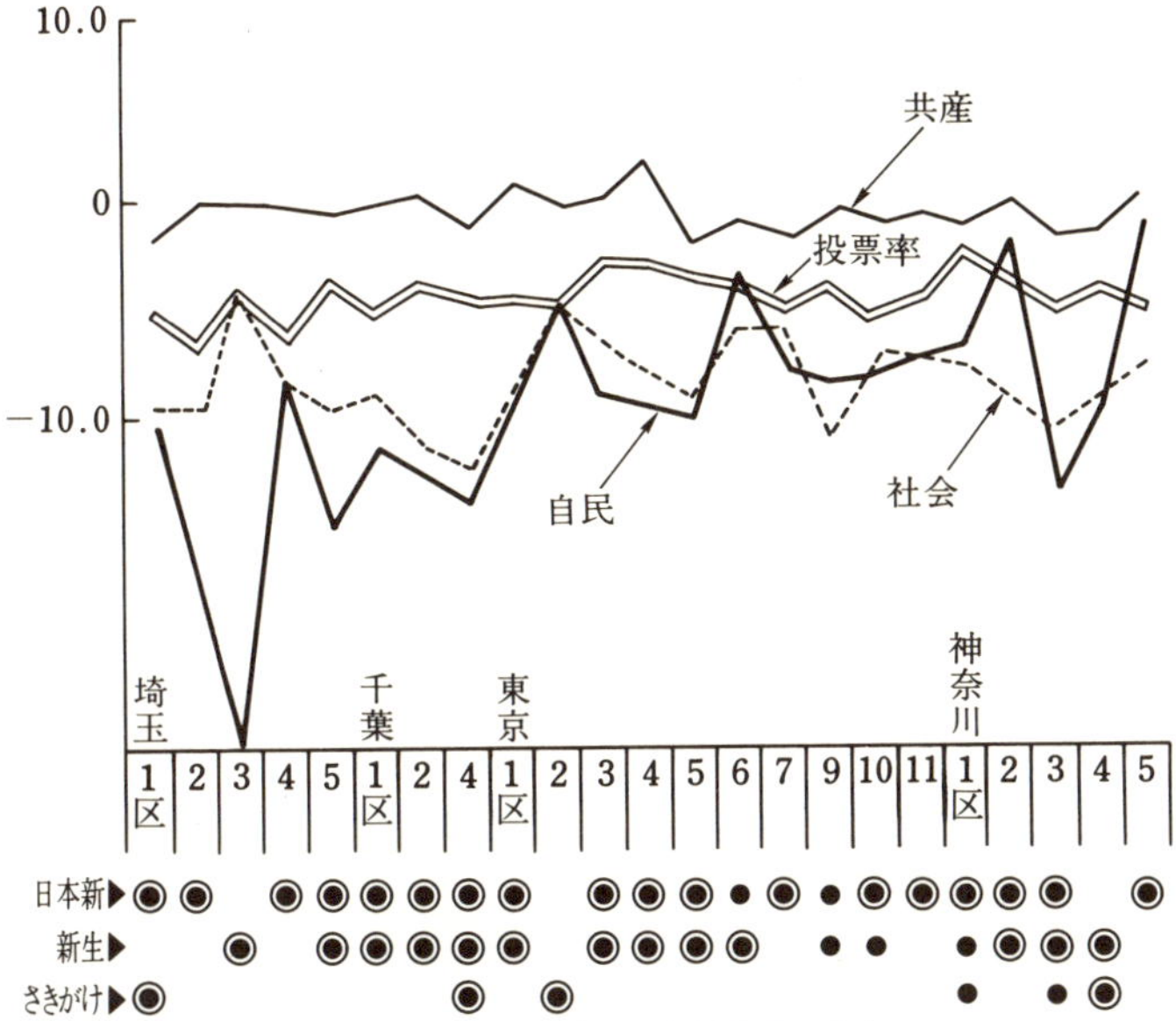

（注）　グラフは93—90年の投票率差，得票率差の分布
●は立候補状況を示す．（◉は当選者）

増大していることである。なお、この大都市圏では、今回、定数五増になっている。また、議席の数え方には、公式には無所属だが政党系列と見なされる候補者をふくめている。

　複雑に推薦関係がからみあっているので、新党と既成政党との得票を示すのは容易ではない。しかし、ここでおおよそ了解できるのは、ここにおける自民・社会の得票率の低下の仕方が、新党の組み合わせによって違っていることだ。たとえば、日本新党の候補者がいない埼玉三区や東京二区では、社会党の得票率の低下は投票率の低下と同じレベルにとどまっているのに対し、新生党やさきがけの有力候補のいる選挙区では、自民党

のダメージは大きい。

また、山口敏夫のような大物議員が離党した選挙区（埼玉二区）では、直ちに政党別得票率に影響が出る。他方、自民党でも石原慎太郎（東京二区）、河野洋平（神奈川五区）、小泉純一郎（神奈川二区）らの大量得票スターがいる選挙区は、それほど得票率は落ちていないのである。

看板の掛け替え

新党が全体としてどこから票を得たかという問いへの答えは、単純ではない。前議員や地方県議などの既成政治家をたくさん抱えた新生党候補の場合、自民党時代の選挙組織をそのまま転用した。後援会組織はもちろん、系列の県議や市町村議員も〝運命共同体〟として、〝ボス〟の突然の離党と新党結成についていいった。旧竹下派時代の選挙プロが、そのまま新生党の選挙参謀に収まっていることを報じた週刊誌もある。

したがって選挙区では、旧竹下派議員の「看板の掛け替え」にすぎず、〝下半身〟は「自民党以上に自民党的」とされていることが多い。また、新人候補をふくめて、地方議員や官僚出身の候補が、自民党なみに多いのが特徴的だ。だから、新生党候補に寄せる地元の期待は、自民党時代と同じように利益誘導のために働いてくれることであり、その意味で竹下派分裂以来甘んじていた党内野党の地位を一刻も早く脱して、政権政党としての主流になってほしいということなのである。それはまた、候補者が選挙組織を維持しつづけるためにも必要なことである。栗本慎一郎のような推薦タレント候補は別として、こういう新生党に、一般に保守票以外の票が集まるとは考えにくい。

しかし、他方では、新生党は、小沢一郎、市川雄一間のいわゆる〝一一〟関係を通じて、公明党、

創価学会と密接な関係をつくりあげた。小沢一郎新生党代表幹事は、さらに「連合」の山岸会長とも気脈を通じ、「すでに小沢のみそぎはすんだ」と発言させた。

旧羽田派の反乱と旗揚げは、このような背景の下になされたのであって、それが選挙にもそのまま反映した。新生党候補は、公明党候補とかちあわない地域で創価学会の支援を受け、また、鉄鋼労連や電機連合など右派系組合の支援をいたるところで受けたのである。新生党の前職候補が、がいして自民党時代よりも得票率を上昇させたのは、〝改革〟期待の保守票以外に、こういう組織的支援が重なっていたためだ。

アマ集団の試金石

これに対し、日本新党のほとんどの候補は、組織的基盤をまったくもたない新人候補だった。選挙前に、自民党と同じような地方支部の組織化を主張した松崎哲久前組織委員長の除名事件で明るみに出たように、選挙戦術は政治改革とクリーンさを訴え、党首のマスコミ人気に頼るイメージ選挙一点張りだった。そこでは、かつての新自由クラブと同じように、保守党の旧来の組織や運動の仕方という〝体質〟が問題とされ、アマチュアの手作り選挙がアピールされたのである。

それは、本来、都会の浮動票に頼る選挙戦術である。そして『毎日新聞』などが、世論調査でこの数字を過大評価して、多すぎた当選者予測を出したように、底の浅い、いわゆる〝上滑り〟の人気票でもある。しかし、今日の日本で、大都市地域を中心に、三六人、すなわち全議員の約七％の当選者を出せるほどの浮動票が衆議院選挙で存在していること自体が、日本の「豊かな社会」化、情報社会化そして大都市社会化に伴う新しい現象であるという以外にない。

二十年ほど前、新自由クラブが旗揚げしたとき、それは現在の日本新党に比べてもっと強力な組織をもち、はっきりした政策大綱や宣言をつくり、大きなマスコミ人気をもっていたが、それでも一七議席を獲得するのが限界だったのである。

地元利益よりも政治のイメージや生活のアイデンティティーを重視するこれら都会の中間層に対して、自民党との具体的な政策的争点がいっこうに定まらない日本新党にとって、自民党の金権腐敗はかっこうの攻撃対象であり、政治改革は選挙に最適の争点だったといえるかもしれない。しかし、それはまた今回の選挙を、スローガンが乱舞するだけで政策的な争点のまったくわからないイメージ選挙にしてしまう道でもあった。

日本新党が、自民党や新生党の〝体質〟を問題にして、自民党との連立の話にも、また非自民政権の誘いにも容易に乗ろうとしなかった基本的な理由は、キャスティングボートの価値を高めようという政治的な計算よりも、このような集票の仕方やアマチュア集団としての議員の〝体質〟に根本的な理由があったと見るべきであり、その点で政治のプロの世界を経験してきた保守的理想主義者の集団である「さきがけ」グループとは同じではありえない。

その意味で、日本新党が試されるのはこれからであり、それが新党人気が薄れるまでに政党としての政策的、組織的基盤を確立し、政治的な成熟をとげることができなかったなら、三六議席も新自由クラブの一七議席と同じように、やがて〝限界〟として語られるようになるだろう。

市民運動切り捨て

だが、東京周辺の大都市地域のみならず、全国でも社会党がもっとも票を吸収されたのは、この

日本新党であった。日本新党が当選した選挙区での社会党の絶対得票率の低下は、平均九・三％（社会党票の五二％減）におよび、全国的な得票率の低下の平均である七・四％（四二％減）をはるかに上回っているのである。

このことは、これまでの社会党の得票の内容を検討し直すよい素材となる。

五五年体制の下での社会党票は、組合の組織票に加えて、護憲平和という社会党の看板を信じる戦後民主主義的な信念票、金権政治の腐敗や一党支配の専横を憤る自民党批判の受け皿票、そして財界主導の下での市場開放に悩む農民票の多様な複合だった。八九年の参議院選挙、九〇年の衆議院選挙で社会党の票がふくれあがったのは、これに加えて消費税や農政批判の伝統的な自民党票が流れ込んだためだが、それだけではない。八〇年代に入って大都市地域を中心に広がりつつある生活主義や環境保護の視点に立つ女性問題や市民運動の票もまた、社会党に流入したのである。

六〇年代後半の革新地方自治の運動とは異なって、これらの運動は、税イデオロギー的であると同時に反組合的でもある。それが社会党に票を投じたばかりでなく、社会党のために積極的に選挙運動を行うことによって、社会党ははじめて地域に足をもつ政党になり、選挙に強くなったのだった。その理由は、端的にいえば女性の社会進出の象徴としての土井委員長の下で、社会党が女性や市民に開かれた党としてアピールしたことにある。いわば、そこではルーズベルト大連合時代のアメリカ民主党と同様な社会党大連合が成立していたのである。

しかしその後の社会党は、山岸「連合」会長と田辺前委員長の合作の下で、護憲平和の看板を棚上げする現実主義路線に傾斜したばかりでなく、女性運動や市民運動を事実上切り捨てる組織体質へと戻っていった。そのことによって護憲平和の信念票、女性運動や市民運動票は社会党離れを起

こした。行き場のなくなったこれらの票の多くは、棄権にまわったものと思われる。

他方、自民党批判の受け皿として三つの新党が出現したことで、これまでの自民党批判票の多くは、日本新党を中心とするこれらの政党に移った。それだけではない。肝心の組合票が、総評時代と異なって、社会党支持の活発な選挙活動を行わないばかりか、一部の組合は、社会党候補の選別を行って保守新党の支持へと切り替えたのである。

今回の選挙は、土井体制の下での社会党大連合に不服な労働組合「連合」を中心とする、新生党や創価学会との大連合への組み替えの試みの中で行われた。その試みが逆に社会党大連合の解体を招く結果に終ったのは、歴史の皮肉という以外にない。

(『エコノミスト』一九九三年八月三日号)

非自民連立政権の誕生とそのゆくえ

自民党はついに政権の座をすべりおち、日本新党の細川護熙党首を首班とする八党連立政権が成立した。一九五五年に、保守・革新の政党がそれぞれ合同していわゆる五五年体制を形成して以来、今日まで三十八年の長きにわたって自民党は政権を独占し、自民党すなわち政権党という構造をつくりあげてきた。その意味で、今回の政権交代は、戦後日本の歴史の新しい転換点である。

自民党がこれまで政権を独占してきたことの基本的な背景に、高度経済成長時代以降の日本の経済的な成功があることは、間違いない。社会主義体制への転換をよびかける社会党や共産党のアピ

ールが有権者の心をとらえるには、はじめから限界があった。経済的な不況は、日本では逆に政権党である自民党への期待と支持を増大させるのが常である。現在の長引く不況の結果、社会的な混乱や政治的な不満の気流は未だ生まれていないし、不況が今回の自民党失墜の原因だとは考えられない。三十八年ぶりの政権交代は、いったい、どのようにして起きたのだろうか。

それは、第一に、自民党が長期政権を続けたための自壊、第二に、社会党が保守新党と連立政権を組むという路線変更の結果として起きたと要約できるだろう。

自民党が政権を失うにいたった直接の原因は、武村元滋賀県知事ら一〇議員と旧竹下派の羽田元蔵相、小沢元幹事長ら三六議員が、宮沢政権下の自民党に離反して、それぞれ新党、「さきがけ」と新生党をつくったことにある。両新党は七月の選挙で二三議席をふやし、自民党が衆議院で過半数を失うのを決定的にした。昨年、旗揚げした日本新党も都会を中心に選挙で大きく躍進したが、それはむしろ社会党に打撃を与えるのに貢献したといえる。

非自民連立政権の要となった羽田、小沢氏らが自民党に離反した直接の動機は、金丸副総裁の引退後の旧竹下派内の主導権争いに敗れたことにあった。この意味で、ことは派閥次元での権力闘争から始まった。しかし、脱党組が政治改革の遂行を大義名分とし、それが選挙での勝利のテコとなったことの背景には、ここ十年間の日本をめぐる国内的、国際的環境の激変がある。

長期政権をつづけた結果、自民党は、大規模な政治腐敗が絶え間なく露呈するようになったが、派閥支配と年功序列のシステムによって組織が硬化した自民党は、それを内側から正すことができなかった。他方、「豊かな社会」の成立によって、経済的な利益以外の視点で政治を判断する層は、女性や若者を中心にますます厚くなった。また伝統的な利益誘導による集票組織は、それがゆきわ

たるにつれてその力を減じつつある。経済成長や地方利益を選挙の主要なテコとしていた自民党の時代は、いわばその成功によって終りを告げざるをえなかったということもできるだろう。このようにして自民党は、選挙での得票力を次第に減退させる一方、投票率の低下も目立つようになった。宮沢内閣での政治改革が長老議員を中心とする内部の抵抗で挫折したとき、自民党に見切りをつけ、外側から政治改革を遂行することによって保守体制を再建しようという脱党議員たちの訴えが、力をもった理由はここにある。当初、非自民連立政権の訴えに対し中立を守ろうとした日本新党も、新たに選出された一般議員たちの声に押され、最後に首班の座を提供されて、自民党に代わる政権を望むこの潮流に引き寄せられたのである。

他方、十三年前、自民党が派閥闘争の結果分裂しかけた時、中立を守って傍観した社会党が、今回は外交・防衛政策についての伝統的路線を棚上げして積極的に新政権に参加したのも同じ理由によっている。しかし、「豊かな社会」化は、賃金や福祉という社会党の低所得層に対する伝統的アピールを色あせたものにした。加えて、冷戦の終結とソ連社会主義の崩壊は、護憲平和という戦後日本の革新勢力の拠り所を失わせた。そして、総評が解体して後、社会党の頼れる唯一の全国的労働組合組織となった「連合」は、中間層化した組合員の意識を反映して、社会党に、自衛隊、安保条約、原子力発電を認める「現実主義」的な路線への転換を求め、保守、中道との連合政権を組むよう圧力を強め続けた。実際、社会党は、今や変質・解体の過程にあるといって差し支えない。

このようにして自民党と社会党、保守と革新という五五年体制を支えた対抗軸は、組織的にも理念的にも解体しかけていた。政治改革をテーマに、自民党内部から新生党、「さきがけ」グループが脱党したとき、形骸化した体制が一挙に崩れ、非自民連合という名の新たな保守政権が誕生する

条件は、十分に成熟していたのである。

細川政権が誕生して、日本の政治はどのように変わるだろうか。

その「外交および防衛等国の基本政策」について、連立八党の合意事項は、自民党政権を継承することを明記しているので、大きな変化は起こりようがない。経済政策についても同様である。連立政権の具体的な経済運営や、外交能力にさまざまな不安がつきまとっているが、官僚の支えによって、当面は何とか過ごすことができるだろう。アメリカは、いち早く新政権歓迎の態度を表明したが、新政権によって、貿易黒字をはじめとする日米間の懸案の解決に、大きな転機が訪れるという見通しはない。

こういう重要施策を取り仕切るのは、昨日まで自民党政権をになってきた新生党の幹部たちである。その中には、小沢一郎代表幹事のように、ＰＫＯへの自衛隊の積極的参加や消費税の大幅税率アップを説く人もいるが、社会党はこれに反対している。また、地方分権は、合意事項にもうたわれている保守三新党の公約だが、それには、当然、官僚の抵抗が予想されるから、強力な政権基盤と強いリーダーシップがないかぎり、実現は不可能である。結局、細川内閣は、主要な施策について、現状の継続以上のことはできないと見るのが妥当である。実際、自民党から野合と批判されたように、八党が自民党に対抗してこれまで掲げてきた政策で一致しているのは、政治改革の推進以外にはほとんどない。それさえも現実には、選挙区割りや企業・団体献金の廃止など難問を抱えており、スムーズに実現するかどうかは定かでない。

この意味で、細川政権は、政治改革の実現を目的とする暫定政権以上のものではありえないとするのが、一般的な見方だ。政治改革の目的は、政界の再編による保守二党制の実現とその中での新

たな保守安定政権の構築にある。すでに今回の選挙の結果、自民党と新保守三党の議席の合計は、総議席の三分の二近くに達した。政治改革法案成立後の小選挙区並立制の総選挙で、公明、民社そして社会党の大部分も、新保守勢力の中に吸収されてゆくだろう。それが分裂して保守二党の対立時代が生まれるというのが一般的な見方である。

このようにして出現する保守二党を分かつ分水嶺になるのは、自衛隊の本格的軍隊化と多国籍軍への参加を可能にする憲法改正や、コメ市場開放などの争点である。たとえば、小沢一郎新生党代表幹事は、それは経済大国化した日本が、国連安保理事会での常任理事国の地位をうるためにもまたアメリカとの経済摩擦を解消するためにも必要だと主張している。これに対し、社会党だけでなく河野洋平新自民党新総裁も、頑強に抵抗することが予想されている。この意味で、現在の自民・非自民の対立は不自然で過渡的なものという以外にない。政治改革実現後の選挙の後で、本格的な政界再編の幕が切って落とされると見るべきではないだろうか。日本の政界の激動は、まだまだ続くと考えるのが、自然である。

しかし、竹下派内の金丸会長の跡目争いの権力闘争が発展して、今回の非自民連立政権の誕生にいたったように、自民・非自民の政権の座をめぐる対抗が、思わぬ形で新たな路線や政策の対立へと発展してゆかないとも限らない。自民党が、これまでの派閥の力学を超えて、かつての新自由クラブのエース河野洋平を総裁に選んだのは、その一つである。河野総裁は、新政権の実力者小沢一郎代表幹事を念頭に、「国家主義的な勢力の台頭」と新政権を批判した。これに対し、連立与党の中からは、かつてのアジアへの侵略戦争を反省し、公式に謝罪する意向が打ち出されている。もし、実現するなら、それは政権移動が生んだ一つの成果であるだろう。

また、この政権交代のさなかで、これまでの自民党内の政治改革論議ではまったく取り上げられなかった政官財癒着の問題が、公に取り上げられるようになった。もちろん、この癒着は自民党権力の核をなしていたものであり、新政権においては未だその程度が深刻ではないということが、その背景になっている。もし、新政権が、自民党の政治基盤を削ぐという目的のために、官僚の政財界への天下りをきびしく制限したり、また公約通り財界からの政治献金を全面的に禁止することができれば、それはこれまでの日本の政治構造を根本から変えることになる。先にふれた地方分権問題の推移とともに、注目すべきポイントである。

問題は、新政権の役割をどのように考えるかについて、未だ連立党派内での合意が出来上がっていないことだ。日本新党や「さきがけ」は、政治改革実現後の早急な解散とその後の政界再編成を念頭に置いているのに対し、新生党や社会党は、新政権をできるだけ長持ちさせて、次の選挙のための基盤づくりにはげむ意向だと伝えられる。次の選挙において八党派がどのように選挙協力を行えるかのめども未だ見えていない。こういうきしみから新政権が政治改革を実現することもなく内部崩壊すれば、次の選挙で自民党はやすやすと復活することだろう。そのとき、非自民連立政権は、半世紀前の社会・中道の連立政権と同様に、歴史のエピソードに転化してしまうに違いない。

(『ジャパン・タイムス』一九九三年八月)

社会党は解体の道を歩むのか

細川内閣の成立と三十八年ぶりの政権交代でジャーナリズムは沸いている。

しかし、そのかげで明らかになったもう一つの事態、社会党が解体への道をたどりはじめたことについて、私は注目したい。自民党の基本路線を継承し、その上で保守改革の実現をめざしている保守新党とは対照的に、これまでの自党の路線との距離の釈明に追われている社会党の姿に、さまざまな感慨を誘われずにはいられないからである。

戦後、日本社会党は、「逆コース」の時代に護憲平和を旗印とするようになってから、広範な勢力が連合する共同戦線党として、野党第一党の座を占めてきた。消費税、リクルートそして農政問題で沸いた前回の衆院選では、社会党は、労働組合、農協、女性や中間層などの広い支持を集め、護憲平和の理想に固執する革新層から消費税やリクルート問題での自民党にいや気がさした保守層にいたるまでの票を集めた。しかし、それを頂点として社会党は一気に解体への道をたどりはじめる。

社会党は、土井委員長時代に集まった市民や女性の活動家や支持層をいわば切り捨て、かつての時代以上に組合依存の政党に戻った。また現実主義の路線をとることによって、伝統的な護憲革新層をも切り捨てた。新党ブームに沸く今回の総選挙が、戦後最低の投票率を記録したのは、一つに

は、このような社会党離れの支持層が投票先を失ったからである。しかし、社会党が近寄ろうとした非自民の保守層は保守新党に吸収され、頼みの組合はすでに社会党一党支持ではない。社会党の敗北が、現在程度にとどまったのは、保守新党の候補者がまだ全国にゆきわたらなかったからで、この意味で社会党の将来展望はおろか、議席回復の見通しも暗い。

社会党が、比例代表並立制の選挙制度改革に賛成したのは、こういう社会党の暗い展望を決定的にした。海部内閣時代、当時の小沢幹事長によって推進されたこの案について、小沢氏は、社会党をつぶして保守二党にもってゆくためにも必要だと語っている（『小沢一郎探検』朝日新聞社）。実際、この選挙制度の下で、社会党の議席はさらに半減しかねないと予想される。社会党の議員が生き残るためには、新党の合同を促進して、その中に入り込むことしかありえないだろう。同僚の議員を半分落選させた政党が、再建論議も責任表明もいっさいなしに、政権参加のための党路線変更を強引に行うことに明け暮れたこの二週間を見れば、議員たちもそう考えているのではないかと思うのが自然である。

このように社会党が解体への道を歩みはじめたことは、ソ連社会主義が崩壊し、冷戦が終結した時代のしからしむところだと要約することもできよう。問題は、その過程で、社会党がこれまで多くの市民や支持者の先頭に立って掲げてきたさまざまな原則や公約を、しかるべき論議を重ねることもなく、政権参加を前にしてそそくさと弊履（へいり）のごとく投げ捨てたことである。その意味でも、社会党の解体は決定的である。

「ＰＫＯ等の積極的な国際貢献」という新政権の基本方針を社会党の山花委員長が読み上げるのをテレビで見た市民は、いまさらのごとく、昨年のＰＫＯ法案反対をめぐる議員総辞職騒ぎは何で

あったのかと白けた思いに駆られたに違いない。昨年の小沢喚問や政治倫理についての激しいことばも、海部内閣時代の並立制絶対反対も、すべて野党としてのパフォーマンスであり、政権交代という「大義」の前には小事であると社会党は片づけた。それは政治に必要な妥協だとか、連立政権の間の基本政策の棚上げとかいう範囲をはるかに超えたものである。

ことは、社会党にとどまらない。政権維持というえさをぶら下げられ、たちまち態度を一転して並立制を受け入れた自民党に対しても、小選挙区制の党議決定を盾に分裂解散にいたったあの事態は何であったのかと、多くの有権者は思わざるをえないだろう。

政治のモラルとはたんに清潔な政治を行うということだけではない。政治不信はたんに金権腐敗からだけ生まれるものではない。私たちは、権力の論理がすべてに優先するとしたマキャベリの時代に生きているのではない。市民政治の時代における政党と政治家の「大事」とはなにか。久方ぶりの政権交代に沸き立つ中で、私たちはもう一度その意味をかみしめるべきではないだろうか。

(『朝日新聞』一九九三年八月五日)

連立の危うさと新政権の問題点

解散後、選挙に入る前、私はこの欄(『毎日新聞』「討論のひろば」)で、事態の推移の核心にあるのは権力争奪のドラマであり、とりわけ野党が政権奪取のために、それぞれの政党の理念や方針を箇

単に棚上げし、政策のすりあわせも行わずに急ごしらえの連合政権の樹立を先行させようとしていることに疑問を呈した。なかでも、戦後、野党第一党として責任ある座を占めてきた社会党が、公党としての手順も踏まずに大幅に路線を変更し、進んで解体への道を歩んでいると思われることに、深い疑念を表明した（本書四七五頁）。

選挙後、今日にまでいたる政局の推移は、残念ながら、私の危惧した道を辿っているという外ない。日本新党、「さきがけ」グループが、選挙前の野党連合への局外中立という公約を、首相の椅子を提供されるや一変した顚末、またキャスティング・ボートを握ったという権力的位置を利用して、選挙の争点にもなっていなかった小選挙区比例代表並立制を非自民連合への参加の条件として持ちだし他党に強要したやり方、そして他の政党が、政権参加という餌をぶら下げられて、選挙の期間、有権者に表明してきた方針を数日の間にあっさりと転換した事実。これらのすべては、「信頼性のギャップ」が問題とされ、公約違反が命取りになる現代西欧の政党に比べて、日本の政党がいかに未熟であるかを端的に示している。

細川政権が成立して後今日までの歩みは、このような急ごしらえの連立政権の危うさをいたるところで示している。

第一に、細川政権は、政治改革の実施を第一目的とし、その成立後、可及的に速やかに総選挙をする暫定政権なのか、それとも長期政権をめざす本格政権たろうとしているのかが、未だに曖昧なままである。暫定政権ならば、たとえ向こう一年、基本政策において自民党政権を踏襲するでもよいかも知れない。しかし、長期政権をめざすというなら、細川政権は、それが〝非自民〟である理由を政策的に明らかにする必要がある。本格政権においても、自民党と基本政策が変わらないとい

うなら、結局、今回の政権交代も、これまでの自民党内部の主流・反主流の政権交代が、〝党外派閥〟である中道政党や社会党までをまきこんで行われたという評価にならざるをえない。

第二に、寄せ集め政権の政権担当能力を強化する方法が、まったく考えられていないことである。たとえ暫定政権だとしても、政治には、円の急騰のように、日々、新たな課題が生まれる。しかし、細川政権において、八党派の合意の下でどのように機動的な政策決定が行われるかは、未だ明らかでない。内閣の顔ぶれの決め方にしても、〝派閥〟実力者と年功序列という自民党政権とまったく変わりない方式が取られた。早くも新生党主導あるいは官僚依存の政策決定が取り沙汰される所以である。日を経るに従い、国民が政権の無能や無為にいらだち、自民党政権の方がましだったという世論がわき起これば、連立政権は簡単に崩壊するだけでなく、ふたたび腐敗した自民党政権が永続することになるだろう。それこそが、自民党が待ち受けている機会であることはいうまでもない。

第三に、細川政権が金看板にしている選挙制度改革後の選挙のやり方について、連立与党の合意がまったく存在しないまま、細川首相の〝政治責任〟公約とともに並立制実現のスケジュールが強行的に作られていることが、新政権の前途をますます混迷させている。

並立制の下においては、連立与党が統一候補を立てない限り、自民党に対して勝ち目がないのは、先の選挙での各党の得票からも明らかだ。しかし、並立制の主唱者や新聞の解説がはっきりさせないのは、たとえ統一候補を立てても、連立与党各党の票がすべてその候補に集まるとは限らないということである。常識的に考えても、社会党の護憲派候補に新生党や公明党の票がすべてゆかないことは明らかだろう。

ここから、並立制は社会党を解体し、保守二党へ政界再編するための手段であるという当然の解釈が生まれ、それは政権与党としての社会党の位置を著しく不安定なものにさせている。並立制を通じて護憲派を切りすて保守二党に再編する意図は、細川政権の最大の実力者である小沢一郎新生党代表幹事がつとに明らかにしていることであり、その意味で、護憲派の批判姿勢をかつての社会党内閣における左派の反乱になぞらえる論評は的外れだといわなくてはならない。こういう基本的な問題についての合意がないまま、政治改革を主題にする連立政権が急造されたことに、人々が危ういものを感じるのは当然だろう。

しかし、たんに政権獲得を目的としても、それに徹底して思い切った政策を打ち出して歴史を転回させたという事例はないわけではない。初めて政治に乗り出す時、改革派と保守派どちらのスタンスが選挙に有利かを幕僚たちが議論したというケネディ大統領は、その好例だ。

この意味で、たとえ急ごしらえの野合政権であっても、細川政権が、自民党のこれまでの権力基盤を崩すために、政官財の癒着構造の廃絶に本格的に乗り出せば、それはそれで、日本の歴史を変えることになる。その意味で細川政権が五年後などといわずに、公的助成と引換えの企業献金の即時全廃や官僚の天下り禁止そして政治腐敗防止法の制定に踏み切れば、それは暫定政権だろうと歴史に名を止めるだろう。世論の高い支持率が期待しているのもまさにそのことである。

（『毎日新聞』一九九三年八月二二日）

新保守主義革命としての政治改革

新保守主義の潮流

新聞の報じるところによれば、細川首相は最近、自分に期待されているのは、改革者というより、革命家の役割を演じることのようだと、側近に述懐したという。この発見に細川首相もまんざらでなく、だいぶ乗り気になっているようだというコメントもついている。

実際、細川首相は、一〇月（一九九三年）頃から、一一月半ばには「重い決断」を迫られていると、いろいろな機会に語るようになった。その中には、できるだけ自民党の内部造反を引き出しながら社会党の離反を最小に食い止めて、衆議院の通過をはかった政治改革法案の「自己修正」についての決断もあったろう。しかし、それだけではない。一二月半ばには交渉期限がくるコメ市場関税化をめぐる条件闘争への切替え、所得税減税と引き替えの間接税率大幅アップなどの決断は、未だ公表されていないが、もうすでになされたと見るのが至当だ。さもなければ、ガット・ウルグアイ・ラウンドの成功についてのクリントン大統領への公約や政府の税制調査会の答申作成についてのゴーサインが、出される訳がないからだ。

自民党政権が、行おうとして遂行しきれなかったこれらの懸案が、細川政権成立とともに、一挙

に重なって押し寄せてきたのはなぜか。それはもともと、これらの問題がすべて一体をなしていたからであり、その解決を非自民の連立政権に背負わせるために細川政権が作りだされたというのが、この一年の日本の政治的激動についての正しい見方であるというべきだろう。それはすなわち、日本における新保守主義の政治革命を完成させるという問題であり、細川首相は、自分が演じているその歴史的役割に、遅まきながら気がついたということなのだ。

世界における新保守主義への潮流の変化は、もちろん、七〇年代の末の英国のサッチャー政権、八〇年代初頭のアメリカのレーガン政権の登場とともに、明確になった。それは、第一次オイル・ショック以降の先進資本主義諸国の経済成長の著しい鈍化、ヴェトナム戦争以後のアメリカの衰退と日欧米の先進諸国を中心とした世界の多元化という問題から、基本的に生じている。そしてその対策は、第一に、第二次大戦を招いた先進諸国による世界のブロック経済化を防ぐための、徹底した自由貿易体制の構築に置かれていた。そのために各国は、たんに関税を引き下げるだけでなく、非関税障壁とされる各国の政治や経済制度まであらためることが要求されたのである。

それは経済の自由化を、国際経済においてだけでなく、国内経済においても推進することと重なっていた。政府の経済への介入は最小限に止められなくてはならない。官営・公営企業の民営化(プライヴァタイゼーション)、政府による企業や農業の保護撤廃と規制の緩和(デレギュレーション)、そしてケインズ的な政府資金による生産投資や直接雇用の創出に代えてのマネタリズム政策と所得減税などがセットになって推奨されたのである。

所得減税は、とりわけ高所得層と企業を中心に行うことがポイントである。それは経済を活性化させる源とみなされているからである。その穴埋めは、低所得層にきびしい消費税によって行われ

る。もともと弾性値の小さい低所得層の消費が、それほど大きく減退することはありえないからだ。

これらの政策が、ＩＭＦやガット、ＯＥＣＤ、先進国蔵相会議（Ｇ５のちにＧ７）そして先進国首脳経済会議（サミット）などによって、この一〇年間、世界で強力に推進されてきたのは、周知の通りである。アメリカがとりわけこの潮流の強力な推進者になったのは、官民一体の経済でアメリカ経済の強力なライバルに伸し上がった日本に対抗する絶好な足場をそこに見いだしたからでもある。

サッチャー、レーガン両政権は、政治的寿命がつきて退陣したが、新保守主義の世界政策は、その後の先進諸国の政権に継承されて、その完成へ向かっていっそう強力に推進された。冷戦の終結とソ連・東欧社会主義圏の崩壊は、この動きをいっそう加速させるものだった。今や、西欧先進資本主義国の支援を頼りにするロシアが、社会主義経済を解体してこの運動に参加したばかりでなく、国連が、新保守主義革命が志向する先進大国の協調による世界秩序の維持の正統化の機能をはたす可能性が拓けたからである。多面的な国連の機能のうち、安保理事会だけがクローズアップされ、国連活動は、急速に、先進大国がつくる秩序にむかう第三世界諸国や勢力に対する実力による鎮圧活動の色を濃くしはじめた。湾岸戦争における多国籍軍やソマリアにおけるＰＫＯ活動などは、その典型である。

日本とドイツを安保理事会の常任理事国へ昇格させるという構想は、この文脈の中で浮かび上がってきた。国連の財政的基盤であり、Ｇ７の有力構成国である両国を巻き込むことなしに、ＰＫＯも多国籍軍も有効に機能しえない。それは、戦後半世紀をへて、「普通の国家」に復権したい両国の保守支配層の野心、これまで「フリーライダー」としての特権を享受してきた両国に軍事活動の

負担を負わせることによって、その経済発展をいくらかでも制約したいアメリカの思惑と重なって、冷戦後の世界の新たな国際課題へと転化したのである。

このような国際的な新保守主義の潮流に沿って、日本の政治・経済・社会の構造改革に乗り出したのは、起源をたどれば大平内閣だったというべきだろう。保守本流のハト派であった大平首相は、訪米して日米対等の「同盟」をはじめてうたい、日本の防衛費の増大と防衛領域の拡大を公約した。帰国しては、欧米と並ぶ経済大国となった日本が、二一世紀に取るべき道を模索するため、知識人、官僚、マスコミの連合軍による九つの審議会を組織した。そして急死した大平首相の後を継いで、本格的に新保守革命への道に乗り出したのは、いうまでもなく中曾根政権である。彼が掲げた「国際化の時代」と「戦後政治の決算」というスローガンは、その主たる標的が革新勢力にあったというよりも、新保守主義の国際的潮流に背を向けて、ひたすら経済大国化以前の保護主義的政策を追いつづけていた旧来の保守本流派にあったというべきである。

中曾根首相は、既存の権益に結びついている党内主流派に対抗しながら、行政改革という名の公営企業の民営化を強引に押し進めた。しかし、官庁の規制権限や補助金の削減は、官僚層の抵抗にあって、ほとんど実現しなかった。教育臨調による教育の自由化も、教科書の自由化は骨抜きにされ、英才教育や大学カリキュラムの自由化だけがつまみ食い的に実現された。しかも、消費税（売上税）には失敗し、その他の懸案も棚上げされたのである。

だが、ここで中曾根内閣が、保守本流派の党に対抗するために、大平首相から継承し組織化した「改革派」官僚、知識人、財界、マスコミの連合体は、その後今日にいたるまで、新保守革命推進の中核となっている。当時から、昭和研究会の再現と目されたこの連合体に、小沢一郎は党人とし

て加わってゆくのだが、その意味では、彼はいわばこの連合体のリーダーというより政治的なシンボルなのである。

中曾根政権の失敗の基本的原因は、この革命が究極的には、自民党がよって立つ五五年体制自体の変革におよぶことについて、十分な戦略をもちえなかったことにあった。八六年の同日選挙で、自民党が大勝したとき、ブレインたちの入れ知恵によって、彼は「左の都市中間層にウィング」を伸ばしたことを誇り、「八六年体制」の開始を宣言した。それは、新保守体制が、都市型の新保守党の成立、その下でのコメ市場の開放と都市のアッパーミドルに有利な消費税中心の税制への転換によって完成するという展望の下での発言だったが、そこにいたる道筋を、彼はまだ打ち出すことはできなかった。

小選挙区制とは何か

しかし、それが選挙制度の改革を通じて行われるという認識が一般化していたことは、当時の中曾根ブレインの一人で、後に日本新党全国組織委員長になった松崎哲成がペンネイムで書いたとされている十界太一『自民党政権最後の日』という近未来小説の中に描かれている。そこで疑獄と政党組織の硬化によって政権の座から滑り落ちかけた自民党は、小選挙区の導入とそれに加えての定数不均衡の是正によって都市型の政党へと変換し、懸案のコメ市場の開放をおこない欧米諸国との経済摩擦を解消してゆくとされている。

このプランを政治の舞台で現実化すべく道筋を敷いたのが、中曾根内閣を継いだ竹下内閣の官房副長官であった小沢一郎だった。政治改革は、リクルート事件の直後、前首相らの顧問会議の意見

を受けて竹下首相が記者会見で打ち出したのが始まりとされているが、実はその前に小沢官房副長官が選挙制度改革による政治改革のアイデアを打ち上げている。その前後、コメ市場開放派であった金丸・竹下派会長は、盟友の田辺社会党書記長に、社会党が「左」の部分を切り捨てれば、自民党の最大派閥である竹下派が「家出」し、組合、財界、都市中間層に支持されるアメリカ民主党型の政党をつくろうと相談をもちかけている。コメ市場開放によって農村が反自民党にまわった場合、小選挙区制導入によっても、自民党が多数を維持できなくなる場合を見越しての計画であることはもちろんだ。

このようにして、政治改革論議ははじめから選挙制度改革すなわち小選挙区制導入と直結し、それは政界再編の展望と連動していた。並立制は、一方では公明党などの野党の反対を緩和すると同時に、農村出身の長老議員たちの離反を防ぐための有効な対策でもあった。旧自民党案では、党本部が比例区候補の拘束的名簿を当選回数を考慮に入れて作成するとされていたのである。しかし、海部内閣時代に選挙制度審議会を隠れ蓑にして作られた小沢原案によるこの選挙制度改革案が、党内反対派の抵抗によってつぶされ、またその後を継いだ宮沢内閣においても、同じ運命を辿るという展望が見えてきたとき、政界再編を先にし、その下で選挙制度改革を行うというもう一つの計画が練られはじめた。細川内閣の誕生から現在に至るまでの道筋は、すべてこの計画に沿ってであると解釈できる。

実際、旧竹下派内の「改革派」が家出してつくった新生党によって実質的にになわれ、都市を基盤とする日本新党と社会党の右派が「左派」を引きずってその路線に同調している現在の細川内閣は、実質的にかつての金丸氏が構想した「民主党」内閣であるといって過言でない。そしてこの

「民主党」内閣において、小沢新生党代表幹事を先頭とする「改革派」グループは、自民党がなしえなかった新保守革命を、実質的に遂行させてしまおうとしているのである。その視点からすれば、コメ市場開放の下慣らしとなった不作による緊急輸入や、消費税率アップの口実となった長引く不況と大規模所得減税などは、条件づくりとしてできすぎているという感じさえ生まれることを否めない。いずれの場合においても、状況の悪化に人為的な部分があったことは、つとに指摘されている通りである。

こういう新保守革命の最終目標が、小沢一郎のいう日本の「普通の国家」への回帰、そして国連安保理事会での常任理事国入りにあることは、先にふれた通りである。この視点からすれば、自民党政権との違いとして新味をもって感じられた細川首相の就任時の日本の過去についての「侵略戦争」発言と謝罪も、別な色合いをもって映じてくる。すでに東南アジア諸国の新聞の中には、この発言の真意を安保理常任理事国入りのためのアジアへの世論工作だとして解釈するものもいくつかあった。常任理事国入りの最大の条件が、アジア諸国の支持と中国・ロシアが拒否権を行使しないこととされているだけに、この解釈はあながちうがち過ぎているとはいえないだろう。エリツィン・ロシア大統領訪日時の共同声明において、外務省がもっとも苦心したのは、マスコミがはやした領土問題ではなく、「日本が国連においてより積極的な役割をはたすことにロシアは反対しない」という一項を書き加えさせることにあったという。

このように過去の「侵略戦争」を認め政府として公式に謝罪するということは、実は小沢新生党代表幹事も同意見であると、新聞は報じている。そして、一〇月の国連総会における、細川首相やその外交ブレーンである田中秀征補佐官らの、常任理事国の椅子を積極的に求めないという演説草

稿を、一七回もやりとりした書き直しによって、実質的にこれまでの積極路線と変わりないものに変えるのに外務省は成功したと報道されている。実際、細川首相が就任来遂行していることの多くは、たとえば選挙制度改革についてのかつての併用制の主張などに典型的に現れているように、細川首相が政権を取る前に雑誌や選挙演説で主張していたこととかけ離れているものが多い。ということは、細川政権が、細川首相個人や日本新党の思想や主張を呑み込む、より大きな潮流の中で、一つの役割を演じさせられているに過ぎないということでもある。

社会党は閣外協力へ転じよ

この意味で、連立第一党である社会党が、現在、演じている役割は、滑稽であるというより悲惨であるというしかない。非自民連立政権を守るためという「大義名分」の下で、社会党は、これまで社会党が主張し公約していたことを大きく変節させられた。選挙制度改革、ＰＫＯ問題、自衛隊輸送機の海外派兵問題など、枚挙にいとまがない。しかも、それは連立政権樹立の際からくり返されている、いわば「上からのクーデタ」式の政策変更に止まっていない。さらに惨めな感を抱かせるのは、連立政権内で社会党が面子をかけて大袈裟に主張することが次々に破られ、譲歩を余儀なくさせられている様子が日々、報道されていることである。並立制の定数配分問題にそれは端的に表れている。今や、社会党は、連立政権にしがみつくことによって、支持率を日々低下させているのが、偽らぬ現実なのである。

社会党は、党が中曾根政権時代から反対し、闘争してきたはずの新保守主義革命の積極的な片棒かつぎになった。非自民政権というスローガンは、そこでは何の意味ももたない。社会党が反対す

ることによって、細川政権を内部崩壊させたという非難が集中すれば、次の選挙が戦えないという恐怖が社会党を金しばりにさせているという。しかし、選挙制度改革の結果、社会党が生き残れる可能性は、どんどん小さくなっている。いや、社会党が、他の保守新党と違うどのような独自の立場を訴えることができるのか。それさえも疑う有権者が多くなっていることも事実なのだ。

歴史をふりかえって、近衛新体制を「時代の大勢」として進んで解党し迎合していった戦前の社会大衆党の歴史を想起する人は多い。どちらの場合も、「新体制」の本質についての認識の欠如が、一つの原因になっている。

社会党は、本来、細川新政権に参加すべきでなかった。もし、社会党が非自民政権に閣外協力の立場をとり、自民党の腐敗構造の究明と政治的腐敗防止法の成立に全力をつくすと同時に、その他の細川政権の政策には社会党の主体性を守って是々非々の立場を取っていたら、社会党の今日の滑稽と悲惨を免れることができたばかりでなく、その支持率を増大させることもできただろう。今や、共産党を除いて真正面からの批判勢力がなくなった国会の危機について、風向きを見るに敏なマスコミでさえ、疑問を呈しはじめている。コメ市場関税化の政府決定をめぐって脱党者が続出して空中分解するまえに、社会党は、今からでも遅くない、選挙制度改革への党決定のしばりを解き、閣外協力へ転じるべきである。それのみが、社会党が辛うじて生き残れる道だろう。

(『世界』一九九四年一月号)

時流報道の問題性

政治が激動した九三年の日本の政治報道は、日本の新聞やテレビなどマス・メディアの特質というよりも、欠陥をこれまでになくあらわにした。テレビの世界では、椿『テレビ朝日』報道局長の発言とそれに対する国会喚問が大きな波紋を拡げたが、その核心にある問題は、「時流にのった現象を、追いかけて大きく報道した」という椿発言に現れたテレビ局の報道姿勢だった。もちろん、それは自民党の政治的圧力に対するテレビ局の反発のたんなる合理化であったのかも知れない。しかし、このように表現すれば合理化されると報道の責任者が考えていたということ自体が、やはり問題をふくむといわざるをえないだろう。

新し物好きのマス・メディアが「時流」だと勝手に判断したものは、マス・メディアが繰り返し興味本位に報道しつづけることのバンドワゴン効果によって、やがて本格的な時流へと転化し、魔物的な力を発揮しかねない。マス・メディアは、決して「時流」に対する第三者的報道機関にとどまりえないのである。もし、日本で「新ナチス」が派手に登場しはじめたら、マス・メディアはやはり同じように、毎日、無批判的に報道しつづけるのだろうか。

これは、単なる仮定の問題ではない。私たちはすでに、戦時中の「世界の大勢」「バスに乗り遅れるな」というマスコミの合唱の下に、国民全体を侵略戦争の狂熱へと引き込んだ歴史をもってい

る。いったい何が、このような時流報道にブレーキをかけさせることができるのか。椿問題を契機に、マスコミ界は、もう一度、真剣にこの問題に取り組む必要があるだろう。

実際、自民党政権の崩壊から細川内閣の成立を頂点とするこの一年の政治報道は、テレビだけではなく新聞をもふくめて、まさに時流報道の典型であった。それは、政治の転換を「時代の潮流」とみなし、その前提からそこへいたる動きを無批判的というより、ほとんどつねに好意的に報道した。細川政権が政権成立のテコにしたのは、いうまでもなく政治改革であった。そしてその政治改革は、いつの間にか小選挙区並立制への選挙制度改革へと集約された。その推進者たちは、自身を「改革派」と自称し、反対派に「守旧派」と呼んだ。小選挙区並立制の導入に反対する論者は、すべて頑迷固陋もしくは既成の利害に固執する輩という政治的なレッテル張りだった。しかし、多くのマス・メディアは、そういうレッテルを無批判的に受入れ、報道につかったのである。

また、マス・メディアは細川首相の言動や日常生活を、「新しい」政治スタイルの出現として、好意的に取り上げ報道した。しかし、その政治的な資質について、彼の熊本県知事時代の治世やこれまでの政治的言動について、つぶさに検証報道しようとする試みは、ほとんどなかった。他方、細川政権の要(かなめ)である小沢一郎新生党代表幹事をめぐるさまざまな疑惑や国会証人喚問問題についての報道は、明らかにトーンダウンしたのである。

細川内閣と政治改革をめぐる新聞報道の問題性について、選挙制度改革案が衆議院を通過したあとで、『朝日』や『毎日』の紙上で「政治報道」のあり方を自己反省的に問う特集や政治部長の「いささか忸怩(じくじ)たる思い」の述懐などが掲載されはじめたが、見様によっては、それもアリバイづくりでしかない。ともあれ、こういうマス・メディアの時流報道にのって、政治改革と細川政権に

対して高い支持率が記録されるなかで、それを批判する政治的な動きがつぶされていったというのが、歴史の現実なのである。

しかし、マス・メディアは、ここ二十年間にわたって、少数意見を封殺する小選挙区制の導入に対して、一般にきびしく批判的だった。一九九一年の海部内閣の時の小選挙区並立制がつぶされたその一つの原動力は、マスコミの反対にあった。それがかくもあっさりと変説したのはなぜか。そこには、時流報道の姿勢というにつきないいくつかの問題がひそんでいるように思う。

マス・メディアが、たんに時流を追ってニュースの「垂れ流し」報道をするなら、それは容易にニュースの「製造源」によって操作されやすい存在になる。この問題は、すでに新聞の内部から繰り返し指摘されてきた。かつての自民党の派閥が、番記者を通じてそれぞれ自派に有利な党内情勢を報道させた総裁選挙などは、その典型である。

このようにテレビや新聞がニュース源によって操作されたり、時流に迎合的に追随したりすることから脱するためには、報道する側の人間が全体としてそれなりに見識をもたなければならないのは当然である。この意味で、これまでのように、日本のマス・メディアがたんに「中立」を標榜することの意味が問われるようになっていることは、当然である。問題は、マス・メディアが「立場」をもち「主張」をもつということの意味が、どこまで掘り下げられて考えられているかということだ。

もし、マス・メディアが「立場」をもつということが、政党や政府の政策や主張と同じ次元でいわれるならば、それはすなわち「党派性」をもつということと同義に他ならない。党派性ということは、言論や主張の客観的な当否よりもそれが党派の力関係に及ぼす影響を優先させる判断の立て

方だ。もちろん、政治人にとって、党派的な判断は死活の問題である。正論をいって孤立し政治的生命を失うよりも、目をつぶって妥協し後の政治的可能性に賭ける。それはマキャベリ以来の政治的リアリズムの鉄則である。しかし、言論にたずさわる人びとが同じような判断基準に立って物をいい、報道するということになれば、民衆は何を信じたらよいのだろうか。

自由な民主主義の下での言論と報道のあり方がきびしく問われるのは、まさにこの点においてである。マス・メディアが、今の時点では、この政党、この内閣を支持すべきだという党派的な判断に立って報道や解説を行うとき、その内容は必然的に歪んだものにならざるをえない。細川新政権の出現と政治改革問題についての日本のマス・メディアの時流報道を裏打ちしたのは、記者たちのこのような意味での党派性だった。社会党が、政権参加と維持のために公約を無視し主張を変更していったと同じように、日本のマス・メディアも、政治改革の成功という大義名分を掲げて、これまでの主張を大きく変えた。そしてかつて自民党政権に対しては辛口であった新聞の紙面も、細川政権に対しては甘口になっていったのである。

私は、報道人がとるべき立場とは、このような党派的な精神でなく、批判精神でなくてはならないと思う。批判精神とは、たとえどのような党派の主張でも、客観的な基準に照らして批判すべきものは、きびしく批判するという精神のことである。それは党派的な贔屓によって曲げられたり弱められたりするものであってはならない。その批判の客観的な基準とは何か。それは、権力や党派の主張が事実かどうかを検証しつくす努力であり、その支えになるのは、マス・メディアを、在野の権力批判の公器として維持するというエートスでなくてはならない。

この意味で、八〇年代半ば頃から、日本のマス・メディアからこのようなエートスが著しく薄れ

たように思われるのは、残念でならない。マス・メディアが政府の審議会に代表を送るようになったことは、その一つの表れである。今回の政治改革いや選挙制度改革の原案も、マスコミ機関の幹部が多数参加した第八次選挙制度審議会での原案を基礎にしている。マス・メディアの報道は、そのような幹部個人の意向から独立しているとしばしば反論されるが、しかし、各新聞の編集のトップやメディアの有力者がそのような政府原案づくりに参画すること自体が、報道への無言の圧力になることは、明らかだろう。これは、政治改革報道について、日本のマス・メディアが一色に染まっていったことの他面の原因である。

もう一つの問題は、記者たちの不勉強である。それは、このように時代が大きく転換しようとするときに、とりわけ露（あらわ）にならざるをえない。「時流」なるものが、どのようなものか。「改革」ということが全体としてどのような構造をもつものか。それはどこからどこへ向かおうとするものなのか。

その答えは、歴史の流れを全体としてどのようなものとしてとらえるか、そして民衆の立場にたち在野をつらぬこうとするマス・メディアは、その流れの中でどのように棹さすべきなのかについての、絶えざる自問自答の中でしか生まれえない。そしてそれが欠けていたことが、戦前の「時流」の全体的な構造を見誤り、近衛新体制の下での「改革」に無批判的に迎合していった新聞の転落の一つの理由に他ならない。

細川首相は、最近、自分がはたそうとしているのは、「改革者」の役割というよりも「革命家」のそれであると側近にもらすようになったという。細川首相が就任前に公約したのは、年内の政治改革のみだった。しかし、実際、九三年の末に向けて、政治改革だけでなくさまざまな重要懸案が、

たたみかけるように押し寄せてきた。コメ市場開放問題、所得税減税と引き替えの消費税率大幅アップの問題、自衛隊法を改正して自衛隊機を海外に出動させる問題、大幅な規制緩和をふくむ新たな経済構造改革の問題などが、その主なものである。こういう年来の懸案に加えて、深刻化する経済不況、戦後最大の冷害という緊急事態が重なっている。そしてこういう緊急事態は、懸案の消費税率アップやコメ市場開放のテコとしてつかわれようとしている。

さらに、来年に向けては、日本新党や新生党の共通公約である地方分権の問題も、日程に上がってくるだろう。しかし、その前に政治改革法案が成立していれば、政界再編成の第二幕が上がることになるだろう。四十年近く続いた自民と社会、保守と革新という五五年体制下の政党区分は消え失せ、政界は新たな政党対立へ向けて動きだすに違いない。

実際、細川政権がこのような懸案を一挙に解決して、新たな政治体制を開始させるならば、それはまさに戦後政治史における一つの革命として表現できるだろう。いったい、細川政権とともに、なぜこのような重要懸案が、押し寄せてきたのか。それと政治改革や政党再編成とは、どのような関係にあるのか。それはどこに向かおうとしているのか。

端的に表現すれば、今の日本が直面しているのは、新保守主義革命という世界的な潮流の一環である。いうまでもなく、この新保守主義革命は、八〇年代初頭、アメリカのレーガン政権、イギリスのサッチャー政権などによって開始されたもので、その主要な目標は、衰えてきた先進諸国の経済を活性化するとともに、世界が第二次大戦前のような勢力圏の分割と政治的対立におちいらないために、国際的な市場開放に向けて先進諸国の国際協調を強めてゆくことにあった。ＩＭＦ（国際通貨基金）やＧＡＴＴ（関税と貿易の一般協定）、Ｇ７（先進国蔵相会議）、サミット（先進国首脳経済会

議）などを通じて、強力に推進されたこの革命は、たんに関税の撤廃や引下げに止まらず、先進諸国の非関税障壁を取り壊すための「構造協議」を行い、自由貿易体制の徹底化をさまたげる政治・社会構造の変革までを視野に入れるものだった。

九〇年代初頭の冷戦の終結とソ連・東欧社会主義圏の崩壊は、先進国経済への負担を増したという意味でこの新保守主義革命のテンポをいっそう早めるとともに、その政治的完成への展望を新たにひらく基ともなった。今や、機能回復した国連安保理事会が、国際秩序維持のための先進諸大国の協調と決定に対し、正統性のお墨付きを与えることができるようになったからである。ＰＫＯを秩序回復のための実力行使部隊へと昇格させる構想が練られるようになる一方、国連安保理事会に、世界経済の実力者である日本とドイツを引き入れて責任を分担させることを、アメリカは本気で考えるようになる。

こういう国際的な新保守主義革命の潮流を受け入れて、日本の政治・経済・社会体制を、それに即応したものに改めるべきだという運動は、七〇年代末の大平内閣とそのまわりに集まった知識人・官僚などによって始められたといってよい。しかし、それを政治的なプログラムとしたのは、中曾根内閣だった。「国際化の時代」「国際協調」という掛け声の下で、中曾根政権が遂行した行政改革と売上税導入の試みは、公営企業の縮小と撤廃、高額所得者や企業の所得税の軽減と消費税への税体系の重心移動という点で、基本的にこの新保守主義革命の路線に沿うものだった。

しかし、日本の保守政権が、農村を票田とする自民党体制であり、その権力が官僚制に依存しているかぎり、新保守主義革命の推進に大きな制約が伴うことは、自明だった。アメリカとの経済摩擦で象徴的な争点に転化したコメ市場開放にふみきるためには、保守政権の基盤を農村から都市に

くてはならなかった。

移し、財界と労働組合両方に基盤をもつアメリカ民主党型の新保守党つくりのための政界再編成が必要であり、そのテコとして選挙制度改革がまず行われなくてはならなかった。もし、自民党が選挙制度改革を担いきれなければ、社会党をまきこんだ都市型の暫定政権が、そのためにつくられなくてはならなかった。

これは、たんに新政権の黒幕とされている小沢一郎新生党幹事一人の胸の中にあることではない。大平政権時代にさかのぼる官僚、知識人、財界人そして若手政党人などいわゆる「改革派」グループの中で、多かれ少なかれ分けもたれている青写真なのである。

現在、焦点となっている政治改革も、こういう文脈の中におけば、その名目となっている政治腐敗の廃絶とはまったく異なった意味合いを帯びて見えてくる。それはなぜ政治改革問題がつねに選挙制度改革問題へとすり替えられてきたか、またそれがなぜつねにコメ市場開放問題と同時期に政治日程に上せられてきたかを理解させるものである。

問題は、今日のマス・メディアの報道が、個別の問題の一進一退や政党間の駆け引き、政治家同士のつばぜりあいなどの報道に終始していて、現在進行中の新保守主義革命の全体像を把握し、その意味を読者に伝える努力をほとんどしようとしていないことにある。新保守主義革命には、それが国内的、国際的に強者による支配の時代を開くものではないか。日本の政治大国への上昇という大国主義的ナショナリズムを強めるものではないか、という根本的な問題が潜んでいる。

コメ市場開放は、ついに六年間の部分開放による関税化の猶予という形で行われることになったが、これをコメ市場開放を迫るアメリカの力に押し切られる日本政府というゲームの図式で報道しつづけたのもマス・メディアである。それはまた、早くから開放のハラを決めていたが世論工作に

悩んでいた政府や連立与党幹部にとって、好都合であったに違いない。もし、マス・メディアが、コメ市場開放自体の是非を正面から読者とともに論じようという姿勢があれば、違った報道の仕方も可能であったに違いない。

今、記者に必要なものは、このような基本的な争点へ向かっての論争を起こすべく、個々の問題の根にあるものを掘り起こす努力であり、またそれに歴史的な展望をあたえる視野の広さなのである。

（『新聞研究』九四年一月号。原題「求められる視野の広さ」）

あとがき

ここに収められているのは、一九八九年以後五年間の日本政治についての分析と評論である。

この五年の間に、日本の政治をめぐる国際的・国内的環境は激変した。国際的には、東西冷戦が終結し、ソ連・東欧の社会主義諸国が崩壊した。それは、ここ一世紀近くの間、人類の悪夢だった世界大戦、人類終末戦争の恐怖が消えるとともに、また一九世紀以来、若者や労働者を駆り立てていた革命という夢が、事実上、ついえたことを意味している。社会主義の理想は、形を変えて再生しようとも、それはもはや産業の国有化をめざした革命運動の形をとることはないだろう。

国内では、昭和天皇が死去して昭和時代が終わった。それとともに、半世紀前の戦争とその責任追及に、政治的な終止符が打たれた。細川首相が就任後の記者会見で、過去の戦争を日本の侵略戦争だったと日本の首相としてはじめて明言したことは、同時に、この半世紀の日本の政治を〝戦後政治〟として精算し、〝ふつうの国家〟としての日本が安保常任理事国になるという小沢一郎新生党代表幹事の路線と表裏をなしている。

日本の政治構造を、ポスト冷戦後の大国支配の国際支配秩序の一翼を担う、ポスト〝戦後国家〟に作り変えようという企ては、七〇年代末の大平内閣とともに始まったとすべきだろう。そのときの最初の問題意識は、超大国アメリカの力の衰えと経済大国日本の国際的地位の上昇から生じた摩擦と不均衡を、どのように修正するかということだった。日本をアメリカの〝同盟国〟と宣言してアジア・太平洋におけるアメリカの軍事力の肩代わりに踏みだした大平内閣は、同時に二一世紀の

到来を見越して、これまでの自民党路線の転換をはかるべく、官僚や知識人を動員して九つの審議会を組織した。その総まとめが「近代の終焉」と題されていることは、この転換が、たんに戦後政治の転換に止まらず、明治以来の欧米大国に〝追いつき追い越せ〟という近代化路線の転換でもあると自覚されていることの表れでもある。大平内閣における環太平洋経済圏構想や消費税導入の努力はこの転換路線に沿うものであった。

保守党の側からするこの政治の転換の動きは、その後、中曾根内閣における「戦後政治の精算」路線に受け継がれ、「国際化の時代」のスローガンとともに、行政改革や民活そして売上税の導入の試みが行われたのは、周知の通りである。その行く先は、政治大国にふさわしい強力で機動的な政治的リーダーシップの確立と経済摩擦を回避するためのコメをふくむ農産物の市場開放へと向けられていた。しかし、それは農村政党、派閥連合政党である自民党のつくりかえなくしては、不可能だった。選挙制度改革はそのテコとなるべきだったが、しかしその推進は、結局は自民党によっては不可能だった。政治改革がその当初から選挙制度改革に焦点がしぼられ、しかもそれが自民党〝改革派〟として自民党を割って出た新生党と、共産党を除く他の野党との連合政権によって実現されたことの理由は、そこにある。リクルート事件はもちろん、九〇年代初めからの深刻な経済不況もまた冷害も、すべてこの転換に向けての道具立てとして利用されたという感が深い。

大平内閣時代に始まったこの転換が、連合政権によって現実化した他方の理由に、戦後の伝統的な「護憲平和」の路線を捨てて、あえて新生党と連立内閣を組んだ社会党の方向転換があったことは疑いない。アジアの緊張緩和は、七三年の日中国交回復とともに現実的となった。そしてベトナム戦争のイメージも薄らいだ七〇年代後半以降、日本の世論は、自衛隊と安保条約に対して、いち

じるしく肯定的となる。

このような国際環境と世論の変化に対応する社会党の変化は、安保条約と自衛隊を直ちに否定しないという石橋委員長時代の「ニュー社会党宣言」で一応しめくくられたと思われた。しかし、「総評」の解体と民間大企業中心の「連合」の成立にともない、事態ははるかに進んだ。実際、「連合」は、社会党が、自民党と連立政権を組めるよう、安保条約と自衛隊を積極的に評価する民社党のラインにまで社会党が「現実」化するよう圧力をかけつづけたのである。

冷戦の終結とソ連・東欧社会主義諸国の崩壊は、社会党のこの第二段の転換へのバネになった。社会党の中で、「護憲平和」という理念や社会主義という理想をもはや「時代遅れ」とし、抵抗政党としての党の役割は終わったとするグループが主流派になっていったのである。新生党や日本新党と組んで連立政権に参加し、その過程で小選挙区並立制受入れに向けて強引な党議変更を行ったということは、戦後日本の「革新」勢力としての社会党に終止符を打ち、保守内「リベラル」派とともに新党を結成してゆくという「連合」やその後押しを受けた社会党主流派の決意の表れでもある。

この激動の時代における私の政治批判の座標軸の一つは、現代日本において、いかにして政権交代をつくりだし、政党政治の有効性を回復するかということだった。いうまでもなく、三十八年間におよぶ自民党一党による政権の独占がおよぼした弊害は、政治腐敗から政財官の癒着、リーダーシップの喪失そして社会内に定着したエスタブリッシュメントの支配と出世構造にいたるまで、枚挙にいとまがない。私が、八九年参院選における野党勝利の機会をとらえて、そのとき支配的だった野党連合論議にかえて、緊急暫定の野党連立政権の樹立を提起したのは、そのためである。

だが、どのような形でも自民党の一党支配を終焉させるのが、最高の目的だというわけではない。

もしそこに、自民党の一党支配構造によってもたらされたさまざまな歪みを正すということがなかったら、政権交代の意味も失われる。私が、政財官の癒着や中央での財政・許認可の権限集中の構造を分析しその改革を説く一方、地方政治における与野党相乗りの構造に警鐘をならしつづけたのも、そのためである。

他方、私の政治批判のもう一つの座標軸は、現代の日本において、どのようにして市民参加を基盤とした新しい民主主義の構造をつくりだし、その意味で政治を活性化してゆくかということにあった。それは「六〇年安保」の市民運動に参加して以来の私の変わらざる問題関心であり、八〇年代以降の「豊かな社会」に日本が自足するなかで、ますます顕著になってきた幹部支配、大企業・大組織優位の社会構造のなかで、なおさら必要な問題提起であると思われた。その意味で、私は、この間、女性の地方政治への参加や新しい「生活革新」の波を引き起こす必要を説きつづけたのである。

このような視角からすれば、九三年夏の竹下派の分裂と新生党の誕生をきっかけとする細川連立政権の誕生劇には、納得しがたいものがあったという外ない。

第一に、新政権の中心である新生党の幹部たちは、かつての自民党政権の中核であり、その体質をそのまま維持している。その政権に、自民党政権の腐敗や癒着の構造を一新することがどうしてできるのだろうか。

第二に、この新生党と組んで連立政権樹立に走った社会党主流派とそれを後押しした労働組合「連合」は、他方では土井委員長時代の市民参加、女性参加の高揚を切り捨て、社会党を組合幹部依存の体質に切り換えようとしている。この連立は、基本的政策が異なるもの同士が、一時的に暫

定連立を組むというのではなく、連立政権維持という大義名分の下に異論を抑え、社会党が右旋回して新保守党へと合体してゆくためのステップとして、利用されている。

第三に、この連立政権樹立を通じて、実現されようとしているのは、八〇年代中頃からふくらんできた新保守主義的な政治改革の路線であり、そのめざすところは、戦後政治を精算し「ふつうの国家」として軍事的に復権した政治大国日本の再構築である。そして、連立内閣によるこの地均しがすんだ後、政界再編をへて新たな新保守政権による永続支配体制が構築されてゆくに違いない。その意味でこの連立政権は、いわば舞台まわしの役わり演じているに過ぎない。

第四に、この連立政権樹立の過程で、またそれが主導する選挙制度改革の中で、完全に無視され、また抑圧されようとしているのは、六〇年代後半以来、声を上げ成長してきた市民運動や住民運動、女性運動などであり、少数派の意見である。

こういう判断が、かつて自民党永続政権に代わる野党連立政権の必要を説いていた私をして、細川連立政権とその下で遂行された政治改革に対するきびしい批判に向かわせた。その背後には、さらにあらゆる権力や体制に対して、きびしい批判の目を向けることのなかにこそ在野の政治学者の使命があるという、私の信念があるということもできるだろう。

この評論集の刊行に際しては、これまで私の多くの著作の編集にたずさわってくれた年来の友だちである川村孝則君、そして三一書房の畠山滋さんのお力添えをえた。ここに記して感謝したい。

戦後四九年目の春

高畠通敏

高畠　通敏（たかばたけ　みちとし）
1933年　東京に生まれる。
東京大学法学部助手を経て
現　在　立教大学法学部教授（政治学）。
著　書『自由とポリティーク』（筑摩書房，1976年）
『政治学への道案内』（三一書房，1976年）
『討論・戦後日本の政治思想』（三一書房，1977年）
『現代日本の政治と選挙』（三一書房，1980年）
R. ダール『ポリアーキー』（共訳，三一書房，1981年）
『政治の発見』（三一書房，1983年）
『いま何が論じられているか』（三一書房，1983年）
『地方の王国』（潮出版社，1986年）
『新保守の時代はつづくのか』（三一書房，1987年）
『政治を読む』（潮出版社，1989年）
『社会党』（編著，岩波書店，1989年）
『新オセアニア紀行』（潮出版社，1989年）
『政治学のフィールド・ワーク）（三一書房，1989年）
『生活者の政治学』（三一新書，1993年）
現住所　埼玉県秩父郡横瀬町芦が久保510

日本政治の構造転換

1994年4月30日　第1版第1刷発行　Printed in Japan

著　者　高　畠　通　敏

発行者　畠　山　滋
印刷所　株式会社 新 栄 堂
製本所　株式会社鈴木製本所
発行所　株式会社　三　一　書　房
東京都文京区本郷2－11－3
電話　03（3812）3131～5番
振替　00190－3－84160番
郵便番号　113

落丁・乱丁本はおとりかえいたします。
ISBN4-380-94234-1

ミニコミ戦後史 ジャーナリズムの原点をもとめて
丸山尚／時代を創ってきた人びとの志と行動の軌跡が、明日への〈道〉を示唆する。

現代フリーライター論
茶本繁正／その立脚点とは？　気骨のライターがその仕事を語りマスコミを斬る。

民衆ジャーナリズムの歴史
門奈直樹／民衆言論の精神とその背景を捉えかえし現代の言論のあり方を問う労作。

戦争とジャーナリズム
茶本繁正／新聞人はなにをしてきたか。その功罪を近代百年の戦争を軸に検証する。

続 戦争とジャーナリズム
茶本繁正／沖縄返還から天皇報道まで。準戦時体制への道を歩む新聞の〈現在史〉。

現代人災黒書 巨大事故の捜査とジャーナリズム
尾崎一馬／「過失」という名の組織犯罪の続出。事件の責任・捜査からマスコミ報道まで

マスコミ世相ウォッチング
平澤正夫／天皇の死・リクルート・消費税。独断と偏見で〈日本〉を斬りまくる。

社会部記者の事件記事考
飯室勝彦／続出する名誉毀損報道。特ダネ争いのウラ側を検証。新聞をどう読むか。